民國歷史與文化研究

初 編

第 **9** 冊

在政治與學術之間：
錢端升思想研究（1900～1949）（中）

潘惠祥 著

花木蘭文化出版社

國家圖書館出版品預行編目資料

在政治與學術之間：錢端升思想研究（1900～1949）（中）／
潘惠祥 著 — 初版 — 新北市：花木蘭文化出版社，2015〔民
104〕
目 6+276 面：19×26 公分
（民國歷史與文化研究　初編：第 9 冊）
ISBN 978-986-404-145-9（精裝）
1. 錢端升　2. 學術思想　3. 政治思想
628.08　　　　　　　　　　　　　　　　103027661

ISBN-978-986-404-145-9

民國歷史與文化研究
初　編　第九冊　　　　　　　ISBN：978-986-404-145-9

在政治與學術之間：
錢端升思想研究（1900～1949）（中）

作　　　者　潘惠祥
總 編 輯　杜潔祥
副總編輯　楊嘉樂
編　　　輯　許郁翎
出　　　版　花木蘭文化出版社
社　　　長　高小娟
聯絡地址　235　新北市中和區中安街七二號十三樓
　　　　　　　電話：02-2923-1455／傳眞：02-2923-1452
網　　　址　http://www.huamulan.tw　信箱 hml 810518@gmail.com
印　　　刷　普羅文化出版廣告事業
初　　　版　2015 年 3 月
定　　　價　初編 32 冊（精裝）台幣 56,000 元

在政治與學術之間：

錢端升思想研究（1900～1949）（中）

潘惠祥　著

目

次

第三章　初試啼聲：躬行教育獨立與
主張一黨專政（1924～1931）

第一節　躬行教育獨立

　　20 年代中國是一個風雲變幻的時代。1919 年「五四運動」爆發前後，杜威和羅素先後訪華，不僅爲中國帶來了關於西方的新思想和新知識，也爲中國知識分子界注入了行動的力量。〔註1〕如果說杜威的實驗主義和從教育著手對學人參與社會事務影響是間接的話，那麼羅素在告別演講《中國到自由之路》中提出「要一萬徹底〔果毅〕的人（The〔Ten〕Thousand Resolute Men Needed）」和「政治的改革居先（Political Reform First）」，〔註2〕明確地鼓舞了部分知識分子積極從事政治活動。1921 年 7 月，杜威和羅素離華。7 月下旬，中國共產黨成立。1922 年 5 月，胡適、丁文江等人創辦《努力周報》。〔註3〕

〔註1〕　在某種意義上，杜威和羅素所提倡的身體力行，可能比他們帶來的新思想和知識影響更大。目前學界對杜威的研究一般較注重對教育的影響，對其政治的影響，則甚少學者提及。如《杜威在華演講集》的編者認爲，「杜威對中國思想界影響最大的是在教育方面」，但對其政治和社會影響，相對較少篇幅提及。孫家祥：《前言：杜威訪華與中國現代政治思想演進》，袁剛、孫家祥等編：《民治主義與現代社會：杜威在華演講集》，北京大學出版社，2004 年 8 月，第 14 頁。

〔註2〕　《中國到自由之路——羅素告別演講》，袁剛、孫家祥等編：《羅素在華演講集》，京大學出版社，2004 年 8 月，第 302 頁。

〔註3〕　胡適說，《努力周報》的創辦曾受羅素第一、二項倡導影響。胡適：《丁文江的傳記》，安徽教育出版社，1999 年 10 月，第 66～67 頁。

　　從言說走向行動，是「五四運動」後中國思想界的一大轉變。中國共產黨的誕生，不但影響了當時中國學界的思想走向，也影響到 20 年代中國政治走向。1924 年和 1925 年是中國近現代史上影響頗爲深遠的二年。1924 年 1 月，國民黨第一次全國代表大會召開，不僅標誌著第一次國共合作的開始，也標誌著蘇俄勢力以一種新的形式介入中國政治。1925 年 3 月 12 日，孫中山在北京病逝，引起全國哀悼。同年，5 月「五卅運動」爆發，中國民族主義進入另一高峰期。

　　在國共合作大背景下，北方知識界也因應上述國內形勢變化，出現新的排序和組合。以北京大學文學院教授爲主體的《新青年》在陳獨秀出走上海後，以法學院王世杰、周鯁生等人爲首的知識分子在 1924 年底創辦了《現代評論》，取代了《新青年》和《努力周報》（1921.5～1923.10）留下的思想眞空，標誌著新文化運動繼續走向政治化的一面。隨著國共合作展開和北伐漸現勝利曙光，不同思想傾向的知識分子因應時局變化，加入了不同的政黨。追溯根源，均與 1924～1925 年間上述三大事件密切相關。

　　1924 年哈佛政府學系博士畢業的錢端升適逢其會，在清華執教鞭、參與清華改制之餘，1925 年參與了「聯俄與仇俄」的討論，1926 年加入國民黨，參與「三・一八」運動，並在 1927 年南下主編《現代評論》，1927～1928 年參與大學院籌建。此一時期的錢端升，活躍於政學兩界。既爲實現其「學術救國」抱負，同時亦爲實現其政治主張而努力。現分述如下：

一、提倡「教授治校」

　　關於清華改制大學，創議自周詒春。〔註 4〕主要原因是美庚子退款將於 1940 年結束。與此同時，清華自周詒春去職後，受五四思潮及社會指責清華靡費影響，〔註 5〕校內醞釀改革潮。曹雲祥於 1922 年 4 月代理校長後，先後

的傳記》，安徽教育出版社，1999 年 10 月，第 66～67 頁。

〔註 4〕　曹雲祥說，清華改辦大學，「此議實本於前校長周、金二先生」。但在金邦正之前，還應加上張煜全。曹雲祥：《清華學校張教務長辭職記〔紀〕實》，《清華週刊》，第 25 卷第 1 號總 368 期，1926 年 2 月 27 日，第 39 頁。周詒春：《詳外交部文爲逐漸擴充學程預備設立大學事》（1916 年 5 月 27 日）、《外交部指令爲照准擴充學程設立大學》（1916 年 8 月 10 日）、張煜全：《發外交部陳報籌設大學》（1920 年 1 月 15 日）、《大學籌備委員會預定報告大旨》（1920 年），《清華大學史料選編（1）》，清華大學出版社，1991 年 3 月，第 276～282 頁。

〔註 5〕　關於清華學生的治裝費和留學費用，詳參林太乙：《我心中的父親——林語堂傳》，陝西師範大學出版社，2002 年，第 34 頁。《清華大學校史稿》，北京：

設立「調查委員會」和「協作委員會」。〔註6〕1923 年 1 月，調查委員會發表報告。蘇雲峰認爲：「其主要目標在削弱『清華董事會』之權力，加強教師參與校政，制衡校長，並負起輔導學生的責任」。〔註7〕從報告來看，改革十分有限。清華基本金仍歸外交部總、次長暨美國公使三人管轄。學校組織也仍以董事會爲權力中心，只在其代表性上略有改進。報告建議董事會由七人組成，包括：外交部、美國公使、校長、清華同學會（各 1 人）及國內名人（教育家實業家或企業家 3 人）。〔註8〕從內容來看，建議是溫和的，但即連如此溫和之董事會改革，一直拖到 1927 年才兌現。

1924 年 10 月，清華學校「大學籌辦委員會」宣告成立。12 月，發表《大學籌備委員會報告草案》，其中包括：《清華大學之工作及組織綱要》、《清華研究院簡章》等，但在刊登《清華週刊》時，未知出於何種原因，只見工作綱要，未見組織綱要蹤影。〔註9〕1925 年 4 月，北京政府外交部批准了「大學籌備委員會」提出的《清華大學工作及組織綱要（草案）》，學校隨即按照《綱要》成立「臨時校務委員會」，由曹雲祥、張彭春等 10 人爲委員。1925 年 5 月大學部正式成立，開始招生。〔註10〕

此 10 人委員會即蘇雲峰在《從清華學堂到清華大學》中所言，1925 年初曹雲祥以「教〔校〕務會議」爲校內最高權力機關，由校長委派職員 6 人和教授互選代表 4 人組成，以便教授適度參與和校長調控校政。由於改革幅度

中華書局，1981 年 2 月，第 69 頁。張靜如等主編：《中國現代社會史》，上冊，湖南人民出版社，2004 年 12 月，第 182 頁。有學者指出，當時一般職員月薪只有十多元，一個船工的工資只有七、八元，對他們來說，僅治裝費已是「天文數字」了。貧寒學子，還未出國，就可先「衣錦還鄉」一番了。余少川：《中國機械工業的拓荒者王守競》，雲南大學出版社，2003 年 9 月，第 21～22 頁。

〔註6〕　1922 年 4 月，曹雲祥以外交部參事名義兼代清華校長，同年 10 月 6 日爲署理校長，1924 年 5 月接受正式任命，1928 年 8 月辭職，任期 5 年又 10 個月。蘇雲峰：《從清華學堂到清華大學，1911～1929》，北京：三聯書店，2001 年 4 月，第 67、68 頁。

〔註7〕　蘇雲峰：《從清華學堂到清華大學，1911～1929》，北京：三聯書店，2001 年 4 月，第 41 頁。

〔註8〕　《調查委員會報告書》，《清華週刊》，總 267 期，1923 年 1 月 13 日，第 26 ～27 頁。

〔註9〕　《清華大學籌備委員會報告草案》，《清華週刊》，總 332 期，1924 年 12 月 26 日。

〔註10〕　《清華大學校史稿》，北京：中華書局，1981 年 2 月，第 48 頁。《暫行章程》後刊於《清華週刊》，第 24 卷第 9 號，1925 年 11 月 6 日，第 35～38 頁。

有限，引起清華「少壯派」錢端升等人的不滿。〔註11〕

在此期間，曹雲祥兩次請辭清華校長，引起了清華校內外各派紛爭。據張彭春記載，當時覬覦清華者，在北方除南開外，有北京大學、留法派的李石曾、留英派的《現代評論》陶孟和等人；在南方有東南大學集團和清華「少壯派」。〔註12〕其中，反對張彭春最力應是蘇雲峰所言的「少壯派」。據張氏記載，反對他的是校內一個 H・H・教員社團（此名全稱尚查不到——蘇雲峰注，下同），其組成分子爲錢端升、莊澤宣、吳宓、王文顯、陳達、葉企孫與一個叫 T・L・（不知其名）的野心家，除了王文顯都是清華的「少壯派」。〔註13〕

蘇雲峰指出，「1922 年以後，紛紛返校任教的清華留美同學，不僅逐漸取代了美國教員的地位，而且已成爲清華的中流砥柱，足以抵抗外來勢力，鞏固清華江山」。〔註14〕梁啓超也在 1925 年指出，「今之清華，漸已爲本校畢業回國同學所支配；今後此種趨勢，當益加強烈，此無庸爲諱者」。〔註15〕張彭春亦在同年 12 月 20 日說：「清華將來一定落在新起畢業生之手，莊（澤宣）、張（歆海）、錢（端升）……等都不過是先鋒，大隊還在後面」。〔註16〕

應當說，蘇雲峰所言的「少壯派」是一個頗爲鬆散的概念組合。〔註 17〕

〔註11〕 此處「教務會議」即「十人校務管理委員會」，《清華週刊》作「校務委員會」。蘇雲峰：《從清華學堂到清華大學，1911～1929》，北京：三聯書店，2001 年 4 月，第 42 頁。

〔註12〕 蘇雲峰：《從清華學堂到清華大學，1911～1929》，北京：三聯書店，2001 年 4 月，第 78 頁。

〔註13〕 蘇雲峰：《從清華學堂到清華大學，1911～1929》，北京：三聯書店，2001 年 4 月，第 81 頁。原載《清華學校日程草案》，第 2 冊，第 513～514 頁。除上述成員外，蘇雲峰還將陳達、孟憲承、張歆海、余日宣也歸類爲「少壯派」。蘇雲峰對「少壯派」的分析，主要來源於張彭春的《清華學校日程草案》。

〔註14〕 蘇雲峰：《從清華學堂到清華大學，1911～1929》，北京：三聯書店，2001 年 4 月，第 80、138～142 頁。

〔註15〕 梁啓超：《學問獨立與清華第二期事業》，《清華週刊》，第 24 卷第 1 號總 350 期，1925 年 9 月 11 日，第 6 頁。按：蘇雲峰引用「今日之清華」時，多了一個「日」字及標點符號略有不同。蘇雲峰：《從清華學堂到清華大學，1911～1929》，北京：三聯書店，2001 年 4 月，第 80 頁。

〔註16〕 蘇雲峰：《從清華學堂到清華大學，1911～1929》，北京：三聯書店，2001 年 4 月，第 159 頁。原載《清華學校日程草案》，第 3 冊，第 790～792 頁。

〔註17〕 以吳宓爲例，以吳宓本身性格來說，他是拒絕將自己歸屬於任何一派的。但從他日記來看，他跟錢端升、葉企孫、莊澤宣、張歆海等人的交往是十分密切的，部分原因是吳宓孤掌難鳴，需要尋求外援。因此，在張彭春眼裏，自

筆者以為，他們之所以凝聚在一起，主要源於共通的學術理念，即下面將述及錢端升所揭櫫的三大主張：清華應以辦文理科大學為主、注重人文教育及「教授治校」，亦因此三大主張與以張彭春為首（曹雲祥支持）的另一改革派有這種理念上的衝突而凝聚在一起。他們並非是一個有組織的派系，而是一個臨時為某一特定目標而聚集的壓力團體（pressure group）。〔註18〕

　　正如任何政爭一樣，除理念不合外，亦不無私人或個人意見不合因素在內。張彭春在改制過程中的一些專橫做法引起了部分清華教職員的不滿。〔註19〕這點從張彭春自己在《清華學校草案日程》中毫無掩飾自己對部分

然將其歸類某一派系。吳宓亦因與錢端升等人交往密切，而贊成錢端升廢除國學院的主張。錢端升、莊澤宣等人則也「投桃報李」，為吳宓出謀策劃。在某種程度上，吳宓放棄國學院，一方面固為張彭春逼迫所致，一方面亦不無棄車保帥之意。1925 年 11 月 24 日，《吳宓日記》記載：「11～12 在北院六號，與張、莊、陳、錢、葉協議校長事」。《日記》原注說：即張歆海、莊澤宣、陳達、錢端升、葉企孫。12 月 13 日，吳宓又記：「3～4〔點〕錢端升來，談繼任校長事。錢謂宓加入反抗與否，與宓前途均無關係。加入恐受人利用，不加入則為眾所排斥，是兩難之局也。五時，莊澤宣來，邀赴北院九號。陳達來，葉、錢亦歸，在其處晚飯。議反抗張君事，直至晚十時半始散。陳達擬出宣言，並決議明夕公請校長茶敘，表示反抗之意。莊等既欲抗張又不肯出面，欲請他人上前。此事宓本不熱心，虛與蛇委而已」。1926 年 1 月 14 日，又記：「11～12 赴專門科，會議中國文學歷史組課程。並與莊（澤宣）、孟（憲承）二君談研究院事。莊力勸宓勿言辭職，至少仍主持研究院事至民國十六年，則彼可聘宓為專門科教授，而逃脫張氏之勢力範圍。至《意見書》可不必提出。蓋莊以唇亡齒寒，故只求宓長在研究院，互結同盟，以抗張氏，而免遭吞併。此其用意之所在也。至孟君則謂無論如何皆可，張氏多行不義，亦必自敗云」。1 月 23 日，又記：「十時，見莊澤宣。莊君力勸勿辭職，又勿以學生舉動陳報校長，而當使校長知宓之辭，全由於意見不合，而非應付困難，被迫而退也」。3 月 6 日，又記：「心境惡劣，因委員會起草《清華學校組織大綱》已竣功。該大綱中，竟將研究院取消。僅於各系中設研究教授及研究生。此乃錢端升之意，宓亦甚贊成」。吳學昭整理注釋：《吳宓日記（3）》，北京：三聯書店，1998 年 3 月，第 100、107、126、136、153 頁。

〔註18〕 壓力團體是西方政治學和政界中常用的一個術語，意指某一類社會集團，為了實現它們某種特定利益，通過向議會、政府施加政治壓力或呼籲社會、進行社會運動來達到其目的。換言之，「少壯派」並不是一個嚴格意義上的類型概念，或者更為準確地說，「少壯派」只是一種「提法」，用來描述一群人對某個問題有大致共通的看法。

〔註19〕 蘇雲峰指出，「曹雲祥說清華少壯派所以反對張彭春，是因他專制、冷傲、量小、猜疑心重、不近人情、不讓人、好走極端、好唱高調，又不能中西兼通」。蘇雲峰：《從清華學堂到清華大學，1911～1929》，北京：三聯書店，2001 年 4 月，第 81 頁。

清華師生的惡感可以看出。〔註 20〕出於對「少壯派」的恐懼，張彭春在改制過程中，潛意識不無針對之意。如在改制過程中，分別獲得哥倫比亞大學社會學系和哈佛大學政府學系博士學位的陳達和錢端升，被分配到舊制部而非新設的大學普通部，〔註 21〕在大學普通科只有 2 位少壯派成員。〔註 22〕

蘇雲峰曾指出，在 1927 年 75 名全部中國籍清華教員中，獲得博士資格的只有 9 位（按：應不止此數），〔註 23〕張彭春此舉似略有浪費人才之嫌。不過，由於大學普通科在草創階段，教員安排未臻完善，似不應將這點放大來看。但無論如何，可以判斷的是，「少壯派」或張彭春所謂言的「H・H・集團」，除上述理念不合外，他們之間還有一個共同點：就是對張彭春的不滿意。如莊澤宣與張彭春在普通、專門合併問題上直接有所衝突；吳宓則與張氏在國學研究院應否開設普通國學課程上意見不合。〔註 24〕

1925 年 1 月 2 日，回國翌年的錢端升在《清華週刊》發表《清華改辦大學之商榷》一文，這是他不久前上大學籌備委員會會長之意見書，原為英文，

〔註20〕 蘇雲峰指出，「1924 年 2 月 26 日，張對曹說清華精神上的污點是『錢多』，教職員學生都『貪錢』，主張打壓下去，不成就身退：曹勸其勿急進，等待機會。接著張痛罵新近回校任教的清華校友」。蘇雲峰：《從清華學堂到清華大學，1911～1929》，北京：三聯書店，2001 年 4 月，第 159 頁。原載《清華學校日程草案》，第 2 冊，第 401～411 頁、492、498 頁；第 3 冊，第 688～689、790～792 頁。

〔註21〕 錢端升當時負責教授《世界史》和《比較政治》兩門課。《舊制部（教員授課表）》，《清華週刊》，第 24 卷第 1 號，1925 年 9 月 11 日，第 29 頁。

〔註22〕 大學普通科教員名單如下：朱自清（國文）、孟憲承（國文）、郝更生（體育）、陳楨（生物）、盛夢琴（日文）、葉企孫（物理）、劉師舜（英文）、劉崇鋐（歷史）、錢基博（國文）、張治中（體育）、蕭一山（歷史）、楊光弼（化學）。除張治中和蕭一山為教員外，餘全為教授。其中葉企孫和孟憲承被蘇雲峰視為「少壯派」成員。《大學普通部（教員一覽）》，《清華週刊》，第 24 卷第 1 號總 350 期，1925 年 9 月 11 日，第 31 頁。

〔註23〕 在這 75 位教員中，蘇雲峰確認了其中 55 人學歷（9 位博士，19 位碩士，27 位學士），其他 20 人當中，7 人學歷也確認（專門學校畢業 2 人，舊功名 5 人），剩下 13 人，蘇雲峰表示學歷不詳。蘇雲峰：《從清華學堂到清華大學，1911～1929》，北京：三聯書店，2001 年 4 月，第 141 頁。在蘇雲峰所臚列上述 9 名博士名單中，他將自己曾介紹過的莊澤宣也漏掉了。莊澤宣介紹見，同上，第 81 頁，注腳 1。

〔註24〕 1926 年 1 月 5 日，吳宓記載：「下午訪張仲述，談研究院事。宓雖贊成研究院以高深專門研究為目的，而主兼辦普通國學，至專門科國學系成立之日為止。張君則主絕不容納普通國學。二人議不合」。吳學昭整理注釋：《吳宓日記（3）》，北京：三聯書店，1998 年 3 月，第 121 頁。

後譯爲中文。可能因人微言輕，清華當局未有回應。同年 11 月 29 日，繼續在《晨報》發表《清華學校（上）》，對清華種種弊端提出猛烈批評。此文一出，猶如一個重磅炸彈，引起北京學界震動。這不僅是因爲錢端升是清華畢業生及現任教職員，清楚清華內部弊端，還因他的批評十分猛烈，及發表在當時發行量甚大的北京《晨報》上。

12 月 4 日、5 日，錢端升應《清華週刊》和《現代評論》〔註25〕邀約，全文發表。上文在三個刊物發表後，再度引起清華當局關注。12 月 4 日，清華召開教職員會議，討論《清華學校》一文。從《吳宓日記》沒後續記載來看，似對當局影響不大。〔註26〕12 月 7 日，復館後的《晨報》也刊登了《清華學校（下）》。〔註27〕1926 年 3 月，錢端升再次在《清華週刊》上發表《清華改組之商榷》，除再度提出「教授治校」主張外，還草擬了一份《清華大學組織大綱草案》。現就《清華改辦大學之商榷》、《清華學校》和《清華改組之商榷》進行綜合分析。

錢端升的批評，除清華糜費和學校組織架構不合理外，主要針對的是當時清華設計的學制和大學課程，不符合歐陸和美國大學慣例，及沒有清晰明確的辦學理念。對於當時清華課程委員會擬定之草案，錢端升指出，「不能索解處，不可實行處，極夥」。第一、大學分試讀及普通科，學生分「大學生暨清華學生」，教員分「『大教授』暨『小教員』……經費，物力，及教員之精神，糜費必多」。第二、普通科期限僅限 2 年，「此二年之教育，既不能造就士人，又不合於西方職業教育之旨；僅如美國之初級大學，非騾非馬」。第三、對於國學研究院，可包含在文理學科之中，不必另設。〔註28〕

揭櫫三大主張。在錢端升看來，課程委員會之所以出現上述現象，主要是其教育目標不清晰所致。針對上述弊端，他建議清華大學應：第一、以文理科爲主；第二、以人文教育爲目標；第三、以「教授治校」爲路徑。

在《清華改辦大學之商榷》中，錢端升認爲，清華自 1925 年起，應以

〔註25〕錢端升：《清華學校》，《現代評論》，第 2 卷第 52 期，1925 年 12 月 5 日。

〔註26〕12 月 4 日，吳宓記載教職員會議談錢端升《清華學校》一文後，無下文。吳學昭整理注釋：《吳宓日記（3）》，北京：三聯書店，1998 年 3 月，第 104 頁。

〔註27〕錢端升：《清華學校（下）》，《晨報》，1925 年 12 月 7 日，第 3 版。按：11 月 28、29 日連續兩日，在國民黨朱家驊等領導下，爆發所謂「首都革命」，《晨報》報館在 29 日被焚毀。

〔註28〕錢端升：《清華改辦大學之商榷》，《清華週刊》，總 333 期，1925 年 1 月 2 日，第 12、13 頁。

「先辦文理科大學（University faculty of arts and sciences）（按：重點爲原文所有）」爲主，「性質類似美國之普通大學，或大學之普通科」或接近「英國之 University Colleges」和「德國大學之哲學科」，日後再「以歐洲大陸上之文理科或哲學科爲標準」。因此，他建議延長二年學習年限，「本科肄習年限，現時當定爲四年，日後亦當爲四年」。〔註 29〕可見在 20 年代，大學四年制似仍未形成共識。

其次，針對當時學界比較注重職業教育，錢端升強調士人教育。他說：「中國近年來，所謂教育家者，奢談職業教育……余非謂職業教育之不足道也，余不過持士人教育（與 Humanistic education 同旨）之尤爲重要耳」。〔註 30〕錢端升的「士人教育」主要繼承歐陸大學傳統多於美國。他說：「歐洲各國重視士人教育，較美國爲甚」。當時歐陸主張「士人教育」的大學以文理科爲主，因此中國亦「應多設若干文理科大學，以養成士風」。至於其他學科，「當照力量之所及，陸續添設……但此時宜以全副精神辦理一完美之文理科」。〔註 31〕錢端升主張「士人教育」主要懲於當時政治黑暗，社會風氣敗壞。他指出，「士愈多，則世愈盛，而國愈治；反是，則世愈衰，而國愈亂」。〔註 32〕

對於錢端升上述意見，張彭春顯未在意，而是繼續推行他原定的計劃。1925 年 9 月 2 日，大學普通科召開第一次教務會議，張氏報告：「大學現分爲三部：即研究院、普通科，及專門科。研究院及普通科現已開辦，專門科則俟兩年後開設」。〔註 33〕同時，錢端升反對的國學院也於 9 月 14 日「正式始業」。〔註 34〕

在 1925 年 9 月與新生談話中，張彭春除談及教育方針外，還批評「現今

〔註 29〕 錢端升：《清華改辦大學之商榷》，《清華週刊》，總 333 期，1925 年 1 月 2 日，第 1～2 頁。

〔註 30〕 錢端升：《清華改辦大學之商榷》，《清華週刊》，總 333 期，1925 年 1 月 2 日，第 3 頁。

〔註 31〕 錢端升：《清華改辦大學之商榷》，《清華週刊》，總 333 期，1925 年 1 月 2 日，第 3、4、5 頁。

〔註 32〕 錢端升：《清華改辦大學之商榷》，《清華週刊》，總 333 期，1925 年 1 月 2 日，第 2～3 頁。

〔註 33〕 《教務會議》，《清華週刊》，第 24 卷第 1 號總 350 期，1925 年 9 月 11 日，第 37 頁。

〔註 34〕 《學校新聞・研究院》，《清華週刊》，第 24 卷第 2 號總 351 期，1925 年 9 月 18 日，第 32 頁。

高等教育之弊，爲迷信『制度』。爲學分制及自由選科所縛束」，並指出分科設系有四大弊端：一、「師生隔膜」；二、「性質機械」；三、「不知學問之統系及聯絡」；四、「不能專精」。他說：「吾人所認爲教育者，即一師一生間互相發生影響之謂。故清華大學重在人而不在制度。」〔註35〕詞鋒所指，顯係針對錢端升等人，與「少壯派」主張分科設系之院系制度有明顯分歧。

由於得不到清華當局應有的重視，錢端升在 12 月 7 日之《清華學校》一文中再次重錘出擊，並訴諸社會公論。在文中，錢端升強烈呼籲社會協助清華改制。他說：「清華既處外部積威之下，校長人選操於外部，苟國人不爲聲援者，則清華之改良殆又絕望矣」。〔註36〕從 1925 年組成的 10 人「校務會議」，校長可委任職員 6 人，可看出改革玄機之所在。對此，錢端升毫不客氣地批評說：「清華今日之組織，既非校長集權，又非教授治校，而職員之權，則有長無已。大權旁落，校長教授俱乏統率之力」，「校中最高之統治機關，職員佔大多數，而教員反佔少數」，〔註37〕矛頭直指張彭春。〔註38〕錢端升認爲：

> 治校猶治國也，若不開明專制，則應眞正民治。今清華會議林立，不能謂之校長專權，然謂之民治亦不可也。校務會議既不能代表教職員之全體，其他團體更不必論。且也主任滿池遊，機關多如鱖，架床疊被，因應不靈。而所謂委員會者，更屬層出不窮，一部教員在委員會消耗之時間，至比上課及爲學之時候更多，然議論紛紜，莫衷一是。委員會即有議決，亦未必爲校中所採擇施行。〔註39〕

〔註35〕　《張仲述先生與新生談話紀要》，《清華週刊》，第 24 卷第 2 號，1925 年 9 月 18 日，第 28 頁。

〔註36〕　錢端升：《清華學校（下）》，《晨報》，1925 年 12 月 7 日，第 3 版。按：《晨報》版用詞更爲嚴厲。《清華週刊》版爲：「清華既處外部積威之下，校長人選，操縱於外部，苟國人不爲聲援，則校內之人縱努力，亦難成功，而清華之改良，又少希望矣」。錢端升：《清華學校》，《清華週刊》，第 24 卷第 13 期總 362 號，1925 年 12 月 4 日，第 41 頁。

〔註37〕　錢端升：《清華學校》，《清華週刊》，第 24 卷第 13 號總 362 期，1925 年 12 月 4 日，第 40、36 頁。

〔註38〕　由於曹雲祥忙於外務，清華改革實際上主要由張彭春負責總其成，這點亦可從曹雲祥兩次辭職看出：第一次爲跟隨顏惠慶出使英國；第二次爲南下商務印書館就職，但兩次均告失敗。

〔註39〕　錢端升：《清華學校》，《清華週刊》，第 24 卷第 13 號總 362 期，1925 年 12 月 4 日，第 37～38 頁。

錢端升此處批評的委員會是曹、張爲讓清華教師參與校政而成立的各種委員會。蘇雲峰認爲：「錢端升的批評，加速了曹雲祥改革的決心」。〔註40〕

以上爲校內主要弊端，最大的癥結還是在董事會和靡費上。錢端升明確指出，「清華之大癥結未除，改良不可能也」。他所言「大癥結」即董事會。當時外交部管理清華之機關有二：一曰董事會（主要管理經費及校務之進行）；二曰學務處（主要司外部、清華之接洽及其他雜事）。董事會成員有三人，外部參事、外部秘書和美公使館館員各一人。錢端升說：

> 此三人者，既非學者，又非教育家，又不十分關心清華之事，然兼有立法及監督大權。董事會成立已七八年矣，捨維持現狀，息事寧人外，無其他政策可言。至於教育之新思想，校務之改進，大學之目標，則固充耳不聞，即聞亦不悟者也。

對於這樣的董事會，他一針見血地指出，「清華生存於此種董事會之下，絕少改進及發展希望」。〔註41〕如此尖銳的批評，自然引起清華校內外輿論的關注。〔註42〕對於董事會的改革，錢端升將部分希望寄託在社會輿論身上。他說：

> 清華之急務在校務上之獨立，而不在教部外部之爭。苟外部僅司經費之劃給，而一任清華自行發展，即有董事會之設，亦以學者或教育家爲主，則屬於外部，縱於名義上不甚合邏輯，亦不足爲患。然屬於教部，而事事受制於教部之官僚，則亦不可。總之，清華之急務在解除一切不利於學校進步之束縛。年前已有力爭改組董事會者，徒以外部堅持，無所成功，尚望國人有以助之。〔註43〕

〔註40〕 蘇雲峰：《從清華學堂到清華大學，1911～1929》，北京：三聯書店，2001 年 4 月，第 42 頁。

〔註41〕 錢端升：《清華學校》，《清華週刊》，第 24 卷第 13 號總 362 期，1925 年 12 月 4 日，第 41 頁。

〔註42〕 《清華週刊》記者按語說：「錢先生此文前半已登《北京晨報》，因晨報館被毀，末窺全豹。當此文前半發表時，同學莫不轉相告語，以先睹爲快，聞社會上人士亦頗注意此文，故現代評論社亦向錢先生索稿，擬代爲登出。記者以爲此文與其發表於外，引起外間之誤會與批評，不如載諸本刊，以促內部之商榷與改良。商諸錢先生，錢先生當即以底稿見賜。爰亟布之，並致數言於篇首」。錢端升：《清華學校》，《清華週刊》，第 24 卷第 13 號總 362 期，1925 年 12 月 4 日，第 35 頁。

〔註43〕 錢端升：《清華學校》，《清華週刊》，第 24 卷第 13 號總 362 期，1925 年 12 月 4 日，第 41 頁。

對於校內改革，錢端升再次表示：「大學目標當以人文教育為主；文科學生應有相當科學知識，理科學生亦應有相當文獻知識，文質彬彬，可以挽士風而敦實學」。他雖贊成「人文教育」，但並不盲目主張，再次對剛成立不久的國學研究院提出質疑。錢端升表示，他並不否認國學的重要性，不過重視國學與設立研究院是兩回事，應分開考慮。〔註44〕

至於校內權力機構，錢端升說：

> 改良之法，允宜賦教授會以治校之權。教授之上，除校長外，無其他職員；教務長亦但以教授充之，為教授而不為職員。庶幾教授之氣可揚，教授之意可貫（按：重點為本文所加）。教授會之組織，由全體教授，或由教授互選之代表均可，以校長為主席，藉收統一事權之效。教授會得設各種委員會，以統治全校，一如英國市郡議會之組織然。〔註45〕

與錢端升主張相同的是，1929 年 1 月，王世杰以教育部代表身份在武漢大學發表演講，明確提出應「實行『教授治校』的原則」。他說：「這個原則的意思是：教授對內，能自由地、無礙地、敏捷地處理校內一切教務和教育行政上的事宜；對外，要不受政治上的限制（必須受限制者在外）」。〔註46〕

在教授會權限方面，蘇雲峰指出，蔡元培雖是教授治校制度的倡始者，但他在北大所設立的評議會和各科教授會（後改為系務會議），「二會之權力未及學校人事和預算，距教授治校理想還有一段距離」。〔註47〕下面將會述及的錢端升草擬的《清華大學組織大綱草案》，則賦予了上述兩項權力，比蔡元培先生提倡的有過之而無不及。蘇雲峰曾說錢端升「是北大在清華的一顆種子，惟此時尚為發芽」，〔註48〕雖言過其實和有倒放電影之嫌，但就其學術理

〔註44〕 錢端升：《清華學校》，《清華週刊》，第 24 卷第 13 號總 362 期，1925 年 12 月 4 日，第 39 頁。

〔註45〕 錢端升：《清華學校》，《清華週刊》，第 24 卷第 13 號總 362 期，1925 年 12 月 4 日，第 40 頁。

〔註46〕 《王世杰在國立武漢大學正式開學慶典上的祝詞》（1929 年 1 月 5 日），劉雙平編：《漫話武大》，武漢大學出版社，1993 年 10 月，第 155 頁。原載《國立武漢大學周刊》，第 5 期。

〔註47〕 蘇雲峰：《從清華學堂到清華大學，1911～1929》，北京：三聯書店，2001 年 4 月，第 76 頁。

〔註48〕 蘇雲峰：《從清華學堂到清華大學，1911～1929》，北京：三聯書店，2001 年 4 月，第 79 頁。

想和「教授治校」思想而言，與蔡元培、王世杰、胡適等人的確是相通的。

在《從清華學堂到清華大學》中，蘇雲峰認為清華「教授治校」的奠基人為曹雲祥。但本文以為，沒有實質證據支持蘇雲峰的論點。相反，若從曹雲祥兩次辭職所引發的風波去看，則其「教授治校」奠基人的資格頗值得懷疑。曹雲祥兩次請辭未遂風波，蘇雲峰已有述及，不贅。本文僅從蘇氏忽略的兩次辭職風波帶來的負面衝擊入手。蘇氏認為，《清華大學校史稿》記載張彭春在 1925 年離開清華是為保守派所迫不確，迫走張彭春的是「少壯派」，〔註49〕本文亦同意此說。不過，還可補充一點，張氏出走與缺乏曹雲祥的支持密切相關。

曹氏兩次請辭，張彭春是繼任的理想人選之一。但曹氏兩次戀棧不走，不但激化了清華校內外各派競爭，也激化了與張彭春的矛盾。在很大程度上，張彭春可能是曹氏兩次請辭的最大受害人（曹氏本人亦是受害人之一）。除「少壯派」對張彭春攻擊外，其他派系亦對之攻擊。〔註50〕更重要的是，曹雲祥在張彭春最困難的時候，撤回了對張氏的支持，這可能是壓垮張彭春的最後一根稻草。

錢端升在《晨報》的文章主要針對張彭春，這點蘇雲峰亦有察覺。〔註51〕錢端升說：「曹校長任事已三年餘，雖種種積弊，未能盡除；然其寬大之氣，有足多者。年來學風安靜，士子得以安心向學，其功非小」。〔註52〕姑不論錢端升的批評初衷如何，它分化了曹、張之間的關係。受校內外壓迫，兩人在如何改制上出現分歧，最後分裂，並上演羅生門事件。

從張彭春而言，辭職是曹氏落井下石的結果。從曹雲祥而言，張氏倉皇辭職，是咎由自取。曹雲祥說：「張先生所最不快於學校者，厥為新制三主任問題。所謂三主任者，一大學研究院主任，一大學專門部主任，一大學普通部主任也。張先生……嘗屢與祥言大學三主任，當以一人持之。……張先生

〔註49〕 《清華大學校史稿》所言的保守派其實也是改革派，與少壯派不同的只是改革幅度而已。正如「教授治校」為當時清華大部分師生共識一樣，不同的人亦有不同的理解，詳見後文分析。

〔註50〕 蘇雲峰：《從清華學堂到清華大學，1911～1929》，北京：三聯書店，2001 年4 月，第 80～82 頁。

〔註51〕 蘇雲峰：《從清華學堂到清華大學，1911～1929》，北京：三聯書店，2001 年4 月，第 158 頁。

〔註52〕 錢端升之所以護曹，亦有知遇之恩因素在內。錢端升：《清華學校》，《清華週刊》，第 24 卷第 13 號總 362 期，1925 年 12 月 4 日，第 41 頁。

欲違反議案，去二主任而歸於一人，此非特不能服人，亦非張先生一人所能為也。故祥屢勸以勿將此意告人，徒為惹起紛爭之局，而張先生亦終不見；一言不合，拂袖而去」。曹氏所言即前述莊澤宣與張彭春之衝突。張彭春則反駁說，第一、普通、專門二部合併，不是自己個人意見，「校中師生……不乏其人」。第二、自己「曾建議於曹君可任莊澤宣先生總司其事，曹君當猶能憶」〔註53〕。第三、在寫信給董事會的信中，張氏表示，清華所有的改革是在曹雲祥點頭的情況下進行的，現曹氏卻將所有責任往他身上推，因此只好辭職。〔註54〕其他更多分歧，限於篇幅，不贅。

從曹氏對張氏的批評來看，確有濫權之嫌。或至少可以說，清華部分教職員對張氏不滿事出有因。但曹雲祥上述做法，不論背後原因是什麼，從道義上講，張氏是曹氏聘任回來的，理應為張氏提供合理保護。張彭春辭職引發了一連串影響，它不但再次牽動清華學潮，破壞了曹、張兩氏之間搭檔關係，還嚴重削弱了校長的權威和公信力，改變了清華當時的權力格局，「少壯派」因此壯大。

明顯變化是1926年初，曹雲祥在校內外壓力下，成立包括校長在內的7人「清華學校改組委員會」（其餘6人為：梅貽琦、戴超、陳達、錢端升、孟憲承和吳宓），其中陳達以下4名成員為「少壯派」成員。〔註55〕蘇雲峰指出，這是「在錢端升的催促下」，曹雲祥才成立的，並由清華全體教職員大會推舉。〔註56〕在7名改組委員會當中，其中戴超和趙元任分別為圖書館館長和國學

〔註53〕　曹雲祥：《清華學校張教務長辭職記〔紀〕實》、張彭春：《答覆曹雲祥校長印發之「張教務處長辭職記〔紀〕實」》，《清華週刊》，第25卷第1號總368期，1926年2月27日，第39、41頁。

〔註54〕　詳參張彭春：《張仲述先生致董事會書》，《清華週刊》，第25卷第1號總368期，1926年2月27日。

〔註55〕　蘇雲峰：《從清華學堂到清華大學，1911～1929》，北京：三聯書店，2001年4月，第42頁。目前沒有直接證據說明孟憲承與錢端升等人的關係。有迹可尋的是，1928年召開的第一次全國教育會議上，其中第9組高等教育組審查委員有：孟憲承（主席）、陳嘉勳（文書）、丁燮林、張奚若、錢端升、梁鋆立。《全國教育會議報告》，上海：商務印書館，1928年8月，第32頁。吳宓日記中也有相關記載。如1925年7月1日，「上午，孟憲承來，在此午飯」。9月16日，「晚，偕孟憲承君訪梁任公於其宅」。1926年3月6日，「因力顧大局，希望全校改良，協贊錢〔端升〕、孟〔憲承〕諸君，並願以身作則之故（裁併機關），乃自在委員會中，將研究院主任之職位取消」。吳學昭整理注釋：《吳宓日記（3）》，北京：三聯書店，1998年3月，第39、72、153頁。至於陳達，張彭春在日程草案中，已將他與葉企孫等人歸為一派。

〔註56〕　蘇雲峰：《從清華學堂到清華大學，1911～1929》，北京：三聯書店，2001年

院導師，政治立場相對中立，〔註 57〕假若張彭春仍在，應當還能維持微妙平衡。

在校長繼任問題紛擾同時，錢端升繼續在《清華週刊》上投出重磅炸彈，在《清華改組之商榷》中，除要求「教授治校」外，並草擬一份《清華大學組織大綱草案》。由於曹雲祥在張彭春辭職事件中大受打擊，對校務的控制也大不如前。1926 年初，上述 7 人「清華改組委員會」成立。4 月 15 日，三讀通過了《清華大學組織大綱》。目前沒有材料說明曹雲祥在張彭春辭職後對錢端升等「少壯派」提倡的「教授治校」持如何看法，但從 1925 年 11 月《清華週刊》刊登的新一屆「校務會議」，仍是 10 人委員會來看，曹雲祥提倡的「教授治校」，仍是以校長為主，教授適度參與為副。〔註 58〕

在《清華改組之商榷》一文中，除「教授治校」外，錢端升花心血最多的應該是他草擬的《清華大學組織大綱草案》（下簡稱《大綱草案》），與上述 4 月 15 日三讀通過的《清華大學組織大綱》比較，兩者頗多相近之處，這尤其表現在「校長」、「評議會」和「教授會議」三章上。

《北京清華學校大學部暫行章程》（1925 年 4 月 13 日）	錢端升：《清華大學組織大綱草案》（1926 年 3 月 5 日）	《清華大學組織大綱》（1926 年 4 月 15 日）
第一章 學制（第 1～4 條）	第一章 學制（第 1～3 條）	第一章 學制總則（第 1～6 條）
第二章 校長及校長處（第 5～6 條）	第二章 校長（第 4～5 條）	第二章 校長（第 7 條）
第三章 校務會議（第 7～9 條）	第三章 校務會議（第 6～11 條）	第三章 評議會（第 8～11 條）
第四章 教務會議（第 10～13 條）	第四章 學系及學系主任（第 12～16 條）	第四章 教授會（第 12～14 條）

4 月，第 42 頁。

〔註57〕 據吳宓所言，趙元任似偏向張彭春。1926 年 1 月 19 日記載：「張仲述似與梅、趙諸君先有預定之計劃」。吳學昭整理注釋：《吳宓日記（3）》，北京：三聯書店，1998 年 3 月，第 130 頁。不過，趙元任在哈佛期間與錢端升關係不錯。楊步偉：《雜記趙家》，遼寧教育出版社，1998 年 3 月，第 20、25 頁。

〔註58〕 1925 年 11 月，《清華週刊》刊登了新一屆「校務會議」成員，包括：校長曹慶五、舊制部兼大學普通部張仲述、大學專門主任莊澤宣、研究主任吳雨僧、課外作業主任全希德、機要部主任王酌清、教員代表梅月涵、趙元任、孟憲承、陸詠沂。《校長處：新校務會議成立》，《清華週刊》，第 24 卷第 9 號總 358 期，1925 年 11 月 6 日，第 24 頁。

第五章 事務會議（第14～16條）	第五章 教務及教務主任（第17～21條）	第五章 教務長（第15、16條）
──	第六章 教授會議（第22～23條）	第六章 學系及學系主任（第17～20條）
第六章 行政組織第（第17～19條）	第七章 常任委員會（第24～28條）	第七章 行政部（第21～23條）
第七章 附則（第20～22條）	第八章 事務機關（第29～40條）	第八章 附則（第24～25條）
	第九章 本大綱之修訂及實行（第41條）附條（1條）	

　　錢端升的草案目錄與《清華大學組織大綱》基本一致，現將錢端升的草案目錄重新按照《清華大學組織大綱》排序如下：

《清華大學組織大綱》 （1926年4月15日）	錢端升：《清華大學組織大綱草案》 （1926年3月5日）
第一章 學制總則	第一章 學制
第二章 校長	第二章 校長
第三章 評議會	第三章 校務會議
第四章 教授會	第六章 教授會議
第五章 教務長	第五章 教務及教務主任
第六章 學系及學系主任	第四章 學系及學系主任
第七章 行政部	第七章 常任委員會 第八章 事務機關
第八章 附則	第九章 本大綱之修訂及實行附條

　　相較《暫行章程》，最明顯的變化除「教授會」一章外，就數「學系及學系主任」一章。這是因為當時清華仍未設系。至於上述三個章程和草案之間的關係，現就「校長」、「評議會」和「教授會議」三章臚列如下：

《清華學校大學部暫行章程》 （1925年4月13日）〔註59〕	《清華大學組織大綱草案》 （1926年3月5日）	《清華大學組織大綱》 （1926年4月15日）
第二章 校長及校長處	第二章 校長	第二章 校長

〔註59〕 注：（一）清華學校暫分兩部：（甲）留美預備部（舊有），（乙）大學部（新設）。（二）留美預備部組織及一切章程均按清華學校原有章程辦理。

第五條 校長總轄全校事務。	第四條 本校校長由外交部徵得本校全體教授過半數之同意任命之。	第七條 本校校長統轄全校事務。
第六條 校長處分機要、中文文案、英文文案三部。每部設主任一人，副主任、事務員、助理員及書記若干人。其辦事細則另行規定。	第五條 校長依本大綱之規定總轄全校校務。	
第三章 校務會議	**第三章 校務會議**	**第三章 評議會**
第七條 校務會議以下列人員組織之：校長（主席）、普通科主任、專門科主任或籌備主任、研究院主任、大學部任課之教授互選四人、由校長選派之教授或職員二人。（附注：在民國十五年至十六年終了時，如校務會議認為必要時得更改會員名額。）	第六條 校務會議以左列人員組織之： （甲）校長（會長）〔。〕 （乙）教務主任（副會長）。 （丙）訓育委員長。 （丁）全體教授互推之代表若干人。 （戊）全體事務長互推之代表若干人。 （己）〔按：本文從略〕	第八條 <u>本校設評議會，以校長、教務長及教授會互選之評議員七人組織之</u>。校長為當然主席。
第八條 任期由大學部互選之教授四人，其任期如下：第一年選出之四人中二人任期一年，其餘二人任期二年（任期以抽籤法定之），第一年後每年選出二人，其任期均為二年。由校長選派之會員任期一年。	第七條 校務會議，由校長召集之；但二分之一以上之會員，認為必要時，得請校長召集之。	
第九條 校務會議之職權係擬定下列各事，擬定後由校長呈外交部核准施行。 （甲）教育方針。 （乙）每年之預算並經費之支配。 （丙）建築及設備之計劃。 （丁）教授以上教席上設置及各教席之人選。 （戊）出版事件。 （己）大學推廣等事。 （庚）民國十七年以後大學之組織。	第八條 左列事項，須經校務會議之議決： （甲）<u>學系之設立及廢止或合併。</u> （乙）<u>事務機關之設立及廢止或合併。</u> （丙）<u>教師教席之設置。</u> （丁）本校內部各機關權限問題之解決。 （戊）<u>預算，決算。</u> （己）凡事件或位置之需金五百元以上者（每一次或常年） （庚）<u>校內一切規則。</u> （辛）其他重要事項。	第九條 評議會之職權如左： 一、規定全校教育方針。 二、<u>議決各學系之設立、廢止及變更。</u> 三、<u>議決校內各機關之設立、廢止及變更。</u> 四、<u>制定校內各種規則。</u> 五、委任下列各種常任委員會。 　甲、財務委員會 　乙、訓育委員會 　丙、出版委員會 　丁、建築委員會 六、<u>審定預算、決算。</u> 七、授予學位。

		八、議決教授、講師與行政部各主任之任免。 九、議決其他重要事件。
	第九條 校務會議得委派委員，此項委員會之委員，不限於本會會員。 第十條 校務會議得徵求教職員出席發表意見。 第十一條 校務會議開會時，教職員得出席旁聽。	第十條 評議員之任期一年，於每年五月改選。 第十一條 評議會之細則另定之。
第四章 教務會議	第六章 教授會議	第四章 教授會
第十一條 各教務會議以下列之會員組織之。（甲）本科主任（主席）及副主任。（乙）本科教授。（丙）註冊部主任、課外作業部主任、圖書館主任、學監及校醫，如討論及該管事項時，得列席並有發言及表決權。（丁）校長他科主任可隨時列席，但均不參與表決。（戊）本科教員可列席但無表決權。 第十二條 會員均為永久會員。	第廿二條 **教授會議由全體教授組織之**，以教務主任為主席。	第十二條 **本校設教授會，以全體教授及行政部各主任組織之**。由校長為主席，教務長為副主席。
第十三條 教務會議之職權係審定下列各事，審定後呈校長核准施行。 （甲）課程。 （乙）招收。 （丙）升學畢業及證書之授與。 （丁）獎金及免費額之規定。 （戊）圖書儀器之購置。 （己）學生訓育問題。 （庚）學生課外作業。 （辛）其他關於本科教育事件。	第廿三條 教授會議之職權如左： （甲）**推選校務會議委員。** （乙）推選第七章所定之常務委員會。 （丙）教授三分之一以上之提議，**得覆議教務會議及各常任委員會所議決之議案**，覆議之結果，得交教務主任，或各委員會執行之。 （丁）**得提出議案於校務會議。**	第十三條教授會之職權如左： 一、**選舉評議會及教務長。** 二、審定全校課程。 三、**議決向評議會建議事件。** 四、**議決其他教務上公共事項。** 第十四條 教授會之細則另定之。

資料來源：錢端升：《清華改組之商榷》，《清華週刊》，第 25 卷第 2 號，1926 年 3 月 5 日，第 4～12 頁；《清華週刊》，《清華一覽》（1927 年），《清華大學史料選編》，第 1 卷，第 297～299 頁。

　　從上表可以看出，《清華大學組織大綱》是在《暫行章程》基礎上，吸收了錢端升的《大綱草案》而來。在上表中，橫線部分表示兩者相同或接近之處。其中，最明顯的變化是，在《暫行章程》中，仍由 10 人組成的「校

務會議」，在錢端升的草案中，則由全體教授會議推選之（詳見第 23 條（甲）），權力基礎明顯出現變化，權力來源主要從以前的「校長」變爲「教授會議」。〔註60〕上述草案中，未知錢端升因循還是讓步，放棄了「評議會」字眼，採用了「校務會議」。之前《清華學校》一文曾明確指出，「以全體教授或全體教授所推之代表組織評議會爲全校之最高機關」。〔註61〕

在很大程度上，錢端升的草案代表著清華「少壯派」的想法或勢力。隨著錢端升和其他 3 位「少壯派」成員進入 7 人改組委員會，他們的意見在很大程度上得到了貫徹。隨後 1928 年 9 月通過的《國立清華大學條例》也採納了「評議會」和「教授會」制度，雖條例經修訂後，兩會權力大爲縮減，但作爲一項制度畢竟存活了下來，在羅家倫短暫掌控清華後，1929 年又有了恢復。

蘇雲峰認爲，清華「教授治校」的奠基人爲曹雲祥。本文以爲，沒有證據支持蘇氏的說法，奠基人之一應爲錢端升（或少壯派）。若沒有「少壯派」大力推動「教授治校」，尤其錢端升所揭櫫的三大主張和相關之草案，則曹氏是否有魄力推行「教授治校」，可能是未知之數。1923 年 3 月 17 日，梅貽琦對張彭春說：「曹志久留，董事不能大改組，辦事人無教育眼光，更談不到學問」。〔註62〕梅的批評雖有點苛刻，但也道出了部分事實。

有學者指出，「曹雲祥來清華前已經是董事，任校長後，立即感到『董事會問題不能解決，則校務一日不能發展，縱有種種計劃，亦屬空言無補』。可是他拗不過外交部，外交部又拗不過美國公使」。〔註63〕清華校長之難當，當時清華人亦有所體認。柳無忌在致父親柳亞子信中說：「清華還有一件眞的很難解決的問題，那就是校長的問題了。顏惠慶升了英國大使，校長是顏的親戚，也要跟著走。或者顏氏不動，要叫校長到英國去代一代公使哩。所以校長要走。校長要走，於是校長〔學生〕要留；留之而不得，於是新校長的問

〔註60〕 按：從名目而言，《暫行章程》中的「校務會議」和「教務會議」，和錢端升草案中的「校務會議」和「教授會議」對應。但在實質內容上，亦即在錢端升草案中，兩者的隸屬關係剛好顛倒。

〔註61〕 錢端升：《清華學校》，《清華週刊》，第 24 卷第 13 號總 362 期，1925 年 12 月 4 日，第 40 頁。

〔註62〕 蘇雲峰：《從清華學堂到清華大學，1911～1929》，北京：三聯書店，2001 年 4 月，第 73 頁。

〔註63〕 許康編著：《中國的泰羅——曹雲祥》，《中國 MBA 早期三傑》，湖南大學出版社，2006 年 6 月，第 33 頁。

題來了。清華上有外交部，側有董事會，中有教職員，下有學生，而學生又有新舊，這樣的七嘴八張〔舌〕，雖未免杞人之憂，然將來總有些難弄。難弄，所以保不了要起問題」。〔註64〕

從曹氏連外交部都拗不過，可想見他推動清華「教授治校」的程度。這點亦可從錢端升在《清華學校》中三次呼籲社會監督清華改制看出，曹氏在「教授治校」方面的改革實在有限。當時甚至有人在《京報副刊》上指出，清華改制最大障礙就是曹雲祥。〔註65〕

無可否認，「教授治校」是當時清華共識，但不同清華人對此看法不一。以教授作爲參與校政的主體和設立教授會作爲一權力機關，可以說是兩回事。梁啓超在 1924 年主張「大學組織應以教授團體爲主體，……大學校長可以由教授團中推舉，或互推或各教授輪流擔任」，〔註66〕頗近錢端升草案。曹雲祥在 1925 年組成的 10 人「校務會議」，主要是避「職員治校」之譏。若說以上分析還不足以說明曹氏立場，則他在 1926 年初《清華週刊》上所發的《學校改良之計劃》或可說明一二。曹雲祥說：「一、校務方面……二、教務方面……三、學生方面……以上三方面皆本教授治校（按：重點爲本文所加）之方針，分設委員會以期速行改革」。〔註67〕可見曹雲祥的「教授治校」仍以校務會議和分設委員會爲主，類似美國總統國會制，下設各種委員會。與錢端升主張「一如英國市郡議會之組織」有所不同。蘇雲峰在引用時，不慎將英式變成了美式，〔註68〕美國市長權力類似總統，以行政爲主導，英國則融行政與立法於一爐。從錢端升草案，寓校長於評議會中，可見一字之差，謬之千里。

〔註64〕 柳無忌：《致柳亞子》，《柳亞子家書》，嶽麓書社，1997 年 5 月，第 502 頁。

〔註65〕 良德馨指出，張彭春辭職後，學生所提出的「三元兇」，並不是眞兇，「首屈一指之元兇，還是那滑頭與『內方外圓』的外交家，——汽車肥馬出入的神聖校長」。良德馨：《清華學生之腦袋》，《京報副刊》，1926 年 1 月 25 日，第 7 版。

〔註66〕 蘇雲峰：《從清華學堂到清華大學，1911～1929》，北京：三聯書店，2001 年 4 月，第 84 頁。原載《本校十週年紀念增刊》，《清華週刊》，1924 年 3 月 1 日，第 90 頁。原載張彭春：《清華學校日程草案》，第 1 冊，第 56～57 頁。

〔註67〕 曹雲祥：《學校改良之計劃》，《清華週刊》，第 25 卷第 1 號總 368 期，1926 年 2 月 27 日，第 42 頁。

〔註68〕 蘇氏引文：「一如美國市郡之議會組織」，有誤。蘇雲峰：《從清華學堂到清華大學，1911～1929》，北京：三聯書店，2001 年 4 月，第 42 頁。

　　在錢端升等「少壯派」提出「教授治校」之前，曹雲祥雖認識到董事會和基金兩大問題是清華改制的關鍵，及對改組董事會，也相對持開放態度。〔註69〕但曹雲祥畢竟是外交部任命的，其開放極也有限度，以其與當時外交部及董事會的關係，像錢端升這樣自我否定校長及董事會權力的革命性方案，是曹氏不敢提出的。作為外交部委任的校長，曹雲祥所持的態度是既審慎而又力求穩重。事實上亦是如此，儘管在 1923～1924 年的《清華週刊》上，要求改組董事會的呼聲此起彼落，〔註70〕但作用不大，直到 1927 年，董事會才再次改組。〔註71〕

　　除錢端升的持續批評間接表明曹雲祥的「教授治校」仍未到位外，下列事件更能說明曹雲祥對「教授治校」的態度。1926 年 8 月，清華舊制（遊美預備部）學生要求提前出洋，曹雲祥在一未徵求教務長，二未徵求評議會的意見下，就答覆將提前「送高三級出洋，明年送高二級出洋」。〔註72〕梅貽琦認為這嚴重侵犯了教務長的權限，因而請辭抗議。〔註73〕全體評議員也認為「如此做法有違教授治校之精神」，提出辭職，要求外交部收回成命，曹雲祥

〔註69〕 曹雲祥說：「外部之極有關於學校者，厥為董事會改組問題，及學校基金問題。董事會改組，經鄙人屢次提出，本已定月之八日由外部及美使館與學校方面集大會討論改組會。以校內發生事件〔按：指張彭春辭職〕，以致不果。此次事平之後，想必能即行開會，為改組之討論也」。曹雲祥：《學校改良之計劃》，《清華週刊》，第 25 卷第 1 號總 368 期，1926 年 2 月 27 日，第 43 頁。

〔註70〕 在《清華週刊》上，1923 年共有 19 篇要求改組、批評或討論董事會的報導，18 篇為署名文章。1924 年有 20 篇，其中 10 篇署名。在 1923、1924 兩年中，文題有「改組董事會」字樣的文章及報導分別均為 12 篇。1925 年有兩則很短、不痛不癢的新聞。1926 年只有 4 篇署名文章，除 1 篇為張彭春向董事會辭職函外，餘 3 篇為呼籲或討論改組文章。1927 年只有 1 篇。

〔註71〕 1927 年 8 月 3 日，梁啓超致其弟仲策云：「董事會之設，實多年來校中師生奔走呼號而未得者，且其章程殆與我三年前所主張全部相合，見之不能不心動矣」。丁文江、趙豐田編、歐陽哲生整理：《梁任公先生年譜長編（初稿）》，北京：中華書局，2010 年 4 月，第 614 頁。董事會章程，見《公佈清華學校董事會章程令》（1927 年 9 月 27 日），《外交公報》，第 75 期，1927 年 9 月。

〔註72〕 吳學昭整理注釋：《吳宓日記（3）》，北京：三聯書店，1998 年 3 月，第 385 頁。

〔註73〕 1925 年 8 月 9 日，吳宓記載：「梅並擬堅辭教務長，以示與曹校長不合作之意」。吳學昭整理注釋：《吳宓日記（3）》，北京：三聯書店，1998 年 3 月，第 387～388 頁。

做了檢討，〔註74〕「引咎屈服」方才告一段落。〔註75〕此一事件進一步鞏固了清華「教授治校」制度。清華是幸運的，曹雲祥辭職後，經過一番波折，清華人在眾裏尋「他」千百度後，——終於迎來「教授治校」的最佳人選——這就是眾所周知的梅貽琦校長。

就曹雲祥在清華「教授治校」中所扮演角色而言，儘管迫於校內外壓力，但平心而論，他也有一定的貢獻。若非曹氏具備一定的開明思想，則清華「教授治校」實踐，或許未必會如此順利亦未可知。從這個角度來說，曹雲祥亦功不可沒。至就清華改制整體而言，更是在他主持下完成，則貢獻更大，更毋庸贅言。

除《清華大學組織大綱》吸收「教授治校」意見外，清華在 1926 年開設的 10 個學系，與錢端升的《大綱草案》建議完全一致。錢端升所擬的 13 個學系，清華全盤接收了。清華改制初期，在學系的設置上，是完全符合錢端升以文理科為主的設想。清華當時計劃開設的學系有 17 個，後因種種原因，只開出了 10 系。在開設的學系當中，梅貽琦指出，「十系之屬於普通所謂文理科者，為前列之八系」。〔註76〕

《清華大學校史稿》和《清華志》記載 1926 年有 11 個系（見下表），但梅貽琦在 1927 年說：「本校現有卜系之專修學程」。據梅所言，當時農業學系仍未成立。〔註77〕在清華大學初期的 11 系（包括後來的農業學系）當中，除教育心理學外，其餘 10 個學系與錢端升開出的完全吻合。在未能開出的 6 個系當中，其中 3 個系亦與錢端升建議吻合。

錢端升之《清華大學組織大綱草案》與 1926 年清華大學院系設置之比較：

〔註74〕 黃延復：《梅貽琦》，《清華人物志（3）》，清華大學出版社，1995 年 4 月，第 4 頁。評議會致曹雲祥函，由吳宓起草。全文見吳學昭整理注釋：《吳宓日記（3）》，北京：三聯書店，1998 年 3 月，第 386 頁。

〔註75〕 吳學昭整理注釋：《吳宓日記（3）》，北京：三聯書店，1998 年 3 月，第 390 頁。

〔註76〕 梅所言最後兩系為：教育心理學系、工程學系。梅貽琦：《清華學校的教育方針》，《清華週刊》，第 28 卷第 14 號總 426 期，1927 年 12 月 23 日，第 66 頁。

〔註77〕 具體年月待考。梅貽琦：《清華學校的教育方針》，《清華週刊》，第 28 卷第 14 號總 426 期，1927 年 12 月 23 日，第 66 頁。方惠堅、張思敬主編：《清華志（上）》，清華大學出版社，2001 年 4 月，第 61 頁。

第四章 學系及學系主任〔註78〕 第十二條 本校暫設下列各系	清華大學院系設置（1926年） 〔註79〕
1.（甲）國文系	1. 國文學系
2.（乙）英文系	2. 西洋文學系
3.（丙）德、法、日文系	
4.（丁）歷史系	3. 歷史學系
5.（戊）政治系	4. 政治學系
6.（己）經濟系	5. 經濟學系
7.（庚）哲學系	6. 未能開出
8.（辛）數學系	7. 未能開出
9.（壬）物理系	8. 物理學系
10.（癸）化學系	9. 化學系
11.（子）生物系 　〔說明〕農學暫屬之。農事試驗場暫時附屬於此系。	10. 生物學系 11. 農業學系
12.（丑）工程系	12. 工程學系
13.（寅）體育系	13. 未能開出
	14. 教育心理學

　　三讀通過的《清華大學組織大綱》中「評議會」與「教授會」的關係，當時有人指出，

> 評議會的職權共有九項，內中有四項是要先徵求教授會的意見，並且議決後經教授會的否決時要評議會覆議的。這無異說：評議會要承教授會的意旨而行。誠然，評議會諸先生，即使事事以學校為前提，也難免掣肘。但是，如果真正能一本大公，持之以理，內不負良心，外不負國人，旁人自不敢反對。〔註80〕

上述意見與錢端升主張「教授治校」旨趣及下面的看法吻合。錢端升說：

〔註78〕 錢端升：《清華改組之商榷》，《清華週刊》，第25卷第2號總369期，1926年3月5日，第7頁。

〔註79〕 除表中3個學系未能開出外，還有東方語言學系、社會學系和音樂系亦未成立。梅貽琦：《清華學校的教育方針》，《清華週刊》，第28卷第14號總426期，1927年12月23日，第66頁。方惠堅、張思敬主編：《清華志（上）》，清華大學出版社，2001年4月，第61頁。

〔註80〕 袁中一：《希望於學校評議會的幾點》，《清華週刊》，第25卷第10號，1926年4月30日，第18～19頁。

　　去歲大學籌備委員會人數眾多，歷半年之久，始得議決一複雜
欠條理之組織草案；當局又從忽略之，法治精神，掃地以盡。此次
改組，利在急進。教授當舉一小委員會，付以討論改組計劃之全權。
如委員會悉心討論，則旬日可畢；再經教授會之通過，半月可畢。
如是，則自討論以訖外部批准，亦不過二旬已耳。〔註81〕

　　余之改組計劃通過及批准後，即時（或限二周內當實行者）可
實行者，計有下列各端：

　　校務會議之成立，

　　各學系之成立，及學系主任，教務主任之推舉，

　　常任委員會之推舉。

以上數端，苟有誠心，實皆易行。苟無誠心，則雖半年亦不能行也。
〔註82〕

清華後來的改革果如錢端升所料，「利在急進」，不過半月就畢。1926 年 4 月
15 日，《清華大學組織大綱》通過後，同月 19、25 日隨即召集第一、二次教
授會。26、28 日召開第一、二次評議會，初步奠定了清華「教授治校」基礎。
29 日，第三次評議會通過了上述所言的建設 17 個學系，清華發展基本納入
正軌。蘇雲峰指出，以上「二會成立後，教授們是何等的熱心和積極參與校
務，且未曾間斷」。〔註 83〕印證了錢端升「自討論以訖外部批准，亦不過二
旬已耳」、「苟有誠心，實皆易行」的看法。毋庸贅言，清華日後的發展與錢
端升上述建議及所擬的草案，有不可抹殺的關聯和貢獻，清華校史應當為其
書上一筆的。〔註84〕

〔註81〕錢端升：《清華改組之商榷》，《清華週刊》，第 25 卷第 2 號總 369 期，1926
　　　　年 3 月 5 日，第 12 頁。

〔註82〕錢端升：《清華改組之商榷》，《清華週刊》，第 25 卷第 2 號總 369 期，1926
　　　　年 3 月 5 日，第 13 頁。

〔註83〕蘇雲峰：《從清華學堂到清華大學，1911～1929》，北京：三聯書店，2001 年
　　　　4 月，第 46 頁。

〔註84〕蘇雲峰雖亦指出，「清華在 1919 年以前為職員治校時期，1922 年起教師爭取
　　　　參與校政，至 1926 年擺脫清華董事會之控制和校長一元化的領導，進入教授
　　　　治校時代，實現了半年前錢端升所鼓吹的校務獨立自主理想」。但嚴重低估了
　　　　錢端升的影響力。這點亦可從蘇雲峰將錢雨農與錢端升兩人混淆，可窺見一
　　　　二。蘇雲峰：《從清華學堂到清華大學，1911～1929》，北京：三聯書店，2001
　　　　年 4 月，第 44、46 頁。

　　曹雲祥第二次辭職風波。對於「教授治校」，除制度以外，錢端升也十分關注人選問題。這一點可從曹雲祥第二次辭職風波中看出。1926 年 10 月，北京發生政變，顏惠慶赴英告吹，擾攘半年的校長人選問題暫告結束。不久，曹雲祥又有南下商務印書館之意，再度引起校內各派勢力覬覦。錢端升在致胡適信中說：「去年我已經問過你是否願意擔任清華校長，我現在請你再考慮一下。曹慶五預備於寒假想到上海商務印書館做經理去，同時他想請郭鴻聲來替他，這都是他當面同我說的。這一遭，他的確想走。」〔註 85〕蘇雲峰認為，這是錢端升為推動北大派進入清華因而再度對胡適進行活動。〔註 86〕本文以為，這不是錢端升的目的。

　　在上述致胡適函中，錢端升生透露了自己對維持當時北方高等教育的想法。他表示自己「並不是清華派，平常也不甚重視清華的」。不過他常有兩種想法：「第一，我既然進了清華，一天不離清華，便一天不能忘情於清華的改良；第二，清華進款每年有二百萬左右，以後還可增加，在現在中國財政狀況之下，的確不算少」。錢端升如此大費周章表白，目的在於撇清黨派關係，〔註 87〕直接向胡適陳述自己的動機在於維持北方教育，希望憑清華充沛的經費，為中國的高等教育立下一個不拔的基礎。他說：

> 依我看來，二三年內，北方國立大學，不會得有進行的機會；
> 而教會學校，總是教會學校，不可教也；私立學校，總是小家氣，
> 不能立也。所以不絕如縷的大學教育，在北方只得從清華著想。……
> 巧婦難為無米之炊，在這種時候，當然應該向有希望的地方進行。
>
> 〔註 88〕

「應該向有希望的地方進行」，一語道破北方教育界面對普遍欠薪的無奈與辛酸。錢端升上述信件寫於 1926 年底。1926 年 1 月 1 日，北京大學校長蔣夢麟在教職員聯席會議上報告：「本校截止今日止，帳簿上存款只有二角五分八

〔註85〕　《錢端升致胡適》（1926 年 11 月 4 日），《胡適來往書信選（上）》，香港：中
　　　　華書局，1983 年 11 月，第 409 頁。
〔註86〕　從蘇雲峰將錢端升當作錢崇澍（雨農）來看，他似對錢端升思想和主張缺乏
　　　　深入瞭解。蘇雲峰：《從清華學堂到清華大學，1911～1929》，北京：三聯書
　　　　店，2001 年 4 月，第 44 頁。
〔註87〕　按：在錢端升遺稿中，有一份清華校慶未完成的紀念文章，在文中，錢端升
　　　　表達了對母校的深厚的感情。
〔註88〕　《錢端升致胡適》（1926 年 11 月 4 日），《胡適來往書信選（上）》，香港：中
　　　　華書局，1983 年 11 月，第 409～410 頁。

厘」。〔註89〕這可能是北大校史上空前絕後的記錄。期間雖有俄庚款等救濟，但畢竟杯水車薪。1926 年 7 月 29 日，《晨報》報導《北大教授多移往廈大》。10 月 3 日，《申報》報導《北大教職員不願開課者多》。18 日，《晨報》報導《北大二院聽差不幹，因欠薪過多》。21 日，報導《北大圖書館職員欠薪，非先發一月不從事工作》。〔註90〕在致胡適函中，錢端升說：

> 總之，我以為清華在未來幾年內，負有維持北方大學教育的重任，凡有能力做他的校長者，不可不試。校長不是一種有趣的事情，我可承認。但是我敢說，若是我自己的年歲大一點，資望深一點，我也一定敢犧牲自己安閒讀書的生活，去嘗一嘗校長的辛味。

為解除胡適擔憂，錢端升說：

> 你要肯來，校內校外俱不患沒人幫助。我們的人數雖然不多，但是也有三分潛勢力；你儘管來開刀整頓，我們一起人一定竭力地幫助（說一句笑話，即使你的刀開到我的身上，我還是十分贊助）。校外的像《現代評論》那班人，你如做了校長，都有願進清華幫忙的可能。所以清華決不是莫可救藥。〔註91〕

「負有維持北方大學教育的重任」，這才是錢端升活動胡適的主要目的。在錢端升看來，在北方高等教育瀕臨破產的情況下，胡適等人和清華是維持北方教育最理想的人物和途徑。在錢端升動之以情、訴之以理的表白下，胡適表示考慮。〔註92〕

　　需要說明的是，要理解上述錢端升維持北方教育的苦心，須與其「教授治校」主張連接起來。在錢端升的考慮中，要維持北方高等教育的基礎或建立一個高等學府，關鍵除經費外，還在於一個現代化的人事和管理制度。只有經費結合制度，制度又有人事搭配，三者渾然一體，才能發揮「教授治校」的制度優勢。所謂的人事搭配不僅指「思想開明」就足夠，還得理解「教授

〔註89〕 王學珍等主編：《北京大學紀事（上）》，北京大學出版社，1998 年 4 月，第138 頁。

〔註90〕 王學珍、郭建榮主編：《北京大學史料》，第二卷上，1912～1937，北京大學出版社，2000 年 12 月，第 518、520、521 頁。

〔註91〕 《錢端升致胡適》，《胡適來往書信選（上）》，香港：中華書局，1983 年 11月，第 410～411 頁。

〔註92〕 胡適在原信的第一頁用鉛筆眉批說：「我願意考慮你的提議，卻十分不願意你去『設法宣傳』。這是我〔的〕答覆，請諒解此意」。《錢端升致胡適》，《胡適來往書信選（上）》，香港：中華書局，1983 年 11 月，第 408 頁。

治校」的意義。「教授治校」還未實行，曹雲祥已兩次不安其位，這對一個初生的制度來說，即使不是致命的打擊，也是不穩的先兆。以胡適的人望和與清華的關係，錢端升邀約他出任清華校長的考慮是可以理解的。

應當說，錢端升所擬草案得到大多清華人認同，並非偶然。從 1922 年起，海外歸來的清華畢業生崛起成爲一股不可忽視的力量，這個被張彭春稱呼爲「H. H.集團」或蘇雲峰稱之爲「少壯派」的壓力團體，其骨幹成員主要以哈佛和哥倫比亞大學畢業生爲主，前者包括錢端升、葉企孫、吳宓等，後者包括莊澤宣、陳達等。〔註 93〕這股力量爲清華改制奠定了基礎。

錢端升等人的呼籲撥響了清華師生們的共同心聲和學術理想。在《清華週刊》上，清華人對錢端升等人的呼聲有不同的回聲和回應。學生會宣言說：「清華數年以來，弊政百出。『機關多如鰍，主任滿池遊。』……學生現時不過三百餘人，而教職員之數多至百餘。試問〔問〕古今中外復有此種學校否？」〔註 94〕與錢端升言論同出一轍。

關於「教授治校」，有的說：「由各教授合成教授會議，再由各主任合成校務會議，無論何事，皆代表多數意見以解決之，……若缺乏有組織的教授團體，則改革校務仍歸於少數職員之手」。〔註 95〕有的甚至說：「竊以爲大學行政，當純本民治精神，校務自應公開，措施須循眾意，匪特教職員得過問校事，即學生亦應許以建議討論」。〔註 96〕關於清華將來，有的說：「使清華不特能成爲中國的最高學府，且能與英之牛津、劍橋，美之哈佛、哥倫比亞相頡頏」。〔註 97〕與錢端升的目標——模仿歐陸和日本東京帝國大學，成爲中

〔註 93〕 葉企孫，清華 1918 級，1924 年哈佛大學物理學博士。吳宓，清華 1916 級，1921 年哈佛大學文學碩士。莊澤宣，清華 1917 級，1922 年哥倫比亞大學教育博士。陳達，清華 1916 級，1923 年哥倫比亞大學社會學博士。蘇雲峰：《從清華學堂到清華大學，1911～1929》，北京：三聯書店，2001 年 4 月，第 81 頁，注腳 1。

〔註 94〕 《學生會宣言》，《清華週刊》，第 25 卷第 1 號總 368 期，1926 年 2 月 27 日，第 33 頁。

〔註 95〕 陸懋德：《清華之改革問題》，《清華週刊》，第 25 卷第 4 號總 371 期，1926 年 3 月 19 日，第 13 頁。關於系科主任問題，陸懋德還說：「張君在校，不設各系科主任，由此各科學〔學科〕無以團結，各教授無以聯合。全校教授猶如一盤散沙，而教授治校之精神根本摧殘矣」。同上，第 12 頁。

〔註 96〕 李慕白：《如鯁在喉》，《清華週刊》，第 25 卷第 4 號總 371 期，1926 年 3 月 19 日，第 24 頁。

〔註 97〕 張銳：《直截了當斬草除根的取消研究院》，《清華週刊》，第 25 卷第 4 號總

國最高學府一致。錢端升說：

> 世界著名各國，俱有最高學府可尋：若法之巴黎，德之哈德堡，
> 英之牛津，劍橋，新造之邦，如美，日等，雖其士風未盛，亦有哈
> 佛，及東京帝國大學者，以育士人，而張學風。吾國之北京大學，
> 應如東京帝大之發達；然因政局關係，亦不能自稱最高學府而無愧。
> 北大如是，其他更不足道；夫以中國之大，而無一最高學府，奈何
> 其可？！清華無志發展則已，如有之，則當以此爲矢，此高程度之
> 文理科所以不可少也。〔註98〕

錢端升在 1952 年參與中國政法學院的建設，在很大程度上，含有上述理想。
不幸的是，他希望成就一學術研究機構，而當時幹部嚴重稀缺，黨需要的是
幹部培訓機關。

　　錢端升的草案得到認同還可從「少壯派」的力量上得到反映。除上述
1926 年的「清華學校改組委員會」，7 人占 4 人外，1926 年 4 月 19 日，第
一次教務長和評議會選舉也有所反映。當時清華全體會員 60 人，到者 47 人，
出席率 78%。梅貽琦以大多數票當選教務長。這是清華第一位由評議會選舉
而非校長指定的教務長。次選評議員 7 人。評議員選舉結果：<u>陳達 40 票</u>，
<u>孟憲承 37 票</u>，戴志騫 33 票，楊夢賚（光弼）32 票，<u>吳雨僧（宓）30 票</u>，
趙元任 27 票，<u>陳福田 24 票</u>，馬倫（Malon）20 票，<u>錢端升 19 票</u>，<u>葉企孫</u>
<u>16 票</u>，陸詠沂 16 票，王力山 14 票，虞謹庸 13 票，朱匯臣 9 票。〔註99〕選
舉結果再次肯定了「少壯派」力量，在陳福田以上當選 7 人中，除楊夢賚爲
中華教育改進社、〔註100〕戴志騫爲圖書館館長外，陳達、孟憲承、吳宓均
當選。錢端升、葉企孫可能一來年輕、二來受張彭春辭職影響（如另一「少
壯派」成員莊澤宣就因此而辭職），雖不幸落選，但票數也反映了他們一定
的支持率。

　　儘管錢端升所提出的三大主張是在「少壯派」擁護下獲得通過，但他的

---

　　371 期，1926 年 3 月 19 日，第 19 頁。另一清華學生亦持相同看法，詳參壯
　　猶：《清華與中國教育前途》，《清華週刊》，第 25 卷第 1 號總 368 期，1926
　　年 2 月 27 日，第 21～22 頁。
〔註98〕錢端升：《清華改辦大學之商榷》，《清華週刊》，總 333 期，1925 年 1 月 2 日，
　　第 4 頁。
〔註99〕蘇雲峰：《從清華學堂到清華大學，1911～1929》，北京：三聯書店，2001 年
　　4 月，第 42、44～45 頁。
〔註100〕《陶行知全集》，第 1 卷，四川教育出版社，1991 年 7 月，第 769 頁。

言論，有以下特點，反映了他本身也是一位領軍人物。第一、公開、透明和理性，這樣的言論有振聾發聵之功效。錢端升說：

> 余草此文，本求輿論之援助，以達改良清華之目的。余刻任清華教職，凡所指摘者，往往及我同事，而同事非友好，即相知。然人若以家醜不宜外揚責我，則我不願承也。學校公共機關也，而大學尤爲重要，凡國人皆有明曉一切之權利，協助改進之義務，吾之評論清華，猶國會人之評論國會，本無所謂家，無所謂外也。人又曰：子何以獨揚惡而不揚善？我則曰：此文本爲改良清華而作，非爲質〔讚〕美清華而作也。不然清華之善亦多矣，吾能優述之，且樂道之。吾何必斤斤於清華之缺點，甚而至於博同事之不歡哉？若國人明瞭清華情形之後，而助清華以取得賢校長，且助清華脫離外部對於校務上之干涉，因而與清華以掃除積弊，大大改良之機會，則吾志遂矣。吾縱遭受委曲，吾何恤哉。〔註101〕

第二、拓闊了批評清華校政言論的上下極限。清華教員蔡競平說：「自錢端升君，於《晨報》、《現代評論》、《清華週刊》發表《清華學校》一文以後，繼之者，有朱敏章君之《澈底改革清華學校之意見》……。〔註102〕《京報副刊》上亦有人表示：「清華學校之黑幕，與其應如何改造，社會上近來多有文章披露，其中以錢端升、朱敏章二先生所言者較爲切實周詳，我不再說。」〔註103〕在很大程度上，錢端升大膽和尖銳的言論爲後來的言論掃除了顧忌。在《清華學校》一文中，錢端升以畢業生和教職員身份，三次呼籲要求社會各界協助改良清華，以社會輿論來壓迫清華有關當局作出讓步。

第三、有批評須有反建議，否則是無建設性的批評。錢端升在歐陸和英美大學的基礎上，提出以「文理科大學」爲宗旨，「人文教育」爲目標和「教

〔註101〕 錢端升：《清華學校》，《清華週刊》，第 24 卷第 13 號總 362 期，1925 年 12 月 4 日，第 41 頁。按：《現代評論》作「余草此文，本應外界之要求，且微輿論之援助，以達改良清華之目的」。《晨報》作「余草此文，本應外界之要求，更謀外界之援助，以達改良清華之目的」。

〔註102〕 蔡競平：《同學幹事部非駢枝機關不應裁撤或歸併：改組聲中似小而實大之一問題》，《清華週刊》，第 25 卷第 4 號總 371 期，1926 年 3 月 19 日，第 2 頁；朱敏章：《澈底改革清華意見書》（社論），《清華週刊》，第 25 卷第 1 號總 368 期，1926 年 2 月 27 日。按：蔡競平 1922 年入職清華，爲經濟學教員，時任同學幹事部主任。《教職員介紹‧蔡競平》，第 24 卷第 11 期總 360 期，1925 年 11 月 20 日，第 24 頁。

〔註103〕 良德馨：《清華學生之腦袋》，《京報副刊》，1926 年 1 月 25 日，第 7 版。

授治校」爲路徑的大學改革方案，並訴諸理性，道出大部分清華同人所追求的學術理想，成爲「少壯派」共通擁戴的旗幟。

有批評者自然反批評者。就教授治校而言，雖有質疑，但畢竟是少數。〔註104〕但在國學院撤廢上，遭到強烈反彈。〔註105〕平心而論，從後來國學院成而就言，錢端升的顧慮似是杞憂。但從另一方面看，國學院發展確如他所言是「畸形」的。〔註106〕大學本科建設還未完善，國學院已在起跑線上。在某種程度上，國學院是未學走先學跑，其持久力畢竟有限。〔註107〕當時國學院經費爲每年5萬元。〔註108〕而在1920年，國內除清華外，沒有一所圖書館經費超過2萬元。〔註109〕

在裁減機關和人員上，錢端升也遭到不同程度的反批評。不過，這些反批評以枝節和建設性居多，補充和深化了討論，使清華的改革更趨合理。〔註110〕清華之所以能改製成功，一個健全和理性的輿論空間是不可多得的

〔註104〕鍾：《教授治校質疑》，《清華週刊》，第25卷第4號總371期，1926年3月19日。「教授治校」一年多以後，《清華週刊》上有一利弊之辯論，這似是當時《清華週刊》有意爲之，但已逸出本文範圍，不贅。區區：《害多利少之清華教授治校制度》；實菲：《我贊成清華教授治校的理由》，《清華週刊》，第28卷第7號總419期，1927年11月4日。

〔註105〕清華學校研究院同學會：《否認清華改組委員會破壞研究院宣言》；孔德：《爲研究院名義存廢問題敬告全校教職員先生》；張銳：《直截了當斬草除根的取消研究院》，《清華週刊》，第25卷第4號總371期，1926年3月19日。

〔註106〕這點吳宓亦承認國學研究院先天不足。1926年1月22日，他在日記中說：「夫研究院創始之日，弊端已見，本不植高原，今日復何悔」。按：吳宓沒明說弊端，從其日記推論，意指移植外國學制，未必會結果。吳學昭整理注釋：《吳宓日記（3）》，北京：三聯書店，1998年3月，第135頁。

〔註107〕平心而論，國學院的成立主要震攝於四大導師的存在，是因人設制。雖經費充足，但先天不足，加上王國維的意外自殺、梁啓超後因病逝世。在制度未及鞏固之前，兩大導師已去其二，可見制度建立之艱及與人事之關係。另值得注意的是，清華學校當局執意建立國學院，與其創立背景爲庚款，亦有很大關聯。在很大程度上，國學院的創立含有抗衡美國教育的政治目的。

〔註108〕1928年4月4日，清華評議會決議：「研究院下半年仍行維持，但要縮減經費」，從原5萬元減爲2萬5千元。蘇雲峰：《從清華學堂到清華大學，1911～1929》，北京：三聯書店，2001年4月，第293頁。

〔註109〕蘇雲峰：《清華學校圖書館：中國大學圖書館現代化的先驅》，《當代圖書館事業論集——慶祝王振鵠教授七秩榮慶論文集》，正中書局，1994年，第84頁。

〔註110〕如學生會幹事部，錢端升建議「同學幹事部。暫屬秘書處。同學幹事暫爲秘書之一。下年當酌減人員」。其他批評者亦風從之。後經當事人蔡競平將幹事部的來龍去脈講清楚後，仍保留了幹事部。錢端升：《清華改組之商榷》，《清華週刊》，第25卷第2號總369期，1926年3月5日，第13頁。蔡競平：《同

因素。〔註111〕當時清華「上自校長，下至學生，無不奔走呼號，以改革校務之積弊相號召」。〔註112〕由於有共同的目標和教育經歷，如清華特重演說和辯論，因此各人的發言相對理性和克制，為公意交流奠定基礎。〔註113〕

值得注意的是，前述「吾縱遭受委曲，吾何恤哉」該段，這是錢端升作為一個現代知識分子兼政治學家的安身立命之點。與林則徐所言「苟利國家生死以，豈因禍福避趨之」，精神上完全一致。對於這段夫子自白，值得感慨再三。學校是社會的縮影，有怎樣的社會就會有怎樣的國家。錢端升這種態度和看法，不僅是清華的縮影，推而論之，也是其他清華人對國事的態度。

二、參與大學院建設 〔註114〕

1928 年 4 月 14 日，張奚若和錢端升應蔡元培先生之邀請，分別出任大學院「高等教育處處長」和「文化事業處處長」，同於同年 10 月 12 日免。〔註115〕在此之前，錢端升已在積極參與大學院的建院工作。1927 年 10 月 27 日，錢端升出席大學院教育行政處第一次處務會議。隨後第 2～8 次處務

學幹事部非駢枝機關不應裁撤或歸併》，《清華週刊》，第 25 卷第 7 號總 374 期，1926 年 4 月 9 日。

〔註111〕這也是北大自蔡元培離開後、南開相對所缺乏的。蘇雲峰指出，「教授治校是迄今為止大學校政的理想模式，此制倡議最早者為蔡元培，曾試行於北京大學和南開大學，但均名存實亡」。蘇雲峰：《從清華學堂到清華大學，1911～1929》，北京：三聯書店，2001 年 4 月，第 68 頁。

〔註112〕陸懋德：《清華之改革問題》，《清華週刊》，第 25 卷第 4 號總 371 期，1926 年 3 月 19 日，第 12 頁。

〔註113〕民國時期教育的一大特色注重辯論，尤其是教會學校或受英美影響較深的學校。他們認為演說和辯論是培養當代公民的其中一個方法。而事實也的確如此，演說和辯論意義在於，它們培養了學生的邏輯思維和理性思辨能力。如張彭春雖對錢端升諸人極度不滿意，在公開場合，還是以公抑私。他說：「錢君端升亦常痛論其事，不能謂攻擊制度之不良，即係爭權」。張彭春：《答復〔覆〕曹雲祥校長印發之「張教務處長辭職記〔紀〕實」》，《清華週刊》，第 25 卷第 1 號總 368 期，1926 年 2 月 27 日，第 41 頁。

〔註114〕1927 年 6 月 13 日，南京政治會議議決（一）設中華民國大學院，為全國最高學術教育行政機關，以蔡元培為院長。7 月 4 日，中央特別委員會開第一次會議議決：國民政府組織：分外交、內政、財政、司法、農工、實業、交通七部及大學院，與軍事委員會。9 月 17 日，特別委員會通過蔡元培為大學院長。10 月 1 日，外交、司法、財政、交通四部及大學院長就職。

〔註115〕劉國銘主編：《中華民國國民政府軍政職官人物志》，北京：春秋出版社，1989 年 3 月，第 24 頁。

會議，均有出席記錄。除張奚若外，還有《現代評論》同人皮宗石。〔註116〕

錢端升參與具體工作，主要爲草擬和審查各種草案，並代蔡元培先生草擬部分文件，及協助籌備全國第一次全國教育會議。如1927年12月29～30日，行政處第7次會議，議決由朱葆勤、錢端升、張奚若商訂《學生會條例案》。〔註117〕1928年1月17日，行政處第八次會議，議決由錢端升、錢天鶴、謝樹英、黃震華四人負責審查《修正第四中山大學公共體育場條例案》、《全國體育會組織大綱案》和《學生體格檢查表格案》等。〔註118〕

在錢端升遺稿中，還有以下手稿：《編譯委員會條例草案》、《國立編譯組織條例》、《教科圖書審查辦法草案》、《考試制度委員會草案》、《教育行政處組織大綱草案》、《中華民國大學院教育行政處辦事細則》、《著述委員會條例草案》等。〔註119〕在眾多草擬文件當中，最重要的可能是《大學院組織法草案》和代擬的《大學院公報》發刊詞。

《蔡元培全集》收錄了《大學院組織法》完成稿和草稿。其中草稿部分注說：「此篇係教育行政委員會負責人員起草，經蔡元培詳加修改」。〔註120〕此草稿與錢端升手稿《本院組織法草案》對照，發現有若干相同和不同之處。現列表如下：

蔡元培修改草稿〔註121〕 《中華民國大學院組織法草稿》	錢端升手稿 《中華民國大學院組織法》
第一條　中華民國大學院爲全國最高學術機關，承國民政府之命，管理全國教育行政事宜。	1. 中華民國大學院爲全國最高學術機關，承國民政府之命，管理全國教育行政事宜。 2. 大學院直隸於國民政府依法令管理全國學術教育行政事務。 3. 大學院對於各省及地方最高級行政長官之執行本部主管事務有指揮監督之責。

〔註116〕第1～8次會議記錄，見《大學院公報》，第1年第2期，1928年2月，第48～57頁。
〔註117〕按：日期「二十九三十日」，原文如此。《大學院教育行政處處務會議錄》，《大學院公報》，第1年第2期，1928年2月，第55～56頁。
〔註118〕《大學院教育行政處處務會議錄》，《大學院公報》，第1年第2期，1928年2月，第56～57頁。
〔註119〕按：這些手稿筆者在2012年5月19日，獲錢大都先生惠允，得以閱覽。
〔註120〕高平叔編：《蔡元培全集》，第5卷，中華書局，1988年8月，第139頁。
〔註121〕高平叔編：《蔡元培全集》，第5卷，中華書局，1988年8月，第139～140頁。

	4. 大學院於主管事務對於各省各地方最高級行政長官之命令或處分認爲有違背法令或逾越權限者，得以呈請中央覆□〔議〕或撤銷之。
第二條 本院設院長一人，由國民政府委員兼任之。	（按：沒有提及）
第三條 本院設大學委員會，會議關於本院一切事宜。	5. 大學院置副院長一人，輔助院長掌理與院務。 6. 大學院置參事二人至四人承長官之命，掌理擬定關於本部〔院〕主管之法律命令事項。
第四條 大學委員會由院長就有下列資格者、聘請若干人爲委員組織之，以院長爲委員長（國民政府任命）。 （一）各學區中山大學校長； （二）各部主任； （三）其他富有教育經驗之學者。	
第五條 本院設秘書長一人，秘書若干人，組織秘書處，承院長之命，辦理本院事務。秘書長兼任大學委員會秘書。	7. 大學院置秘書長一人，承長官之命，掌理秘書處一切事務，置秘書四人（至六人），佐理處務。前項秘書長得由副院長兼任。
第六條 本院設教育行政部，內置主任一人，部員若干人，輔助院長，處理不屬於各大學區及各大學區互相關聯之教育行政事宜。	8. 大學院設左列各處司 一、 秘書處 二、 學校教育司 三、 社會教育司 四、 出版物司（或出版司） 9. 秘書處之職掌如左：（按：略。） 10. 學校教育司之職掌如左：（按：略。） 11. 社會教育司之職掌如左：（按：略。） 12. 大學院置總務處處長一人，承長官之命，掌理總務處事務。 13. 大學院置司長三人，承長官之命，分掌各司事務。 14. 大學院各處司分科辦事各置科長一人科員若干人，承長官之命，掌理各科事務。科長科員額數以院令定之，秘書處之科得由秘書兼任之。 15. 大學院得置督（或視）學，承長官之命，掌學務之督（或視）察，督學之額數以院令定之。
第七條 本院得設中央研究院及勞動大學、圖書館、博物院、美術館、觀象臺等國立學術機關，其章程另定之。	20. 大學院設中央研究院爲全國最高之學術研究機關，研究院之組織條例另定之。 21. 大學院得設置學校及其他教育學術機關。 22. 大學院得設置專門委員會。

第八條　本院於必要時，得設立學術基金委員會等項專門委員會，其章程另定之。	23. 大學院因繕寫文件及其他事務，得酌用偏〔備〕。另……（按：原文如此）
第九條　本院辦事及議事細則另定之。	24. 大學院辦事細以與院令定之。
第十條　本法自國民政府公佈之日施行。	25. 本組織法自公佈日施行。

　　兩稿相較，不同之處遠較相同之處爲多。除第一條和設置中研院相同外，其餘大多相差甚遠。相差部分包括：錢草案釐定了大學院的權限、設有副院長、參事、督學和學校教育、社會教育和出版三司等。大學院的行政事務主要由副院長（兼秘書處處長）負責，參事則負責教育立法事宜，三司則負責執行。在蔡元培的修改稿中，行政事務主要由大學院委員會負責，委員會由各省校長、各部主任和飽學之士等組成。另蔡稿中增加了「勞動大學」。比較兩份草稿，很難說何者優劣（因制度還需人事配合）。就簡潔性來說，蔡稿較清晰明快。就組織架構來說，錢稿似較爲完備。其中，較能反映錢端升思想的是注重保持大學院的獨立性及督學的設置。在《提高文藝學術案》中，錢端升亦有所提及（詳參後）。

　　至於錢端升代蔡元培先生草擬的《大學院公報》發刊詞，現藏北京大學校史館。經比較，內容除個別字眼外，與《蔡元培全集》所刊行的無重大差別。宣言分三部分，除反映蔡元培先生及大學院重要委員的思想外，應當說亦代表了錢端升的教育和學術思想。

　　第一部分爲大學院命名之由來。發刊詞指出，自民國成立「十餘年來，教育部處北京腐敗空氣之中，受其他各部之薰染；長部者又時有不知學術教育爲何物，而專騖營私植黨之人，聲應氣求，積漸腐化，遂使教育部名詞與腐敗官僚亦爲密切之聯想」。爲正名起見，「捨教育部之名，而以大學院名管理學術及教育之機關也」。〔註122〕

　　第二部分爲釐定大學院之使命。大學院使命有三：一、實行科學的研究與普及科學的方法。二、養成勞動的習慣。三、提起藝術的興趣。其中，第二項應爲李石曾等人的意見。

　　第三部分爲組織機構之介紹。在組織上，大學委員會仿傚「教授治校」模式，以學術化代替官僚化。委員會以各國立大學校長、大學院教育行政處主任、及大學院所推舉專門學者五人至七人組織之，以大學院秘書長爲秘書；

〔註122〕蔡元培：《〈大學院公報〉發刊詞》，高平叔編：《蔡元培全集》，第5卷，中華書局，1988年8月，第194頁。原載《大學院公報》，創刊號，1928年1月，原件藏北京大學校史館。

委員會有推薦大學院院長及討議學術上教育上重大方案之權，以學者爲行政之指導。〔註123〕

在蔡元培主持大學院期間，最引人矚目的兩件事情應該是：第一、廢止祀孔舊典（後在 1934 年恢復）；第二、教育經費獨立案，兩者從不同角度——精神和物質上——確保教育獨立之實現。因此，大學院成立初期，在成立的各種專門委員會中，較爲重要的是教育經費計劃委員會，專門負責教育經費獨立事宜。〔註124〕此二事不但全國注目，錢端升也十分關注，當全國財政會議召開時，在《現代評論》上發表短評。

錢端升指出，大學院提交的三個提案，共計一萬萬元，如果年息八厘，則每年可得八百萬元。〔註125〕「驟視之，似乎很多，但在今〔全〕國教育經費上看來，究竟是杯水車薪，不算甚麼了不得」。但即連如此「杯水車薪」的款項，在最後通過時，還是打了七折。只通過俄、比、意七千萬庚款。「究竟另外還有甚麼辦法可以而保障教育經費的獨立呢？」〔註126〕巧婦難爲無米之炊，錢端升很無奈地問。

1928 年 5 月 15～28 日，國民政府在南京舉行第一次全國教育會議，錢端升以「大學院當然出席委員」身份出席，並擔任預備委員會出版物組委員、全國教育會議分組審查委員會第 9 組高等教育組成員和提出《提高學術文藝案》。大學院當然出席委員名單有：蔡元培、楊銓、金曾澄、許壽裳、朱葆勤、楊芳、張奚若、朱經農、陳劍脩、錢端升，共 11 人。〔註127〕預備委員

〔註123〕蔡元培：《〈大學院公報〉發刊詞》，高平叔編：《蔡元培全集》，第 5 卷，中華書局，1988 年 8 月，第 194 頁。

〔註124〕其它的專門委員會還包括：科學教育、藝術教育、華僑教育委員會、考試制度、政治教育、體育指導、譯名統一籌備委員會。《大學院中央研究院、籌備及專門委員會成立記》，《申報》，1927 年 11 月 23 日，第 3 張；《大學院教育行政處處務會議錄》（1927 年 12 月 2 日），《大學院公報》，第 1 年第 2 期，1928 年 2 月，第 51～53 頁。

〔註125〕四提案爲：（一）教育經費獨立並保障案，（二）擬永遠指撥海關頓稅連續長期債券作爲教育基金案，（三）擬指定庚子俄國賠款發行庫券作爲教育基金案，（四）擬指定比義兩國庚款發行庫券作爲教育基金案。第二、三、四提案分別發行教育基金債券三千萬元、五千萬元、二千萬元。四提案全文見《全國教育會議報告（一、二）》（近代中國史料叢刊續編第 43 輯），臺北：文海出版社，1977 年（原版 1928 年 5 月），第 223～225、259～265、276～279、280 頁。

〔註126〕錢端升（端）：《教育經費獨立的保障》，《現代評論》，第 8 卷第 188 期，1928 年 7 月 14 日，第 3 頁。

〔註127〕《大學院公報》，第 1 年第 7 期，1928 年 7 月，第 199～200 頁。

會委員成員有：吳研因（常務）、孟心史、汪典存、王雲五、陸費逵、范雲六、錢端升，共 7 人。〔註128〕第 9 組高等教育組審查委員有：孟憲承（主席）、陳嘉勳（文書）、丁燮林、張奚若、錢端升、梁鋆立，共 6 人。〔註129〕高等教育組提出的提案共有五件，其中包括錢端升的《提高學術文藝案》。第一次全國教育會議、高等教育組審查委員會通過的議決案一覽：〔註130〕

高等教育組審查委員會通過議決案	原案件數	原 案 者
1.《請大學院訂定大學畢業考試及學位案》	3	汪企張（1 件），暨南大學（1 件），江恒源、凌冰、楊亮功（1 件）
2.《公費派出留學案》	5	周鯁生，暨南大學，陳禮江，張乃燕，湖南教育廳
3.《提高學術文藝案》	1	錢端升
4.《礦冶電機機械暨土木工程等科學生於修業期間至少須在工場實習一年方准畢業案》	1	謝樹英
5.《審核醫藥學校案》	0*	高等教育組審查委員會

*《審核醫藥學校案》由高等教育組審查委員會後來提出，故原案件數爲零。

須指出的是，錢端升的《提高學術文藝案》，除蘊含了其學術思想外，它本身亦是一份非常值得關注而未引起足夠關注的近代高等教育文獻。此一文獻即

〔註128〕《全國教育會議報告·丁編》，近代中國史料叢刊續輯（429），臺北：文海出版社，1977 年，第 74 頁。
〔註129〕《全國教育會議報告》，上海：商務印書館，1928 年 8 月，第 32 頁。
〔註130〕《教育交流與教育現代化》一書只分析了前三個提案，對錢端升的提案隻字未提。該書認爲，「特別是前三項，首先，第一項是對即將結業的學生徹底進行考試，同時國家控制學位授予權（包括採用國家認證國外機關授予的學位制度）。這是針對歷來的高等教育制度裏，沒有保障畢業生的質量（學力、學識）制度問題，以及國內外的高等教育機關所授予的學位的質量不統一問題而制定的。第二項議案是重新制定公費派遣留學生制度和改善地方政府的留學生派遣制度。前者對具有在大學當過教師的經歷的人員，國家進行資格審查；對具有學士學位的人員，國家實施留學考試。後者承認地方政府具有派遣方法的決定權。第三項議案是整頓完善學術獎勵制度。對取得優秀研究成果和做出工作成績的大學、學術團體等提供研究援助，設立獎勵基金，並且，對個人的優秀研究業績、文藝活動（音樂、藝術、文學等）給予援助」。田正平、周谷平主編：《教育交流與教育現代化》，浙江大學出版社，2005 年 3 月，第 300 頁。亦見《王雲五文集》，第 5 卷（商務印書館與新教育年譜）（上冊），江西教育出版社，2008 年 5 月，第 242 頁。

在今天，仍超越時代，有借鑒意義。它的理念基本與朱家驊主持的中研院旨趣是一脈相承的。〔註 131〕

在《提高學術文藝案》中，錢端升提出了三點原則性建議：

（一）大學院就國立大學師資設備之有特長者，特給歲費，設立特種研究所。

（二）大學院就全國學術及研究團體之設備有特殊成績者，特給歲費，監督其研究事業之進行。

（三）由中央提出基金若干，以其年利充獎勵學術文藝作品之用。

對於上述提案，錢端升解釋說：

本案之目的，不在談教育以促進文化，而在藉高深之學術文藝，以固文化之根基，在使國內有為之士，得有上進之機緣，使飽學好學之人，得研究高深之學術，粗窺文學門徑甚饒文學興趣之人，得潛心於文學，略具藝術知能富有藝術天才之人，得致力於藝術，固無解決一切教育問題之意存其間也。

錢端升指出，由於政府資助不足、留學生管理不善和社會的動盪等各種因素，均對當時中國學術和高等教育發展造成了影響。他說：「數十年來，國人往往狃於實利，而於收效不即見之高深學術文藝」，經常忽視之。對於高深學術文藝，除「一任其自生自滅，政府幾毫無獎掖之可言」外，過去提倡方法不外兩種：一是設置大學及專門學校；一是派遣留學生，「除此而外，幾無他道」。北京教育部雖曾一度有獎勵學術基金之設置，並設有學術評定會管理，「然僅紙上空文，無裨實用」，而「大學則或以厄於兵亂，或以經費缺乏，不特研究事業無從著手；即普通之高等教育，亦且名不副實」。

「至於留學，則更言之痛心。我國自派遣留學生以來，至日本者殆有八九萬之眾，至歐美者亦必在一萬以上；然派遣之時，既不定以研求高深學術文藝為目的，而回國之後，又往往以紛亂之故，即有志者亦罕能悉心上進，於是高深學術文藝之所得於留學生者，亦微乎其微矣」。

與陳寅恪看法相近的是，錢端升認為：「高深之學術文藝，實為民族性之所寄。無高深之學術文藝，則民族終難以競存」，「倡提高深學術文藝之說者，雖不至受公然之反對，然常人或且笑為迂闊，此種歧視，固不可不有以糾正

〔註 131〕詳參黃麗安：《朱家驊與中央研究院》，臺北：「國史館」印行，2010 年 11 月，第 17～21 頁。

之」。同時，他也強調普通教育與高深學問研究兩者不可偏廢，須兼程並進及重點培養。針對上述弊端，他提出補救之建議如下：

（一）增加研究高深學術之場所

  （1）根據各大學之特長，重點培養學科和研究生，如當時北大之物理、東大之植物研究，較負時望，可從事擴張。

  （2）各國立大學每年購置儀器圖書之費，至少應佔總支出四分之一。

  （3）其他研究團體，如北京地質調查所之於地質，中國科學社之於動物，亦當察其所長，受國家之補助及監視，而從事於研究事業。

（二）文藝之提倡

  （1）國立音樂及藝術兩院，應積極擴張。

  （2）國立各大學當酌設藝術諸科

  （3）國立各大學之文學各科，應多聘國內外文學家，勿但令普通之大學畢業生，或科舉所取之士，擔任功課。

（三）留學生之派遣

  （1）於國內外大學畢業生中，曾有三年以上之教授或專門經驗學力大而成績佳者，擇尤〔優〕資送。

  （2）關於文藝者，其派遣以大學或各藝術院畢業生而天資佳者為主，蓋文藝在中國其程度比各項學術尤為幼稚，若必求已有成績者，則除極少數人外，將無可選擇也。

（四）獎勵關於學術文藝之作品

  （1）仿日本帝國〔學〕士院學術獎勵金辦法，由政府抽撥基金若干，並廣集私人團體之捐助，積成永增無減之鉅款，優獎關於學術及文藝之作品；其評定之職權，於學士院未成立以前，暫由中央研究院，及該院聘請之勝任人員執行之；如是，則學術家及文藝家可不為生計所迫，而有專事著作以發揚吾民族精神生活之可能。

錢端升指出，上述方案是不完備的，部分原因是「國家財力未充之前，各種研究，尤貴集中而少重複」。但同時，各大學「研究之設備，及教授之俸給，則應勿少惜」。至於留學生「學費不妨從豐，而考覈則應嚴厲」，這是仿傚清

華「寧缺勿濫」的精英主義做法。另在「學士院」成立前，考慮到「吾國因缺乏人才之故，暫時不必有此項組織，以防僭濫」，暫由中研院代理。至於具體辦法，錢端升提出了十條，全文如下：

（一）由大學院呈請國民政府，准以此後退還之庚款，悉充提高學術文藝之用。

（二）由大學院調查各國立大學之設備，凡有特長者，由大學院加給歲費，令設特種研究所。

（三）由大學院調查全國藝術教育情形，於各國立大學中加設藝術諸科。

（四）由大學院調查全國學術及研究團體之設備，如有特殊成績者，給以歲費，而監督其研究工作之進行。

（五）於大學條例中，規定購置儀器圖書之費，不得少於常年開支四分之一。

（六）極方〔力〕發展音樂藝術兩院，舉凡中國重要學派（如有之）務須加以網羅，庶幾不負國立之名。

（七）由大學院依照（三）項（2）條所列原則，制定派遣留學生條列，各省概須遵行。

（八）大學院年設留學學額若干，平均分配於各項學術及文藝；凡關於學術者，學識與經驗須並重。凡關於文藝者，相當程度而外，應重視天才。

（九）由國家提出基金若干，以其年利充獎勵學術文藝作品之用。

（十）由大學院制定獎勵學術文藝條例，獎金從豐，而評定之手續則務須公正嚴密。

應當說，上述制訂的高等教育發展藍圖，是錢端升經過一番深思熟慮而提出來的。其中最重要的為第一條，若教育經費沒有保障，則最圓滿的計劃也只是竹籃打水。因此，第一條規定所有退還之庚款，用作學術用途。在保障經費獨立之後，他最關注的是研究所及師資和儀器圖書等設備的建設。兩者一軟一硬，均為學術研究不可或缺部分。儀器圖書開支方面，規定不得少於常年開支 1/4；獎勵學術文藝方面，仿日本帝國學士院辦法，設立「永增無減」之學術基金。此外，還因應政府收支，發展重點學科，力避重複研究。可見錢端升對學術和教育獨立費盡心思，盡可能從各種途徑，以保障學術研

究能有一較康莊的大道。

朱家驊說：「學術研究一事，非一時可以見功，亦非一人一地所能爲力，必須有鉅額之經費，完整之設備，及全國各地上下一致對於科學研究之熱忱，積久不懈，而後學術之昌明乃能宏遠」。〔註132〕王世杰認爲，創建大學基本條件有五：適當的校舍、良好的設備、確定的經費、良好的教授和嚴整的紀律。〔註133〕應當說，與錢端升的看法大致相近。

除以上外，錢端升也在此案中透露了中國學術落後於世界，尤其日本的焦慮心情。他表示，中西文化接觸已有五十餘年，除普通學術和文藝知識外，「罕有成績之足道」者，「不特以視西方先進各國瞠乎其後，即以視新興之日本亦望塵莫及」。他以日本爲例，指出日本與西方文化交流接觸，幾與中國同步，但在五十年之後，其「學術文化即就世界共同者而論，亦己〔已〕斐然可觀」。日本醫學界中有佐藤三吉、小金井良精，科學界中有櫻井錠二、長岡半太郎、平山信、高木貞治，均「爲世界所推重無論矣」，「即法學界中之織田萬、村上專精等，其深造獨見，亦有不可輕視之勢。甚至西畫西樂，日本人之成績，亦往往爲西人所樂道」。錢端升認爲，日本政府在資助「日本民族固有之文學藝術」不遺餘力，貢獻甚大。他指出，在古代，日本的文學家及藝術家，「其降世也不常」，在近代日本，「文藝之輝煌發達，雖國治民安爲其一因」，但「文部省之計劃有方，獎助得力」。因此，「論者謂日本之強盛，基於武功者小，而基於文治者大，洵有至理在也」。〔註134〕

〔註132〕黃麗安：《朱家驊與中央研究院》，臺北：「國史館」印行，2010年11月，第19頁。原載朱家驊：《全國學術會議召集意義》（1941年3月21日），《朱家驊先生言論集》，第5頁。

〔註133〕吳貽谷主編：《武漢大學校史，1893～1993》，武漢大學出版社，1993年10月，第124頁。亦見《王世杰在國立武漢大學正式開學慶典上的祝詞》（1929年1月5日）、《王世杰在莊校歡迎會上的訓詞》（1929年5月22日），劉雙平編：《漫話武大》，武漢大學出版社，1993年10月，第154～155頁、第162～163頁。原載《國立武漢大學周刊》，第5、23期。亦見徐正榜、陳協強主編：《名人名師武漢大學演講錄》，武漢大學出版社，2003年11月，第109～110頁。

〔註134〕錢端升：《提高學術文藝案》，中華民國大學院編纂：《全國教育會議報告》，商務印書館，1928年8月，第450～454頁；亦見《全國教育會議報告（一、二）》（近代中國史料叢刊續輯429），臺北：文海出版社，1977年，第450～454頁。按：村上專精，日本著名佛教史學者，原名廣崎專精，號天愛癡人、不住道人、舟山，著有《日本佛教史》、《眞宗全史》、《日本漢佛教年契》、《因明全書》等。

從錢端升憂心忡忡的陳述中，我們可以看到他對中國學術發展落後之焦慮，與胡適、陳寅恪、傅斯年等人不遑多讓。陳寅恪在《吾國學術之現狀及清華之職責》中說：

> 吾國大學之責任，在求本國學術之獨立，此今日之公論也。若將此意以觀全國學術現狀，則自然科學，凡近年新發明之學理，新出版之圖籍，吾國學人能知其概要，舉其名目，已復不易。……西洋文學哲學藝術歷史等，苟輸入傳達，不失其眞，即爲難能可貴，遑問其有所創獲。社會科學則本國政治社會財政經濟之情況，非乞靈於外入之調查統計，幾無以爲研求討論之資。至於本國史學文學思想藝術史等，疑若可以幾於獨立者，察其實際，亦復不然。近年中國古代及近代史料發見雖多，而具有統系與不涉傅會之整理，猶待今後之努力。今日全國大學未必有人焉，能授本國通史，或一代專史，而勝任愉快者。東洲鄰國以三十年來學術銳進之故，其關於吾國歷史之著作，非復國人所能追步。〔註135〕

應該說，陳寅恪的看法，與錢端升的說法異曲同工。

三、對學生運動的看法

錢端升對學生運動的態度基本與蔡元培、胡適和王世杰等人的主張一致，亦即學術與政治的分離。但兩者的分離並不表示學術從此不問政治，而是若要過問，必須遵從一定的步伐和範圍。現僅就錢端升對學生運動的看法，分述如下：

「五四運動」是中國近現代史上第一次全國性大規模的反政府學生示威運動，隨後演變成全國性的社會、政治運動。它的影響是深遠的，它喚醒了民眾對國事的關注，但它所帶來的負面影響也是明顯的。五四後學風敗壞雖未必全與「五四運動」有關，但無疑它是主要源頭之一。五四後學風雖不至於無可挽救，但已令教育當局叫苦連天、學界頭疼不已。五四後一年，胡適和蔣夢麟指出，當時學生運動有三種弊端：（一）養成依賴群眾的惡心理；（二）養成逃學的惡習慣；（三）養成無意識的行爲的惡習慣。〔註136〕

〔註135〕陳寅恪：《吾國學術之現狀及清華之職責》，陳美延編：《陳寅恪集‧金明館叢稿二編》，北京：三聯書店，2001年7月，第361頁。原載《國立清華大學二十週年紀念特刊》，1931年5月。

〔註136〕胡適、蔣夢麟：《我們對於學生的希望》，《胡適文集》，第11冊，北京大學

　　1925 年《晨報副刊》上的一篇文章標題《每逢五月便傷神》〔註137〕就很好地說明了這個問題。由於學生運動的巨大能量，各種政治勢力或介入或煽動學潮。臺灣學者呂芳上在《從學生運動到運動學生，1919～1929》中指出，從「五四前期，『讀書不忘救國，救國不忘讀書』，到『讀書不忘革命，革命不忘讀書』這一口號的轉變，大約可以領會出學生運動的走向」。〔註138〕錢端升所持立場恰是前者。

　　在民國時期，胡適和蔣夢麟對學生運動的看法，頗具代表性。他們認為，學生干政「是變態的社會裏一種不可免的現象」，這種「不經濟的不幸事。因為是不得已，故他的發生是可以原諒的」，但學生的主要責任是求學。〔註139〕周鯁生也說：「在政治不進步的國家，學生參加或甚至領袖政治運動，卻是常見的事」，但「學生的政治運動也須有適當的步驟須守適當的界域」。〔註140〕周鯁生認為，學生運動有「遠大的前程，可以因勢利導，而不容一概蔑視，並且終久誰也不能禁阻的」。同時，他又勸告學生「這種運動究竟也是不可濫用的」，因為它不是「學生的本分，不過在特殊情勢下在極端必要的時候，不得已而為之」。〔註141〕

　　在《愛國運動》中，周鯁生繼續重申，「在必要之時，我們固然可以不惜犧牲學業以救國，然而在通常的場合，於可能之限度內，應當務令愛國運動不妨害求學之目的」。〔註142〕王世杰亦認為，在「政象昏闇已臻極地」的中國，要一些有思想和血性的人，不問政治，不論在理論還是事實上都說不

　　　　　出版社，1998 年，第 49 頁。原載《晨報副刊》，1920 年 5 月 4 日；亦見《新教育雜誌》，第 2 卷第 5 期，1920 年 5 月。按：此文由胡適起草、蔣夢麟合署。

〔註137〕汪典存：《每逢五月便傷神》，《晨報副刊》（五四運動紀念號），1925 年 5 月 4 日，第 1 版。

〔註138〕呂芳上：《從學生運動到運動學生，1919～1929》，臺北：中研院近代史研究所，1994 年 8 月，第 10 頁。

〔註139〕胡適、蔣夢麟：《我們對於學生的希望》，《胡適文集》，第 11 冊，北京大學出版社，1998 年，第 49 頁。原載《晨報副刊》，1920 年 5 月 4 日，亦見 1920 年 5 月《新教育》，第 2 卷第 5 期，第 48～49 頁。

〔註140〕周鯁生：《青年學生的政治運動》，《現代評論》，第 1 卷第 22 期，1925 年 5 月 9 日，第 3～4 頁。

〔註141〕周鯁生：《青年學生的政治運動》，《現代評論》，第 1 卷第 22 期，1925 年 5 月 9 日，第 5、6 頁。

〔註142〕周鯁生：《愛國運動》，《現代評論》，第 2 卷第 45 期，1925 年 10 月 17 日，第 7～8 頁。

通。因此，他主張「學校中人的政治活動，總得維持一定的步伐和範圍」。
〔註 143〕胡適、周鯁生和王世杰的看法很可代表《現代評論》上其他學人的
立場。〔註 144〕

　　1925 年 8 月 21 日，顧孟餘、李煜瀛等人發表北大脫離教育部聲明，胡
適、王世杰等人也公開發表反對聲明。他們認為，一、本校應早日脫離「一
般的政潮與學潮，努力向學問的路上走，為國家留一個研究學術的機關」。
二、教員介入政治活動，應以個人名義，「不要牽動學校」。三、評議會應用
其大部分精力謀校內改革，「不當輕易干預其職權以外的事業」。〔註 145〕在
《這回為本校脫離教育部事抗議的始末》20 人簽名中，15 位為《現代評論》
創辦人或撰稿人。〔註 146〕

　　錢端升對學生運動的看法，體現在他寫給清華學生《論學潮贈新舊諸生》
和《過度之安分守己》二文中。兩篇本為一篇，須互相參照才能理解其中涵
義。在前文中，錢端升認為，學生表達對國事的意見須有限度，就是不能長
期放棄學業。在後文中，反對部分清華學生閉耳不問天下事。「讀書不忘救
國」，這是他在兩文中意欲向清華學生傳達的訊息。

〔註 143〕王世杰：《學校與政治》，《現代評論》，第 4 卷第 81 期，1926 年 6 月 26 日，
　　　　　第 4、5 頁。
〔註 144〕其他同人意見，詳參西瀅：《北京的學潮》，《現代評論》，第 1 卷第 9 期，1925
　　　　　年 2 月 7 日；召（燕樹棠）：《愛國運動與學潮》（時事短評），《現代評論》，
　　　　　第 2 卷第 38 期，1925 年 8 月 29 日；胡適：《愛國運動與求學》，《現代評論》，
　　　　　第 2 卷第 39 期，1925 年 9 月 5 日；燕樹棠：《教員與學風》，《現代評論》，
　　　　　第 2 卷第 41 期，1925 年 9 月 19 日。
〔註 145〕胡適等：《為北大脫離教育部關係事致本校同事的公函》（1925 年 8 月 21 日），
　　　　　耿雲志主編：《胡適遺稿及秘藏書信》，第 20 冊，黃山書社，1994 年 12 月，
　　　　　第 398 頁。簽名共 17 人。按：值得注意的是，脫離「一般的政潮與學潮」及
　　　　　評議會不當輕易干預，易言之，它似並沒否認重大場合干涉之必要性。
〔註 146〕這 15 位為王世杰、丁燮林、周覽（周鯁生）、王星拱、高一涵、陳翰笙、胡
　　　　　適、張祖訓（張慰慈）、皮宗石、陳源（西瀅）、陶孟和、燕樹棠、張歆海、
　　　　　李四光、鄧以蟄。其餘 5 位為：顏任光、余文燦、高仁山、胡濬濟、羅惠僑。
　　　　　胡適等：《這回為本校脫離教育部事抗議的始末》（1925 年 9 月 3 日），柳芳、
　　　　　季維龍整理：《胡適全集·教育·語言·雜著》，第 20 卷，安徽教育出版社，
　　　　　2003 年 9 月，第 119 頁。原載耿雲志主編：《胡適遺稿及秘藏書信》，第 20
　　　　　冊，黃山書社，1994 年 12 月，第 400、403 頁。按：比較《為北大脫離教育
　　　　　部關係事致本校同事的公函》簽名，多出者為：張慰慈、余文燦、羅惠僑三
　　　　　人。另《胡適全集》將日期定為 1925 年 8 月 23 日，不妥。據《始末》內文
　　　　　所言，應至少在 9 月 3 日之後。

在《論學潮贈新舊諸生》中，錢端升指出，自 1919 年以來，誘發學運的基本因素有三：一、救國；二、國內政治黑暗；三、學生本身利益。錢端升承認社會政治黑暗，學生有參與各種政治和社會運動的權利，「救國固人人之義務，干政亦所許於國民者，教育行政官吏，學校內部人員，苟鄙劣溺職，反對或驅逐亦所宜也」。不過，他認為學生身份特殊，「難與一般國民相提並論」，若過度參與，則荒廢學業，無論對國家社會，還是學生本身均得不償失，若不幸為黨派利用，則更不幸。「若假救國干政之名，而行罷課之實，或號召趨附，徒作黨派之爭，則學生之罪在不逭矣」。〔註 147〕

錢端升認為，學生在求學階段，應努力裝備自己，將來貢獻國家。他說：「學生之本務在求學，士為邦本，求學即所以厚國力；廢學救國，國何以恃，輟誦干政，政何以良」。他以五四和五卅為例，指出學生過度參的後遺症是得不償失。「五四運動，曹陸被黜，時人自為最快心之舉；然大罷課之風，於以肇端；至今北京各校教授，仍有謂五四運動後，學生心猿意馬，讀書少效力者至少四五年。五卅之役，學生奔走呼號，對於外交，不無補救，對於民氣，不無獎進；然所得是否能補學問上之損失，則未可知也」。〔註 148〕

對於清華學生過去在學運中進退有據的表現，錢端升是讚譽有加的。以「北京各校之幾無歲不罷課者，正見清華學生之安分守己，勤學不務外事」。因此他相信開學之後的清華學生不會因「滬案而再作自殺式之罷課」，亦不會再「加入援女師大及驅章等舉」。但他表示：「余愛清華學生更深，故不憚辭費」。還是再諄諄善誘了一番。

錢端升發表此文之時，「五卅運動」仍未結束，正值清華開學之際。他指出，當時有「二梗」導致學潮有一觸即發，順及清華之勢。一、五卅罷課，「當時有滬案一日不解決，學生一日不上課之宣言」；二、「五七之日，警廳干涉學生遊行，……學生因有否認教章之舉」，後因滬案，驅章運動暫停，「好動者至今尚無下台地，開學後必且與章為難」，再加上女師大風潮，「城門失火，殃及池魚，北京各校罷課一日，即清華學校受牽制一日」。〔註 149〕

〔註 147〕錢端升：《論學潮贈新舊諸生》，《清華週刊》第 24 卷第 1 期，1925 年 9 月 11 日，第 11 頁。

〔註 148〕錢端升：《論學潮贈新舊諸生》，《清華週刊》第 24 卷第 1 期，1925 年 9 月 11 日，第 11 頁。

〔註 149〕錢端升：《論學潮贈新舊諸生》，《清華週刊》第 24 卷第 1 期，1925 年 9 月 11

　　錢端升在回顧滬案發生、學生徵求他的意見時說：「學生對五卅責任，在示威，在宣傳，俱當於課餘或假日行之，俾可持久」。即不得已罷課，「亦當限於一日之長」，及後「女師大事起，學聯會及各校後援會奔走呼號，幾忘後援會之所由起，捨本逐末，莫此為甚」。因此，他希望清華學生「一方面拒絕一切不相干之事，而一方面仍督促學生團體專心致力滬案」（按：重點為原文所有）。〔註150〕

　　在《過度之安分守己》中，錢端升則對部分清華學生「與出洋大計無關者，則皆在越壤之列，不問亦不聞」表示不滿。不過他認為這是清華教育所致。「清華有校以來，已十餘載，畢業生有六七百」。就此數百人「求一最普遍之按語，余敢以平穩二字進（按：重點為原文所有）。……平穩實為清華教育成績之一。就余歷年觀察所及，尤以近一二年來之學生為平穩無疵」。〔註151〕錢端升指出，無論國事還是學問：

> 天下事必有是非，學問亦然，能是是而非非，斯為真學者（按：重點為原文所有）；得過且過，只求心是人之是，而不敢明非人之非，實乃為學大障。深願諸同學以澈底（真正 RADICAL 之意）自勉，而戒平穩（英文 TAME 之意）。〔註152〕

在文章最後，錢端升表示撰寫兩文目的：「徒以妄其學潮，荒時失業，實為過分：而逾度之安分守己，實為不及；不及猶過也，故不敢不告」。〔註153〕錢端升希冀的是，清華學子要以學業為主，但也不要光做書呆子，而忘記國事。「讀書不忘救國」，這是錢端升為其母校南洋中學 86 週年紀念刊的題字，從中可見他當時對清華學生之寄託。〔註154〕在很大程度上，上述兩文亦是錢端升對學術與政治的態度：「學術不忘政治」。儘管錢端升加入國民黨，參與現實政治遠較胡適積極，然所持立場卻與胡適相當一致：嚴守學人本色。

　　　　日，第 11～12 頁。

〔註150〕錢端升：《論學潮贈新舊諸生》，《清華週刊》，第 24 卷第 1 號，1925 年 9 月 11 日，第 12 頁。

〔註151〕錢端升：《過度之安分守己》，《清華週刊》，第 24 卷第 2 號總 351 期，1925 年 9 月 18 日，第 11 頁。

〔註152〕錢端升：《過度之安分守己》，《清華週刊》，第 24 卷第 2 號總 351 期，1925 年 9 月 18 日，第 12 頁。

〔註153〕錢端升：《過度之安分守己》，《清華週刊》，第 24 卷第 2 號總 351 期，1925 年 9 月 18 日，第 12 頁。

〔註154〕錢端升：《讀書不忘救國》，《南洋中學八十六週年校慶特刊》，1982 年。

四、反對黨化教育

　　錢端升對教育獨立的態度，具體表現在其對廣東大學風潮的看法上。1925 年 12 月 10 日，廣東大學自校長鄒魯北上後，即大起波瀾。學潮之原因，源於國民黨左右派之爭。鄒魯爲右派，與政府左派人物不合。鄒魯以在粵不能立足，乃藉外交代表團名義，離開廣東，支持鄒魯一派之教授與學生，持反對態度，遂引發風潮。〔註155〕

　　在《廣東大學的風潮》短評中，錢端升除對當時國民政府舉措表示失望和惋惜外，還明確反對「黨化教育」。他指出，當時國民政府忽然查辦廣東大學，據聞理由爲「反革命大本營」、「『所養成之人材不能供黨及政府所需要』……假使這種說法眞是代表國民政府的意思，那麼，眞是黨化教育了」。〔註156〕對此，他提出了對「大學」的看法：

> 通常世人所知道的大學是講學的地方，而不是宣傳的地方。大學的實用目的是爲國家社會造就人材，而不是爲一党一派造就人材：大學所造的人材是爲社會各方面活動而造就，而不是專爲革命而造就的，……凡屬大學，不論是何黨的人去辦，隸屬何種政府之下，總應當以講學爲本（按：重點爲本文所加）。廣大成立之後，教育界的人已經覺得這個大學和國民黨的關係太密切，受黨及政府的支配過甚，不免有傷學術教育的獨立。今則似乎變本加屬，要叫牠明白的完全的化爲革命宣傳機關，尤其爲一派的宣傳機關，那眞是遠出乎大學目的之外，難道又是中山先生創辦廣大的原意嗎？
>
> 〔註157〕

錢端升承認，一個政黨有宣傳其黨義的權利，但黨義「自有適當的宣傳方法，而不必假用學術機關，更不必直接強迫大學教授和學生黨化。就是要造就黨用的人材，也無妨特別設立職業性質的學校，專施黨用人材的教練，而不可以此責任委諸一般教育性質的大學」。〔註158〕

〔註155〕《廣東大學學潮始末記略》，《教育雜誌》，1926 年第 1 期，第 2 頁。
〔註156〕錢端升（文）：《廣東大學的風潮》（時事短評），《現代評論》，第 3 卷第 58 期，1926 年 1 月 16 日，第 1 頁。
〔註157〕錢端升（文）：《廣東大學的風潮》（時事短評），《現代評論》，第 3 卷第 58 期，1926 年 1 月 16 日，第 1 頁。
〔註158〕錢端升（文）：《廣東大學的風潮》（時事短評），《現代評論》，第 3 卷第 58 期，1926 年 1 月 16 日，第 1～2 頁。

　　錢端升以蘇俄首都有兩個大學，一個是舊有的莫斯科大學，另一個是新設的東方大學爲例，指出前者仍維持著講學的本分，後者則以宣傳共產主義，訓練黨員爲主，來說明即使在一黨專政國家，也可採取「政學分離」手法，以維持學術的獨立性。

　　因此，他對國民政府處理「廣大風潮」表示惋惜，「國內的學術機關本來很貧乏。廣大雖然成立未久，然而發展的可能性極大，足以造成南方學術文化的中心。這總不能不算是廣東革命政府的一個大的建設事業。假若因爲這次風潮而破壞或停頓，那眞太可惜了」。錢端升建議，若「廣東的國民政府如果覺得廣大不能充分供黨用，則與其強迫的黨化廣大，何如採此分功之法，另設一個黨校？」應當說，上述建議對後來國民政府設立中央政治學校有一定的影響。最後，錢端升表達了對離校教授們的支持。他說：

　　　　我們一方面覺得那些爲爭學術尊嚴，爭教授人格而離校的教授
　　們和那些愛護學校反對黨化的學生們的行動值得社會充分的同情；
　　同時還要喚醒國民政府省悟，最後使這風潮有個圓滿的收束，保持
　　廣大獨立的學術生活。〔註159〕

可見錢端升持學術獨立和自由之立場。在前述《學校與政治》中，王世杰曾對當時教育界干政，提出兩項意見。第一、「欲使教育界的勢力，成爲一種政治勢力，必須使教育界的勢力，成爲一種獨立的勢力」。第二、「欲使學校與政治不相妨害，必須使學校與政治的關係，劃分清楚」。〔註160〕

　　關於第一項，保持教育獨立，王世杰指出，國內新聞界和銀行界等，「幾無一不爲軍閥所牢籠，所毀滅」，剩下的教育界，也日漸危險，更須維持自己的獨立。要做到這點，必須做到以下三個條件，即從事教育的人不應藉重任何軍閥勢力，一、「以達任何政治目的」，二、「以營謀一己的教育地盤」；三、「以圖整頓學風」。〔註161〕

　　關於第二項，學校與政治的關係，王世杰認爲必須滿足以下四個條件：一、「教學的人，無論如何，不以其政治工作，代替他的學校工作」。二、

〔註159〕錢端升（文）：《廣東大學的風潮》（時事短評），《現代評論》，第 3 卷第 58
　　　　期，1926 年 1 月 16 日，第 2 頁。
〔註160〕王世杰：《學校與政治》，《現代評論》，第 4 卷第 81 期，1926 年 6 月 26 日，
　　　　第 5 頁。
〔註161〕王世杰：《學校與政治》，《現代評論》，第 4 卷第 81 期，1926 年 6 月 26 日，
　　　　第 5 頁。

「學校人員不以學校法定機關，爲其政治動作的武器」。三、「教員不利用他的教員地位，勸學生入黨」。四、「教員的進退，不以黨派關係爲標準。……一個國家或一個政治機關尚不宜只有一黨存在，何況一個研究學術的機關」。〔註162〕總之，王世杰認爲，從事教育的人，不應以學校和學生作爲政治運動的資本。從這個角度言之，與錢端升一樣，王世杰其實也是反對「黨化教育」的。

　　除胡適、王世杰等人外，周炳琳也反對「黨化教育」。《聯大八年》記載，「周先生現在還常常對黨化教育，思想教育，孔祥熙，及中訓團之類發發牢騷」。〔註163〕民初議會政治弊端百出和國民教育程度不足，錢端升主張一黨專政只是權宜之計而已。若要訓政之實現，教育是最後的保障。若連教育也黨化，則憲政亦無從談起。這或許是民國學人捍衛教育獨立背後的另一動因。

第二節　「五卅運動」：論政的開端

一、《現代評論》同人對滬案的關注

　　「五卅運動」是中國近現代史上繼五四運動之後，另一民族情緒空前高漲的群眾運動。在很大程度上，它促進了國民黨北伐的成功。一方面，它削弱了北京政府的統治權威；一方面，它再次激起了中國的民族主義情緒。〔註164〕學界關於「五卅運動」研究，雖汗牛充棟，但多將視線聚焦於政黨、學生、工人及商人，對知識分子的研究，仍有待深入。〔註165〕

〔註162〕王世杰：《學校與政治》，《現代評論》，第4卷第81期，1926年6月26日，第5、6頁。

〔註163〕西南聯大除夕副刊主編：《聯大八年》，昆明：西南聯大學生出版社，1946年，第180頁。

〔註164〕關於現代國家（nation-state）定義甚多，如土地、人民、政府等，它所依賴基礎，儘管有不少人指出，是民族主義（nationalism），但對其定義，則眾說紛紜。本文以爲，所謂民族主義是指個體對本土鄉村或城市的熱愛投射到整個群體當中去。無論現代國家如何定義，它主要依賴的是民眾對鄉土的情感。

〔註165〕周石峰：《「時代錯誤」抑或「國民先導」：五卅運動時期的馬寅初》，《江南大學學報（人文社會科學版）》，2009年第2期，第1頁。周石峰列出的研究有，國外專著：〔德〕奧斯特哈梅爾著、朱章才譯：《中國革命：一九二五年五月三十日，上海》，臺北：麥田出版公司，2000年；裴宜理著、劉平譯：《上海罷工：中國工人政治研究》，江蘇人民出版社，2001年。國內專著：傅道慧：

　　本文嘗試從錢端升和不同學人的角度去審視他們對「五卅運動」的態度和建議政府採取的辦法。就 20 年代留學歐美學人政論而言，並非陣壘分明，而是各自呈競爭、有時甚至抵消之勢。如在《現代評論》上，王世杰、錢端升和周鯁生的意見是頗為歧異的，後二者甚至有呈兩極之勢。詳述如下：

　　關於「五卅運動」，《現代評論》很早就記載了此次運動發生的韌機。〔註166〕5 月 15 日，上海日商紗廠無理開除工人，引起罷工。日警開槍打死內外棉七廠工人顧正紅（共產黨員），打傷工人 10 多人，激起義憤。5 月 30 日，上海學生在租界內遊行聲援工人，被英國巡捕逮捕一百多人。後群眾聚集在租界南京路巡捕房門口，要求釋放被逮捕學生，英國巡捕開槍，屠殺群眾，是為「五卅慘案」。

　　慘案發生後，王世杰和周鯁生等隨即在當期的《現代評論》上，譴責英租界的暴力行為。王世杰指出，學生手無寸鐵，人數不過二三百人，只是散發傳單，並無危害租界安全，卻遭「槍彈對待」。除要求政府撤換領事、懲兇和賠款外，建議北京政府提出：一、組織納稅人會議，選舉代表機關代替工部局，行使市政權；二、收回上海會審公廨；三、租界政府不得頒佈任何關於出版物之法律。否則，全國應一律拒用、拒售英日貨。〔註167〕

　　周鯁生則表示，除「懲罰、賠償和保障」外，政府應立即要求英國公使訓令「工部局停止一切暴力行為」。若無效，政府應要求英國「撤使」，同時派遣中國軍警進入租界，維持秩序。由於在事發初期，周鯁生以不太確定的

　　　　《五卅運動》，復旦大學出版社，1985 年；任建樹：《五卅運動簡史》，上海
　　　　人民出版社，1985 年；蕭超然等編著：《國民革命的興起：1923～1926》，上
　　　　海人民出版社，1991 年。論文不贅。本文補充如下：專著：李金坡：《五卅
　　　　慘案調查記》，北京民國大學，1925 年；孔另境：《五卅外交史》，永祥印書
　　　　館，1946 年；李健民：《五卅慘案後的反英運動》，臺北：中研院近代史研究
　　　　所，1986 年。相關論文：許豪炯：《朱自清與「五卅」運動》，《揚州師院學
　　　　報（社會科學版）》，1993 年第 2 期；許豪炯：《聞一多與「五卅」運動》，《畢
　　　　節師範高等專科學校學報》，1994 年第 2 期；楊永明：《梁啓超與五卅運動》，
　　　　《綿陽師範學院學報》，2008 年第 3 期；孔祥宇：《現代評論派與 1920 年代
　　　　的中國外交》、《現代評論派與 1920 年代的中國民眾運動》，《黨史研究與教
　　　　學》，2005 年第 2 期、2006 年第 2 期。
〔註166〕詳參：皮皓白：《上海日本紗廠的工潮》，第 1 卷第 11 期，1925 年 2 月 21 日；
　　　　皓：《青島日本紗廠的工潮》，《現代評論》，第 1 卷第 21 期，1925 年 5 月 2 日；
　　　　皓：《日本紗廠工潮也算是外交問題嗎？》，第 1 卷第 22 期，1925 年 5 月 9 日。
〔註167〕王世杰：《上海租界的慘劇》，《現代評論》，第 1 卷第 26 期，1925 年 6 月 6
　　　　日，第 4 頁。

語氣提出，租界「警察行政權且甚至於立法司法權，更應在這次要求全然收回或限制，根本的打破現今租界的特權地位」，〔註168〕未有涉及廢除不平等條約等問題。倒是消息在 6 月 2 日傳到北京時，北京大學學生會主張「要求廢除不平等條約」。〔註169〕

此後幾乎每一期《現代評論》均有與滬案有關之專文、時事短評，或通信發表。直到召開關稅會議前，才大致告一段落。10 月 10 日，唐有壬發表短評《滬案休矣！》。在短評中，唐有壬表達了《現代評論》同人對北方外交當局的徹底失望。〔註170〕

《現代評論》同人除對滬案，從輿論上進行指導和跟進外，還參與了實際的支持行動。6 月 3 日，北京各校滬案後援會成立。6 月 10 日，北京大學教職員滬案後援會成立。參加者除《現代評論》同人如王世杰、周鯁生、燕樹棠、王星拱、皮宗石、陳源等人外，也包括其他教授如胡適、顏任光、陶孟和、朱家驊、朱希祖、高仁山、陳翰笙等。後援會成立當天，除了推舉委員 46 人分股辦事外，經濟股還決定直接將捐款一萬元匯滬。〔註171〕6 月 14 日，北大教職員滬案後援會召開全體大會，由王世杰主席，各委員包括周鯁生、胡適、林玉堂、朱家驊、高仁山、顏任光、譚仲逵等報告各種事項。〔註172〕

除北京大學外，北京學界及學生亦紛紛成立類似組織，或遊行示威、或捐助匯款、或派出宣傳隊到各地、或致電海外各國政要等，聲援和支持上海罷工。6 月 3 日，清華全體學生參加北京 60 多所大中學校 3 萬多人的示威遊行。10 日，清華學生參加北京各界數萬人在天安門前召開的北京各界對英日帝國主義慘殺同胞雪恥大會，冒雨遊行 20 餘里。〔註173〕6 月 13 日，清華成立清華教職員滬案後援會，分十三股，按股贊助並監督學生進行。與錢端升

〔註168〕松（周鯁生）：《上海租界的殺氣！》（時事短評），《現代評論》，第 1 卷第 26 期，1925 年 6 月 6 日，第 2 頁。

〔註169〕王學珍等：《北京大學紀事（1898～1997，上）》，北京大學出版社，1998 年 4 月，第 129 頁。

〔註170〕壬：《滬案休矣！》（時事短評），《現代評論》，第 2 卷第 44 期，1925 年 10 月 10 日。

〔註171〕王學珍等主編：《北京大學紀事，1898～1997（上）》，北京大學出版社，1998 年 4 月，第 130 頁。

〔註172〕《教職員後援會總務股會議紀事》，《北京大學日刊》，第 12 分冊，第 1721 期，1925 年 6 月 16 日，第 1 版。

〔註173〕《清華大學九十年》，清華大學出版社，2001 年 4 月，第 34～35 頁。

關係密切的吳宓擔任了中文出版股。〔註174〕未有錢端升擔任具體職務之記錄，相信應有參與上述活動。儘管在暑假期間，北京各校滬案後援會仍每星期逢一三五開代表大會。〔註175〕

後來隨著滬案的膠著，北京、清華教職員和北京各校滬案後援會基本無甚作爲。10月20日，《教育雜誌》刊登了《學生總會結束五卅慘案罷課運動之通告》。隨著關稅會議將於11月26日召開，北京各大學和北京各校滬案後援會隨即將目標轉向了關稅會議。1925年11月5日下午三時，北京各大學教授發起「關稅自主促成會」，錢端升列名其中。〔註176〕11月13日，錢端升與張歆海分別當選爲關稅自主會中文股副主任、英文宣傳股主任。〔註177〕由於材料缺乏和篇幅所限，錢端升參與「關稅自主運動」分析從略。

二、王世杰、周鯁生對滬案的態度

《現代評論》雖爲一同人刊物，但發刊宣言標榜各人發表個人見解。因而對滬案的態度，及其刊登的各種言論，不免各有分歧，有時甚至南轅北轍，如第2卷第28期有唐有壬的《對英經濟絕交》和馬寅初的《總罷工總罷市之足以自殺》，二文互相對立，幾讓讀者無所適從。即就《現代評論》同人內部而言，雖基本立場，如懲兇、賠款和道歉、收回會審公廨和改善工人待遇等問題，相對較爲一致。然對於絕交、撤使、撤艦，以至於廢除領事裁判權與取消中外不平等條約等問題上，各有不同立場。

6月16日，王世杰在北京大學中國少年衛國團講演。他總結和反駁了當時部分輿論，未作根本建議。對於宣戰，王世杰指出，「什麼人都知道中國現有的軍力不能同英國正式戰爭，而且我們爲應付現狀起見，亦決用不著向人家宣戰」。不過，他認爲，如果英人繼續在租界殘殺華人，應派兵保護，因「派軍隊到租界去，並不是宣戰，亦用不著斷絕國交」。關於國際會審委員會，王世杰認爲滬案不純屬司法問題，不能單獨用法律問題解決之。至於絕交，只

〔註174〕吳學昭整理注釋：《吳宓日記（3）》，北京：三聯書店，1998年3月，第34頁。

〔註175〕《後援會簡聞：北京各校滬案後援會》，《清華週刊》，第24卷第1號，1925年9月11日，第42頁。

〔註176〕聞黎明、侯菊坤編：《聞一多年譜長編》，湖北人民出版社，1994年7月，第292頁。原載《關稅自主會今日開會，各大學教授發起》，《晨報》，1925年11月6日，第6版。

〔註177〕清：《教職員新聞：能者多勞》，《清華週刊》，第24卷第10號總359期，1925年11月13日，第25頁。

能作為最後一種不得已而為之的手段。〔註178〕

6月27日，王世杰在《滬案的解決條件》中表明了他的態度。在原則上，「懲罰，賠償，保障三種條件，缺一不可」。在具體措施上，則提出兩點：「（一）收回上海會審公廨，這是不須變更條約的。（二）改上海公共租界及其他各地英租界為自闢通商口岸（例如長沙）；只許英人（及他國人）在該地享有居留通商之權利，各該地的警察權及其他市政權……應純為中國機關，受中國上級官廳之監督而不受該地領事團或北京外交團之支配。這是要稍稍變更條約的（按：所有重點為原文所有）」。〔註179〕

7月8日，在《論斷絕國交》中，王世杰雖改變立場，贊成與英國絕交。但他認為，滬案和廢除不平等條約應分開處理。他指出，絕交「不同於宣戰」。以當時國際形勢及英國若宣戰，須遵守國際聯盟相關規定，不至於引起戰爭。所以「政府如斷然採行斷絕國交之手段，一方面既可引起全世界之特殊注意，一方面亦可使這些直接或間接負有殘殺責任之英領英使解職回國」。同時，據他判斷，外報及各外國通信社所傳英國「態度之強硬，大半都是實況，斷不能完全看作英人的宣傳」。因此，「國人如果欲求英人根本的改變態度，容納我們的根本要求——修改中英間不平等條約——決非打算為長時間奮鬥不可」。〔註180〕

隨著「五卅運動」的發展，周鯁生的立場也發生變化，並遠較王世杰激進。6月14日，在北大教職員滬案後援會上，周鯁生提出緊急動議，要求執政府決行兩事：「（一）對內速派得力軍隊收管滬公共租界及漢口英租界、解除租界外警武裝維持秩序（二）對外（a）召回駐外公使（b）撤退中國水面英軍艦並令炮擊漢口之英艦向中國謝罪（c）為滬漢事變正式向中國政府道歉」。當時的議決為：「交文書股辦理」。〔註181〕與一星期前不肯定的語氣大相徑庭。

6月20日，周鯁生在《政府對滬案的外交》表示，政府應藉此機會，全面

〔註178〕王世杰：《滬案事件的解決條件與解決手段》，《晨報》，1925年6月22日，第2版。

〔註179〕王世杰：《滬漢案件的解決條件》，《現代評論》，第2卷第29期，1925年6月27日，第6頁。按：目錄頁作《滬漢案件解決之方法》。

〔註180〕王世杰：《論斷絕國交》《晨報副刊·新少年旬刊》，創刊號，1925年7月8日，第2頁。按：《新少年旬刊》由北京大學學生組織而成的中國少年衛國團創辦，編輯部設北京大學西齋。刊物於1925年9月28日終刊，計9期。王錦厚：《聞一多與饒孟侃》，成都：電子科技大學出版社，1999年8月，第129頁。

〔註181〕《文書股與總務股聯合會報告》，《北京大學日刊》，第12分冊，第1720號，1925年6月15日，第1版。

調整中英關係，不應「專顧上海或漢口一隅」。他認爲：「今日外交的目標，不僅僅在處罰租界行兇的吏役個人，或糾問租界工部局的責任，而在根本的剷除租界事變的根本禍因；打破帝國主義的外國在中國的特權地位」。〔註182〕7月2日，周鯁生在中國少年衛國團演講《滬案之目標與交涉步驟》，繼續上述思路。在周鯁生看來，英國是中外條約體系的主要締造者之一，若能通過滬案從而有一根本的解決，則其他條約國關係不難處理。他說：「各國不平等條約之取得，皆是英國作俑。對英不平等的條約一經取消，將來他國的條約也就容易取消」。〔註183〕

因此，周鯁生一方面批評極端主張取消一切中外條約的人，一方面也反對將滬案和取消不平等條約分開處理的做法。他批評後者說：「自以爲反對唱高調的人也主張取消一切對外不平等條約；他們的進行步驟和前一派不同；他們是要先解決滬案，然後再慢慢和列國（包括英國在內）共同磋商取消不平等條約。我們不懂得像這樣的辦法，有何把握取得列國承認取消不平等條約？」〔註184〕周鯁生所批評的是梁啓超、丁文江等人在上海的主張。〔註185〕

對於滬案，周鯁生列出的解決辦法如下：

一、先決的條件	二、最後解決的條件
（Ⅰ）全體的： （1）要求英政府撤回公使及滬漢兩處領事 （2）要求英政府撤回各處軍艦 （3）英政府向中國政府正式道歉	（1）懲兇及賠償 （2）取消中英間不平等條約的關係
（Ⅱ）滬漢的： （1）租界內解除武裝 （2）租界內取消戒嚴 （3）釋放被捕華人	

從上可知，周鯁生的立場是頗爲強硬和激進的，以當時英國作爲一老牌

〔註182〕 周鯁生：《政府對滬案的外交》，《現代評論》，第2卷第28期，1925年6月20日，第8頁。
〔註183〕 周鯁生：《滬案之目標與交涉步驟》，《晨報副刊》，滬案特號8號，1925年7月2日，第2頁。
〔註184〕 周鯁生：《滬案之目標與交涉步驟》，《晨報副刊》，滬案特號8號，1925年7月2日，第1頁。
〔註185〕 平子：《讀〈北大教職員關於滬案辨正〉的感言》，《晨報副刊》，第1212期，1925年6月18日。

帝國主義及其他西方列強而言，條約體系一榮皆榮，一枯皆枯，如此簡單外交原理豈能不懂？因此，針對英國，實際上相當於針對整個北京外交使團。事實上，英國也藉口以條約牽涉他國拖延之。周鯁生可能認為當時民眾輿論的聲勢及滬案在國際公法上，中國均處於有利地位，以至認為英國有可能會撤使和撤艦的可能，與王世杰判斷英國外交當局並非宣傳有所出入。證諸後來事實，周鯁生的判斷不能不說有所偏頗。早在 6 月 20 日《對英經濟絕交》中，唐有壬就指出，懲兇、賠款和謝罪，這些「須待對手方承認的條件……在我們已經是委曲求全，然而在一意孤行的英國人看來，真是不值一笑，一件也不會承認的」。因此，他主張唯一的辦法只有經濟絕交。〔註 186〕在唐有壬看來，要英國道歉等已很難，撤使撤艦難度將更大。

三、主張速戰速決

　　7 月 2 日，在《晨報副刊》同周鯁生上文一起發表的，還有錢端升的《租界慘殺國人案交涉方法》。如果不計他在清華改制期間發表的文章，則該文應是他回國後第一篇政論文章。對於周鯁生的意見，錢端升是不同意的。他主張速戰速決。他對「五卅運動」的態度，不但接近上述周鯁生所言的「自以為反對唱高調的人」，且有過之而無不及。錢端升說：

　　　　事起之初，有主張以撤消治外法權，收回全國租界，廢除一切不平等條約等為交涉條件者，則明眼人即知其不可也。

　　　　國家體面者為大，而利益衝突在其次。交涉成功，體面而外，能有幾何實際利益？交涉失敗，所失實際利益亦無多，不過體面喪盡，以後外交更不可言……應付此次事變，吾國最大聲威，即工商學各界之罷工罷市罷課。罷課不宜久，罷市罷工不能久，故吾國當以最短時間內，爭回體面，俾工商學各界得以上工上市上學。〔註 187〕

錢端升擔心是中國國際地位問題，若因滬案處理不當而有所下滑，則不僅在國際社會中體面盡失，整個外交體系甚至將會有崩潰、不再受外人重視之虞。

〔註 186〕唐有壬：《對英經濟絕交》，《現代評論》，第 2 卷第 28 期，1925 年 6 月 20 日，第 8 頁。

〔註 187〕錢端升：《租界慘殺國人案交涉方法》，《晨報副刊》，滬案特號 8 號，1925 年 7 月 2 日，第 4～5 版

因此，他主張速戰速決。要速戰速決，滬案自然不得不跟廢除租界和不平等條約脫鈎。但錢端升也不是說不爭利的，而是爭得多少就多少。他說：

> 交涉條件分二部。其一，爲爭體面，亦即先決問題，利在速決，不得已時即用兵亦所不惜。其二，爲爭實利，亦即談判問題，利在爭持，爭得若干，即得若干。〔註188〕

錢端升所言「用兵」之意，與王世杰一樣，是指派兵進入租界，阻止英捕繼續屠殺。他提出「兩部八條」建議當時北京政府應採步驟。第一部分爲先決條件，無談判或商量之餘地，主要原則爲「利在速決」。第二部分則爲釜底抽薪之計，爲解決慘案之根本方案。

關於先決條件，錢端升提出六條：

（一）租界解嚴，一切自五卅以後之非常警備，一律撤退。

（二）釋放因此案而被拘之國人，並發還封閉或佔領之學校等。

（三）英政府承認錯誤向中政府正式道歉。

（四）英政府承認賠償死亡，及因英國軍警之非法舉動而受直接損失者。

（五）此次英國官憲之直接負責殺人傷人之責者，現行解職，依法懲辦。

（六）中國民眾因此案而發生之愛國運動，在法軌內者，英政府一概不得抗議。

其中，第（三）（四）項只要原則上同意則可，具體細節留待第二部分再具體談判之。錢端升上述意見，基本可歸納爲兩點：一、解嚴（第1～2條）；二、道歉、賠款和懲兇（第3～5條），除撤使、撤艦外，與周鯁生的先決條件大同小異。第六條則是累贅。錢端升認爲，上述條件，是解決滬案的最基本條件。只要滿足這些先決條件，「則我有下臺地步，可以開工開市開學，以免損失太多，徐圖持久之爭」。否則惟有「請撤使及派兵而已」。

除上述建議外，錢端升認爲政府應注意下列兩項：

（甲）先決問題保留之項，即道歉之程序〔程序〕。即賠償之根據及方法。

（乙）直接激成此次事變之項：

〔註188〕錢端升：《租界慘殺國人案交涉方法》，《晨報副刊》，滬案特號8號，1925年7月2日，第5版。

（七）關於租界之立法行政權者，代議權應隨納稅義務而定，無華
　　　洋之分，市行政機關應受市議會之監督。如是而後，巡捕房
　　　內部問題，碼頭捐、印刷律等問題，納稅華人俱可有若干主
　　　張，俱可迎忍〔刃〕而解。

（八）關於上海之領事裁判權者、治外法權一般之施行，與此案不
　　　應相提並論。唯會審公廨應完全受司法部管理，改組亦可。
　　　即華洋訴訟亦應照治法〔外〕法權通則辦理。租界適用中國
　　　民刑法。此條解決，工人待遇問題，及共產主義宣傳問題，
　　　悉可依據中國法律辦理矣。〔註189〕

其中（乙）部兩條建議讀來有點費勁，可歸納爲：代議權和收回會審公廨。
代議權解決，順之而來的是，巡捕房內部問題，碼頭捐、印刷律等問題，俱
可迎刃而解。同樣邏輯，收回會審公廨，則工人待遇問題等問題，也可依中
國法律辦理。

　　對於唐有壬的「經濟絕交」論，錢端升認爲，雖爲「吾國最大聲威」，但
此法是雙刃劍，「不能久」。「吾國當以最短時間內，爭回體面，俾工商學界得
以上工上市上學」。但他同時也認識到，當談判破裂時，必須有武力的決心，
派兵接管租界，保護國民。

　　錢端升之所以急於解決滬案，是由於認識到中國積弱，滬案形勢雖有利，
但若拖延時日，則不但得不到解決，中國外交反而自暴其短，後來的事態發
展證實了他的擔憂。英國政府不但未充分認識到滬案的性質和中國民族主義
運動的發展趨勢，還變本加厲，橫蠻無理地繼續槍殺漢口和廣州沙面的中國
人，結果五卅反英運動更是一發不可收拾。

四、與梁啓超、丁文江、胡適的比較

　　錢端升的意見，與胡適、梁啓超和丁文江比較，有不謀而合的地方，亦
有相歧的地方。相同的地方，錢與梁、丁均認爲滬案「利在速決」，解決方案
也大同小異。歧異的地方爲梁、丁等認爲須經一中外會查委員會調查。對於
會審公廨，梁啓超主張廢除、錢端升主張改組。至於胡適，處理原則與錢端
升大致相同，主張先解決滬案，後謀不平等條約之廢除。不過在具體解決手

〔註189〕錢端升：《租界慘殺國人案交涉方法》，《晨報副刊》，滬案特號 8 號，1925 年
　　　7 月 2 日，第 5 版。

段上則略有不同，如胡適根本反對派兵接管租界。

在「五卅運動」初期，梁啓超可說是當時較早關注滬案的學者之一。「五卅慘案」發生不久，梁啓超與朱啓鈐、李士偉、顧維鈞、范源廉、張國淦、董顯光、丁文江等發表《爲滬案告歐美朋友我們怎樣應付上海慘殺事件》。此外，還有《滬案交涉方略敬告政府》、《趕緊組織會審兇手的機關啊！》、《答北京大學教職員》、〔註190〕《對歐美友邦之宣言》等文。〔註191〕在《滬案交涉方略敬告政府》中，梁啓超認爲滬案的處理原則應有二條：

> 第一，勿專看重關於這回事件的雪恥條件，務要取得對於國際現狀能夠改善的條件。第二，條件宜爲實際上比較的容易辦得到，不可徒盡爲理想的。

與錢端升看法相近。至於解決方法，雖然「有多方面可以著想」，但不能讓步條件有三：

> 一、租界內須有一個完全的立法機關，納稅人有選舉票被選舉權和西人一樣。二、廢止會審公廨，在中國司法權之下建設一個合理的司法機關，處理華洋訴訟。三、租界內外，任何國人所設工廠，關於勞工待遇，都要遵守中國政府所頒勞工法且受其監督。〔註192〕

除第二條廢止會審公廨與錢端升主張改組不同外，第一、三條與錢端升所言相差不遠，即租界代議權之改善與中國法律在租界的應用，可見錢端升的立場比梁啓超還要溫和。

丁文江的意見雖有四條，但正如胡適所概括，其實只有一條，就是中外會查委員會。〔註193〕在《高調與責任》一文中，丁文江指責當時輿論，尤其是北京大學教授宣言，不負責任，把「很好的機會錯過了一半」。他認爲，罷工則可，罷市則不可，「唱高調第一步的失敗，就是上海的罷市」。

丁文江指出，對外群眾運動，不外乎兩個目的：一是對於敵人表示一種嚴重的抗議；一個是使得敵人受實際的損失。罷市不過是抗議的表示，外人

〔註190〕丁文江、趙豐田編、歐陽哲生整理：《梁任公先生年譜長編（初稿）》，北京：中華書局，2010 年 4 月，第 552 頁。

〔註191〕梁啓超：《對歐美友邦之宣言》，《晨報》，1925 年 6 月 14 日，第 2 版。按：此文署名「梁啓超」，文題下附有「本篇宣言由顧維鈞君譯成英文電致各國」。

〔註192〕梁啓超：《滬案交涉方略敬告政府》，《生命》（滬案特號），第 5 卷第 9 期，1925 年 6 月，第 60、61 頁。

〔註193〕胡適：《作戰的步驟──讀丁文江先生的〈高調與責任〉》，《生命》（滬案特號），第 5 卷第 9 期，1925 年 6 月，第 61 頁。

損失小，國人損失大，能暫不能久。只有商人繼續營業，才有餘力來補助罷工。「無奈當日上海的學生，把罷市罷工當作一件事，同時舉發」，結果兩個星期後，臨近端午節結帳，商店已吃不消了。〔註194〕

張奚若計算了一下當時上海工人的罷工費：

> 現時罷工人數已達三十萬，每人每日以半元計，一天也須十五萬左右，十天便是一百五十萬。若單靠募捐一端以為維持，誠恐杯水車薪，無濟大事，不到多時，就要氣窮力竭，乞和求降哩。我們試閉目去想，那是一件何等可恥的事體。〔註195〕

張奚若所言後來不幸言中。在中國近現代史上，罷工、罷市屢見不鮮。這是對西方列強壓迫不得已又經常採用的手段。但卻不能持久，經常被批評為三分鐘熱度。應當說，丁文江提出「罷工不罷市」，有很強的合理性和現實意義。

錢和丁的意見並不孤立，馬寅初甚至認為經濟絕交無異於自殺。除在《現代評論》上，馬寅初也在 6 月 24 日北京《晨報》上發表《上海不宜繼續罷市》。〔註196〕6 月 18 日，滬案交涉破裂後，上海總商會採取了丁文江的策略：以開市支持罷工。〔註197〕

〔註194〕　丁文江：《高調與責任》，《批判中國資產階級中間路線參考資料》，第 1 輯，中國人民大學出版社，1958 年，第 84 頁。原載北京《晨報》，1926 年 6 月 19 日。

〔註195〕　張奚若：《怎樣的籌款援助上海罷工的工人》，《晨報副刊》，滬案特號 1，1925 年 6 月 14 日，第 5 版。據統計，1925 年 6 月和 7 月，較去年同期，僅上海口岸稅收（包括進口、出口、船鈔、海岸、子口稅）損失分別達 877,726.456 元和 1,090,475.113 元。《滬案發生上海罷工所受之損失》，《中外經濟周刊》，第 128 期，1925 年 9 月 5 日，第 20、21 頁。亦見受百：《上海五卅總罷業之經濟影響》，《國聞周報》，第 2 卷第 40 期，1925 年 10 月 18 日，第 15 頁。

〔註196〕　在《晨報》上，馬寅初還有三篇相關文章，詳見《晨報》滬案特號 1～8 號和專號 1～3 號總目錄一覽表。關於馬寅初與「五卅運動」的分析，詳見周石峰：《「時代錯誤」抑或「國民先導」：五卅運動時期的馬寅初》，《江南大學學報（人文社會科學版）》，第 8 卷第 2 期，2009 年 4 月。

〔註197〕　胡愈之指出了當時既罷工又罷市的困境：「六月下旬以後，各方面態度雖逐漸鎮定，但因漢口、沙面繼續發生慘殺事件，民氣愈益激奮。國民鑒於政府怯懦，軍人昏愚，交涉絕少希望，宣戰徒唱高調，所以多主張經濟絕交，……〔但〕英日兩國在華商業勢力，已根深柢〔柢〕固，一時實不易打破。……再就接濟罷工工人而論，卻是一個困難的問題。上海總工會與臨時濟安會，雖日得一二萬元的捐款收入，但因罷工工人日有增加，結果還是不夠維持。」胡愈之：《五卅事件紀實》，《東方雜誌・五卅事件臨時增刊》，1925 年 7 月，第 26 頁。

至於「唱高調第二步的失損〔損失〕」，是北京方面不贊成組織中外會查委員會，使外交當局亂了套。丁文江指出，中國不能向列強開戰，惟一的結果只能交涉。他認爲：

> 會查是貫徹我們主張的最厲害的手段。……他們一承認會查，就是承認我們政府可以干涉租界當局的行爲。在外交上就開了一個絕好的先例。那知道北京方面的輿論完全不瞭解這種辦法的利害（按：重點爲原文所有）。……（參觀十六日晨報北大教職員宣言）。〔註198〕

丁的立場大致得到胡適的認同。胡適說，如派兵入租界保護中外僑民，在法理上成立，但政府能派像馮玉祥那樣的兵嗎？孫傳芳已搖手說不幹，若中央派兵，更易紛爭。萬一派的是蕭耀南式的兵，豈不更糟。〔註199〕6 月 26 日，胡適在同樣場合——少年衛國團發表演講。在講演中，又將不負責任的言論增加了三條，包括：主張宣戰、經濟絕交和罷工罷市。〔註200〕

胡適雖對丁文江表示出相當的同情，但對中外會查委員會也不無意見。它容易引起民眾誤會，疑心交涉範圍縮小或打圓場，這是它的弱點。〔註201〕胡適的批評不幸言中。丁後來在收回上海會審公廨的過程中，遭到了輿論界不同程度的批評和質疑，〔註202〕包括來自錢端升的批評。

〔註198〕丁文江：《高調與責任》，《批判中國資產階級中間路線參考資料》，第 1 輯，中國人民大學出版社，1958 年，第 85 頁。原載北京《晨報》，1926 年 6 月 19 日。

〔註199〕胡適：《作戰的步驟——讀丁文江先生的〈高調與責任〉》，《生命》（滬案特號），第 5 卷第 9 期，1925 年 6 月，第 61 頁。

〔註200〕胡適說，既然主張宣戰，戰爭有何影響？誰去打戰？怎樣戰法？軍費怎樣？應該籌劃一下。經濟絕交，以前單方面就可以，現在是雙方。中國與英日每年交易出口在兩萬萬兩以上，除了損失嚴重之外，事實上也很難做到。至於罷市罷工，「在上海的人目睹慘況，身受其殃」，可以不談，但其他的地方罷工，則又何必？胡適用實驗主義的態度說，負責任的輿論，應該用後果來批評他們自己的主張。胡適：《作戰的步驟——讀丁文江先生的〈高調與責任〉》，《生命》（滬案特號），第 5 卷第 9 期，1925 年 6 月，第 61 頁。唐有壬也說：「我們真不懂河南、天津各地的罷工，於滬案有何益處。……爲什麼非英日的工廠，乃至本國的工廠，也要一律罷工呢？」壬（唐有壬）：《愛國運動與勞動運動》（時事短評），《現代評論》，第 2 卷第 37 期，1925 年 8 月 22 日，第 2 頁。

〔註201〕胡適：《作戰的步驟——讀丁文江先生的〈高調與責任〉》，《生命》（滬案特號），第 5 卷第 9 期，1925 年 6 月，第 62 頁。原載北京《晨報》。

〔註202〕燕樹棠：《收回上海會審公廨的捷徑》，《現代評論》，第 2 卷第 36 期，1925

胡適的意見與錢端升類似，解決方案也相近。他說：

> 依我個人看來，上海的殘殺事件是可以在短時期中解決的，而八十年不平等條約的根本解決不是一時三刻能做到的，也不是對一國的交涉所能做到的，尤其不是用罷工罷市的武器所能做得到的。〔註203〕

胡適認為，解決辦法「第一步是上海慘死事件及連帶的漢口等處事件之解決。第二步就是八十年來一切不等條約的根本解決」。〔註204〕換言之，胡適也屬於周鯁生所言的「自以為反對唱高調的人」一類，且態度比梁啟超和錢端升還要溫和。

從上述各學人對滬案的看法中，可見當時輿論之龐雜。若按派別歸類，一不小心，很容易錯將馮京當馬涼。如目前研究，泛稱《現代評論》同人為「現代評論派」。若將錢端升歸類之，或將周鯁生的意見代表「現代評論派」，則難免有誤。

關於滬案解決方案，據梁啟超統計，「除去重複，總還在三十件以上」。其實何止三十件，不計《申報》、《大公報》、《國民日報》等報刊，僅 8 期《晨報副刊》「滬案特號」和 3 期「滬案專號」，已遠超此數（詳見下表）。以至錢端升不無諷刺地說：「各界所提條件，或十數，或數十，一若吾國已居戰勝國地位者」。〔註205〕部分輿論亦指出，北大教職員「諸先生的主張，乃對外戰勝以後，城下〔之〕盟的條件」。〔註206〕

《晨報》滬案特號 1-8 號和專號 1-3 號總目錄一覽〔缺專號（二）〕：

特　　號	日　　期	篇　　目
專號（一）	1925 年 6 月 13 日	黎錦熙：《新式戰術和新式戰略》 常乃惪：《吾人將何以對待英日強盜》 楊鴻烈：《將由上海慘殺的影響上卜我國的國運》 高榮葵：《戰線範圍愈擴大愈好》

年 8 月 15 日。

〔註203〕胡適：《作戰的步驟——讀丁文江先生的〈高調與責任〉》，《生命》（滬案特號），第 5 卷第 9 期，1925 年 6 月，第 62 頁。

〔註204〕胡適：《作戰的步驟——讀丁文江先生的〈高調與責任〉》，《生命》（滬案特號），第 5 卷第 9 期，1925 年 6 月，第 62 頁。

〔註205〕錢端升：《租界慘殺國人案交涉方法》，《晨報副刊》，滬案特號 8 號，1925 年 7 月 2 日，第 5 版。

〔註206〕平子：《讀〈北大教職員關於滬案辯正〉的感言》，《晨報副刊》，第 1212 期，1925 年 6 月 18 日。

		亦同：《滬案與關稅問題》 冰里：《實力——這條教育的路》 周意彪：《我政府對滬上殘殺案應採之方針》
特號 1	1925 年 6 月 14 日。	※馬寅初：《中英日之經濟關係》 ※張奚若：《怎樣的籌款援助上海罷工的工人》 宋介：《對於滬案之五種根本辦法》 劉大鈞：《滬漢兩案救急辦法》 劉文島：《爲滬事敬告外人》
特號 2	1925 年 6 月 15 日	※馬寅初：《以抵制英日貨代保護關稅》 葉叔衡：《對於滬案的和平作戰方法》 林宰平：《對於滬案一個提議》 宋介：《團體精神與群眾運動》 楊學穎：《關於滬案討論之幾點》 汪震：《如何募捐》
特號 3	1925 年 6 月 20 日	覃壽堃：《我對於滬案交涉之意見》 顧維鈞：《滬案善後辦法》 楊學穎：《滬案之將來》 林礪儒：《應如何對付英日》 李炘：《滬案交涉之我見》 龔漱滄：《我主張發行興業公債一萬萬元》 楊秀峰：《再爲滬漢慘案敬告教職員諸君》
專號（三）	1925 年 6 月 21 日	范靜生講：《滬案與教育》 嚴恩椿：《爲滬案敬告全國政軍商工學界》 同人：《對學生界一個重大的提議——抵制英日貨問題》 周意彪：《我們的仇敵和我們的戰略》 陸海防：《「統一軍令」》 《通信》
特號 4	1925 年 6 月 22 日	范源廉：《滬案與教育》 霍堅：《經濟絕交之本意》 丘陵：《快來準備一個持久的戰略》 祁森煥：《滬變運動在社會史上之意義》 雷寶華：《爲滬案轉告國人》
特號 5	1925 年 6 月 23 日	范源廉：《滬案與教育（續）》 趙信天：《歐戰時華工之慘案——英人虐待華工之果報》 熊佛西：《當票——漢口租界虐待華人的寫眞（獨幕劇）》 高榮葵：《中國人被殺與奧太子被刺》 許君遠：《「到軍隊去」》

特號 6	1925 年 6 月 26 日	※胡適之：《對於滬漢事件的感想》 馬君武：《滬案問題》 許化廉：《中國應有的外交方針及國勢將來》 林礦儒：《請大家平心靜氣的做兩件實際事》 熊佛西：《當票──漢口租界虐待華工的寫真（獨幕劇）》
特號 7	1925 年 6 月 27 日	※馬寅初：《不平等條約於我國經濟上之影響（上）》 許化廉：《中國應有的外交方針及國勢將來》 劉攻芸：《請看英人的論調（倫敦特訊）》 熊佛西：《當票──漢口租界虐待華人的寫真（獨幕劇）（續）》
特號 8	1925 年 7 月 2 日	※周鯁生：《滬案之目標與步驟》 ※錢端升：《租界殘殺國人案交涉方法》 張耀曾：《撤銷領事裁判權問題》 趙信夫：《巴黎和會中之華工──英日法對華的寫真》 仲端：《上海商界忍辱開市的我感》

注：※爲本文引用或曾提及過的；《滬案》專號 1-3 號爲北京師範大學學生會編輯。

從上表中，大致可以看出，發表言論的均有一定的留學背景，大多爲英美留學生。在眾多方案中，其中北方以周鯁生爲首的北京各大學教授群體，及南方梁啓超、丁文江等人所謂的「研究系」爲首的學人群，較受輿論關注。相較周鯁生、梁啓超、胡適和錢端升的方案言，周鯁生相對較激進、胡適較溫和。從當時輿論整體趨向來看，相對溫和的輿論得不到民眾的支持。這或許是民眾運動歷試不爽的定律：越激進越得勢。但在實際交涉層面，溫和派的主張還是能得到一定的貫徹，如後來漢口、九江租界的收回，大致是按照王世杰「自闢通商口岸」建議進行。

五、滬案的最後結果

滬案的最後解決，在輿論宣傳上，以周鯁生等爲首的北大滬案後援會佔據了上風，但在實際操作上，卻是按照錢端升、丁文江的建議方向進行，但也不是全部，且此一過程頗爲曲折和痛苦，交涉很快破裂，滬案最後也敷衍了事。6 月 18 日，北京政府與六國委員交涉中斷。7 月 8 日，北大教職員滬案後援會提出關於「滬漢粵案」交涉之建議書，請求各團體同意，聯署後即

提交段祺瑞政府。〔註207〕7月10日，北大教職員滬案後援會爲各團體建議書
事致臨時政府函。〔註208〕

　　周鯁生方案和北京各界建議書之間的比較如下：

《滬案之目標與交涉步驟》	《北京各界關於滬漢粵案交涉之建議書》	備註
一、先決的條件 （I）全體的：	甲、先決的條件 （I）全體的：	沒變
（1）要求英政府撤回公使及滬漢兩處領事	撤換英國駐京代使及上海、漢口、廣州三處英國總領事	沒變，增加廣州一處
（2）要求英政府撤回各處軍艦	撤退停泊廣州、上海及長江一帶的英國軍艦	沒變，更具體
（3）英政府向中國政府正式道歉	英政府向中國政府正式道歉	沒變
（II）滬漢的：	（II）地方的：	
（1）租界內解除武裝	（1）上海、漢口及廣州沙面租界內解除武裝（此即謂外艦陸戰隊及外國軍隊完全撤去，外人商團義勇隊解除武裝，租界捕房只許用通常警察所有的手段執行警察職務）	沒變，更具體
（2）租界內取消戒嚴	（2）租界內取消戒嚴	沒變
（3）釋放被捕華人	（3）釋放被租界捕房捕押之華人，恢復被封閉之學校，工會及各種團體原狀。（以上（2）（3）兩項如確實已經租界當局完全執行，自然不成問題。）	沒變，更具體

〔註207〕本日，北京各校滬案後援會開會正式議決同意聯署，雪恥大會表示容納。其
　　　　他各團體對此亦決日內開會討論。建議書要點：「滬漢粵案」均爲英軍殘殺手
　　　　段的結果，一切談判均應以英國政府爲對手；交涉進行的步驟，須直接向英
　　　　政府提出，不應間接向英國駐京公使辦理。「此次對英交涉決不能限於上海或
　　　　他處局部問題，而當涉及廢除中英間不平等條約之問題」；對英提出之條件第
　　　　一，撤回駐京英代使及上海、漢口、廣州三處英國總領事。第二，釋放被捕
　　　　押之華人，恢復被封閉之學校。第三，英政府向中國政府正式道歉並賠償損
　　　　失。第四，懲兇及撤退停泊在廣州、上海及長江一帶的英國軍艦。第五，廢
　　　　除中英不平等條約等。王學珍主編：《北京大學紀事，1898～1997（上）》，北
　　　　京大學出版社，1998年4月，第131頁。
〔註208〕函件內容大致如下：「本會同人連日與北京十餘團體一再磋商，以謀社會各方
　　　　意見之統一，各團體一致議定「關於滬漢粵案交涉之建議書」，「簽署建議書
　　　　者，或爲學界團體，或爲商界團體，或爲農工商學各界之聯合組織，就中且
　　　　有一團體而代表數十學校，或數十百商會，或數十百農工商學等團體者」，「臨
　　　　時政府對於廣大的民眾組織之一致表示，尤有容納之必要，否則將來外交挫
　　　　敗，國民必不能爲政府諒也」。王學珍主編：《北京大學紀事，1898～1997
　　　　（上）》，北京大學出版社，1998年4月，第131～132頁。

二、最後解決的條件	乙、最後解決的條件	
（1）懲兇及賠償	（1）懲兇及賠償	沒變
（2）取消中英間不平等條約 的關係	（2）廢除中英間不平等條約的關係	「取消」改 「廢除」

《北京各界對於滬漢粵案交涉之建議》（1925 年 7 月 10 日），錢玉璋編：《沙基痛史》，
廣東人民出版社，1995 年 12 月，第 229～235 頁。

　　從上可見，北方學界是以周鯁生的方案爲藍本，內文只略作變更而已。
錢端升在批評上海總商會（十三條）和上海工商學聯會所提解決方案（十七
條）時說：

　　　　或失之繁瑣，或失之本葉不分，或失之與此案無直接關係。今
　　姑不論其條件當否，此種條件亦不過代表民眾一部分之願望，外交
　　當局本無採擇全部之必要；乃蔡曾許等竟以總商會之十三條，不加
　　損益，全部提出，余實不解其故。〔註209〕

本文也同意錢說，兩會的條文〔註210〕確實略嫌太長和枝節太多。至於錢端升
所提議的五條建議，與上海總商會提出的十分接近（詳參下表）。從時間和內
文看，似是參考了上海總商會所提十三條，約化而來。上海總商會在交涉這
五條時，六國委員最初表示可以磋商，但很快連這五條也不承認。

錢 端 升 方 案	上 海 總 商 會 方 案
（一）租界解嚴，一切自五卅以後之非常 　　　警備，一律撤退	（一）撤銷非常戒備
（二）釋放因此案而被拘之國人，並發還 　　　封閉或佔領之學校等	（二）所有因此案被捕華人，一律釋放， 　　　並恢復公共租界被封及佔據之各 　　　學校原狀
（三）英政府承認錯誤向中政府正式道歉	（五）道歉

〔註209〕錢端升：《租界慘殺國人案交涉方法》，《晨報副刊》，滬案特號 8 號，1925 年
　　　　7 月 2 日，第 5 版。
〔註210〕上海總商會十三條和上海工商學聯會十七條，見徐鼎新、錢小明：《上海總商
　　　　會史，1902～1929》，上海社會科學院出版社，1991 年 7 月，第 337～339 頁。
　　　　原載《工商學聯合會日報》，第 1 期；《上海總商會月報》，第 5 卷第 6 號。「十
　　　　三條」亦見中國近代對外關係史資料選輯《五卅運動史料》，第 2 卷，上海人
　　　　民出版社，1986 年 8 月，第 252～253 頁。原載《新聞報》，1925 年 6 月 14
　　　　日。復旦大學歷史系中國近代史教研組：《中國近代對外關係史資料選輯（1840
　　　　～1949（下）》，第 1 分冊，上海人民出版社，1977 年 9 月，第 90～91 頁。
　　　　原載孔另境：《五卅外交史》，永祥印書館，1946 年，第 79～84 頁。

（四）英政府承認賠償死亡，及因英國軍警之非法舉動而受直接損失者	（四）賠償。賠償傷亡及工商學界因此案所受之損失
（五）此次英國官憲之直接負責殺人傷人之責者，現行解職，依法懲辦	（三）懲兇。先行停職，聽候嚴辦

至於滬案的實際交涉，據《東方雜誌・五卅事件臨時增刊》記載如下：

1925 年 6 月 16 日，下午二時在上市西區交涉公署開始正式談判。〔註211〕六國委員最初對十三條中的首五條認為可以磋商，其餘各條以無權為由，拒絕討論。當會議進入第三日（6 月 18 日），六國委員態度忽然變更，拒絕談判，並於當晚北上。胡愈之指出，姑不論六國委員離滬內幕如何，「但上海委員會所取的交涉步驟與北京外交部不能一致，顯然是其中的重要原因」。〔註212〕其實何止上海委員會與外交部，連商界、學界和工人界亦如此，不僅內部分裂，還各自鼎立。梁啟超在家書中說，滬案交涉失敗其一原因「病根全在政府打『民話』，誤了交涉步驟，現在已經完全失敗了」，〔註213〕對北方學人唱高調不無責怪之意。

上海就地交涉破裂後，工商學界因見英日態度頑強，準備作大規模的持久戰。6 月 19 日上海總商會開會後，議決自 6 月 21 日起租界商店開市。〔註214〕至此，「五卅運動」進入另一階段。

滬案交涉失敗的影響是深遠的。在中外關係，尤其是中英關係上，英國在「五卅運動」中所表現出來的橫蠻無理和未能確切理解中國的民族主義情緒，在某程度上暗示著溫和的民族主義主張在將來廢除中外不平等條約立場中的失勢，以及革命外交的到來。〔註215〕以梁啟超為例，其溫和立場除遭

〔註211〕中方代表以稅務督辦蔡廷幹為委員長、外交次長曾宗鑒、江蘇省長鄭謙、江蘇特派交涉員許沅，六國委員會則以法國祁畢業為委員長，委員包括美國葛林、義國孟杜邦、英國樊現克、日本重光〔葵〕、比國于蘭斯。

〔註212〕胡愈之：《五卅事件紀實》，《東方雜誌・五卅事件臨時增刊》，1925 年 7 月，第 24 頁。

〔註213〕丁文江、趙豐田編、歐陽哲生整理：《梁任公先生年譜長編（初稿）》，北京：中華書局，2010 年 4 月，第 561 頁。

〔註214〕胡愈之：《五卅事件紀實》，《東方雜誌・五卅事件臨時增刊》，1925 年 7 月，第 24～25 頁。

〔註215〕受「五卅運動」刺激，英國除連基本的懲兇、賠款和道歉，一再延宕外，還指責中國排外，部分知識分子因此採取了更激進的方法——「革命的外交」。就本文所見，周鯁生可能是最早提出「革命的外交」的學者。在《革命的外交》中，周鯁生指出，「打破一切傳習成見和既存的規則，便是革命的外交的第一要義」。「革命的外交之第二要義，是利用民眾勢力」。「最後，革命的外交，必是主動

到以《現代評論》同人爲首的北大滬案後援會抵制外，甚至「有人提議執政府要把梁任公先生驅出國境」，以至胡適也不得不爲他辯護幾句。〔註216〕而「革命外交」所衍生的直接後果是「九・一八」事變，但這已是後話。〔註217〕其次，五卅交涉失敗正如錢端升所預料，國際地位下降，日本更加蔑視中國。但在另一方面，它也增加了國民對國家的認同感，加強了中華民族的凝聚力，這是「五卅運動」不可磨滅的歷史貢獻。

第三節　「聯俄與仇俄」問題的討論

一、論戰緣起和經過

論戰始於 1925 年 10 月 6 日《晨報・社會周刊》刊登了陳啓修《帝國主義有白色和赤色之別嗎？》一文。「赤色帝國主義」一詞源於當時東歐小國對蘇俄沙文主義的稱呼。在文中，陳啓修試圖證明蘇俄沒有變成赤色帝國主義之可能。〔註218〕陳啓修的文章發表後，隨即引起了張奚若的不滿。張氏用其一貫潑辣幽默的文筆，作出嬉笑怒罵式的批評。

張奚若的批評一石激起千重浪，引發了一場持續約二月之久的論戰，當

的，攻勢的」。後周鯁生更編輯了《革命的外交》一書。值得注意的是，周鯁生提出「革命的外交」，除受「五卅運動」影響外，也受孫中山遺囑（於最短期內廢除不平等條約）影響。周鯁生（松子）：《革命的外交》，《現代評論》，第 6 卷第 140 期，1927 年 8 月 13 日，第 3、4 頁；周鯁生（松子）：《國民黨與國民會議》，《現代評論》，第 7 卷第 174 期，1928 年 4 月 7 日，第 3 頁。詳參周鯁生編：《革命的外交》，上海：太平洋書店，1928 年 10 月（共 176 頁）；周鯁生：《革命的外交》（增訂三版），上海：太平洋書店，1929 年 9 月（共 336 頁）。

〔註216〕胡適：《作戰的步驟——讀丁文江先生的〈高調與責任〉》，《生命》（滬案特號），第 5 卷第 9 期，1925 年 6 月，第 61 頁。

〔註217〕對於國民政府「革命外交」的種種「誤國」，批評得最淋漓盡致的是胡政之的《盲人瞎馬之外交》及《如此十年！》兩文。前文對「革命外交」作了總清算，後者堪稱一部國民政府成立前後的濃縮史，將北洋政府至南京政府時期，各種軍事和政治鬥爭，刻劃得入木三分。詳見《胡政之文集（上）》，天津人民出版社，2007 年 4 月，第 390～396、397～438。前文原載《外交月報》，第 1 卷第 3 期，1932 年 9 月；後文見《國聞周報》連載，第 1～4 期，1933 年 1 月 1～22 日。

〔註218〕陳啓修：《帝國主義有白色和赤色之別嗎？》，章進編：《聯俄與仇俄問題討論集》（近代中國史料叢刊續編第 87 輯），北新書局，1927 年，第 5、6 頁。按：下凡未有注明書名出處，均來自《討論集》，不贅。

時《晨報》、《京報》和《國民新報》等幾家重要北京報紙均成了論戰的戰場。
〔註219〕影響所及，甚至波及上海。〔註220〕可能是最早研究這場討論的吳相
湘說：「陳、張二人在這第一回中，既短兵相接了，這一論爭跟著就擴大起
來⋯⋯各報副刊的編輯更通函學者名流，請他們對這一問題——『蘇俄究竟
是否我們的朋友』——發表意見，因此論爭的場面更加熱烈火熾」。〔註221〕

在《晨報》和《京報》等副刊上發表文章的有：梁啓超、徐志摩、陳翰
笙、丁文江、張慰慈、陶孟和、李璜、常燕生、胡石青等。可以說，有黨派，
無黨派的，獨立的學者們均參與了這次討論，是北方學人繼人生觀論戰後又
一次規模頗大的討論。可惜由於各種原因，這場討論有意或無意地被國內學
者忽視。百年的硝煙已過去，蘇聯亦已解體，現應是平心靜氣地對這一段歷
史作一探討，爲後人留下一份珍貴的記錄。借用胡適在滬案中爲梁啓超辯解
時所言：「同是中國人，我們是一樣的愛國的」。〔註222〕

此次討論背景主要由多重因素所促成。就遠因而論，包括：一、杜威、
羅素的中國之行，尤其是羅素對蘇俄既讚揚又警惕的提示；二、一戰後社會
主義運動的興起；三、蘇俄在 1921 年武力強佔外蒙；四、蘇俄將世界革命的
視線從西歐轉向東方。〔註223〕繼 1919 年和 1920 年後，1923 年，蘇俄三次發
表對華宣言。同年 1 月 26 日，《孫文越飛聯合宣言》發表；就近因而論，包
括：一、1924 年 1 月，國共開始正式合作，蘇俄勢力正式介入中國內政；二、
同年 5 月 31 日，中蘇簽訂《中俄解決懸案大綱協定》；三、在「五卅運動」
中，英美等國指責蘇俄暗中煽動等。

從討論整體來說，除張奚若用一貫辛辣的文筆，一度觸怒陳啓修，略爲

〔註219〕吳相湘：《梁啓超、徐志摩論蘇俄——記二十五年前「故都」學界一大論爭》，
　　　　《近代史事論叢（2）》，臺北：傳記文學出版社，1978 年 7 月，第 303 頁。
　　　　按：「《國民新報》」，原文如此，國民黨左派報紙。
〔註220〕敖光旭：《國家主義與「聯俄與仇俄」之爭——五卅運動中北方知識界對俄態
　　　　度之解析（上）》，《社會科學研究》，2007 年第 6 期，第 140 頁。下簡稱：《國
　　　　家主義與「聯俄與仇俄」之爭》。
〔註221〕吳相湘：《梁啓超、徐志摩論蘇俄——記二十五年前「故都」學界一大論爭》，
　　　　《近代史事論叢（2）》，臺北：傳記文學出版社，1978 年 7 月，第 305 頁。
〔註222〕胡適：《對於滬漢事件的感想》，《晨報副刊·滬案特刊（六）》，1923 年 6 月
　　　　26 日，第 41 頁。
〔註223〕「勞動政府在近東中東的活動成績，不甚出色。所以自 1921 年春季以來，一
　　　　轉而注力於遠東方面」。幼雄：《五年來勞農俄國外來交之變遷》，《東方雜誌》，
　　　　第 20 卷第 4 號，1923 年 2 月 25 日，第 24 頁。

斜逸旁出外，各學者對蘇俄的看法都是本諸自己良心，訴諸理性和公理，維持在學術討論的範圍內。但它的實際涵義，從一開始超出了學術的範圍。蘇俄作爲與中國接壤的大國，聯俄還是仇俄影響著將來中國的國運。誠如徐志摩所言：「這回的問題，說狹一點，是中俄邦交問題；說大一點，是中國將來國運問題，包括國民生活全部的變態的。這題目不能算小」。〔註224〕

下爲本文從《晨報副刊》和《京報副刊》整理之「聯俄與仇俄」討論論文目錄一覽：（※爲《聯俄與仇俄問題討論集》所收錄）

1925 年 10 月

1. 1925 年 10 月 1 日徐志摩：《我爲什麼來辦我想怎麼辦》（《晨報副刊》第 1283 號）

2. ※1925 年 10 月 6 日陳啓修：《帝國主義有白色和赤色之別嗎？》（《晨報・社會周刊》第 1 號）

3. 1925 年 10 月 7 日徐志摩：《從小事說到大事》（《晨報副刊》第號 1285 號）

4. ※1925 年 10 月 8 日張奚若：《蘇俄究竟是不是我們的朋友？》（晨報附〔副〕刊第 1286 號）

5. 1925 年 10 月 10 日徐志摩：《又從蘇俄回講到副刊》（《晨報副刊》第 1287 號）

6. 1925 年 10 月 10 日勉已〔己〕：《應怎樣對蘇俄——答陳啓修張奚若兩先生》（《晨報副刊》第 1287 號）

7. ※1925 年 10 月 12 日張榮福：《蘇俄眞是中國的敵人嗎？——質張奚若先生》（《京報副刊》第 295 號）

8. ※1925 年 10 月 13 日陳啓修：《張奚若先生是我們「智識寡淺的學者」的朋友嗎？》（《晨報・社會周刊》第 2 號）

9. ※1925 年 10 月 14～15 日劉勉已〔己〕：《怎樣對赤俄？怎樣對待帝國主義？》（《晨報正張》）

10. ※1925 年 10 月 15 日徐志摩、陳均、陳翔：《關於蘇俄仇友問題的討論》（《晨報副刊》1290 號）

11. ※1925 年 11 月 18 日蔣曉海：《蘇俄仇友問題》（《京報副刊》第 301 號）

〔註224〕志摩：《前言——記者的聲明》，《仇友赤白的仇友赤白》，第 98 頁。

12. 1925 年 10 月 19 日陳啓修：《蘇俄的現狀》（《京報副刊》第 302 號）

13. ※1925 年 10 月 20 日李璜：《對俄問題的我見》（《晨報・社會周刊》第 3 號）

14. ※1925 年 10 月 17 日張奚若：《蘇俄何以是我們的敵人》（《晨報副刊》第 1291 號）

15. ※1925 年 10 月 21 日張榮福：《論「我國欲修內政以圖強必須先與帝國主義者妥協說」之矛盾》（《京報副刊》第 304 號）

16. ※1925 年 10 月 31 日趙奉生：《駁陳黃生之謬論並告愛國青年》（《晨報副刊》第 1299 號）

17. ※1925 年 10 月 20 日陳黃生：《駁張奚若並告青年朋友》（《京報副刊》第 303 號）

18. ※1925 年 10 月 23〔22〕日志摩、奚若、江紹源、抱樸：《仇友赤白的仇友赤白》（《晨報副刊》第 1294 號）

19. ※1925 年 10 月 25 日陳鍾琴：《爲蘇俄仇友問題告雙方》（《京報副刊》第 308 號）

對俄問題討論號（《晨報・社會周刊》第 4 號）（按：共 3 篇）

1. ※1925 年 10 月 27 日梁啓超：《復勉已〔己〕書論對俄問題》（《晨報・社會周刊》第 4 號）

2. ※1925 年 10 月 27 日陳翰笙：《聯蘇俄的理由》（《晨報・社會周刊》第 4 號）

3. ※1925 年 10 月 27 日陳啓修：《中國對蘇俄政策應當如何？》（《晨報・社會周刊》第 4 號）

4. ※1925 年 10 月 28 日劉勉已〔己〕：《反共的理由和主張》（《晨報正張》）

1925 年 11 月

1. ※1925 年 11 月 2 日張奚若：《一篇不應該做的文章》（《晨報副刊》第 1300 號）

對俄問題討論號（二）（《晨報・社會周刊》第 5 號）（按：共 4 篇）

1. ※1925 年 11 月 3 日陶孟和：《對於聯俄的疑問》（《晨報・社會周刊》第 5 號）

2. ※<u>1925 年 11 月 3 日錢端升：《對俄問題致勉已〔己〕書》（《晨報・社</u>

會周刊》第 5 號）

3. ※1925 年 11 月 3 日丁文江：《論對俄問題》（《晨報‧社會周刊》第 5 號）

4. ※1925 年 11 月 3 日張榮福：《請教勉已〔己〕先生三點》（《晨報‧社會周刊》第 5 號）

5. 1925 年 11 月 4 日徐志摩：《劉侃元先生來件前言》（《晨報副刊》第 1301 號）

6. ※1925 年 11 月 4 日劉侃元：《中國的建國策與對蘇俄》（《晨報副刊》第 1301 號）

7. 1925 年 11 月 4 日開痕斯著、張慰慈譯：《論蘇俄》（《晨報副刊》第 1301 號）

8. ※1925 年 11 月 6 日安赤生：《讀了趙奉生的「駁陳黃生之謬論並告愛國青」之後》（《京報副刊》第 320 號）

9. 1925 年 11 月 6 日賀凱：《蘇俄革命紀念中的列寧》（《京報副刊》第 324 號）

10. 1925 年 11 月 7 日天廬：《蘇德革命的紀念》（《京報副刊》第 321 號）

11. ※1925 年 11 月 7 日劉侃元：《中國的建國策與蘇俄（續）》（《晨報副刊》第 1303 號）

12. ※1925 年 11 月 9 日抱樸：《赤俄與反帝國主義——答陳啓修先生》（《晨報副刊》第 1304 號）

13. ※1925 年 11 月 12 日劉侃元：《中國的建國策與蘇俄（續）》（《晨報副刊》第 1306 號）

14. ※1925 年 11 月 12 日張慰慈：《我也來談談蘇俄》（《晨報副刊》第 1306 號）

15. 1925 年 11 月 13 日陳翰笙：《蘇俄的國際地位》，（《晨報‧國際周刊》第 7 號）

16. 1925 年 11 月 13 日〔日〕布施勝治：《蘇俄是赤呢，還是白呢》（《晨報‧國際周刊》第 7 號）

17. 1925 年 11 月 14 日開痕斯著、張慰慈譯：《論蘇俄（二）》（《晨報副刊》第 1307 號）

18. ※1925 年 11 月 14 日劉侃元：《中國的建國策與蘇俄（完）》（《晨報副

刊》第 1307 號）

19. ※1925 年 11 月 16 日常燕生：《我反對蘇俄的一個最大的理由》（《晨報副刊》第 1306〔8〕號）

20. 1925 年 11 月 16 日奚若：《共產主義與中國》，（《晨報副刊》第 1308 號）

對俄問題討論號（三）（《晨報·社會周刊》第 7 號）（按：只有兩篇）

1. 1925 年 11 月 17 日梁啓超：《國產之保護及獎勵（一）》（《晨報·社會周刊》第 7 號）

2. ※1925 年 11 月 17 日胡石青：《讀對俄問題討論號的意見》（《晨報·社會周刊》第 7 號）

3. 1925 年 11 月 18 日奚若：《共產主義與中國（續）》，（《晨報副刊》第 1309 號）

4. 1925 年 11 月 19 日開痕斯著、張慰慈譯：《論蘇俄（三）》（《晨報副刊》第 1400 號？）

5. ※1925 年 11 月 19 日劉侃元：《仇俄與反共者的面面觀（一）（上）》（《京報副刊》第 333 號）

6. ※1925 年 11 月 20 日劉侃元：《仇俄與反共者的面面觀（一）（下）》（《京報副刊》第 334 號）

7. ※1925 年 11 月 24 日劉侃元：《仇俄與反共者的面面觀（二）》（《京報副刊》第 338 號）

8. ※1925 年 11 月 24 日梁啓超：《國產之保護及獎勵（二）》（《晨報·社會周刊》第 8 號）

9. 1925 年 11 月 24 日陳均：《聯俄排俄平議（1）》（《晨報副刊》第 1402 號）

10. 1925 年 11 月 25 日陳均：《聯俄排俄平議（2）》（《晨報副刊》第 1403 號）

11. 1925 年 11 月 26 日陳均：《聯俄排俄平議（3）》（《晨報副刊》第 1404 號）

12. 1925 年 11 月 26 日有彝：《蘇俄問題還要討論嗎？》（《京報副刊》第 340 號）

13. 1925 年 11 月 27〔日〕布施勝治：《蘇俄的內政與外交》，（《晨報·國際周刊》第 9 號）

14. 1925 年 11 月 28 日陳均：《聯俄排俄平議（4）》（《晨報副刊》第 1405
號）

1925 年 12 月

1. 1925 年 12 月 7 日徐志摩：《災後小言》（《晨報副刊》第 406 號）

《聯俄與仇俄問題討論集》附錄二篇：

※蔣介石：《總理實行中俄聯合的意義與世界革命統一指揮的必要》

※《中國國民黨第二次全國代表大會宣言》

　　從上可見，《聯俄與仇俄問題討論集》大致囊括了當時《晨報副刊》和《京
報副刊》主要的時文。就目前研究而言，除吳相湘上文外，還有一篇碩士論
文和一篇專論，分別為臺灣師範大學玉永珠的《聯俄與仇俄：1920 年代中國
知識界對蘇俄態度的分析》和敖光旭的《國家主義與「聯俄與仇俄」之爭——
五卅運動中北方知識界對俄態度之解析》。玉文目前無緣見到。〔註 225〕敖文
分上、下篇。〔註 226〕

　　敖文無論在史料的採用，觀點的論述，對材料的分析，均頗為深入，但
似也存有一些問題。敖光旭先生認為，當時「一般知識界對俄態度之所以發
生巨變，多緣於其對莫斯科內政外交（尤其是對華外交）之觀感，以及對中
國向何處去之認知」。〔註 227〕但對 1920～1921 年的社會主義討論未有提
及。〔註 228〕若從縱向的角度去考慮，可能更凸顯問題所在。除敖文所言二

〔註 225〕敖光旭先生認為玉永珠的碩士論文有一定參考價值，也存在不少問題，如對
　　　　上海方面的討論幾未論及；對資料之解讀不盡準確，一些基本史實也有差錯。
　　　　敖光旭：《國家主義與「聯俄與仇俄」之爭（上）》，《社會科學研究》，2007
　　　　年第 6 期，第 140 頁，注腳 1。

〔註 226〕敖光旭：《國家主義與「聯俄與仇俄」之爭（上、下）》，《社會科學研究》，2007
　　　　年第 6 期、2008 年第 1 期。敖氏還有兩篇相關著作：《失衡的外交——國民
　　　　黨與中俄交涉（1922～1924）》，《革命、外交之變奏——中俄交涉中知識界對
　　　　俄態度之演變（1919～1924）》，《中研院近代史研究所集刊》，2007 年第 55、
　　　　58 號。

〔註 227〕敖光旭：《國家主義與「聯俄與仇俄」之爭（下）》，《社會科學研究》，2007
　　　　年第 6 期，第 140 頁。

〔註 228〕相關分析，詳參蔡國裕：《1920 年代初期中國社會主義論戰》，臺北：商務印
　　　　書館，1988 年 4 月。王明生：《羅素的兩大命題與 20 世紀初社會主義論戰的
　　　　再審視》，《江蘇社會科學》，2010 年第 2 期。嚴懷儒、高軍：《中國共產黨創
　　　　立時期「關於社會主義的討論」》，《科學社會主義》，1981 年第 8 期。黃見秋、
　　　　江長仁：《只有社會主義才能救中國——關於 1920～1921 年的「社會主義論

因素外，學人的個人思想背景、學界之間的思想裂縫和過去的政見衝突等，應該說都與「聯俄與仇俄」的討論密切相關。在很大程度上，這次討論是1920～1921 年社會主義討論的延續或深化。這點尤其表現在國家主義派與共產主義者之間的分歧和裂縫，更見擴大了。

　　除共產主義者外，敖文將「北方知識界」，劃分爲：研究系、無政府主義者、國民黨右翼知識分子，以及自由主義知識分子和國粹主義者等，並認爲在對俄問題上與醒獅派逐漸合流，似有籠而統之之嫌。部分學人的立場和觀點，如張奚若和錢端升，是頗爲複雜的，須在具體的語境下，才能確認（詳參後）。另對「北方知識界」中頗爲重要的《現代評論》學人群和吳相湘提及的國民黨左派報紙《國民新報》未有述及。

　　最後，敖文對這次討論的主體對象，也沒有清晰的界定。陶孟和針對當時聯俄論者，曾提出三個疑問。一、聯俄論者所謂的中國是指什麼？是現政府還是吳佩孚？是張作霖還是馮玉祥？或是蔣介石？二、聯俄的目的是什麼，爲抵禦外侮還是戡定內亂？爲脫離帝國主義羈絆還是爲建設一個鞏固有力的政府？爲幫助甲軍閥（甲政黨）攻倒乙軍閥（乙政黨），還是實行無產階級專政？三、蘇俄如何幫助中國？提供武器給軍隊，替中國組織政府，政黨，軍隊，或生產機關？爲中國興建鐵路與其他國家相爭？同中國結攻守同盟？〔註229〕陶氏上文發表於 11 月 3 日，正值討論高潮期。儘管如此，這一連串問題，大多仍未有何結論。

　　關於 1920～1921 年的社會主義討論，有學者指出，當時論述的中心是：「（1）中國要不要建立無產階級政黨？（2）中國的出路是資本主義還是社會主義？（3）是採用革命的方法還是採用階級調和的改良方法來改造中國社會？」〔註230〕從這三點中心來看，與「聯俄與仇俄」的討論密切相關。1921 年7 月，羅素在《中國到自由之路》中，明確指出「〔蘇〕俄政策適合中國（Russian Methods Suited to China）」。〔註231〕但對應否實行共產主義政策，羅素說：

　　　　對於中國改良的方法，暫不主張社會主義，當開發中國財源；

　　　　戰」》，《華南師院學報（社會科學版）》，1981 年第 3 期。
〔註229〕陶孟和：《對於聯俄的疑問》，第 192～194 頁。
〔註230〕黃見秋、江長仁：《只有社會主義才能救中國——關於 1920～1921 年的「社會主義論戰」》，《華南師院學報（社會科學版）》，1981 年第 3 期，第 45 頁。
〔註231〕《中國到自由之路——羅素告別演講》，袁剛、孫家祥等編：《羅素在華演講集》，京大學出版社，2004 年 8 月，第 303 頁。

以為現時應該從教育入手……到那個時候，再採用社會主義；若未
到這種程度，即行採用，如俄國今日大多數人民智識尚未發達，一
旦實行社會主義共產主義，恐不免於失敗的。〔註232〕

應該說，羅素離華三年，中國經濟變化不大，中國應否走蘇俄的道路，仍是
一個具爭議性的話題。在觸發這次討論因素中，蘇俄的外交視線轉向和孫中
山採取「聯俄容共」最為關鍵，「五卅慘案」更是直接導火線。與1920～1921
年不同的是，一方面，蘇俄的理想主義外交色彩已大為減退。另一方面，英
日對華政策變本加厲，又為反帝國主義話語增添了力量。

　　對於應否聯俄和實行共產主義，不同的學人，因應當時中國國情、對蘇
俄的瞭解，以及自己的思想背景，理解各異。其中，蘇俄對華政策到底是援
助，還是干涉？處於不同座標的學人，各有解讀。除蘇俄對華政策矛盾外，
孫中山的「聯俄政策」亦有矛盾的地方（詳見後），這一點除張奚若外，似亦
無人深究。

　　由於敖光旭先生在上述鴻文中，已有深入研究。因此，本文僅選擇討論
的二位主角陳啟修、張奚若和錢端升加以比較分析，以突顯錢端升的立場和
位置。

　　陳啟修的觀點頗為簡潔。他借用宰葉（Seillere）在《帝國主義哲學》一
書中的看法，將帝國主義分為三種：哲學的、政治的和經濟的。他認為，三
者之中，碩果僅存者為「經濟的帝國主義」。〔註233〕因此，他對當時有人指蘇
俄為「赤色帝國主義」，認為「簡直可以說是牛頭不對馬嘴」。陳氏的論點隨
即遭到張奚若的批判。張奚若說：「陳先生此文「乃要告訴我們『蘇俄』畢竟
是我們的朋友，我們不應該反對他」。〔註234〕何以呢？張氏說：「（我請讀者注
意以下的話），帝國主義是我們的敵人，我們即或不認蘇俄為友，也不應該因
為不認其友而失掉了我們真正的敵人」。〔註235〕括號後的引文是陳氏的原話。
陳氏這段話，確實沒有不許其他人認蘇俄為敵之意。正是張奚若提請讀者注
意這一段話，誤讀了陳啟修原意。

　　張奚若可能因對蘇俄既有偏見所致，以致誤讀了陳啟修這一句。儘管在

〔註232〕按：此為羅素致答謝詞所言。附錄：《講學社歡迎羅素志盛》，《羅素月刊》，
　　　　上海：商務印書館，1921年1月，第6～7頁。
〔註233〕陳啟修：《帝國主義有白色和赤色之別嗎？》，第2～3頁。
〔註234〕奚若：《蘇俄究竟是不是我們的朋友？》，第9頁。
〔註235〕奚若：《蘇俄究竟是不是我們的朋友？》，第9頁。

某種程度上，任何人的意見均是一種偏見，但偏見若能得到社會大多數的贊同或修正，就能成為正見。就筆者閱讀《張奚若文集》及《胡適來往書信選》印象所得，張奚若有一種知識分子的傲慢和自負。〔註236〕無疑，張奚若是一位思想尖銳和特立獨行的人，然在一些問題上，這種傲慢導致他過度自信，極端所致，形成對某些問題有一定的偏見和過度自信，有時候言論不免有點尖酸，結果以辭害意，容易引起反感和誤會，以至掩蓋和混淆了部分觀點。〔註237〕

　　這種文風所至，部分讀者若不以為察，往往將焦點集中在其話語表達上。張奚若在對待陳啓修文章上讓人感覺恰是如此。陳啓修指出，張氏的文章「是一篇雜零的攻擊文」和文題《張奚若先生是我們「智識寡淺的學者」的朋友嗎？》〔註238〕已說明問題。張榮福甚至說陳氏的文章引起了張奚若的「惱怒」。〔註239〕另一贊成聯俄者鍾琴在辯駁之餘，也不忘調侃說：「所以學者——不是張奚若——也要勸讀書人，方不愧為識時務之俊傑」。〔註240〕錢端升亦說：「我也替他（按：指陳啓修）叫冤；他那篇文章，你（按：指劉勉己）已經說過，是一篇學理上的文章，人家（按：指張奚若）非但沒有好好地從學理上同他辯論，反把他罵了一頓，治了一個莫須有的煽惑民眾的罪名」。〔註241〕錢端升說的「莫須有」說明了張氏確有點武斷，「罵了一頓」

〔註236〕亦因張奚若言論尖銳和不畏強權，曾導致《現代評論》和《獨立評論》被禁封。馬光裕：《錢端升談〈現代評論〉周刊》，《中國現代文學研究叢刊》，1990年第2期；秦德純：《冀察政委會時期的回憶（獨立評論停刊風波）》，《秦德純回憶錄》，臺北：傳記文學出版社，1967年1月，第47～48頁。關於張奚若新近研究，詳參戈洪偉：《音容宛在——張奚若的生平與思想》，華東師範大學歷史學碩士論文，2007年。

〔註237〕如張奚若在1925年寫了一篇《雙十節》的批評文章，錢玄同就在《京報副刊》上發表《我「狠贊成」「甚至狠愛」雙十節這個名詞》。錢玄同表示寫此文的原因是對那些「年紀輕輕的老前輩那種嚴氣正心的態度實在有些看不上眼」，「順便把雙十節的來歷說一說」。從文題和內文來說，是一篇專門與張奚若擡槓的文章。擡槓的部分原因是錢玄同與周作人關係甚好，夾雜著《現代評論》和《語絲》不和因素。奚若：《雙十節》，《晨報副刊》，第1287號，1925年10月10日，第17頁；疑古：《我「狠贊成」「甚至狠愛」雙十節這個名詞》，《京報副刊》，第296號，1925年10月13日，第3頁。

〔註238〕陳啓修：《張奚若先生是我們「智識寡淺的學者」的朋友嗎？》，第13頁。

〔註239〕張榮福：《蘇俄真是中國的敵人嗎？——質張奚若先生》，第16頁。

〔註240〕陳鍾琴：《為蘇俄仇友問題告雙方》，第115頁。

〔註241〕錢端升：《對俄問題致勉已〔己〕書》，第159頁。

說的是張氏的行文風格。

　　張奚若是一位民族主義思想極爲強烈和思想極爲敏銳的政治學家。在 20年代，他對蘇俄染指外蒙和在中國宣揚共產主義抱有戒心。1924 年 1 月，列寧逝世。從陳啓修以中國留蘇學生代表團團長身份爲列寧守靈可知，〔註242〕張奚若的指責是有其理由的。張氏嗅出陳啓修有暗度陳倉的味道，這是對他文章發動攻勢的原委。他在第一段談完爲何擱置「大學災」一文後，就直奔主題，「避虛擊實，捨枝葉而論根本，不和他打甚麼赤白閒話，只同他論仇友問題」。〔註243〕因此，陳、張二人的討論，表面上是「牛頭對馬嘴」，實質上是針鋒相對。

　　應該說，陳啓修的文章有策略性因素在裏面，他試圖從學理上宣揚聯俄的重要性。這點恰和主編徐志摩廣邀各學人參加討論的意圖不謀而合。在徐志摩看來，中國共產主義思想之流行，主要是中國人缺乏獨立的思考能力，需要知識界來引導。他說：「在我看來，中國對蘇俄的問題，乃至共產主義與中國，和國內共產黨一類問題，到今天爲止，始終是不曾開刀或破口的一個大疽，裏面的膿水已經擁積聚到一個無可再淤的地步，同時各地顯著與隱伏著的亂象已經不容我們須臾的忽視。假如在這時候，少數有獨立見解的人再不應用理智這把快刀，直剖這些急迫問題的中心，我怕多吃一碗飯多抽一枝煙的耽誤就可以使我們追悔來不及」。〔註244〕徐志摩的意思，借用《聯俄與仇俄問題討論集》序言來說：「在使一般國民知道聯俄與仇俄的理由，意義，及其利害」。《京報副刊》主編劉勉己的態度，亦是如此。〔註245〕

〔註242〕陳啓修（1886～1960），四川中江人，筆名陳勺水、陳惺農。1917 年，東京帝國大學法科畢業。1918 年，任北京大學法學院教授兼政治系主任。1920年，在北京大學開設《馬克思主義經濟學概論》新課。同年 9 月，與李大釗等合作，在北大政治系舉辦現代政治講座。介紹研究十月革命後的蘇俄，深受學生及聽眾的歡迎。教室一再由小換大，換到北大最大的教室講課，也是座無虛席。1922 年 12 月，按照北大慣例，陳啓修公費出國考察歐洲。在柏林，認識了朱德並建立了友誼。8 個月後，前往蘇俄，1923 年進入莫斯科東方大學學習。1925 年春，由朱德介紹參加了中國共產黨。大革命失敗後流亡日本，更名陳豹隱。劉南燕：《陳啓修——第一位翻譯〈資本論〉的中國學者（上）》，《前進論壇》，2003 年第 9 期，第 31～34 頁。

〔註243〕張奚若：《蘇俄究竟是不是我們的朋友？》，第 8 頁。

〔註244〕「中國人靈魂是完全沒有的，那是沒有問題的。現在我們要知道的是中國人究竟有多少腦筋，有多少眞正的思想力」。徐志摩：《又從蘇俄回講到副刊》，《晨報副刊》，第 1287 號，1925 年 10 月 10 日，第 18 頁。

〔註245〕劉勉己說：「我個人信念上不贊成共產主義，尤其反對赤色的共產主義」。但

　　關於張奚若的觀點，若撇除嬉笑怒罵式批評，是頗爲簡潔明快的。他最深痛惡絕的是蘇俄對中國主權的侵犯，尤其對內政的干涉。他認爲，蘇俄比英美等帝國主義更加可惡：

> 帝國主義的國家僅僅吸取我們的資財，桎梏我們的手足，蘇俄竟然收買我們的良心，腐蝕我們的靈魂；帝國主義只想愚弄我們的官僚和軍人，蘇俄竟然愚弄我們的青年和學者；歐戰後，帝國主義的國家還唱尊重我們地土主權的口頭禪，蘇俄既然羌〔強〕無原故的佔據了我們的外蒙古。〔註246〕

在另一文中，張氏指出，蘇俄侵佔蒙古和擔任廣東高級軍官和外交官，這些都是一種普通的罪，別的帝國主義國家也幹過，不能算做特別的罪，更不值得大驚小怪。他擔心的是，社會上最有希望的分子放棄手上的建設工作，而去幹那些喊口號，不務正業的事情。〔註247〕

　　不過，張奚若的觀點也並非毫無瑕疵。張榮福就指出，中國的資財和手足被帝國主義吸收和禁錮，小則可以亡國，大則可以滅種。〔註248〕劉勉己也說：「單就帝國主義者『吸收資財』、『桎梏手足』而言，其禍害已甚於毒蛇猛獸，是較任何爲烈的。汝想，血液被吸取，手足被束縛，我們還能自由發展嗎？」〔註249〕顯然，中國的物質和精神自由同樣重要。就張奚若而言，他並非不重視，只是似乎認爲精神相對物質較爲重要而已。

　　最先對張奚若提出反駁意見的是陳啓修。第二篇主要爲自己解脫，表示原文沒有張氏所言之意。在第三篇《中國對蘇俄政策應當如何？》中，陳氏終於亮出了底牌。他在結論中說：「我們對於蘇聯，都應該取友善政策」。〔註250〕他從國際政治狀況、中國在國際上之地位，中國的經濟地位，蘇俄現狀，及蘇俄對中國之態度，這五個標準來分析。令人費解的是，他認爲最後一個「足以推翻依其他各標準所得的結論」。〔註251〕後在《現代評論》上，陳氏修正

他認爲：「晨報是社會報，不是黨報，也不是營業報；他不必像黨報一樣，排斥一切異己的言論……我們殊不敢以編輯部幾個人的意見，壟斷社會全體之意見」。勉己：《應怎樣對蘇俄？——答陳啓修、張奚若兩先生》，《晨報副刊》，第1287號，1925年10月10日，第17、18頁。

〔註246〕奚若：《蘇俄究竟是不是我們的朋友？》，第10頁。
〔註247〕奚若：《蘇俄何以是我們的敵人》，第54頁。
〔註248〕張榮福：《蘇俄真是中國的敵人嗎？——質張奚若先生》，第18、17頁。
〔註249〕劉勉己：《怎樣對蘇俄？怎樣對帝國主義？》，第27頁。
〔註250〕陳啓修：《中國對蘇聯政策應當如何？》，第148頁。
〔註251〕陳啓修：《中國對蘇聯政策應當如何？》，第140頁。

了他的觀點，沒有再提及第五點。〔註252〕

此外，陳啓修還將蘇俄和帝國主義國家列了一個功過表。在列舉反俄論者攻擊蘇俄的十一條罪狀，〔註253〕他逐一進行反駁後認爲：「只有第三條（按：即「運軍火助廣東國民政府」）勉強是罪狀」。至於蘇俄的功，則有二條：一、「外交上幫我」。二、「在內政上提醒中國民族的自尊心」。帝國主義者「當然無功可言」，過至少則有六條。因此，「總結起來，在蘇聯對我態度一點上，功二過一〔，〕所以蘇俄還是可聯」。〔註254〕

與張奚若、李璜〔註255〕和抱樸〔註256〕（按：即秦滌青〔註257〕）相同的是，陳啓修的結論亦採現實主義態度。他說：「外交政策原是以利害爲標準，說不上什麼利害二字以外的好感或惡感的」。〔註258〕不同的是陳啓修從學理研討出發，然後落到現實政策上，前三者則直接從利害關係出發。

在論戰中，張奚若表面上看去是反俄反共產的。實際上，據他自己所言，也是贊成共產主義和聯俄的。他說：「我不但不是籠統反對聯俄的人，在理論上和在對於人類的同情上，我竟許是贊成共產主義的人」。就聯俄而言，他指出當時有三種看法：

一、因聯俄，所以不反對共產；

二、因反對共產，所以不主張聯俄；

三、聯俄自聯俄，反對共產自反對共產。

他認爲，前二派是持狹義國家主義和帶有資本主義臭味的人的意見，自己則屬於第三派，即《孫文越飛聯合宣言》立場，有條件的聯俄：「只要蘇俄

〔註252〕其餘四點文字上基本一致。陳啓修：《蘇俄事情之研究與對蘇聯政策之研究》，《現代評論》，第2卷第45期，1925年10月17日，第14頁。

〔註253〕這十一條爲：一、在內政上搗亂；二、俄佔蒙古……四、設立俄蒙銀行；五、文化侵略；六、替中國多鬧亂子；七、佔據中東路；八、牽引中國入世界戰爭漩渦；九、俄人在廣東做官；十、宣傳共產；十一、延宕〔中俄〕會議。陳啓修：《中國對蘇聯政策應當如何？》，第144～148頁。

〔註254〕這六條爲：一、侵奪土地；二、經濟的榨取；三、不平等條約的束縛；四、文化的侵略；五、操縱內亂；六、干涉內政。陳啓修：《中國對蘇聯政策應當如何？》，第148頁。

〔註255〕李璜的觀點，詳參氏著：《對俄問題的我見》。

〔註256〕抱樸的觀點，詳參氏著：《赤俄與反帝國主義——答陳啓修先生》。

〔註257〕陳思和：《人格的發展：巴金傳》上海人民出版社，1992年6月，第65頁。《魯迅全集，第17卷，日記、人物書刊注釋》，北京：人民文學出版社，2005年11月，第145頁。

〔註258〕陳啓修：《中國對蘇聯政策應當如何？》，第140頁。

不在中國內政上搗亂就行」。〔註259〕

　　就張熙若的「聯俄自聯俄，反對共產自反對共產」觀點而言，不無可非議之處。如何在利用或不利用外國勢力情況下，結束當時紛亂的中國政局，這是一個值得探討的問題。當連一個基本穩定的政治環境也無法獲得時，建設從何談起？胡適辦《努力周報》其一原因是政治環境妨礙了他的文化建設，所以大談政治，結果碰壁收場。孫中山亦類似，當聯合美、英、日等接連碰壁後，只得轉向蘇俄。既要蘇俄援助，又不讓親蘇俄思想在中國傳播，不免有點便宜中國。從外交常識考慮，更於理不合。對於孫中山的做法，張奚若認為：「事實上卻有時又是狠〔很〕難實行」。〔註260〕不言而喻，這是一個兩難的外交困局。

　　錢端升與張奚若的立場若貌似相反，實質上異曲同工。兩人均贊同孫中山的看法，只是對蘇俄在中國的看法有所不同。部分原因是錢端升此時雖未加入國民黨，但他的觀點很有可能受到他身邊的兩位同鄉、同事〔註261〕兼好友高仁山和陳翰笙的影響。高、陳二人是錢端升1926年加入國民黨的介紹人。〔註262〕影響所及，錢端升的觀點難免有點偏頗。但在維護國家利益上，和張奚若是完全一致的。和大多數論者一樣，張氏也認為，聯俄與否須視乎實際利益。但他的看法與陳翰笙、陳啓修、錢端升等剛好相反，認為聯俄是「害多利少甚至完全無利」。〔註263〕

二、對陳啓修與張熙若的批評

　　錢端升原本是想做一篇有關討論立憲政體和代議制真精神的文章，順便

〔註259〕奚若：《聯俄與反對共產》，志摩等：《仇友赤白的仇友赤白》，第99～100頁。按：包遵彭等編撰的《中國近代史論叢》，將張奚若的《聯俄與反對共產》一文歸在徐志摩麾下。據《晨報副刊》原文，署名為「奚若」而非徐志摩。出錯可能原因是，徐志摩在張奚若等該組文章前寫了一個《前言：記者的聲明》，結果前言沒有收錄，卻將張文當成徐文收錄了。收錄時，除將首尾兩段刪除外，並對個別文字做了修改，如將「胡漢民政府」改為「廣東政府」，文題亦從《聯俄與反對共產》改為《仇俄與反對共產》。見包遵彭、李定義、吳相湘編纂：《中國近代史論叢》，第1輯第10冊二版，《俄帝之侵略》，臺北：正中書局，1959年3月，第9～11頁。

〔註260〕奚若：《聯俄與反對共產》，徐志摩等：《仇友赤白的仇友赤白》，第100頁。

〔註261〕徐友春主編、王卓豐等編撰：《民國人物大辭典》，河北人民出版社，1991年5月，第1533頁。賈逸君編：《民國名人傳》，嶽麓書社，1993年3月，第625頁。

〔註262〕2008年11月19日筆者和謝慧採訪錢大都先生。

〔註263〕奚若：《聯俄與反對共產》，《仇友赤白的仇友赤白》，第102頁。

探討一下當時「有功世道」、引起「士林」大驚小怪的科道制，以搪塞自己欠《晨報‧社會周刊》文債，後因編輯劉勉己一再催促他對蘇俄問題的意見，才改換題目。

就錢端升的思路和觀點而言，是頗為清晰和明確的。他將陳、張之間的爭論，歸類為二點：一、蘇俄到底是不是一個帝國主義國家？二、中國對蘇俄的政策究竟該怎樣？前者涉及帝國主義定義問題；後者則涉及中國該怎麼做，兩者密切相連。文章基本緊扣此二大主題開展，且左右開弓，對陳、張兩人的觀點作出回應和批評。

對於陳啟修的觀點，錢端升首先以1898年美國吞併菲律賓為例指出，「政治的帝國主義」從來沒有真正消失過。〔註264〕其次，他將陳氏的觀點肢解為邏輯學上的三段論：

前提：輸出資財就是經濟的帝國主義國家。

中段：蘇俄沒有這種能力。

結論：蘇俄不是赤色帝國主義。

不難看出，陳啟修搬弄的是邏輯學中的丐題遊戲（begging the question）。只要前提正確，則結論必定無誤。因此，錢端升對症下藥，針對陳氏的前提，提出質疑。他說：

> 陳先生的結論實在是蘇聯沒有帝國主義的可能。欲問這個結論對不對，先要問陳先生所說的（甲）（乙）兩點對不對。他的（丙）點無關緊要。〔註265〕

> 陳先生那篇文章實在玲瓏：他先把（甲）帝國主義這個名字嵌了財政資本進去，又說（乙）蘇聯是沒有財政資本嫌疑的國家，又把（丙）蘇聯（沒有財政資本的蘇聯）去代表赤色的國家。這樣說法，赤色的國家當然不會發生帝國主義……這是何等簡易！這是何等合他的邏輯！〔註266〕

關於（乙）點，錢端升表示是可以相信陳氏的，因真正的共產主義是不會進行任何侵略的（也是丐題）。但同時，錢端升指出，「真正的共產主義……在達到國際主義以前，為自衛起見，為減少資本國家的搗亂起見，有政治侵略

〔註264〕錢端升：《對俄問題致勉己〔己〕書》，第162頁。

〔註265〕錢端升：《對俄問題致勉己〔己〕書》，第160頁。

〔註266〕錢端升：《對俄問題致勉己〔己〕書》，第159～160頁。

的可能」。因此，帝國主義「也可以有赤有白」。對於張奚若的觀點，錢端升的回應沒有像對陳啓修那樣客氣。他提出反駁說：

> 親蘇聯去反對帝國主義完全是一種利害關係，與改良內政不相干，我們親了蘇聯，當然還得要掃掃自己的房子。張奚若先生好像說，因親蘇聯的緣故，中國青年弄得自己站不住，內政改革受了妨害，這眞比誅心更利害，這是以心誅心了！我想他們親了蘇聯未必就忘了自己內政的改良罷。〔註267〕

錢端升的反應如此之大，是因爲他曾邀請加拉罕在清華演講。關於錢、張兩人的交往，目前無從稽考，最早似乎是通過李濟和徐志摩。〔註268〕約在抗戰期間，兩人成爲莫逆之交。但在20年代中期，兩人關係似不密切，兩人的文字緣很可能從這場論戰開始，隨後一起參與大學院建設。他們後來的相知相交，源於他們各自擁有一顆理性、獨立思考的頭腦。他們之間的共通點是，當自己的意見正確時，就會堅持己見，力排眾議。〔註269〕

　　然在此時，二人的觀點恰好針鋒相對。與孫中山一樣，錢端升認爲共產主義並不適合於中國，但蘇俄不妨親近：

> 除非有人能把蘇聯的搗亂着着實實地指出來以前，——並且這種搗亂一定要比帝國主義的害更大，——我還是說蘇聯應當親的。……你（按：指劉勉己）的最近一篇文章《反對共產的理由和

〔註267〕錢端升：《對俄問題致勉己〔己〕書》，第164頁。

〔註268〕關於張奚若與錢端升的交往，錢大都先生表示，自己在西南聯大時年幼，對父輩的交往均是後來道聽途說，不清楚他們過去的交往。2008年11月19日筆者和謝慧採訪錢大都先生。李濟與徐志摩在哥倫比亞大學時，爲室友關係，後李濟去哈佛，與錢端升有交往。李光謨：《徐志摩和李濟之間的一些事》，《鋤頭考古學家的足迹：李濟治學生涯瑣記》，中國人民大學出版社，1996年9月，第20頁；亦見李光謨：《從清華園到史語所：李濟治學生涯瑣記》，清華大學出版社，2004年10月，第33頁。李濟與錢端升交往，見楊步偉：《雜記趙家》，遼寧教育出版社，1998年3月，第20、25頁。1931年11月19日，徐志摩飛機失事。20日，胡適記載：「下午，思成、徽音夫婦來，奚若來，陳雪屏、孫大雨來，錢端升來，慰慈來，孟和來，孟眞來，皆相對淒惋。奚若慟哭失聲。打電話來問的人更無數」。曹伯言整理：《胡適日記全集（6）》（聯經版），第621頁；亦見《胡適日記全編（6）》（安徽版），第167～168頁。

〔註269〕如在國民參政會期間，錢端升和周炳琳力持異議，反對在第二大黨缺席的情況下召開國民大會，他們以二人之力對抗大多數國民黨參政員，詳參本文第五章第一節。

《主張》，十分的八九是可以得到我的贊成。〔註270〕

這是錢端升作爲一個學者，對於自己未經證實的事實，持一種不輕易承認的謹慎態度。錢端升的這種態度，儘管也是現實主義的，但相較李璜和抱樸（即秦滌青）的立場，還是有一定的差距。他的看法是現實主義中帶有理想主義。

在《反共產的理由和主張》中，劉勉己的觀點與梁啓超、張東蓀和丁文江的意見相近。劉氏指出，中國「根本不用着提倡共產」的理由如下：「（一）中國今日是政治革命問題，不是社會革命問題。……（二）中國只有流氓式的資本主義。……（三）由人類進化看來，政治革命，皆先於社會革命」。〔註271〕

就陳啓修和張奚若的觀點而言，前者將聯俄與容共聯繫在一起，後者則相反。不過，從陳氏認爲蘇俄軍火助廣東政府「勉強是罪狀」來看，他也是贊成有條件聯俄的。表面上，兩人是爭論的兩極，實際上，只是側重點和程度不同而已。陳啓修在1925年9月《國聞周報》上的觀點，完全持現實主義的立場。他說：「實則蘇俄因外交上之角抗侵略，乃出以對華宣傳主義之手段，國人所首應注意者，殊在外交上避就操縱之一點。赤化與否，尙屬第二問題」。〔註272〕警惕和提防蘇俄之心昭然若揭。亦因陳氏持有這種觀點，當他遭到張奚若猛烈批評時，國家主義派學者李璜竟也爲之辯護。〔註273〕

錢端升的觀點，則處於二人之間，頗爲複雜。在聯俄問題上，與張奚若相反；在容共問題上，與陳啓修相反；在蘇俄事實上侵犯中國主權上，與陳、張又相反。三人均對蘇俄有提防之心，但程度不一。錢端升認爲，只要蘇俄還沒露出侵略面孔，仍不妨聯合；即使顯露，還須視乎利益再作調整。與此同時，亦須打掃自己的屋子。

陳、張、錢三人對聯俄容共看之比較：

〔註270〕錢端升：《對俄問題致勉已〔己〕書》，第166頁。在另一場合，錢端升再次針對張奚若的批評說：「我們要討論我國對蘇聯的政策時，必得要問蘇聯搗亂我們的內政到底有沒有，要是有的，倒底是怎麼會〔回〕事，我恐怕連最恨這種搗亂的幾位先生，也說不出眞正的證據來罷。這一次滬案發生，英日方面的人多說蘇俄預先化〔花〕了七萬塊錢，上海大學得了不少；……可是調查團的報告至今沒有宣布〔佈〕，證據有沒有不得而知，眞假更不必論了」。同上，第158～159頁。

〔註271〕劉勉己〔己〕：《反共產的理由和主張》，第126～127頁。

〔註272〕陳啓修教授談話、伯韜筆述：《勞農俄國之實地觀察》，《國聞周報》，第2卷第36期，1925年9月20日，第8～9頁。

〔註273〕李璜：《對俄問題的我見》，第48頁。

	有條件聯俄	聯俄容共	聯俄不容共	蘇俄事實上侵犯中國主權	提防蘇俄之心
陳啓修	✓	✓		✓（輕度）	✓（中度）
張奚若	✓		✓	✓（嚴重）	✓（嚴重）
錢端升	✓		✓	未有證據	✓（輕度）

　　與陳啓修看法相近的是，〔註274〕錢端升也認爲蘇俄問題不易討論。他提到，一方面有人說，蘇俄的共產政策已完全失敗，一方面又有人說，國家資本主義實行得很美滿，「要從這兩個自相矛盾的說法中求眞相，眞有如墜五里霧中的狀概」。〔註275〕《東方雜誌》上亦有人指出，「俄國國情，以帝國主義者之造謠與共產主義者之宣傳，眞令人目迷五色，無所適從」。〔註276〕

　　與劉侃元一樣，〔註277〕錢端升也對當時親俄被視爲一種「原罪」提出異議，指出部分英美人士和國人對此神經過敏：「若同英國公使館的人要好……大概沒有人罵你是……帝國主義的走狗。可是你要是往蘇聯大使館走動，……那就不得了」。這是錢端升的親身體會。他回憶半年前曾邀加拉罕到清華演講，「幾句老生常談，把英美嚇了一跳。天津泰晤士報把他（按：指加拉罕）大罵，說他是想把清華學生過激化」，並嚴厲指責清華校長「引狼入室」，還將抗議書遞交到外交部。清華校長被迫與《泰晤士報》打了幾場筆墨官司，「也並不敢說加拉罕說的話是不差……好像加拉罕眞正宣傳了什麼毒藥主義似的」。錢端升不無感慨地說，從「這個小地方狠可以看得見，中國普通社會不但怕蘇聯宣傳共產主義，連宣傳反帝國主義都是怕得要死」。〔註278〕

　　除對張、陳的觀點評析外，錢端升還提出應對蘇俄的方針。他引用當時各論者均同意的看法——國際關係只講利害——後指出，在「一種特別狀況之下，我們也許有親近帝國主義的必要」，這就是利用帝國主義內部的矛盾，

〔註274〕陳啓修看法見李璜的記載。李璜：《對俄問題的我見》，第48頁。

〔註275〕錢端升：《對俄問題致勉已〔己〕書》，第158頁。

〔註276〕樊仲雲：《蘇俄近狀》，《東方雜誌》，第22卷第24號，1925年12月25日，第31頁。在另一篇專文中，記者按語說：「我國的政論家談論起俄國事情來，不是捧得太高，和天堂一般，便是看的太壞，和地獄一樣」。齊水：《蘇俄的中國研究與東方雜誌》，《東方雜誌》，第22卷第7號，1925年4月10日，第30～31頁。

〔註277〕劉侃元的觀點，詳參氏著：《中國的建國策與對蘇俄》。

〔註278〕錢端升：《對俄問題致勉已〔己〕書》，第165頁。

「解除帝國主義的束縛」。錢端升認為，即使蘇俄是敵人，還得按敵人的重要性權衡輕重。「要是有一天蘇聯的帝國主義比英美的還要兇……那麼，我們也許有友英日仇蘇聯的可能」。〔註279〕錢端升的現實主義看法基本與李璜、「抱樸」等人相近，但又有不同。當時的錢端升，認為當時仍未侵犯中國主權，須待有種種事實才願意承認之。

三、「聯俄與仇俄」討論的意義

「聯俄與仇俄」討論在1925年11月底基本上已告一段落。11月26日，《蘇俄問題還要討論嗎？》一文應是京報副刊上最後一篇論戰文章。作者指出，「鬧了一個多月的蘇俄問題，鬧到現在還沒有一點結果。唔！中國那一個問題有過結果？還都不是和□□□科學與玄學問題一樣」。〔註280〕另一參與者陳鍾琴也說：「近來國內文壇，都受了人生觀論戰的餘毒，常以毫無價值，毫無意義的問題，斤斤爭辯，這一次也不例外」。〔註281〕以上為少數負面看法。

就正面意義言，張慰慈說：「前幾年，我們大部份的人民對於俄國事情差不多不聞不問」。不過這是有原因的，蘇俄完成革命不久，即連英美等國家的研究也乏善可陳。〔註282〕既對蘇俄缺乏具體瞭解，輿論難免出現毀譽參半的現象。這或許是錢端升邀請加拉罕到清華演講的其一原因。從這意義上言，這場論戰既加深了對中國本身外交困境的理解，也在一定程度上增加了對蘇俄的認知。如劉侃元指出，中國無足夠實力聯俄，聯俄可能得不償失，重點在於內政清明，〔註283〕與張奚若意見相近。〔註284〕

就蘇俄有否赤色帝國主義之可能，眾多論者認為關鍵不在顏色，在於國家實際利益。最能代表這種立場的是陶孟和。他表示，不清楚主張聯俄論者希望得到的是哪種援助，就他個人來說，是「根本不相信國際之間有不自私的幫助」。他承認自己「對於國際政治完全是一個悲觀者」，但不是一個極端的反俄論者。他認為，即使傳言蘇俄侵略中國是真的，亦不值得大驚小怪。

〔註279〕錢端升：《對俄問題致勉巳〔己〕書》，第164頁。
〔註280〕「□□□」為不雅用語。有麟：《蘇俄問題還要討論嗎？》，《京報副刊》，第340號，第7頁。
〔註281〕陳鍾琴：《為蘇俄仇友問題告雙方》，第112頁。
〔註282〕張慰慈：《我也來談談蘇俄》，第228、229頁。
〔註283〕劉侃元：《中國的建國策與對蘇俄》，第196頁。
〔註284〕奚若：《蘇俄何以是我們的敵人》，第58頁。

世上沒有免費的午餐，沒有「一個政府或國家肯不顧自己的安危」去協助他國的。陶氏雖對國際政治持悲觀態度，但他表現出一種健全和理性的懷疑主義態度。他說：「以上所說並不是盲目的排外。我們對於無論何國的私人……都可以相交，可以親善……但是我們一遇見一個國家，政府或政府的代表……我們便不能信賴」。〔註285〕應該說，陶氏的觀點，對於認清列強外交有原則性指導作用。

就論戰整體而言，大多論者有明顯警惕和防俄心態，認為有赤色帝國主義之可能，或本身就是赤色或「灰赤色帝國主義」（梁啓超語），〔註286〕反對蘇俄干涉中國內政。以梁啓超和錢端升為例，前者認為蘇俄雖沒有經濟帝國主義之傾向，但它的政治帝國主義則十分顯著；〔註287〕後者則認為只要蘇俄未經共產，經濟的和政治的兩者均有可能。同時，這場論戰也顯示出書生論政的局限性。當論及具體建議時，基本乏善可陳。如劉勉己指出，「至於如何防備蘇俄，張〔奚若〕先生卻未曾說到」。〔註288〕其他論者亦類似，只籠統地指出國際間只有利害關係。

隨著蘇俄在1921年武力強佔外蒙和對中國內政的干涉，對俄關係成為「五卅運動」後，急待重新檢討的問題。由於當時蘇俄對中國採取了干涉和援助兼而有之的外交政策。中國輿論界如張奚若和錢端升，亦因此形成對立。在個人因素方面，錢端升思想中的國際理想主義和他的同儕，一年後的入黨介紹人陳翰笙、高仁山等，對他似乎也有一定的影響。

除蘇俄對華外交自相矛盾外，當時中國的聯俄外交，亦有它矛盾的一面，既要蘇俄的援助，但又拒絕內政的干涉，及親俄思想的傳播。中俄關係的這種雙重矛盾性，形成了「聯俄與仇俄」討論的複雜性和多樣性。應該說，這場討論對南、北政府和社會輿論的影響，是頗為深遠的。它無形中擴大了蘇俄在華的負面形象，部分親俄論者即如錢端升也認為蘇俄有赤色帝國主義之可能。在某種程度上，為後來國民黨清黨造成了一定的社會輿論基礎。

〔註285〕陶孟和：《對於聯俄的疑問》，第193～194頁。
〔註286〕梁啓超說：「總答『赤色帝國主義有無』和『蘇俄是否帝國主義者』這兩個問題，我的答案如下：蘇俄是灰赤色的帝國主義的國家資本的帝國主義者」。梁啓超：《復勉己〔己〕書論對俄問題》，第121頁。
〔註287〕梁啓超說：「帝國主義只有這一種嗎？最少，還有政治的帝國主義」。梁啓超：《復勉己〔己〕書論對俄問題》，第119頁。按：梁氏提出帝國主義還有「政治的」，時間比錢端升早。
〔註288〕勉己〔己〕：《怎樣對蘇俄？怎樣對帝國主義？》，第25頁。

　　可以說，從 1918 年到 1927 年，蘇俄形象在中國經歷了一次巨變。隨著蘇俄對華政策的轉變，〔註 289〕不同學人根據自己的思想座標，對中國國情的認知等因素，各有不同的看法：部分人如李大釗堅持到底；部分如張奚若雖贊成蘇俄理想，但從一開始對蘇俄在中國表示懷疑；部分如李璜承認在 1919～1921 年期間，曾爲蘇俄「發過狂熱」，但最終還是失望。〔註 290〕部分如錢端升則認爲還需具體例子驗證。即使證實，還須根據實際外交情況進行處理。

　　值得注意的是，在這場討論中，大部分《現代評論》同人保持了相當的沉默。以《現代評論》的創刊宗旨和撰稿人大多筆鋒甚健來說，於理不合。據周作人等的說法，《現代評論》經費部分由國民黨、部分由北京政府贊助。〔註 291〕這似與當時國民黨人正執行孫中山「聯俄容共」政策相關，但也不能完全說是。一個具體的例子是，《現代評論》同人之一燕樹棠批評蘇俄搗亂中國內政。《現代評論》若受「聯合容共」影響，則似不應站在北京政府的立場上，批評廣東政府。不過，燕樹棠是個例外，因只有他一人批評蘇俄，打破《現代評論》同人不討論「聯俄與仇俄」的沉默。〔註 292〕

〔註 289〕相關研究，詳參薛銜天：《試論「蘇俄第一次對華宣言內容變化問題」》，《社會科學戰線》，1991 年 3 月。劉存寬：《1918～1921 年的外蒙古與中蘇關係》，《近代史研究》，1991 年第 5 期。李嘉穀：《蘇俄第一次對華宣言文本問題》《中國現代史（複印報刊資料）》，1992 年第 2 期。汪謙幹：《從中東路問題看蘇俄對華政策的演變》，《安徽史學》，1994 年第 2 期。唐啓華：《1924～1927 年中俄會議研究》，《近代史研究》，2007 年第 4 期。

〔註 290〕李璜：《對俄問題的我見》，第 50 頁。

〔註 291〕應與孫中山在 1924 年 12 月底北上，與張作霖、段祺瑞建立三角同盟有關。後孫中山在 1925 年 3 月去世，三角同盟亦瓦解。關於《現代評論》經費來源，目前有二種說法：一、錢端升和陳翰笙認爲出自國民黨。馬光裕：《錢端升談〈現代評論〉周刊》、《陳翰笙談〈現代評論〉周刊》，《中國現代文學研究叢刊》，1990 年第 2 期，第 293、第 295 頁。二、周作人等認爲，國民黨和北京政府均有出資。王子欣（川島）說：「我曾聽說現代評論開辦時，確曾由章士釗經手弄到一千元，除此之外，國民黨亦曾津貼一千元，還有二百元是武昌某大學校長（按：應爲石瑛）送的」。川島：《「西瀅」的「吃嘴巴」》，《語絲》，第 70 期，1926 年 3 月 15 日，第 9 頁。亦見王子欣、川島：《反周事件答問》，《語絲》，第 68 期，1926 年 3 月 1 日，第 2 頁。豈明：《關於一千元》，《語絲》，第 88 期，1926 年 6 月 28 日。

〔註 292〕在燕樹棠發表《俄船運械事件》（1925 年 10 月 24 日）前，《現代評論》上涉及蘇俄文章共有 5 篇。目錄如下：皮皓白：《庚子俄款的用途》（第 17 期）、皓：《蘇俄公認資本制度》（時事短評，第 18 期）、松：《還要添上俄國兵》（時

其實，早在 1924 年 6 月，燕樹棠在《太平洋》上是贊成聯俄的。他說：
「中國現在結交蘇俄，去抵抗列強，實在是一個遠大政策。……所以我主張
中國若想著與列強為有利的周旋，必須採取聯俄的外交政策」。〔註 293〕1925
年 10 月，燕氏在《現代評論》批評說，蘇俄「輸送軍火，助長粵亂，……北
京政府對這個案件漠不關心，毫無動作，實在是麻木不仁」。〔註 294〕在後來二
則短評中，燕氏更大肆批評蘇俄。〔註 295〕儘管當時學人對蘇俄看法改變因人
而異，燕樹棠作為個案，未必具有普遍性，但從中亦可窺見蘇俄形象在中國
之轉變。

錢端升對蘇俄的看法，反映了他外交思想中的兩面性。在 20 年代，他對
蘇俄的態度，理想主義中又帶有現實的一面。在 30 年代初期，西方資本主義
國家發生經濟恐慌，蘇俄模式大受部分西方知識分子讚賞。加上抗戰初期蘇
俄援助中國，錢端升對蘇俄的看法，理想主義色彩十分濃厚，對蘇俄讚賞有
加。1939 年，蘇德簽訂互不侵犯條約，他又持現實主義的批判態度。抗戰後
期，又回到理想主義的狀態。錢端升對蘇俄的看法表面上看似飄忽不定。實
際上，其變化有兩條線索可尋。一、整體言之，錢端升對國際政治持理想主
義的立場，直到 1949 年從未變更。二、他對某個國家看法的變化，與某個國

事短評，第 25 期）；仲揆：《一個月在蘇俄的所見所聞》、陳啓修：《蘇俄事情
之研究與蘇俄政策之研究》（第 45 期）。按：《還要添上俄國兵》，並非批評蘇
俄，而是批評白俄在中國搗亂。在燕氏發表《俄船運械事件》打破沉默後至
1925 年 12 月期間，只有 2 篇短評涉及蘇俄，可見《現代評論》同人對「聯
俄與仇俄」的討論保持了相當的沉默。2 篇短評目錄如下：召：《蘇俄也知講
法律》、皓：《蘇俄的修正正式結婚法案》（第 50 期）。

〔註 293〕陳友良：《〈太平洋〉雜誌（1917～1925 年）研究：以社會政治思想為中心》，
北京大學歷史學系博士論文，2006 年 6 月，第 252 頁。原載燕樹棠、趙冠青
筆記：《中俄交涉問題》（1924 年 4 月在北京大學的演講），《太平洋》，第 4
卷第 7 期，1924 年 6 月，第 4 頁。

〔註 294〕召（燕樹棠）：《俄船運械事件》（時事短評），《現代評論》，第 2 卷第 46 期，
1925 年 10 月 24 日，第 4 頁。按：在此短評之前，燕氏共發文 24 篇，無一
涉及蘇俄。本文曾將《現代評論》所有目錄輸入計算機一次，故有此統計。

〔註 295〕當時因蘇俄使節被侵犯，向北京政府抗議，燕樹棠說，蘇俄「大談法律，難
道：妨害中國國體，助長中國內亂行為，他就不知道是違背國際公法嗎？」
召（燕樹棠）：《蘇俄也知講法律》（時事短評），第 2 卷第 50 期，1925 年 11
月 21 日，第 4 頁。日俄之爭，「兩方手段雖異，目的則同。我們不用細想就
知道：日本固然可恨，蘇俄也沒有什麼可愛」。召：《英俄與言論自由》（時事
短評），第 3 卷第 64 期，1926 年 2 月 27 日，第 2 頁。按：兩篇短評，一篇
在「聯俄與仇俄」討論期間，一篇在討論結束後。

家的現實主義外交政策變化有關。他對中國共產黨的看法，亦可應用上述解釋。

錢端升這種外交思想的兩面性，亦可解釋他國內政論主張的變化。他對國內政治亦持一理想主義的看法，懸掛一憲政鵠的。具體的政論主張和實踐方法，則跟隨現實政治的起伏動而波動。限於中國國情，他的政論中的理想主義色彩大爲減弱，這點從他在 20 年代主張一黨專政可以看出。若當時中國是一常態國家，則他的理想主義彩色將更見濃厚。換言之，錢端升的思想除與三民主義理念吻合外，亦與他的現實主義思想——主張一強有力政府論（一黨專政）有關。直到抗戰後期，當黨內力量無法制衡蔣介石時，才開始尋求黨外力量，詳見後文分析。

第四節　收回租界和領事裁判權運動

一、周鯁生、王世杰的意見

中國政府正式提議撤廢領事裁判權權，始於 1919 年巴黎和會。〔註 296〕在此之前，民間不少有識之士已在呼籲要求廢除。1925 年 3 月孫中山的逝世和「五卅運動」進一步激發了當時中國民族主義情緒，國民對於收回租界和領事裁判權的要求更形激烈。〔註 297〕

「五卅運動」約半年後，正當國人的焦點集中於「關稅自主運動」時，錢端升再次在《現代評論》上發表文章，提請國人關注滬案的進展。〔註 298〕三天之後，他在《晨報》七週年紀念增刊上，延續了這個議題，發表《治外法權問題》。受 1920 年暹羅、1923 年土耳其收回領事裁判權的刺激和影響，民國時期眾多學者亦從不同的層面提出建議。其中以周鯁生和王世杰的意見較具代表性。比較三者，內容大同小異，有互相補充和發明之處。

在文中，周鯁生提出了三種廢除領事裁判權的辦法，這是他針對當時美

〔註 296〕陳友良：《〈太平洋〉雜誌（1917～1925 年）研究：以社會政治思想爲中心》，北京大學歷史學系博士論文，2006 年 6 月，第 260 頁。

〔註 297〕周鯁生：《領事裁判權撤廢問題》，《北大社科季刊》，第 3 卷第 1 期，1924 年 10～12 月；周鯁生：《領事裁判權問題》，《東方雜誌》，第 19 卷第 8 號，1922 年 4 月 25 日。

〔註 298〕錢端升（文）：《別要忘記了滬案》（時事短評），《現代評論》，第 2 卷第 51 期，1925 年 11 月 28 日，第 5 頁。

國公使舒爾曼（J. G. Schurman, 1921.6-1925.4）之建議而發。舒爾曼指出，當時外人有三種態度：一、反動的，亦即維持現存制度，這是居於通商口岸不諳中國人心理的外國人所主張。二、革命的，亦即徹底的廢除，主要爲當時俄國人所提倡。三、漸進合作的，主要爲美國人所持。

　　舒爾曼提出，中國應分三步走：一、編制法典；二、由列國審查損益；三、中國任命中外混合法庭。舒爾曼的主張與當時美國學者韋羅貝主張大致相近。不同的是，韋羅貝主張外國法官任命須經締約國（即外國）政府之推薦（即仿傚埃及的混合法庭），舒爾曼則主張全然不設限制，任中國政府自由選擇。〔註299〕平心而論，從純粹司法角度而言，舒爾曼的建議對中國司法制度的長遠發展未嘗不無裨益。但在1925年中國民族主義情緒高漲的年代，不免不諳中國人急於廢除不平等條約的心理。

　　上述廢除領事裁判權三階段論並非舒爾曼原創。此前英文《京津泰晤士報》「主筆 Woodhead 氏建過此議，舒爾曼氏特重出來贊助之耳」。〔註300〕兩者意見雖相近，但身份不同，一爲民間、一爲官方，周鯁生更覺有駁斥之必要。對於舒爾曼建議，周鯁生認爲，還是脫不了干涉中國主權和司法權。他提出反建議說：「原則上仍宜避免此等過渡方法，而直截了當的與外國的定一定的期限（如1894年日本與外國約定五年內撤廢的辦法）撤此制，以在此期限內，中國完全編成並公佈各項法典及設備必要的新式法院爲條件（中國在1919年巴黎和會之提案亦大致如此）」。〔註301〕對舒爾曼建議如此，對韋羅貝主張的埃及混合法庭可想而知。

　　周鯁生還對當時王世杰贊同採用暹羅收回領事裁判權的辦法，即「撤回」和「移審」提出不同意見。對於前者，周鯁生認爲，在暹羅頒佈法典前後五年內，若有異議，「撤回」原案重審由該國重審，仍是干涉中國司法。對於後者，外人可向更有權威和公信力的高級法庭重審，與前者相較，不失爲一個「較尙可行」的辦法。最後，周鯁生還針對當時中國高等法院比較完備，下級法院不夠完善的特點，提出「巡迴裁判制度」來彌補這個缺失。〔註302〕

〔註299〕周鯁生：《領事裁判權撤廢問題》，《北大社科季刊》，第3卷第1期，1924年10～12月，第115頁。

〔註300〕周鯁生：《領事裁判權撤廢問題》，《北大社科季刊》，第3卷第1期，1924年10～12月，第116頁。

〔註301〕周鯁生：《領事裁判權撤廢問題》，《北大社科季刊》，第3卷第1期，1924年10～12月，第120～121頁。

〔註302〕周鯁生：《領事裁判權撤廢問題》，《北大社科季刊》，第3卷第1期，1924年

在《撤廢領事裁判權的程序問題》中，同周鯁生一樣，王世杰認為：「最簡捷了當的撤廢方法，自然是傚照日本成例，不採用任何過渡的制度」。不過，這個方法是當時西方列強最不願考慮的選擇，在事實上中國也無法辦到。王世杰指出，當時可行的選擇不外有兩種：一、「或則將完全撤廢之期間，特別延長」；二、「或則別求一種過渡的制度」。王世杰認為，「前一個方法，恐非吾國一般人士之願」，因「不能保障外人屆期償約」。〔註303〕

因此，王世杰認為只能從過渡方面著手。對於「混合法庭」，王世杰表示在「原則上我們就要堅決反對」。這是因為，這種制度「極易演為一種永久的或長期存續的制度。暹羅與埃及的混合法庭，都有幾十年的長歷史，這是我們所不能忽視的」。易言之，殷鑒不遠。此外，他還提出兩個原因不能贊同混合法庭。一、不能樹立中國一般法庭和法官之國際威信。二、從「吾國諸種中外合組機關的經驗上看去，吾人實不敢信任何形式之混合法庭制」。他以海關行政為例，指出稅務司名義上為中國官吏，實際上不完全受中國之支配，海關行政權幾完全落入外人之手，上海會審公廨亦是如此。〔註304〕

至於暹羅，王世杰指出，在1920年與美訂約時，已採用其他方法代替混合法庭，即上述周鯁生不太贊同的「撤回」和「移審」制度。王世杰認為，前者的存續實效已限定，暹羅可行發展自己的法典，司法系統「或不致因是而受重大影響」。因此，他建議，「這兩個條件，吾國將來或可略加變通，予以容納」。〔註305〕

奇怪的是，王世杰指出土耳其在反對混合法庭方面是一個成功的案例，但他沒有建議中國採用，〔註306〕而是建議採用暹羅模式。同周鯁生一樣，王

10～12月，第122～123頁。

〔註303〕王世杰：《撤廢領事裁判權的程序問題》，《太平洋》，第4卷第6號，1924年4月，第4、5頁。

〔註304〕王世杰：《撤廢領事裁判權的程序問題》，《太平洋》，第4卷第6號，1924年4月，第8頁。

〔註305〕王世杰：《撤廢領事裁判權的程序問題》，《太平洋》，第4卷第6號，1924年4月，第11頁。

〔註306〕王世杰沒有解釋原因，原因詳見後文錢端升分析。他只表示，土耳其廢除領事裁判權所附帶兩個條件，「在我國似都用不著」。這兩個條件是：第一、外國顧問，中國早已自動聘請，毋庸條約規定，第二、身份問題，亦即關於婚姻、監護、動產繼承權等，他認為中國將來這方面的法律與西方相差不大，毋庸議。王世杰：《撤廢領事裁判權的程序問題》，《太平洋》，第4卷第6號，1924年4月，第10頁。

世杰建議，應以巴黎和會之建議案爲基礎，將撤廢程序分二期：第一階段，中國自行編訂法典，整頓法庭。第二階段，爲法典和新式法庭開始之期。王世杰建議，以不得超過五年爲限，及在原則上應用暹羅模式。〔註307〕

　　觀諸周、王二文最大共同點，均以巴黎和會中國方案爲基礎，亦即採用日本模式，設一期限，在此期限後，則宣佈廢除。不同之處，王世杰的方案比較折衷，除日本模式外，還採用暹羅模式作爲過渡期。但在周鯁生看來，王世杰的過渡期方案還不徹底，仍保留著一條外人隨時可干涉中國司法的尾巴。周鯁生認爲：「與其以我法庭判決受外國官吏之否認而撤回其案，失了司法尊嚴，則毋寧自始即不審理此案而一任領事裁判爲憑」。〔註308〕兩相比較，王世杰偏向現實，周鯁生偏向理想。

二、與王、周之比較

　　與王世杰、周鯁生相較，錢端升對西方列強濫用治外法權之批判，大致相同。不同之處大致有三：一、以條約和法理的角度，認爲外人觀審制度有一定合理性（不是合法性）；二、西方列強審判華洋官司、應用外國法律時，採雙重標準，濫用了治外法權。三、對西方列強在華司法行政不公之揭露和批判，遠較王、周深刻和猛烈。至於解決方法，錢端升主張根據國際法中的情勢變遷原則，召開一國際會議，宣佈十年後廢約。不成功的話，利用民眾運動收回國權。若因此釀成國際爭端，則訴諸國際法庭。

　　在《治外法權問題》這篇近萬言長文中，錢端升分五步進行分析：一、追溯主權與治外法權之間的關係；二、外人通過各種巧取，取得各種條約以外的權益；三、分析觀審制度和外人究竟應用中國還是西方法律；五、批判西方列強濫用治外法權；五、廢除治外法權之方案。

　　錢端升首先從歷史和國際法角度，否認西方在中國所獲治外法權之合法性。他指出，治外法權最初源於回教國家土耳其。當時西方人獲法外治權，是基於「獎勵歐人經商之故」。而西方列強在中國獲得此權，主要是通過武力，「實非中國由衷之賜」，〔註309〕兩者不能同日而語。同時，他還從國際法出發，

〔註307〕王世杰：《撤廢領事裁判權的程序問題》，《太平洋》，第4卷第6號，1924年4月，第12、13頁。

〔註308〕周鯁生：《領事裁判權撤廢問題》，《北大社科季刊》，第3卷第1期，1924年10～12月，第122頁。

〔註309〕錢端升：《治外法權問題》，《晨報》（七週年紀念增刊），1925年12月1日，

指出「治外法權實爲主權屬土之一大例外」，〔註310〕有違國際法慣例。

　　對於中國許外人享受治外法權，錢端升指出，「實始於道光二十二年之《江南善後條款》。」不過，「該條款年久失查，惟可於次年中英《五口通商章程》第十三欵覓其內容」。〔註311〕錢端升認爲，若說中英《五口通商章程》尚有含混之處，則隨後道光二十四年的中美及中法《五口貿易章程》，進而開始詳明。〔註312〕

　　中美《五口貿易章程》第二十一款記載：「嗣後中國民人與合眾國民人有爭鬥，詞訟，交涉事件，中國民人由中國地方官捉拿審訊，照中國例治罪；合眾國民人由領事等官捉拿審訊，照本國例治罪。但須兩得其平，秉公斷結，不得各存偏護，致啓爭端。」第二十四款，美商或華民「有要事」向中美官員「辯訴」而「不能以和平調處者，即須兩國官員查明，公議察奪。」第二十五款，則爲中國官員不得過問合眾國民人與外人間之訴訟。〔註313〕

　　對於觀審制度，錢端升認爲，中英《天津條約》第 16 款：「Justice shall be equitably and impartially administered on both sides.」被譯成「『彼此均須會同公平審斷，以昭公充〔允〕』；妄增會同二字。論者謂此二字實開外人要求刑事觀審之機」的說法未必妥當。他以爲，上述的條款已清楚說明外官有觀審權利。他指出，所謂「公平也者必有標準……標準救濟，在混合案中，捨觀審外，寧尚有其他？」因此，華官審理華洋訴訟時，有外官觀審「固憾事也，然若以條文未嘗明白規定，而不准觀審，於中國亦殊有害」，因當外國法庭審理華洋案時，「亦得拒絕華官職觀審」。〔註314〕

第 73 頁。
〔註310〕錢端升：《治外法權問題》，《晨報》（七週年紀念增刊），1925 年 12 月 1 日，第 72 頁。
〔註311〕該條款指出，無論英商還是華民提出訴訟，中英兩國官員均應「勉力勸息，使不成訟」。若未能避免，「英人如何科罪，由英國議章程法律，發給管事官照辦。華民如何科罪，應治以中國之法，均仍照前江南原定善後條款辦理」。 錢端升：《治外法權問題》，《晨報》（七週年紀念增刊），1925 年 12 月 1 日，第 74 頁。
〔註312〕錢端升：《治外法權問題》，《晨報》（七週年紀念增刊），1925 年 12 月 1 日，第 74 頁。
〔註313〕錢端升：《治外法權問題》，《晨報》（七週年紀念增刊），1925 年 12 月 1 日，第 74 頁。
〔註314〕錢端升：《治外法權問題》，《晨報》（七週年紀念增刊），1925 年 12 月 1 日，第 76 頁。

　　至於外人應受何種法律制裁，錢端升則有所保留。他認為，根據「主權屬土」的原則，中國的法律應對在此土地上的任何人有效，而外人所爭得的權利，據各種條約所載，只是司法行政權。他指出，鴉片戰爭前，當時外人所指摘的是「實司法行政之不良，而非實體法之不良也」，因「司法行政有光明黑暗之分，而法律本身無良不良之可言」。錢端升解釋說，「昔人之所謂良者，近人未必以為良；我之所謂良者，西人未必以為良，西人亦安能以彼之所謂良法律，而令我亦曰，此良法也」。錢端升引用中美貿易章程第 21 款所載「中國人犯罪由中國官吏按中國法懲辦，美人犯罪，由美國官吏按美國法懲辦」後指出，該條文並沒有說明何者為罪。但就美國人在中國土地上這一事實而言，犯的肯定是中國的「法」。因此，「所謂罪者，當必中國法律所定之罪而已。所謂美國法者，特程序法而已」。〔註315〕

　　錢端升還認為，「即退一百步言之，美國官吏亦僅能依美國實體法而判罰而已。例如：依該時中國法律，殺人者斬，而依美國人法律，則殺人者絞而已；絞與斬雖為實體法所規定，實亦僅形式之不同而已。何者為罪，則雖美人亦應得依中國法律也。此點更可於中法天津條約第三十八款見之」。〔註316〕

　　錢端升此說固有一定的道理，然平心而論，清末的實體法相對英美而言，懲罰確較嚴厲，一旦司法行政錯誤，更易造成重大冤獄。譬如導致領事裁判權起源的重要案例之一——「特拉諾華案」（Francis Terranove Incident）案就是如此。〔註317〕這一事件幾乎再次震撼了當時所有在中國經商的外國人。周鯁生就曾指出，治外法權「此項制度之唯一存在理由，不過在中國法律及司法組織之不完善耳」。〔註318〕

〔註315〕錢端升：《治外法權問題》，《晨報》（七週年紀念增刊），1925 年 12 月 1 日，第 78 頁。

〔註316〕錢端升：《治外法權問題》，《晨報》（七週年紀念增刊），1925 年 12 月 1 日，第 78 頁。

〔註317〕1821 年 9 月（道光元年），美國商船艾美利號意大利裔水手特拉諾華（Francis Terranove）不知有意還是無意失手（whether by accident or design）將陶器皿（earthen jar）擊中一位正在商船邊艇上賣水果的中國婦女頭部，致其落水和死亡。後中國當局要求交出兇手，遭船長拒絕。中國當局採折衷方法在船上審訊，美國人認為刑罰過重，船長拒絕交人。中國當局於是拘留了買辦（security merchant）和通事（linguist），並停止交易和日用品供應。艾美利號最後被迫交出該名水手。然不到二十四個小時，就將該名水手處死，並交還屍身。Benj. H. Williams, The Protection of American Citizens in China: Extraterritoriality, *The American Journal of International Law*, Vol. 16, No. 1, Jan.，1922, p.44.

〔註318〕周鯁生：《領事裁判權撤廢問題》，《北大社科季刊》，第 3 卷第 1 期，1924 年

　　因此，錢端升建議外官用中國實體法斷案，則是西方列強無論如何也不會認同的做法。但這並不表示西方列強可以隨意用何種法律。錢端升指出，英美並非以其實體法來代替中國的實體法，而是跟隨意應用。他以美國禁酒為例，指出「製酒為美法所禁，然美人之在中國設造酒廠者，得不伏罪」。美國人選擇性地用雙重標準執法，是嚴重濫用治外法權。

　　就中美應用何國法律，錢端升指出，光緒初年也曾有爭端，當時美國默認中國法律有執行之必要。因為「中國雖以治外法權與人，而從未拋棄立法之權。舉凡關稅條例，礦業條例，禁煙條例，或中立條例等等，雖享治外法權之外人，按理亦不能不一一遵守」。譬如說，咸豐八年《中美和好條約》第14 款就規定，若美人「『走私漏稅，或攜帶各項違禁貨物』，則中國官吏且得直接懲治之」因此，錢端升重申，外人在華若犯中國法律，必須用中國法律審訊，外人所獲得的只是司法行政權（審判程序）而已。﹝註319﹞簡言之，若外人不用遵守中國法律，則外人將更無法無天，中國亦將變成無人之境。

　　根據前述中英、中美和中法《五口貿易章程》，錢端升指出，外國人當時在中國享有的治外法權，僅有以下三種：一、「完全由外人處理者」，即外人與外人之民刑糾紛。二、「外官處理，而華官得觀審者」，即華人為被告，外人為原告。三、「華官處理，而外官得觀審者」，即外人為被告，華人為原告。﹝註320﹞但經過八十多年來，外人步步侵凌，觀審制度「今已寖成外人會審制度」，華官亦「拋棄」自己觀審權利，華人之間及華人與不享有治外法權之外人間的糾紛，亦為外人所處理。與此同時，國際公法所承認的外人必須服從所在地之法，西方列強亦選擇性的利用，「除不動產法依中國法律外，餘輒為其本國之法律。」不僅外人與外人之間訴訟，引用外國實體法，即華洋官司，亦復如是。錢端升不禁哀歎：「侵我主權，莫此為甚，我之立法權亦因之而破碎不全矣。」﹝註321﹞

10～12 月，第 110 頁、124 頁。
﹝註319﹞「治外法權非他，僅外國依據條約，取得以該外國之程序法審理外國人之案件，藉以補救中國司法之弱點而已。治外法權之取得，實以條約為根據，而司法行政之不良為理由也」。錢端升：《治外法權問題》，《晨報》（七週年紀念增刊），1925 年 12 月 1 日，第 78～79 頁。
﹝註320﹞錢端升：《治外法權問題》，《晨報》（七週年紀念增刊），1925 年 12 月 1 日，第 76～77 頁。
﹝註321﹞錢端升：《治外法權問題》，《晨報》（七週年紀念增刊），1925 年 12 月 1 日，第 79～80 頁。

　　對於西方列強在華的司法不公，周鯁生曾指出，領事政治觀念強，易司法不公。王世杰也一針見血地指出，「領事官便非適當之審判機關」。〔註 322〕與王、周不同的是，錢端升除對領事裁判權產生的弊端給予揭露外，還進一步針鋒相對地指出，中國應進一步調查西方各國司法在華具體執行的情況。他指出，西方各國在華司法機構，不但敷衍苟且，而且有如兒戲，見下表。〔註 323〕

國　家	在　華　司　法　機　構　弊　端
法　國	「使館主事設庭時，則以使館中之譯員充承發吏及書記官。審判長之下設陪審官二人，於當地法國人中擇充之，民事在百法郎以下者，領事得獨裁之。以上者，須得陪審官之同意。然無法召集陪審官實時，領事亦得獨決之。三千法郎以下者，無上訴焉。刑事分三等：即過失，輕罪，重罪是。過失審判長得獨決之，不准上訴。輕罪取陪審制。重罪則領事僅任預審而已。」
比利時	「有領事之地，以領事爲審判長；無領事之地，則由比使於外人中擇充之。審判長覓當地比人若干充陪審，無比人時，則外人亦可。管理範圍，與法相若，惟重罪則須遞送不拉 Branbant 之刑庭。」
意大利	「如比。」（同比利時）
西班牙	「審判長以領事充之，陪審則不限西班牙人。」

　　對於以上弊端，錢端升猛烈抨擊說（按：重點爲本文所加）：

　　　　從享受治外法權各國在中國的法院觀之，亦正見其窳陋無足取而已。領事官泰半皆不諳法律，今則列國均以之任司法之事矣。外人犯罪，由同國官吏判罪，非各國爭治外法權之理由乎？然比意等國，不得已時，且請其他外人爲領事裁判官矣。且法律不一致；審查費時日，證據不易得，執行不方便；凡此雖外人亦不能隱飾。告發及陪審制爲英美兩國所重視，監察及合議制爲大陸各國之通則，然在中國因陋就簡，有時不能割愛，舉凡外人在本國數千百年最尊貴最重視之制度；若陪審；若保護狀；一一斷送之而不惜，異哉！外人以此種朽敗之司法行政自欺，而尚詆吾國司法之不良，亦正見

〔註 322〕王世杰：《撤廢領事裁判權的程序問題》，《太平洋》，第 4 卷第 6 號，1924 年 4 月，第 3 頁。

〔註 323〕錢端升：《治外法權問題》，《晨報》（七週年紀念增刊），1925 年 12 月 1 日，第 81～82 頁。

其責己寬而責人之嚴耳。〔註324〕

從上述批評中，在華之領事館連基本的司法程序也馬虎從事，其司法之不公可以想見。因此，錢端升不無憤慨地指出：

> 吾國司法縱不良，吾國法官縱無識，決不至視領事國審判，及領事而更劣。今日外人而仍以司法不良詆吾，直藉口而已，直與吾國無理取鬧而已，寧有他哉，寧有他哉？外人尚能靦顏以調查吾國司法，吾國更宜派員以調查外國在華之司法矣。〔註325〕

其駁斥可謂鏗鏘有力，擲地有聲。至於治外法權之有害於中國，「則更罄竹難書」，包括：

> 中國法律在中國境內不能完全實行，一也。華洋混合案件，外國審理者，每厚於外人，而薄於華人，二也。華官審理之件，外人藉端會審，華官權不得伸，三也。外人犯罪擾亂治安，華吏毋得懲治，四也。老奸巨猾，遁避租界，外人袒之，隱爲中國政府之患，五也。不肖華民，假外人旗幟，以冒治外法權，六也。〔註326〕

周鯁生也指出，西方在華司法機構弊端有：一、侵害中國主權、二、紊亂司法系統；三、領事爲行政官吏，法治意識薄弱，政治觀念較強，判案對中國人不公；四、外人輕視中國司法系統、五、領事數目有限，千里之外押送犯人和取證不便；六、中國人不懂外國法律，動輒吃虧等。〔註327〕可以說，錢、周兩人所言大同小異和各有互補之處。

對於當時外人控制的司法機構，除上海會審公廨外，如漢口洋務公所，錢端升指出：

> 更光怪陸離，幾爲全世界最無法無天之衙署……該公堂民九受理章士釗控廣東軍政府財政總長保管廣東關稅一案，尤爲侮辱廣東政府之舉。總之，外人藉治外法權，侵奪吾主權，違反近代主權屬

〔註324〕錢端升：《治外法權問題》，《晨報》（七週年紀念增刊），1925 年 12 月 1 日，第 82 頁。

〔註325〕錢端升：《治外法權問題》，《晨報》（七週年紀念增刊），1925 年 12 月 1 日，第 82 頁。

〔註326〕錢端升：《治外法權問題》，《晨報》（七週年紀念增刊），1925 年 12 月 1 日，第 82 頁。

〔註327〕周鯁生：《領事裁判權問題》，《東方雜誌》，第 19 卷第 8 號，1922 年 4 月 25 日，第 12～13 頁。

　　　　土之理，使我不國而已。〔註 328〕
表現出對西方列強在華治外法權的強烈不滿。關於領事裁判權的弊端和濫用，西方列強本身實際上也深受其害。

　　周鯁生舉的一個例子很可說明其中問題：「試思有一日本人關於在美國的土地（按：應指租界）控告英國人民之一個民事訴訟案，牽涉如何的複雜」。由此可見，「法律之紛歧本屬領事裁判制度之一大弊害」。〔註 329〕當時在華部分外人也不勝其煩，因而提出待中國法典修繕和經各國審查後，一致採用之。前述美國公使舒爾曼和英文《京津泰晤士報》主筆伍德黑德（Woodhead）就持這種立場。但作爲一個主權國家，一國之法典須經他國審查，自然遭到有識之士的抵制。錢端升指出，「治外法權至今已爲十手所指，十目所視之弊制。收回恢復，已爲舉國一致之主張。」〔註 330〕

　　在收回治外法權方面，錢端升指出，「應分二部。其一爲越約或違約而行使之治外法權。其二爲條約所許之治外法權」。對於前者，錢端升建議：「凡不依條約而享受之治外法權，應立即取消之。如上海會審公堂等等……若外人抗命不遵，則可用國際公法慣例，若報復等，對付之」。至於後者，就近代論，有兩種先例可循。第一是土耳其模式，單獨宣告廢除；第二是暹羅或日本模式，與各國重訂條約。前者爲革命、後者爲漸進模式。〔註 331〕

　　不過，錢端升認爲，兩者均不足取。土耳其因乘一戰宣告廢除，後又乘1922 年打敗希臘軍隊之機，英國也無可奈何；後者與王世杰的看法一樣：「所經時期太長，中國急不及待」。錢端升建議，中國應自動召集一個與約國會議，據國際法中情勢變遷（rebus sic stantibus）原則：「以吾國司法行政已經維新爲言，將一切關於治外法權之條文，一一廢除。」具體方法「惟先禮後兵之法而已矣。凡讓與治外法權之條約，都爲商約。除約中特別規定外，通例、商約皆以十年爲期，十年後不改訂，則訂約兩國均有廢止之權。」〔註 332〕

〔註 328〕錢端升：《治外法權問題》，《晨報》（七週年紀念增刊），1925 年 12 月 1 日，第 82～83 頁。

〔註 329〕周鯁生：《領事裁判權撤廢問題》，《北大社科季刊》，第 3 卷第 1 期，1924 年10～12 月，第 116 頁。

〔註 330〕錢端升：《治外法權問題》，《晨報》（七週年紀念增刊），1925 年 12 月 1 日，第 83 頁。

〔註 331〕錢端升：《治外法權問題》，《晨報》（七週年紀念增刊），1925 年 12 月 1 日，第 83～84 頁。

〔註 332〕錢端升：《治外法權問題》，《晨報》（七週年紀念增刊），1925 年 12 月 1 日，

　　對於弱國無外交，廢除治外法權，「尤應和平辦理」，錢端升表示，「噫！此亡國之言也，此列強語我之口吻也！此洛桑會議席上，列強教唆土耳其之言也！此非我敢信也。」錢端升指出，若以利權換利權，則民四早已可用「推廣上海租界爲收還會審公堂之代價者」。因此，「若委實不能廢除，吾祇能以恫嚇及民氣，收回利權，而決不能以利權換利權也。若因此而釀起國際爭端，則訴之於海牙國際法庭可也」。〔註333〕相較周、王建言，不但有異曲同工之妙，在法理性和其可行性上，似較前二者更具現實性，不過「十年爲期」似仍嫌稍長。

　　從上種種分析可見，錢端升不但法學知識淵博，且分析鞭辟入裡。在這篇《晨報》七週年的紀念文章裏，將治外法權的來龍去脈，與主權之古今之關係，以法理具備的陳述，有力地指出西方列強當時對治外法權的濫用，在華司法機構之不公，視中國法律於無睹。然而，限於當時中國南北分裂，不難想見王、周、錢等人的建議在當時中國無可奈何的國際形勢中只能聊備一說。隨著北伐的成功，國民政府在口號上雖標榜「革命外交」，採取土耳其模式，然實際上，卻採用了各種不同的過渡措施。應當說，王、周、錢等人的分析和建議，對後來國民政府收回治外法權和領事裁判權，有一定的貢獻和作用。

第五節　主張一黨專政

一、胡適、徐志摩對蘇俄的看法

　　1926 年 7 月，胡適赴英參加庚款諮詢委員會會議。在李大釗的建議下，〔註334〕取道莫斯科停留了四天，發回幾篇通信，引起了一場不大不小關於「黨化教育」論戰。這次論戰比上次「聯俄與仇俄」的討論更具體，蘇俄一

第 85、84 頁。

〔註333〕錢端升：《治外法權問題》，《晨報》（七週年紀念增刊），1925 年 12 月 1 日，第 85 頁。

〔註334〕胡適在日記中曾記載，不知道于右任如何知道他的住所，留了一張便條給他。於氏當時受李大釗委託，敦促馮玉祥回國，實施「進軍西北」、「策應北伐」方案。因此，通知於氏的自然是李氏。馬文彥：《李大釗派于右任赴蘇聯敦促馮玉祥回國的經過（節錄）》，《馮玉祥在陝西》，陝西人民出版社，1988 年 8 月，第 154 頁。李振民、張守憲主編：《陝西近現代名人錄（續集）》，西北大學出版社，1991 年 8 月，第 3 頁。

黨專政制度已在中國生根，「黨化教育」到底該不該模仿再次引起爭論。9
月 11 日，徐志摩發表上述胡適致張慰慈的三通信，[註335]並寫了一個「案
語」，引發了爭議。[註336]胡適對蘇俄的看法，目前已有不少研究。如歐陽
哲生和沈寂分別從縱和橫的層面分析了胡適對蘇俄模式的看法，因此不贅。
[註337]不過，在胡適致張慰慈第二通信中，出現的梅里亞姆（Merriam）和
哈珀（Harpers）引起了筆者的注意。

梅里亞姆（Charles Edward Merriam，1874-1953）是近代美國政治學芝加
哥學派創始人、被尊為現代美國政治學之父（sire）。[註338]美國學者弗瑞曼
（Donald M. Freeman）指出，若梅里亞姆的運氣好一點，他在政治學界裏將
成為第二個伍德魯・威爾遜。[註339]此言或有過譽，但反映出梅里亞姆政、
學兩界的影響力。[註340]梅里亞姆著作等身，[註341]其中《近世政治思想史》

[註335] 此三通信見《胡適文存》，第 3 集第 1 卷，亞東圖書館，1930 年，第 73～
90 頁；亦見耿雲志、歐陽哲生編：《胡適書信集（上），1907～1933 年》，
北京大學出版社，第 378～381 頁；《歐遊道中寄書》，鄭大華整理：《胡適
全集・胡適文存三集》，第 3 卷，安徽教育出版社，2003 年 9 月，第 49～
52 頁。

[註336] 張慰慈指出，「第一封信是出了國境以後在西比利亞路上寫的，可以算是他的
政治哲學的一個小引子；第二封信是在莫斯科經過了二天的實地觀察後的感
想；第三封是他離開莫斯科後的回想」。慰慈：《序言》，胡適、徐志摩：《一
個態度及案語》，《晨報副刊》，1926 年 9 月 11 日，第 17 頁。

[註337] 歐陽哲生：《自由主義之累：胡適思想之現代闡釋》，第八章第一節〈對「蘇
俄模式」的認識〉，江西教育出版社，2003 年 7 月，第 345～359 頁。沈寂：
《胡適訪蘇及其感受》，《胡適史論拾零》，北京師範大學出版集團、安徽大學
出版社，2011 年 4 月，第 211～222 頁。

[註338] 〔日〕內田滿著、唐亦農譯：《早稻田與現代美國政治學》，上海：復旦大學
出版社，2003 年，第 265 頁。

[註339] 梅里亞姆 1911 年參選芝加哥市長以些微票數敗北，1919 年再度參選，在黨
內預選中失敗，從此退出政壇。〔日〕內田滿著、唐亦農譯：《早稻田與現代
美國政治學》，上海：復旦大學出版社，2003 年，第 271 頁。

[註340] 在將近半個世紀裏，梅里亞姆一直是芝加哥學派中的活躍分子。在此期間，
梅里亞姆曾在 1909 年、1913 年和 1915 年當選為芝加哥市議員、芝加哥大學
政治學系主任、美國政治學主席（1925～1926）、美國社會科學研究會會長，
國家資源規劃委員會副主席等。《附錄：小查爾斯・愛德華・梅里亞姆》，〔美〕
小查爾斯・愛德華・梅里亞姆著、畢洪海譯：《盧梭以來的主權學說史》，法
律出版社，2006 年 7 月，第 198 頁。

[註341] 其著作有：《政治學說史》（1903）、《美國政治思想》（1920）、《美國的政黨制
度》（1922）、《政治學的新面相》（1925）、《政治學導論》（1939）、《民主是什
麼？》（1941）、《系統政治學》（1945）等。

〔註342〕和《美國政治思想史》影響較大，民國時期有各種不同譯本。〔註343〕王世杰、蕭公權亦曾為其寫過書評。〔註344〕

美國學者奧倫指出，在兩次大戰期間，梅里亞姆對墨索里尼在公民教育（Civil Education）上「成績斐然的實驗」頗有興趣。梅氏還發起了一項針對法西斯政權培育公民忠誠的方法研究。他把這些方法稱為「對學生的公民培訓具有重大意義」，完全可能為美國所借鑒。〔註345〕在《公民的形成》一書中，梅里亞姆在論及蘇聯個案時，認為「這是世界上關於公民教育最有趣和最具啟發性的實驗，為研究公民過程的學者提供了豐富的資料」。〔註346〕不難想見，其對蘇俄的態度。該書後在 1935 年譯成中文，在國內出版。〔註347〕

另一學者哈珀（Samuel Harper）也非泛泛之輩。他是芝加哥大學創建者兼校長哈珀之子。〔註348〕30 年代成為芝大首席和美國學術界最突出的蘇聯問題專家，擔任俄國研究學會主席一職長達 29 年之久。〔註349〕陳翰笙回憶他在芝大當助教期間，俄語就是跟小哈珀學的。〔註350〕哈珀對蘇俄持同情的態度，可反映在 1938 年 11 月，威脅要起訴他的發行人，試圖阻止後者把

〔註342〕　Merriam, Barnes and Others 原著、曲宗邦譯：《近世政治思想史》，萬國道德總會，1936 年 11 月。〔美〕麥利恒、鮑爾思等著、張虹君譯：《近世政治思想史》（History of Political Theories：Recent Times），上海：商務印書館，1935 年 6 月。按：麥利恒即梅里亞姆。

〔註343〕　〔美〕C.E. Merriam 著、胡道維譯：《美國政治思想史》（A History of American Political Theories），長沙：商務印書館，1939 年 6 月。胡道維為北大、清華合聘政治學教授，《獨立評論》撰稿人之一。

〔註344〕　王世杰："C. E. Merriam, H. E. Barnes: A History of Political Theories"，《北大社科季刊》，第 3 卷第 4 期，1925 年第 7～9 月號，第 609～612 頁。蕭公權："Merriam：Political Power；Oliver：Politics and Politicians（書評）"，清華大學《社會科學》，創刊號，1935 年 10 月，第 253～260 頁。

〔註345〕　〔美〕伊多·奧倫著、唐小松、王義桅譯：《美國政治學的形成》，上海人民出版社，2004 年 8 月，第 10 頁。

〔註346〕　〔美〕伊多·奧倫著、唐小松、王義桅譯：《美國政治學的形成》，上海人民出版社，2004 年 8 月，第 93 頁。

〔註347〕　〔美〕麥理安著、黃嘉德譯：《公民教育》（The Making of Citizens），上海：商務印書館，1935 年 9 月。

〔註348〕　〔法〕阿蘭·庫隆著、鄭文彬譯：《芝加哥學派》，北京：商務印書館，2000 年 9 月，第 81 頁。按：胡適日記記載為「Harpers」，多了一個「s」。

〔註349〕　〔美〕伊多·奧倫著、唐小松、王義桅譯：《美國政治學的形成》，上海人民出版社，2004 年 8 月，第 168 頁。

〔註350〕　陳翰笙：《四個時代的我》，北京：中國文史出版社，1988 年，第 22 頁。

「哈珀著作」收集到「歐洲的獨裁國家」系列叢書中去。〔註351〕這兩位對蘇俄抱有好感的教授，影響了胡適對蘇俄的觀感。

　　胡適將梅里亞姆對蘇俄的看法轉介國內後，徐志摩就毫不客氣地批評說：「由『愚民政策』過渡到『社會主義的民治制度』！……這是可驚的美國式的樂觀態度！……適之先生還加上更樂觀的觀察：『我看蘇俄的教育政策，確實採取世界最新的教育學說，作大規模的試驗。』我們以爲他一定看到實際的情形有使他折服的地方才說這樣肯定的話，但不幸他下面接著說他一個學校都不曾看到，他看到的，使他『驚歎』，是他們的『教育統計』」。〔註352〕從胡適日記來看，參觀不過三天，所聞實有限。在胡適訪蘇前一年，徐志摩也曾遊歷蘇俄，並在《晨報副刊》發文連載，因此有上述批評。

　　胡適與徐志摩之間的爭論看似小事，實則意義十分重大。這牽涉到整個近現代中國其一核心問題：到底能否從開明專制轉向憲政民主，亦即孫中山的訓政論能否實現。徐志摩的答案顯然是否定的。胡適受梅里亞姆和哈珀影響，認爲有此可能。不過，胡適一隻腳剛踏進西歐，一隻腳仍在東歐時，又很快回到改良和自由主義的老路上來。〔註353〕

　　胡適的信件一公佈，引起了國內學者的譁然。錢端升致函胡適時，也不忘幽他一默說：

> 　　時光像流水的過得快，一別又是三、四月。你離國之前，我沒有機會替你餞行；你出京那天的晚上，我又有了一點微羔，不能祝你平安上道，眞是抱歉。你走後的行止，你走後的感觸，我常在《晨報》及其他諸位友人處聽見一二。有人說你很表同情於共產，此眞

〔註351〕〔美〕伊多・奧倫著、唐小松、王義桅譯：《美國政治學的形成》，上海人民出版社，2004年8月，第11頁。梅里亞姆和哈珀的看法並不孤立，奧倫指出，「總而言之，20世紀30年代早期，這一時期最著名的美國政治學家都態度鮮明地認爲，法西斯意大利和斯大林蘇聯爲美國提供了有價值的啓示」。同上，第94頁。

〔註352〕胡適、徐志摩：《一個態度及案語》，《晨報副鑴》，1926年9月11日，第17頁。

〔註353〕1926年8月3日，胡適記載：「早約五點以前，出波蘭境，入德國境……今日回想前日與和森的談話，及自己的觀察，頗有作政黨組織的意思。我想，我應該出來作政治活動，以改革內政爲主旨。可組一政黨，名爲『自由黨』。充分的承認社會主義的主張，但不以階級鬥爭爲手段」。曹伯言整理：《胡適日記全集（4）》（聯經版），第336頁；亦見《胡適日記全編（4）》（安徽版），第239頁。

　　『士三日不見，當刮目以待』了，眞令我儕欲行不得的人，望洋興

嘆。〔註354〕

此時的錢端升，已在高仁山和陳翰笙的介紹下，加入了國共合作時期的國民黨。因此對胡適的蘇俄之旅，有「我儕欲行不得」欽羨之語。正當北方的《晨報》對「黨化教育」偃旗息鼓之際，〔註355〕不到一年，錢端升在《現代評論》上又重挑了相關話題。不過，錢端升並非贊成「黨化教育」，他是反對的。他贊成的是孫中山的憲政三階段論。他在《現代評論》上提倡的一黨專政，觀點恰好和胡適訪蘇俄時，梅里亞姆提出用專制的方法進入憲政民主類同。與孫中山一樣，錢端升亦是一位國家自由主義者（nationalist liberalist）。〔註356〕

二、「黨外無黨、黨外無派」

　　在北伐前，《現代評論》在人事和意識形態上，已有一層淡薄的國民黨色彩，在北伐成功後，這種傾向則更見濃厚。若說北伐前《現代評論》具有相當的獨立性，〔註357〕則編輯部南遷後的《現代評論》，其國民黨色彩更見突顯，甚至成爲半官方的刊物。

〔註354〕《錢端升致胡適》（1926 年 11 月 4 日），《胡適來往書信選（上）》，香港：中華書局，1983 年 11 月，第 408 頁。

〔註355〕有關「黨化教育」之討論，詳參：陳獨秀（實）：《蘇俄何嘗有什麼「黨化教育」！》（1927 年 3 月 6 日），《陳獨秀教育論著選》，人民教育出版社，1995 年 2 月，第 368 頁。張象鼎、徐志摩：《關於黨化教育的討論》，《晨報副鐫》，1926 年第 60 期；白帝：《亂彈——黨化教育問題》，《晨報副鐫》，1926 年第 61 期。羅能康：《我國最早之黨化教育》，《東南論述》，第 20 期，1926 年 10 月 30 日。張太原：《孫中山與黨化教育》，《史學月刊》，2007 年第 2 期；張太原：《〈獨立評論〉與 20 世紀 30 年代的教育變革》，2004 年中山大學博士學位論文；姜朝暉：《民國時期教育獨立思潮研究》，中國社會科學文獻出版社，2008 年 9 月；許小青：《政局與學府：從東南大學到中央大學 1919～1937》，中國社會科學文獻出版社，2009 年 9 月。

〔註356〕德國學者奧斯特哈梅爾認爲：「孫中山想到的不是公民及其權利，而是國家」。〔德〕尤爾根・奧斯特哈梅爾著、朱章才譯：《中國革命：1925 年 5 月 30 日，上海》，臺北：麥田出版社，2000 年 1 月，第 116 頁。邵德門編：《孫中山政治學說研究》，長春：東北師範大學出版社，1992 年，第 55 頁。

〔註357〕其發刊詞云：「本刊內容，包函〔涵〕關於政治、經濟、法律、文藝、哲學、教育、科學各種文字。本刊的精神是獨立的，不主附和；本刊的態度是研究的，不尚攻訐；本刊的言論趨重實際問題，不尚空談」。《現代評論》，創刊號，1924 年 12 月 13 日。

在負責主編《現代評論》期間，錢端升至少發表了五篇與黨治相關的文章。就錢端升的政黨觀而言，看法類同孫中山。既欲組織一個有黨內民主，但同時又紀律嚴明、行動敏捷的政黨。從下面建議可知，錢端升所主張的是列寧主義式與西方歐美式政黨的結合，亦即民主集中制。作爲接受美國教育的自由主義知識分子，錢端升在積極宣揚一黨專政，「黨外無黨、黨內無派」〔註358〕之餘，同時還提出種種黨內民主措施來防止黨治所帶來的種種流弊。

錢端升的強有力政府論，從他發表在《清華週刊》和《留美學生季報》上的三篇文章已見其端倪。亨廷頓在《變化社會中的政治秩序》一書中指出，近代亞非後發國家在面臨現代化挑戰時，一個強大的中央政府是現代化的關鍵之一，土耳其便是有力的證明。〔註359〕

民國時期，國民黨高層對土耳其模式不僅有所認知，並十分欣賞。1927年1月，《中央半月刊》發表《中國革命之路——孫總理教我們學土耳其》。〔註360〕「中山艦事件」後，蔣介石致函汪精衛說：「當三月初，吾兄召集孫文主義學會及聯合會會員訓話時，聞兄有土耳其革命成功乃殺共產黨；中國革命未成功，又欲殺共產黨乎？此言也，不知兄何所指？」〔註361〕胡漢民對居正和謝持等人則說：「我到南京是幫助介石個人，則我希望這所謂個人，是凱末爾不是袁世凱。如果這個所謂『個人』是袁世凱，我必首先反對他，任何犧牲，在所不辭」。〔註362〕

蔣介石發動新生活運動，目前一般的評價仍相對較負面，認爲模仿法西斯運動，但在某程度上，亦含有土耳其因素在內。〔註363〕蔣希望通過一個全

〔註358〕就本文所見，「黨外無黨，黨內無派」最早提出的似爲張繼。陳獨秀（撒翁）：《好一個黨外無黨、黨內無派》（1927年10月31日），《陳獨秀文章選編（下）》，北京：三聯書店，1984年6月，第447頁。

〔註359〕沈宗美：《中譯本序》，〔美〕塞繆爾·P·亨廷頓著、王冠華等譯、沈宗美校：《變化社會中的政治秩序》，北京：三聯書店，1996年4月，第5頁。

〔註360〕遺生：《中國革命之路——孫總理教我們學土耳其》，《中央半月刊》，第2期，1927年7月1日，第15～18頁。

〔註361〕蔣永敬：《百年老店國民黨滄桑史》，臺北：傳記文學出版社，1993年5月，第320～321頁。

〔註362〕胡漢民：《革命過程中之幾件事實》，《三民主義月刊》，第2卷第6期，1933年12月15日，第103頁。桂崇基在其回憶錄也記載了胡漢民曾對戴季陶說過類似的話。胡漢民說：「幫介石應該有一個限度」。「最高的限度，在幫助介石做到土耳其的凱末爾。要是做了中國的袁世凱，我們必須反對，這是最清楚的界線」。桂崇基：《中國現代史料拾遺》，臺北：中華書局，1989年12月，第300頁。

〔註363〕1926年12月，商務印書館出版柳克述《新土耳其》一書，受蔣介石賞識，

國性的國民運動，振興中國。關於強有力政府，除吳宓（見第一章第二節）外，蔣廷黻亦持類似看法，強調土耳其模式發展對中國的重要性。〔註364〕在《現代評論》上，錢端升再次提出強有力政府論。須指出的是，他主張的強有力政府，還應加上「法治」兩字，即他主張的是一個強有力的法治政府。

在《黨治的鐵律》中，錢端升說：

> 爲推翻舊有的一切惡勢力起見，我們不能不有一個強有力的革命政府；爲防止革命政府的惡化或腐化起見，我不能不有一個強有力的政黨。所以以上兩條鐵律，在國民革命期間內確有保持之必要。

這兩條鐵律是：

> 第一〔條〕是「黨外無黨」。「黨外無黨」，就是不容許反對黨的存在；一般稱黨治爲「黨的獨裁」，……第二條鐵律就黨員必須服從黨的決定（按：重點爲原文所有）。〔註365〕

不過，錢端升擔心，國民黨會因絕對權力而出現腐化，尤其黨內若缺乏廣泛諮詢和討論，容易淪爲個別領袖的工具。這是因爲：

> 我們亦須承認：在第一條鐵律之下，黨外固無敵人，黨外亦無諍友。在第二條鐵律之下，黨的行動固然比較自由，黨的決裂未必可以減免；政策的實施固然比較容易，政策的決定未必不流於苟且。

因此，他在強調兩條「鐵律」同時，尋求補漏救弊之辦法：

> 我們如果僅僅承認這兩條鐵律而不設爲補偏救弊之法，將見暴戾恣睢的黨員，寡廉鮮恥的官僚政客，因受黨中一二人之庇護而混入黨部或政府，復藉黨部或政府之庇護，而肆無忌憚，以行其惡，以售其奸。他們可以殺人放火而無虞黨內或黨外的反抗；他們可以高踞要津，一事不做，而無人課其責任。如是，我們縱日日高呼黨治，而黨治終不可維持。〔註366〕

擔任黃埔軍校政治總教官，達7年。抗戰期間，擔任第六戰區陳誠長官部中將政治部主任。後陳誠擔任中國遠征軍司令長官，任陳誠秘書長達5年。關於蔣介石目前最新研究，詳參〔美〕陶涵著、林添貴譯：《蔣介石與現代中國的奮鬥（上、下）》，臺北：時報文化，2010年3月。

〔註364〕陳之邁：《蔣廷黻的志事與生平》，臺北：傳記文學出版社，1967年1月，第28～29頁。

〔註365〕錢端升（山木）：《黨治的鐵律》，《現代評論》，第6卷第148期，1927年10月8日，第4頁。

〔註366〕錢端升（山木）：《黨治的鐵律》，《現代評論》，第6卷第148期，1927年10

既然黨外無「諍友」，制衡一黨專政的力量只能從黨內求之。因此，錢端升提出「必須勵〔厲〕行監察制度（按：重點爲原文所有）」，並認爲「監察院之設置，實屬刻不容緩」。〔註367〕除厲行監察制度外，最重要的是，錢端升還主張，爲防黨治的腐化，「必須給予非黨員以若干分批評之自由（按：重點爲原文所有）」，此舉目的是盡可能擴大國民的言論自由範圍，作爲約束黨權過分集中的其一力量。錢端升認爲，訓政時期的言論自由，國民只應有兩項受到限制：「其一軍事消息得受檢查；其二國民黨的主義及黨綱不受批評」。〔註368〕

從上可看出，錢端升一方面雖贊成黨治，但另一方面卻又不得不找各種制衡專政的力量，以防國民黨腐化，在理想與現實之間，走一條兩者兼顧的中庸道路。

三、黨治與用人

對於「徒法不足以自行」，作爲美國哈佛大學政府學系博士畢業的錢端升是十分清楚的。在清華改制中，他十分強調經費、制度和人事三者並重。他主張一黨專政，更是關注人事問題。既然黨外無黨，國民黨成爲中國唯一的革命政黨，其責任重大可想而知。錢端升說，一個普通政黨若因黨紀散渙或濫用黨紀而消亡，不過是一個黨的不幸，但若國民黨如此，那就「是中國的厄運」。若黨紀不能集中全國革命勢力以統治全國，則黨國必分崩離析。若濫用黨紀，則將「流爲少數人壟斷的機關，而黨治亦成爲寡頭的或獨裁的政治」。〔註369〕因此，在《黨紀問題》中，錢端升在強調「黨的鐵律」同時，他也指

月 8 日，第 4～5 頁。

〔註367〕錢端升認爲，要一個監察制度成功，須有三個條件：一、監察人員必須老成與後進混合，這是前述《黨治與用人》看法的重申。二、監察人員決不能兼任政府中任何機關職務；三、監察人員必須與現代一般國家的司法官，享有同等的保障。他指出，老成者雖有權威，但往往不肯輕用。老成新進結合，以經驗搭配朝氣，則能收相得益彰之效，他以明清兩代都察院爲例，官階資望雖各不同，其能行使糾劾權則一。應當說，上述錢端升的建議是頗具歷史眼光和合理的，如其提出的監察者與被監察者同爲一體，監察制度必失其效。不過他似乎沒有察覺監察機構缺乏懲戒權帶來的弊端。直到 30 年代，他才提出這個問題。錢端升（山木）：《黨治的鐵律》，《現代評論》，第 6 卷第 148 期，1927 年 10 月 8 日，第 5、6 頁。

〔註368〕錢端升（山木）：《黨治的鐵律》，《現代評論》，第 6 卷第 148 期，1927 年 10 月 8 日，第 5 頁。

〔註369〕錢端升：《黨紀問題》，《現代評論》，第 6 卷第 151 期，1927 年 10 月 29 日，第 3～4 頁。

出，黨員必須認清自己服從的義務範圍。他說：

> 要知道黨紀的真義，先要辨別何種舉動應受，何種不應受黨紀
> 的制裁。……任何人知道國民黨總章是黨章，三民主義是黨義，這
> 也不是說黨內一般領袖個人的意見就是黨義；任何人知道凡全國代
> 表大會所決定的議案是黨的決議，這也不是說若干黨員所同意的事
> 件〔情〕就是黨的決議。〔註370〕

在這裡，錢端升明確暗示，個別領袖必須服從黨的集體決議，不能凌駕於黨
之上。個別領袖的意見，黨員沒有服從之義務。

錢端升雖強調黨紀的鐵律性，但他也並不否定事後修正，像憲法一樣，
只是在修正前，黨員須服從之。他說：「一國的憲法是全體人民應得遵守的法
律，但是謀變更憲法不一定就是違憲」。同樣，「國民黨的決議，若是黨員有
不滿意時，他也儘可批評，儘可謀修正；祇消他在那個決議沒有修正以前能
照舊奉行，他就沒有違背什麼黨紀」。〔註371〕這是列寧式政黨所強調的民主集
中制，〔註372〕即對黨決議的絕對服從，但前提須經過黨內民主討論及事後可
修正之。

除強調黨的領導人物重要性之外，錢端升也關注到黨和政府的政策的執
行人選問題。在《黨治與用人》中，錢端升指出，不論古今中外，政府用人
都是一個不容易解決的問題。北伐後的中國，由於國民黨實行一黨專政，更
容易「發生非國民黨員是否可以充任官吏的問題」。錢端升認為，國民政府應
模仿西方「文官考試（Civil Service Examination）」制度，〔註373〕將官員分成
政務官和事務官兩種，「採用所謂『功績制度（merit system）』」。

〔註370〕錢端升：《黨紀問題》，《現代評論》，第 6 卷第 151 期，1927 年 10 月 29 日，
　　　　第 4 頁。

〔註371〕錢端升：《黨紀問題》，《現代評論》，第 6 卷第 151 期，1927 年 10 月 29 日，
　　　　第 4 頁。

〔註372〕朱家驊說，除「少數服從多數，下級服從上級」，這兩個普通「民主制」原則
　　　　外，國民黨民主集中制的主要特色在於戴季陶在《中國革命與中國國民黨》
　　　　（1925.9）中所言：「我們黨的組織，是取民主集中制。我們這一個民主集中
　　　　制，和其他的團體的制度有一個根本不同的地方，就是中央的組織是在委員
　　　　制之上，特置 總理，而總理在行動上，採最後決定職權」。朱家驊：《黨的組
　　　　織與領導》，《復興關訓練集──教材選輯（上）》，中央訓練團復興關訓練集
　　　　編纂委員會編印，1944 年 8 月，第 237 頁。

〔註373〕錢端升：《區域政府制大綱芻議》，《留美學生季報》，第 8 卷第 3 號，1921 年
　　　　9 月，第 4 頁。

　　錢端升建議採用員吏制度，主要是鑒於近代中國人材嚴重匱乏。「在人材不多的中國，假使因黨籍的問題，而擯棄有專門才具的人們，使他們無所效忠於黨國，那真是自殺的政策」。〔註374〕因此，「救濟的辦法，最好設立行政官吏養成所或專門學校，招收青年有爲的學子，給以相當的訓練，庶幾四五年後，行政人員的來源可以不絕」。〔註375〕應當說，後來黨政訓練班和黨校的建立與上述建議有一定的關聯。

　　同時，錢端升也對中國傳統「君子不黨」的現象加以批評。他認爲，有操守和才識的知識分子應共同加入政府或政黨，以謀國家政治之改善。他說：

> 才識足以自立的中國人，受了「君子朋而不黨」的餘毒，往往不肯輕易加入政黨；這種思想固然錯誤，然而具這種思想的人，其人格總比投機份子的要高些，這種人不可用，那中國可用的人更少了。〔註376〕

這段言論很可作爲錢端升前一年（1926 年）加入國民黨的說明。儘管錢端升主張非黨員任職事務官，但同時也反對下述三種人加入國民黨。

　　第一種是「夤緣無恥，操守盡喪的官僚」，他們是「社會的蟊賊」。他甚至指名道姓說：

> 王寵惠氏等是這班官僚中的最顯著者。王氏是累代北京政府的顯官，中國不倒的元老，……像王氏也做國民政府的委員和部長實足使國民──尤其是青年──對於國民政府的信仰大受打擊，同時一般腐敗官僚的膽子也爲之一壯，他們敢於視國民政府爲容身之地，而麕集於革命的首都，插入國民政府，使腐化的危險更是著著堪虞了。

第二種是「游手好閒，賣空買空的青年會派」，認爲他們是「社會之蠹蟲」，其危害國家程度絲毫不亞於腐化的職業官僚。這些人包括：

> 青年會閥派的領袖，像余日章、王正廷們，躊躇基督教的青年會，靠了他們會說幾句洋話，且認識些上海的所謂外國名人，對內

〔註374〕錢端升：《黨治與用人》，《現代評論》，第 6 卷第 146 期，1927 年 9 月 24 日，第 4 頁。
〔註375〕錢端升：《黨治與用人》，《現代評論》，第 6 卷第 146 期，1927 年 9 月 24 日，第 5 頁。
〔註376〕錢端升：《黨治與用人》，《現代評論》，第 6 卷第 146 期，1927 年 9 月 24 日，第 5 頁。

則借外國人以自重，對外則以中國的教育家，實業家，外交家，慈
善家，⋯⋯家自居。吹牛拍馬是他們的工具，欺世盜名是他們的藝
術，升〔陞〕官發財是他們的目的。

第三種是「無行的青年」。「青年本是國民黨的棟梁〔樑〕，⋯⋯年來青年奮發
的黨員，因廁身黨部或政府而致富者，已數見不鮮⋯⋯像這種已經墜落的青
年是再不可以任以官職的」。

除上述「三種以外，其他要不得的人尚多，如土豪劣紳，老朽昏庸等等，
都是有害而無益的人物，至於共產黨徒更是顯而易見的敵人，不庸我的贅
述」。〔註377〕不難看出，錢端升對國民黨清黨是持支持態度的。

錢端升對青年會的看法，並不孤立。張蔭麟在《清華週刊》上曾對之大
加鞭撻，「吾嘗謂碧眼胡在中國之教會政策有三：一曰教堂政策。二曰學校政
策（教會學校）。三曰青年會政策。三者之作用手段不同，其為彼輩政治侵略
與經濟侵略之先鋒與後盾則一」。〔註378〕

如果說在《黨治與輿論》（1927.8，詳見後）中，錢端升的道德理想主義
還不太顯明的話，他在上述《黨治與用人》（1927.9）中對北洋舊官僚和基督
教青年會總幹事等人的擯斥，則更為顯著，跡近道德潔癖主義了。錢端升上
述所批評的王正廷、余日章為中華基督教青年會（YMCA）第二、三屆總幹
事。余日章哈佛大學文學碩士畢業，〔註379〕不僅與錢端升是校友，更是他前
任上司清華政治學系主任余日宣的兄長。〔註380〕1916年，余日章代理青年會
總幹事。1917年，開始長達20年青年會總幹事生涯，是20世紀中國基督教

〔註377〕錢端升：《黨治與用人》，《現代評論》，第6卷第146期，1927年9月24日，
　　　　第5～6頁。
〔註378〕張蔭麟說：「前一種所以施於鄉曲之愚民，其誘之也以利。後兩種施行青年及
　　　　智識階級，其誘之也以偽善。其目的無非欲使中國人民只知有教會，不知有
　　　　國家；只知有教務，不知有國事；養成中國人服從教會之奴隸心，歸順教士
　　　　之馴熟性（按：重點為原文所有）；使教士無形中成為中國之官吏，使中國人
　　　　無形中變為碧眼兒之臣民。⋯⋯如是持久行之，從不血干戈，不更國號，而
　　　　中國必有為朝鮮、安南之續之一日矣」。張蔭麟：《論最近清華校風之改變》，
　　　　《清華週刊》，第24卷第3號，1925年9月25日，第137頁。
〔註379〕黃仁霖在回憶錄中認為余日章為哈佛「文學博士」，有誤。《黃仁霖回憶錄：
　　　　我做蔣介石特勤總管40年》，團結出版社，2006年1月，第41頁。《基督教
　　　　青年會在中國》一書記載余日章因參加反清活動，1908年被聖公會送往哈
　　　　佛，獲文學碩士。趙曉陽：《基督教青年會在中國：本土和現代的探索》，社
　　　　會科學文獻出版社，2008年10月，第104頁。
〔註380〕傅宏星編撰：《錢基博年譜》，華中師範大學出版社，2007年2月，第273頁。

歷史上「屈指可數的頭面人物」。〔註381〕錢端升在余日章地位如日方中時攻擊他，可見他性格獨立和不畏權貴的一面。同時，他對基督教青年會的反感，在很大程度上，顯現出其強烈的民族主義情感。

總之，在用人方面，錢端升始終警惕領袖人物個人操守的影響。他認為，國民黨所需要的人材，尤其是充政務官的，「乃是有人格的，有操守的，有作為的，富於革命思想的新人物」，並不是因循苟且的舊人物。如果「援引親戚故舊的風氣愈盛，則賢人愈不易得；舊人物愈是跋扈，則新人物愈是無望」。因此，他建議採用考試制度淘汰一切不稱職的官員。〔註382〕

不過，錢端升也並非完全信任革命青年的。他認為，儘管「一個革命黨不能不用青年，同時為防止青年的債事起見，有聲望的忠實〔同〕志的領導也是不可少的。有經驗和有能力的黨員結合起來，纔能促進革命的成功」。這是他思想中的執兩端取其中的中庸思想。同時，為鼓勵官吏的廉潔起見，「俸給不妨從豐，待遇不妨從優，而規律卻不可不嚴」。不過，這一切皆有待於文官考試制度的施行和監察制度的周密。〔註383〕

四、黨治與輿論

當國民黨奠都南京後，當時輿論界原本以為，可在以民治作為號召的國民政府下，獲一喘息機會。誰知北伐甫定，國民政府已在摧殘言論自由了。為此，作為黨員的錢端升費了不少筆墨為國民政府辯護和「黨治」正名。錢端升下面所陳述的，若用一言蔽之，可用「理想的專制主義」來形容，並不過為過。一方面，他十分重視輿論，希望利用輿論來建設一個法治政府。一方面，卻用專制的手段，限制所謂「反革命」的言論。

在《黨治與輿論》中，錢端升承認：

> 民國十餘年來國內的輿論不自由極了。……大家都認輿論否極泰來的時機已至。不幸近數月來，軍事倥□〔傯〕，黨國多難，希望與事實未能全然相符，甚至於譏黨治下的輿論比以前更是不自由。

〔註381〕趙曉陽：《基督教青年會在中國：本土和現代的探索》，社會科學文獻出版社，2008 年 10 月，第 104 頁。

〔註382〕錢端升：《黨治與用人》，《現代評論》，第 6 卷第 146 期，1927 年 9 月 24 日，第 6 頁。

〔註383〕錢端升：《黨治與用人》，《現代評論》，第 6 卷第 146 期，1927 年 9 月 24 日，第 6～7 頁。

〔註384〕

不過，錢端升以爲這種懷疑的發生，大部分是由於一般國民未充分瞭解「黨治」的意義。他認爲中國的黨治不同西方的政黨政治，歐美政黨可容忍敵對政黨存在。在中國，「只能有一個國民黨，不能有其他的政黨。……眞正的政黨，即使有之，也沒有在中國存在的餘地」。其他政黨應「加入國民黨；如其不贊成國民革命，那他們就是反革命，應得在打倒之例」。〔註385〕

錢端升這種非此即彼的專制思想，跡近法國大革命時期的道德理想專制主義。在錢端升看來，國民黨是一個民主的革命政黨。在革命期間，它壟斷了國家主權，要麼贊成革命，要麼就站到反革命行列去。對於革命的言論，錢端升認爲，不僅應由黨扶持，「甚至由黨國自行辦理」，還更應獎掖，「掖助且指揮恭順的輿論」。至於「其他的輿論，或反對黨的，或是反革命的，不但不必扶植，不但不必容忍，而且應當老實不客氣的取締」。〔註386〕

不過，錢端升畢竟是美國自由主義重鎮——哈佛大學博士畢業生。他認識到國民黨須尊重「民意」，只有這樣，施政才有據可依。同時，輿論也可監督和糾正政府的過錯。

> 輿論是近代國家的形成物，只有專制國家無輿論，立憲國家不能不有輿論，立憲國家是以民意爲基礎的，而輿論實爲民意最有力之表示。輿論可以監督政府，糾正政府的差誤；輿論也可以輔助政府，替政府消除障礙。凡是一個政府，就像常人一樣，沒有一個能絲毫無過失的，有了輿論，政府就可以時時對鏡自照，改過不遑。……中國現在雖然尚未到憲政時期，以後總得要實行憲政的，那就不能不尊重輿論。即以現在而論，我們也時時刻刻想跨進法治的康莊大道（按：重點爲本文所加），要做到這一步，也非扶植輿論不可。〔註387〕

從上可見，錢端升對憲政的態度是眞誠的，但在實踐上，則認爲欲速則不達。

〔註384〕錢端升：《黨治與輿論》，《現代評論》，第6卷第139期，1927年8月6日，第7頁。

〔註385〕錢端升：《黨治與輿論》，《現代評論》，第6卷第139期，1927年8月6日，第8頁。

〔註386〕錢端升：《黨治與輿論》，《現代評論》，第6卷第139期，1927年8月6日，第8、9頁。

〔註387〕錢端升：《黨治與輿論》，《現代評論》，第6卷第139期，1927年8月6日，第8頁。

對於輿論的力量，錢端升是十分重視的。他認爲，政府在施行每一項政策之前，應進行輿論宣傳，以收事半功倍之效。他列舉「濟南慘案」和爭取「關稅自主」爲例，以爲前者若事前有所鼓吹，「民眾的言論及舉動就不會得和中央意旨出入了」；後者「到了帝國主義者以暴力阻止我們徵收新稅時，再鼓動民眾也來不及了」。〔註388〕

「反革命」言論固然要嚴厲取締，那「非反革命」言論，又當如何處置呢？錢端升將之大致分爲兩種：「一是稱許革命，宣傳國民黨宗旨的輿論，一是批評政府方略，甚而至於指摘政府用人行政的輿論」。錢端升認爲，「反革命的輿論根本是不利於革命的，批評的輿論卻不一定是反革命」。至於「到底怎樣纔算批評，怎樣是謾罵譏笑，怎樣是反對革命的輿論」，錢端升沒有明確指出，只表示「雖則不易詳確規定，但是他們不同的大點，只稍心平一點，是不難一一分別的」，〔註389〕從中可見他對國民黨的自我監督和領導能力頗具信心。

錢端升還建議國民黨政府早日制定出版條例，以限制當時龍蛇混雜的輿論界。他雖贊成「反革命」言論應取締，但卻不是無條件贊成的，須經過法治程序。他說：

> 反革命的言論固然應取締，謾罵譏笑的論調固然應禁止，但也須有一定的準則，決不是可以隨隨便便取締或禁止的。在軍政的時期，事實或許不能不馬虎一點，在訓政時期，不可不走上一定的軌道，所以黨部或政府應當早日制定出版條例，庶幾因作反革命言論或取謾罵譏笑論調者，也得經過一定得手續後，才得處分，如是則值得扶植的輿論，更無被取締的危險了。〔註390〕

值得注意的是，1927 年 6 月 17 日，王世傑出任法制局局長（1928 年 10 月撤消）。〔註 391〕這可能與錢端升上述建議有一定的關係。但姑勿論出於何種原因，正如羅蘭夫人所言：「自由！自由！多少罪惡假汝之名而行！」同樣，錢

〔註388〕錢端升：《黨治與輿論》，《現代評論》，第 6 卷第 139 期，1927 年 8 月 6 日，第 9 頁。

〔註389〕錢端升：《黨治與輿論》，《現代評論》，第 6 卷第 139 期，1927 年 8 月 6 日，第 8～9、9 頁。

〔註390〕錢端升：《黨治與輿論》，《現代評論》，第 6 卷第 139 期，1927 年 8 月 6 日，第 10 頁。

〔註391〕劉壽林等編：《民國職官年表》，北京：中華書局，1995 年 8 月，第 381、383 頁。

端升所倡導的限制「反革命」言論，意圖雖良，但易爲當權者所濫用。兩年後的人權論戰，就是典型的個案。可能因人權論戰和國民黨政府利用「反革命」罪名濫殺無辜。除反對三民主義外，錢端升自此之後，再也沒有提如何限制言論自由了。

五、黨義治國

　　國民黨在北伐成功後，軍政隨即宣告結束。在訓政期間，應否有國民會議的存在，成爲當時輿論討論焦點之一。此一問題的出現主要是孫中山遺囑中有「國民會議及廢除不平等條約，尤須於最短期間促其實現」之語。錢端升表示，「黨治和國民會議是國民黨的兩種根本主張」。同時也是「最費解釋的兩種主張」，〔註392〕因此，他再次爲國民黨的政策作出闡釋。

　　錢端升認爲，在施行憲政前，有必要維持一黨專政。他指出，黨治主義的特徵有積極和消極兩面。從前者言，黨治特徵在令一切政治軍事勢力受黨的支配，即「以黨治軍」。從後者言，在不容許反對黨之存在，即「黨外無黨」。同時，他指出，

> 國民黨之採行黨治，決非如一部分論者所云，只是盲目的襲取蘇俄「無產階級專政」的法術。國民黨之採取黨治爲革命方略，實在是因爲中國現時的政情，有採行黨治，以防止軍治、監督官治、扶植民治之必要（按：重點爲原文所有）。〔註393〕

錢端升並且認爲：「黨治的第一功用，就在防止軍治」。〔註394〕亨廷頓在《變化社會中的政治秩序》中說：「墨西哥和土耳其是兩個值得注意的樣板，兩國都是軍隊孕育了黨，有政治頭腦的將軍建立起政黨，而政黨最終結束了有政

〔註392〕錢端升（山木）：《黨治與國民會議》，《現代評論》，第 7 卷第 172 期，1928 年 3 月 24 日，第 3 頁。

〔註393〕錢端升（山木）：《黨治與國民會議》，《現代評論》，第 7 卷第 172 期，1928 年 3 月 24 日，第 3 頁。

〔註394〕錢端升說：「我們知道，國民革命的目的在推翻中國境內一切國內的或國際的惡勢力；欲達到這種目的，勢不能不憑藉一種偉大的革命武力。可是武力總是富於危險性的。在革命的過程中，我們果沒有一種偉大的政黨支配革命的武力，或雖有了這樣的一個政黨，同時復容許反對黨之存在，使彼日以攻訐排擠，減殺這個政黨的權威，搖撼一般軍人服從黨紀的信心，則所謂國民革命，終必演成一個軍治的局面」。錢端升（山木）：《黨治與國民會議》，《現代評論》，第 7 卷第 172 期，1928 年 3 月 24 日，第 3 頁。

治頭腦的將軍的干政」。〔註395〕錢端升的意見亦類似，不同的是，他認為軍隊應先由黨控制和監督、然後再過渡到文治政府。

對於當時有輿論指出，既然害怕軍治，不如及早召集國民會議，實行民治。錢端升則以民初議會之歷史反對之。他指出，當時國民素質不足以支撐近代議會政治，須經過黨治（訓政）後才能施行。這是他在20、30年代反對驟然行憲的主要原因之一。他說：

> 民國十六年來議會失敗的慘史，令我們時刻不能疏忘。……假使軍事統一之後我們立將訓政的工作完全交付政府，而不於政府之外或政府之上，保留一個富於革命性的有極大權威的政黨，以支配政府，以策勵政府，我們又怎能保障整個政府，不至敷衍苟且，延長民治制度實現的期間〔限〕，蹈前清官僚訓政的覆轍呢？所以我們說，黨治的另一種功用，在監督官治，扶植民治（按：重點為本文所加）。

因此，「申上所述，黨治主義之必須維持，在軍政訓政兩時期，應該沒有問題」。〔註396〕在同一文中，錢端升再次重申民初以來的議會慘痛史，指出必須根據孫中山的《建國大綱》，實行訓政。他說：

> 我們如果沒有忘記民國十六年來議會失敗的慘史，我們如果忠實於中山先生的建國理想，我們就應切實的照《建國大綱》做去，努力於訓政工作。……在全國已有過半數省分訓政告終的時候，我們就應該召集國民大會或會議，制定〔訂〕中央正式憲法……〔因此，〕黨治與國民會議是相續的，不是同時並行的。〔註397〕

錢端升最後一篇文章引起了爭議。一位署名「雪崖」的讀者投稿《中央日報》表示，「黨治與國民大會是同時並行的，不是相續的」。與錢端升意見明顯相左。雪崖認為：「國民大會與國民會議不是一樣的」。前者是實施憲政後國家最高權力機關，後者是孫中山在1924年為應付北方局勢的權宜舉措。他對黨治的看法與錢端升大相逕庭。兩者的分歧是，雪崖主張以「黨員治國」，而非

〔註395〕〔美〕塞繆爾‧P‧亨廷頓著、王冠華等譯、沈宗美校：《變化社會中的政治秩序》，北京：三聯書店，1996年4月，第235頁。

〔註396〕錢端升（山木）：《黨治與國民會議》，《現代評論》，第7卷第172期，1928年3月24日，第4頁。

〔註397〕錢端升（山木）：《黨治與國民會議》，《現代評論》，第7卷第172期，1928年3月24日，第5頁。

錢端升認同的「黨義治國」。錢端升認爲，進入憲政時期，就是黨治結束時期。雪崖認爲，黨治是永久性的，「到了憲政告成之後，中央政府仍由黨治，不過不由黨選而由民選罷了」。〔註398〕雪崖的言論遭到了反對意見，《時事新報》對他的言論進行了批評。〔註399〕

對於國民會議的召開與否，周鯁生針對錢端升和雪崖的看法，提出了折衷意見。周鯁生認爲，就國民會議本身而論，它與在軍政、訓政時期「實行一黨治國」是矛盾的。但同時，他又表示，「無論國民會議與現今黨治主義如何不相容，國民黨決不願有不實行《遺囑》主張之事」。那如何解決這個矛盾呢？周鯁生擬定了三個辦法：一、限制它的權限，只討論當時軍事收束後各種善後問題。二、限制它的使命，由國民會議通過《建國大綱》，委任國民黨以統治權。三、限制它的代表，以便控制它的權限和使命。

周鯁生認爲，前兩種辦法皆不妥當。儘管事前限定職權和使命，但國民大會一旦召開，只要「它自己願意」，很難不使它自己不擴權。只能採用最後一種辦法，「就是從國民會議本身之構成分子上加以限制」。周鯁生說：「國民會議的代表形式上仍由各種職業團體舉出，但候補人名單應先提交國民黨中央機關審查通過；在必要時，該機關且得自行指定候補人加入名單內。如是……其組成分子既特別經過一番選擇，自可以受國民黨的支配」。〔註400〕

周鯁生建議限制代表資格是一個十分蹩足的餿主意，與北洋政府在善後會議前，限定參加者的資格並無二致。可能在周鯁生看來，國民黨在甄選組成分子上比北洋更勝一籌，從中亦可看出他對國民黨領導能力的信任。1929年的國民黨三全大會和1931年5月召開的國民會議，蔣介石利用上述建議行個人獨裁，這可能是周鯁生始料所不及。

從周鯁生的例子和錢端升的各種建議可見，當時以王世杰、周鯁生等爲首的《現代評論》自由主義知識分子，對國民政府的最初印象是頗有好感和翹首以待的，認爲是一個開明和值得翼贊的政府。隨著後來形勢的發展，以及錢端升思想中的理想主義色彩遠較王、周兩人濃厚，因此約在1930年，錢端升就早早退出現實政治圈，退居書齋，潛心學術研究。

〔註398〕雪崖：《黨治與國民會議》，《中央日報》，1928年4月1日。
〔註399〕雪崖：《再論黨治的時間問題——質時事新報滄浪君》，《中央日報》，1928年4月21日，第2版。
〔註400〕周鯁生（松子）：《國民黨與國民會議》，《現代評論》，第7卷第174期，1928年4月7日，第3、4頁。按：「候補人」，原文如此。

六、一黨專政理論的破產

回到原題，從上分析可見，像孫中山一樣，錢端升試圖在調和革命目標與手段之間的衝突，嘗試將黨治中的負面因素調到最低。對於黨治的流弊，錢端升是十分清楚的。在《黨治與輿論》中，他早就清楚表示：

> 國民黨是不能容忍別黨同時存在的，若是它的政府又不能虛衷採納批評的言論，必至於壅塞自滿，不能與民眾及時代接近，結果不是腐化，便是專制化。〔註401〕

在《黨治的鐵律》中，他再次指出，

> 我們倘能採行以上所述補偏救弊的方法，黨治下的政治，當日呈康健狀態而不致流於腐化或專制。本來，黨治主義之採為革命方略，一方面是因為軍治不可靠，一方面是因為民治不可能。假使勵行黨治而不設為補偏救弊之法，將見專制之程度日高一日，黨治終亦同於軍治，甚或回到軍治腐化之程度日高一日，黨治終亦同於官治，而不是「到民治之路」。這豈是忠實擁護黨治者之所樂觀嗎？〔註402〕

不幸的是，錢端升所言全部皆不幸言中，20年代末期蔣介石的做法恰是如此。兩年後的人權論戰中，胡適指出，「近兩年來，國人都感覺輿論的不自由」。〔註403〕論戰期間，張謇之子張孝若致函胡適說：

> 時局攪到這地步，革命革出這樣子，誰都夢想不到的，而事實一方面，確是愈趨愈下。『防民之口，甚於防川』。現在政府對老百姓，不僅僅防口，簡直是封口了，都是敢怒而不敢言。……最痛心的，從前是官國、兵國、匪國，到了現在，又加上黨國，不知中華幾時才有民國呢？〔註404〕

具有諷刺意味的是，王世杰在1927年就任法制局局長後，制定了不少保障民權的法律和程序。這些司法程序，大多取法歐陸，即在今天看來，仍值得借

〔註401〕錢端升：《黨治與輿論》，《現代評論》，第6卷第139期，1927年8月6日，第9頁。

〔註402〕錢端升（山木）：《黨治的鐵律》，《現代評論》，第6卷第148期，1927年10月8日，第6頁。

〔註403〕胡適：《我們要我們的自由》（1929年3月25日），歐陽哲生編：《胡適文集》，第11冊，北京大學出版社，1998年11月，第143頁。

〔註404〕《張孝若致胡適》（1929年7月31日），《胡適來往書信選（上）》，香港：中華書局，1983年11月，第525～526頁。

鑒。〔註 405〕然而，胡適和羅隆基還是因此雙雙丟了中國公學校長、光華大學教職，羅隆基更被非法逮捕和扣押。

此外，在錢端升上述批評王正廷、余日章三個月後，1927 年 12 月 1 日，余日章爲蔣介石與宋美齡主持婚禮，王正廷爲證婚人之一。〔註 406〕其後在 1928～1931 年，王正廷更擔任國民政府外交部長，直到「九‧一八」事變後被學生砸得頭破血流才辭職。儘管錢端升支持蔣介石在「四‧一二」政變中的立場，但他對蔣介石的失望可想而知。

更令錢端升失望的是，國民黨政府逐漸蛻變成個人獨裁的專制政府。在 1929～1931 年間，國民黨和國民政府基本處於蔣介石控制之下。1929 年 3 月 15 日，國民黨舉行第三次全國代表大會，共有代表 406 人，其中蔣介石指定者 211 人，52%，圈定者 122 人，30%，選出者僅 73 人，18%。〔註 407〕陳公博在《苦笑錄》中指出，這次黨代表大會「只配說蔣先生個人的御用會議。經過這次大會，國民黨的精神可以算壽終正寢，終蔣先生之世，也沒法把黨弄健全」。〔註 408〕這是黨革命精神的蛻化。也是在這次大會後，陳立夫、陳果夫當選爲中央執行委員會、中央組織部副部長，過去所謂「蔣家天下丁（惟汾）家黨」一改爲「蔣家天下陳家黨」。〔註 409〕

到了 1930 年，輪到政府不像政府了。10 月 3 日，蔣介石從前線發回「江電」，電請召集國民會議，但遭到胡漢民抵制。〔註 410〕蔣介石一怒之下，在

〔註 405〕詳參羅隆基對當時國民黨當局如何違反司法程序部分自述。羅隆基：《我的被捕的經過與的反感》，《政治論文》，上海：新月書店，1932 年，第 183～206頁。

〔註 406〕完顏紹元：《王正廷傳》，河北人民出版社，1999 年 12 月，第 190 頁。

〔註 407〕榮孟源主編、孫彩霞編輯：《中國國民黨歷次代表大會及中央全會資料》，北京：光明日報出版社，1986 年 5 月，第 615 頁。邵銘煌引用李雲漢的分析指出，陳公博在《苦笑錄》中稱，蔣介石用高壓手段，所有代表都由南京一手指派而不採用選舉制，指派者占 96%，此〔言〕太過誇張，偏離事實。不過，李雲漢的分析又遠較《中國國民黨歷次代表大會及中央全會資料》所舉比例爲少。李雲漢的分析如下：三全大會實際產生代表 358 人，比原定代表人數 352 人多出 6 人。選舉者 80 人，占 22.35%；選後圈定者 105 人，占 29.33%；指定者 173 人，占 48.32%。邵銘煌：《從抗爭到和解：九一八事變前後汪精衛與蔣中正關係的變化》，《九一八事變 70 週年國際學術討論會論文集》，北京：社會科學文獻出版社，2004 年 7 月，第 447 頁。

〔註 408〕陳公博：《苦笑錄》，北京：東方出版社，2004 年 3 月，第 126 頁。

〔註 409〕組織部長仍由蔣介石兼任。龐鏡塘：《「中央俱樂部」——CC 組織》，龐鏡塘等著：《蔣家天下陳家黨》，香港：中原出版社，1989 年 3 月，第 3 頁。

〔註 410〕徐宗勉、張亦工等：《近代中國對民主的追求》，合肥：安徽人民出版社，1996

2月28日，將胡漢民軟禁於南京湯山，並在中常會宣佈胡氏請辭本兼各職。〔註411〕楊天石先生說：「軟禁胡漢民是中國 30 年代初期的一次典型政治事件，國民黨的一黨專政進一步發展成爲個人獨裁。自此，南京國民黨中央和國民政府僅存的一點民主氣氛掃地以盡」。〔註412〕

除胡漢民外，鄧演達亦在 1931 年 1 月《南京欽定的國民會議和我們所要求的國民會議》中指出，「從職權上說，南京的國民會議至多只是成爲一個南京統治——寡頭專政——的諮詢機關」。〔註413〕中國青年黨亦發表宣言，表示「反對國民黨御用的國民會議」。〔註414〕後加入國民政府的清華大學教授陳之邁在 1936 年亦指出，此次選舉「中央政府實具有絕大的操縱能力……國民會議的召集是收拾統一人心，採用這樣的方法，識者便不屑取」。〔註415〕

除操控黨、政外，蔣介石還有擺脫三民主義傾向。1931 年 5 月 5 日，國民會議開幕，蔣介石指出，當時有三種政治理論：共產主義「不適於中國產業落後情形，及中國固有道德」。自由主義「各據議席……非疑滿腹，眾難塞胸」。法西斯主義「認定國家爲至高無上之實體，國家得要求國民任何之犧牲，爲民族生命之綿延」。〔註416〕沈寂先生指出，「字裏行間，人們可以辨別其意

年 11 月，第 378 頁。原載蔣永敬：《民國胡展堂先生漢民年譜》，臺北：商務印書館，1981 年，第 490～491 頁。

〔註411〕楊天石：《約法之爭與蔣介石軟禁胡漢民事件》，《蔣氏秘檔與蔣介石眞相》，北京：社會科學文獻出版社，2002 年 2 月，第 298 頁。原載《邵元沖日記》，1931 年 2 月 28。

〔註412〕楊天石：《約法之爭與蔣介石軟禁胡漢民事件》，《蔣氏秘檔與蔣介石眞相》，北京：社會科學文獻出版社，2002 年 2 月，第 299 頁。原載孫科：《致蔣介石電》，《反蔣運動史》，第 300 頁；陳立夫，《陳立夫回憶錄》，第 175 頁。

〔註413〕鄧演達：《南京欽定的國民會議和我們所要求的國民會議！》，《鄧演達文集》，人民出版社，1981 年 11 月，第 143 頁。按：《鄧演達文集》記載日期爲 1930 年 1 月 5 日，應爲 1931 年 1 月 5 日，梁琴：《差了一年》，《讀書》，1984 第 11 期；江峽、曾成貴：《鄧演達年譜簡編》，曾憲林、萬雲主編：《鄧演達歷史資料》，華中理工大學出版社，1988 年 5 月，第 388 頁；彭敦文：《鄧演達〈南京欽定的國民會議和我們所要求的國民會議〉一文寫作時間訂正》，《江漢論壇》，1996 年第 6 期。

〔註414〕《中國青年黨及國家主義青年團湖北省支部「反對國民黨御用的國民會議」宣言》（1931 年 5 月 5 日），中國第二歷史檔案館編：《中華民國史檔案資料彙編》，第 5 輯第 1 編，政治（二），江蘇古籍出版社，1994 年，第 909～910 頁。

〔註415〕陳之邁：《民國二十年國民會議的選舉》，《清華大學學報（自然科學版）》，第 11 卷第 2 期，1936 年 4 月，第 445 頁。

〔註416〕《蔣介石在「國民會議」上的開會詞（摘錄）》，王檜林主編：《中國現代史參

向，要求實行憲政的呼聲，也是針〔對〕此而發的」。〔註417〕

　　1931 年 4 月，錢端升在為亞里士多德的《政治學》撰寫《編者導言》時，曾明確表示反對「極端政治」。雖沒有明言，但所指應為法西斯主義無疑。有學者指出，法西斯主義 1924 年開始在中國傳播，1933～1935 年形成一個高潮。〔註418〕但實際上，法西斯幾乎從誕生那一刻起，已傳入中國。〔註419〕約在 1926～27 年左右，法西斯已在歐洲形成一股風氣。〔註420〕到 1931 年，蔣介石也躍躍欲試，在國民會議上試探當時輿論趨向。

　　蔣介石發表上述言論僅在錢端升表示反對「極端政治」一個月之後，錢端升的失望可想而知。這點從他在 1931 年依然用筆名「德謨」發表《國民會議不要弄成黨的官吏的會議》〔註421〕可看出。此文目前雖缺，但從筆名和文題，可以看出他對民主政治仍存信仰態度。不幸的是，如同錢端升、鄧演達和青年黨等所指責的那樣，國民會議弄成了「黨的官吏的會議」了！

　　總而言之，在 1929～1931 年間，蔣介石操控下的國民黨和國民政府，所表現的流弊，一如錢端升所提防和預言的。黨不僅成為領袖之間的犧牲品，還淪為個別領袖的工具，黨開除黨員黨籍，猶如兒戲，黨紀蕩然無存。如被開除出黨的西山會議派鄒魯、謝持等恢復了黨籍。又如在 1929 年 3 月舉行的第三次全國黨代表大會中，汪精衛被書面警告，汪派陳公博、甘乃光、桂系李宗仁、白崇禧以及李濟深被永遠開除黨籍，列寧主義式的黨的鐵律無從談

考資料》，高等教育出版社，1988 年 9 月，第 102、103 頁。

〔註417〕沈寂：《胡適政論與近代中國》，香港：商務印書館，1993 年 10 月，第 130 ～131 頁。

〔註418〕陶鶴山：《試論三十年代法西斯主義思潮對中國現代政治之影響》，北京大學政治學與行政管理學院碩士論文，1990 年，第 14 頁。

〔註419〕法西斯運動興起於一戰後的意大利。1919～1921 年意大利工農運動達到高潮。1921 年 11 月 7 日，意大利法西斯黨正式成立，1922 年 10 月進軍羅馬。在 1921 年和 1922 年《東方雜誌》上，已至少各有三篇相關報導。《意大利新選舉之經過》（世界新潮），第 18 卷第 13 號，1921 年 7 月 10 日；《意大利之棒喝團及反社會主義運動》（世界新潮），第 18 卷第 14 號，1921 年 7 月 25 日；《意大利內閣更迭與新內閣之人物》，第 18 卷第 16 號，1921 年 8 月 25 日；《意大利內閣更迭之經過》，第 19 卷第 5 號，1922 年 3 月 10 日；《意大利內閣之再造》（世界新潮），第 19 卷第 15 號，1922 年 8 月 10 日；尚一譯：《意大利政潮之解剖》，第 19 卷 20 號，1922 年 10 月 25 日。

〔註420〕1927 年 8 月 20～31 日，《晨報副刊》連載了 10 期的《世界的法西斯主義運動》，詳見《晨報副刊》第 2037 號、第 2039～2044 號、第 2046、2047、2049 號。

〔註421〕　見《自選集》第 709 頁，僅存目。

起。不但如此，堂堂立法院院長，連基本的國民待遇也沒有。

從以上分析可見，蔣介石治理下國民政府的種種措施，完全與錢端升所倡導的背道而馳，怎叫他不失望！筆者在拜訪錢大都先生過程中，他曾提及：「父親對 1927 年蔣介石清共後的國民黨多次表示失望，那不是他心目中的國民黨」。〔註 422〕因此，心灰意冷的錢端升在 1928 年短暫從政大學院後，隨即退出現實政治。〔註 423〕埋頭學術研究，繼續「學術救國」路線。

第六節　20 年代的社交圈子

一、與高仁山、陳翰笙之關係

本文在追尋錢端升思想變化過程中，發現眾多因素之中，人際脈絡關係有可能是 20 年代錢端升思想變化中，其中一個較有影響力的因素。就環境與思想之關係言，按照馬克思的說法，經濟若變化，上層文化亦會相應出現變化。另一著名經濟學家凱恩斯的看法剛好相反，認為「觀念可以改變歷史的軌道」。〔註 424〕馬克斯·韋伯的看法則較為折衷，合二人之長：「直接決定人們行為的是（物質和觀念的）利益，而非觀念。但是觀念所創造的『世界觀』往往像扳道工規定著利益驅動行為前進的軌道」。〔註 425〕本文亦以為，環境與思想兩者是辯證關係。有時候思想可以引領潮流，有時候則相反，受環境制約。

20 年代中國是一個風雲幻變的時代，各種不同力量或趨勢錯落在不同學人身上，加上其他各種因素，思想呈現出各種複雜性和多樣性。從宏觀層面

〔註 422〕2008 年 11 月 19 日筆者和謝慧採訪錢大都先生。

〔註 423〕錢端升出席第一次全國教育會議（1928.5.15～28）期間，曾以大學院多重委員身份積極參與。第二次全國教育會議（1930.4.15～23），錢端升則完全沒有參與，周鯁生仍出現在委員名單中，其中高等教育組，更重複出現「周覽」和「周鯁生」。《第二次全國教育會議籌備委員一覽表》、《第二次全國教育會議會員一覽表》，《河南教育》，第 19、20 期合刊，1930 年 5 月 31 日，第 16～23 頁。按：周覽即周鯁生。

〔註 424〕睦依凡：《大學校長的教育理念理治校》，人民教育出版社，2001 年 11 月，第 75 頁。凱恩斯的觀點有可能承襲自阿克頓：「觀念常常是公共事件的原因而非結果」。見前引注腳。

〔註 425〕括號原文如此。陳洪捷：《德國古典大學觀及其對中國的影響》（修訂本），北京大學出版社，2006 年 1 月，第 6 頁。原載韋伯：《宗教社會學論文集》（德文版），1988 年，第 6 頁。

觀察，留學背景、革命和改良，就如一個十字架，將知識分子分成四大板塊，加上經濟、社會及教育主張，各種組合的複雜性可以想像。若再加上微觀因素，如學術專長、地域因素、同僑關係、甚至家庭因素等，思想變化的可能性更加繁多。因此，本文無意否定其他因素，只是嘗試指出 20 年代的錢端升，人脈關係是可能其中一個較為重要的因素。

就 20 年代的錢端升來說，他的人際關係以清華學人居多。在《吳宓日記》中，從錢端升自 1925 年回國到 1927 年南下，有不少與錢端升有關之記載。經常與錢端升來往學人包括有：吳宓、張歆海、葉企孫等所謂的清華「少壯派」。1927 年 5 月 1 日，吳宓記載：「是日錢端升母喪，在京中聚賢堂開弔。本約宓為知賓，以目疾未能往也」。〔註426〕可見錢端升在清華改制風波中，主張取消國學院也沒有影響到他們的友誼。在吳宓日記中，出現次數較多組合為「錢端升、張歆海」和「錢、葉」，葉即葉企孫。當張彭春辭職引發清華學潮時，張歆海、錢端升、吳宓三人被視為「陪兒」，〔註427〕三人之關係可見一斑。

但從另一方面來看，錢端升的人際交往脈絡又有以志同道合者為主的一面。20 年代的錢端升，自從哈佛畢業回來後，有一種「思出其位」的衝動。所謂「思出其位」非指不務正業，而是相較一般學人言，更積極參與各種社會事務。除參與清華改制外，還參「聯俄與仇俄」的討論、「五卅運動」、「關稅自主運動」、「三・一八」運動等，並在 1926 年加入國民黨。

有關錢端升與高仁山、〔註428〕陳翰笙之間關係記載的材料不多。從陳翰笙、高仁山與錢端升三人共同署名在北京大學《社會科學季刊》發表的一篇

〔註426〕吳學昭整理注釋：《吳宓日記（3）》，北京：三聯書店，1998 年 3 月，第 335 頁。
〔註427〕吳學昭整理注釋：《吳宓日記（3）》，北京：三聯書店，1998 年 3 月，第 147 頁。
〔註428〕高仁山，幼名寶壽，1894 年生，江蘇省江陰縣人。祖父是清朝秀才，到父輩家境破落。17 歲時，就讀於南開中學。他與周恩來是南開中學的校友，關係很好。1917 年春，他自費赴日本早稻田大學專攻文科。在日本求學期間，和童冠賢、周恩來等組織了以南開學校和天津法政學校校友為主體的新中學會。1918 年冬自費赴美國葛林納爾大學專習教育。1920 年，高仁山從葛林納爾大學畢業後，進芝加哥大學學習教育，取得芝加哥大學研究院的碩士學位，又由芝加哥大學送赴華盛頓圖書館研究教育。在此期間，恰逢華盛頓會議召開。中國留美學生立即組成「中國留美學生華盛頓會議後援會」，力阻中國政府代表簽字，高仁山以學生領袖身份積極參加了這一活動。史建霞：《高仁山》，《中共北京黨史人物傳》，第 2 卷，中共黨史出版社，1994 年 12 月，第 289～291 頁。

書評、〔註429〕及二者成爲錢端升加入國民黨的介紹人來看，關係應當是相當密切的，這不僅因爲三人有共同留美背景，還有江蘇同鄉及同事關係。關於高仁山的研究，目前只有兩篇：史建霞的《救國豈能瞻前顧後——記不畏艱險許身教育的著名教授高仁山烈士》〔註430〕和張耀傑的《北大教授高仁山的革命傳奇》兩文均對高仁山短暫的一生及其對政、學兩界的影響力作出介紹和分析。〔註431〕錢端升晚年在回憶《現代評論》時，可能年代久遠，對高仁山未置一詞，陳翰笙在回憶錄中則有不少片段。

在《四個時代的我》中，陳翰笙說：「在芝加哥大學期間，我有幸結識了幾個人。一是高仁山……另一個是在哥倫比亞大學學習的查良釗……經高仁山和查良釗的介紹，我於 1921 年參加了新中學會的美國分會」。高仁山「爲人爽直，有什麼說什麼……有一次，我同他談起對時局、前途的看法和內心的苦悶。他說『聽說共產黨的主張不錯，咱倆去加入共產黨吧！』於是，我倆一道去找李大釗」。在李的建議下，兩人一同在 1925 年加入國民黨。各自「領到一個黨證，但從來沒有開過會」。在李大釗介紹下，陳翰笙還認識了蘇聯駐華大使加拉罕和文化參贊加托諾維奇等人，並成爲共產國際地下情報人員。〔註432〕至於高仁山是否如陳翰笙加入了共產國際，不得而知。

1923 年，高仁山留學回國後，先後被聘爲北京大學、北京師範大學教授。在他的倡議下，北大創立了教育系，並先後出任副主任、主任。1923 年，與陶行知在中華教育改進社創辦教育圖書館，出任館長。1925 年 4 月，與陳翰笙、薛培元、查良釗等人創辦了私立藝文中學（前北京市第 28 中學，現爲長

〔註429〕陳翰笙、高仁山、錢端升：《H. E. Barnes and Others: The History and Prospects of the Social Sciences（書評）》，《北大社科季刊》，第 3 卷第 4 號，1925 年 9 月。

〔註430〕史建霞：《救國豈能瞻前顧後——記不畏艱險許身教育的著名教授高仁山烈士》，《北京黨史》，1994 年第 2 期。史建霞：《高仁山》，《中共北京黨史人物傳》，第 2 卷，中共黨史出版社，1994 年 12 月，第 289～297 頁。亦見《北大英烈》，第 3 輯，北京大學出版社，第 62～71 頁；1997 年 3 月，《北京高等學校英烈（上）》，北京大學出版社，2005 年，第 389～398 頁。

〔註431〕張耀傑先生曾提到高仁山無償爲《現代評論》供稿，筆者曾將《現代評論》目錄全部輸入電腦一次，均無發現。就《現代評論》來說，儘管有用筆名的習慣，但用真名更普遍。以高仁山從事教育來看，他至少應該可以用真名來發表他有關教育文章。張耀傑還著有《陳翰笙的紅色傳奇》一文，均見《北大教授：政學兩界的人和事》，上海：文匯出版社，2008 年 8 月。

〔註432〕陳翰笙：《四個時代的我》，北京：中國文史出版社，1988 年，第 24、32、34～35 頁。

安中學），出任校長。〔註433〕除藝文中學外，在 1925 年 6 月一份「適存中學」的宣言中，我們也可以看到高仁山的身影和人脈關係。「適存中學」創辦宣言簽署者有：吳稚暉、王星拱、高一涵、徐炳昶、譚熙鴻、丁燮林、高仁山、王世杰。〔註434〕可見高仁山人脈關係之廣，橫跨國共兩界。

1927 年 3 月，高仁山在師範大學講演時說：「我們要想改造中國，只有未來青年。但青年的造就，全靠教育。諸位將來全是當教師的，即負有這種重大的責任」。〔註435〕4 月 28 日，李大釗被奉系軍閥殺害。很多朋友請他南下辦教育，但因放不下藝文中學沒走成。〔註436〕高仁山說：「我既許身教育，志在救國，就不能畏懼任何艱險」。〔註437〕

除教育以外，高仁山還身肩政治重任。1927 年，武漢政府開始分共，中共在北京建立了北方最高的統戰組織「北方國民黨左派大聯盟」，高仁山出任主席。後於 1927 年 9 月 28 日被捕。12 月 19 日，他在獄中致函妻子陶曾谷說：「自被捕之日起，身雖囹圄之中，生死問題早已置之度外」。只是「我生 34 載，以 16 年之光陰，從事教育之研究，以所學所知，未能有裨益於社會國家，苟從囹圄長逝，誠死亦不瞑矣……我之全部計劃，竟因此夭折，思之殊可惜也」。〔註438〕哀哉！國之不幸如此，奈何？！

〔註433〕藝文中學的辦學宗旨是：適合中國現代的中學教育，造就有積極能力的公民，養成共同生活的習慣，主張學以致用。史建霞：《高仁山》，《中共北京黨史人物傳》，第 2 卷，中共黨史出版社，1994 年 12 月，第 289～291 頁。史建霞：《救國豈能瞻前顧後——記不畏艱險許身教育的著名教授高仁山烈士》，《北京黨史》，1994 年第 2 期，第 43 頁。

〔註434〕適存中學創辦同人：《我們創辦適存中學的意見》，《晨報副刊》，第 1214 期，1925 年 6 月 24 日，第 8 版。

〔註435〕史建霞：《高仁山》，《北大英烈》，第 3 輯，北京大學出版社，1997 年 3 月，第 69 頁。高仁山也主張教育獨立。1926 年 10 月，當東北、東南、北洋、廣州、廈門大學都在開學上課時，高仁山在《這是什麼政府》一文中，猛烈抨擊北京政府對教育的摧殘。他指出，「最不堪是：就在首都之下，外人所經營的協和醫學〔院〕、燕京大學、匯文大學等等，開學開得有聲有色，上課上得興高彩〔采〕烈，堂堂大中民國的國立學校，居然逼得奄奄待斃，鴉雀無聲，怪矣哉！」「請問這樣的政府，是不是摧殘國家最重要、最根本事業——教育的一個政府（按：重點為原文所有）.?.!」高仁山：《這是什麼政府？》，《新教育評論》，1926 年 10 月 22 日，第 2 卷第 21 期，第 6、7 頁。

〔註436〕朱經農：《悼高仁山先生》，《教育雜誌》，第 20 卷第 2 號，1928 年 2 月第 1～2 頁。

〔註437〕史建霞：《高仁山》，《北大英烈》，第 3 輯，北京大學出版社，1997 年 3 月，第 68 頁。

〔註438〕史建霞：《高仁山》，《北大英烈》，第 3 輯，北京大學出版社，1997 年 3 月，

　　高仁山被害後不到一月，朱經農即在《教育雜誌》發表《悼高仁山先生》一文。由於事發不久，朱經農做了淡化處理。〔註439〕他說：「仁山先生和黨的關係，似乎不深。聽說他去年春間才加入國民黨……報紙上所載軍閥所宣佈的罪狀，只是瞎湊，不成文理」。至於高仁山加入國民黨的理由，朱經農認為：「他覺得無主義的教育，和無腦筋的軀殼一般，一定要腐化、毀滅的；所以要選定一種主義，作教育上根本的信仰。三民主義是救國的主義，既然想以教育救國，就應該信仰三民主義，這是他入黨的動機」。〔註440〕錢端升亦可作如是觀。

　　實際上，高仁山早於錢端升一年（即 1925 年），在李大釗、於樹德介紹下，與陳翰笙一起加入了國共合作時期的國民黨，非朱經農所言的「去年春」（即 1927 年）才加入。〔註441〕高仁山與李大釗同時期被張作霖殺害，說明了其在北方政學兩界的地位和影響力。〔註442〕據陳翰笙回憶：「1928 年 1 月，我從報紙上看到了好友高仁山被殺害的消息，十分悲憤。後來才知道，高仁山在北京天橋被殺後，他的家屬不敢去收屍，還是顧淑禮出面去收屍，將他葬在西山臥佛寺的東面東溝村」。〔註443〕1928 年 5 月，在全國教育會議期間，錢端升與胡適等人共商高仁山追悼會事宜。〔註444〕

　　　　　第 69 頁。

〔註439〕朱經農之兄朱我農在 1926 年 4 月致胡適的一封信中說：「今天聽見高仁山兄說，你明天就要到天津去」。據此推論，朱經農應該認識高仁山，且甚熟悉。《胡適來往書信選（上）》，香港：中華書局，1983 年 11 月，第 376 頁。

〔註440〕朱經農：《悼高仁山先生》，《教育雜誌》，第 20 卷第 2 號，1928 年 2 月，第 2 頁。

〔註441〕《北大英烈簡介》記載，高仁山，1925 年 6 月在北京大學參加革命。曾是國共合作的國民黨北京市黨部負責人之一，1927 年武漢政府結束後，黨在北京建立了北方最高的統戰組織——「北方國民黨左派大聯盟」，高任該聯盟主席。1927 年 9 月 28 日被捕，1928 年 1 月 15 日在北京天橋被奉系軍閥張作霖殺害。伍效挺、范方蘊編：《北大英烈簡介》，北京大學黨史校史研究室，1993 年，第 25 頁。

〔註442〕如周作人曾為高仁山寫了一篇文章說：「古人云，履霜堅冰至，三一八正是冬初的嚴霜，而李高二君則成了以後眾多犧牲之先驅，此所以值得紀念，初不僅為他們個人的關係也」。周作人：《高仁山其人》，《知堂乙酉文編》，河北教育出版社，2002 年，第 109 頁。

〔註443〕按：顧淑禮為陳翰笙夫人顧淑型之妹。陳翰笙：《四個時代的我》，北京：中國文史出版社，1988 年，第 40～41 頁。

〔註444〕1928 年 5 月 21 日，胡適記載：「又與端升、經農、趙述庭共商廿四日高仁山追悼會的程序。此事只有三日了，尚未有預備。」曹伯言整理：《胡適日記全集（5）》（聯經版），第 144 頁；亦見《胡適日記全編（5）》（安徽版），第 117 頁。

正所謂人以群分，物以類聚。儘管錢端升與高仁山、陳翰笙如何結識，無從稽考。但從他們的共同署名發表研究文章來說，他們之間至少有一定的默契，或政治見解，或學術理想上有相通之處。錢端升在清華期間邀請加拉罕演講，穿針引線的很有可能是陳翰笙。

據陳翰笙回憶，當時北大分爲兩派，一派爲英美德留學生，以胡適爲首；一派爲法、日留學生，以李石曾爲首。當時歷史系主任朱希祖爲排擠他，僞造了學生信件。代理校長蔣夢麟將此信交給教育系副主任高仁山看，高仁山建議他去找王世杰，王世杰則建議陳翰笙去找李大釗。李大釗雖找了陶孟和，但也想不出辦法，因爲陳翰笙不願去東南大學擔任教務長。李大釗對陳翰笙說：「王世杰是胡漢民的人，《現代評論》也是胡漢民出的錢，找他解決不了問題」。因此，他建議陳翰笙直接找周鯁生，將問題說清楚。最後，周鯁生答應聘請陳翰笙請他在法學系兼美國憲法史課。〔註 445〕從這段簡述來看，王世杰與陳翰笙的關係不深，且政治立場截然相反。〔註 446〕上述風波約發生在 1924～1925 年間。

1928 年 5 月，陳翰笙從蘇俄回來。蔡元培意欲邀請陳翰笙加入中央研究院，遭到了王世杰的反對。理由是：「陳翰笙是個左派，我們這裡不能要他」。由於王世杰的反對，陳翰笙只得屈就務印書館，整理他的大百科全書稿子去了。〔註 447〕儘管上述所言爲陳翰笙單方面的回憶及記憶難免有誤。不過，其流露的感情應當說是眞實的。與此同時，錢端升早在一個月前，應蔡元培先生之請，出任大學院「文化事業處處長」。〔註 448〕

二、與《現代評論》同人之關係

在高仁山去世、陳翰笙出國的情形下，錢端升的友儕關係起了變化。從

〔註 445〕這樣一來，朱希祖就沒辦法了，既然外系也聘請，何況本系？陳翰笙：《四個時代的我》，北京：中國文史出版社，1988 年，第 12 頁。
〔註 446〕陳翰笙：《四個時代的我》，北京：中國文史出版社，1988 年，第 29 頁。
〔註 447〕陳翰笙：《四個時代的我》，北京：中國文史出版社，1988 年，第 42 頁。
〔註 448〕後在同年 10 月 12 日免。按：陳文秋先生說，錢端升應蔡元培先生之請，兼任南京國民政府大學院司長，略有不確。見《爲民主與法制建設而奮鬥終生——一位愛國民主教授錢端升》，《錢端升先生紀念文集》，中國政法大學出版社，2000 年 2 月，第 38 頁。《蔡元培全集》記載錢端升當時爲「大學院文化事業處長」正確無誤。見中國蔡元培研究會編：《蔡元培全集》，第 16 卷，浙江教育出版社，1998 年，第 443 頁。亦見高平叔撰著：《蔡元培年譜長編》，第 3 卷，人民教育出版社，1999 年 3 月，第 194 頁。原載《國民日報》，1928 年 4 月 14 日。

目前各種記載來看，陳翰笙和錢端升兩人後來的關係似乎並不密切。陳翰笙對《現代評論》的一些回憶，能說明一些問題。他說：「爲《現代評論》撰稿的人還有清華大學教授錢端升和北大陳源（西瀅）。錢端升和王世杰是連襟」。〔註449〕後一句話甚可玩味，昔日好友成了死敵的姻親。〔註450〕

由於《現代評論》初期，還處於國共合作時期，王世杰和陳翰笙的矛盾還沒爆發出來。陳翰笙曾提到一樁印象十分深刻的小事，以至在50多年後仍記憶猶深。在一次《現代評論》會後閒談中，王世杰問陳翰笙，將來實現了社會主義，人人平等，誰來打掃廁所呢？陳翰笙說，此問不免略帶揶揄成分，因他當時「知道我是贊成社會主義的」。陳氏的回答是，那時家家有抽水馬桶，用不著公共廁所。陳氏說，這一問一答可說明兩點：第一、王世杰反對社會主義，我擁護社會主義。二、我們兩人的想法都很幼稚。〔註451〕

實際上，兩人的想法一點也不幼稚。在某種程度上，兩人所言爲理想狀態。這是自由主義中的兩面：前者傾向能力差別平等，強調更多的是自由；後者則傾向分配的平等。姑不論「王世杰反對社會主義」是否成立，〔註452〕可得出的結論是，此時的錢端升思想，與陳翰笙相近，是頗爲左傾的。不過與其說左傾，不如說過激（radical）可能更爲恰當。〔註453〕他在《論學潮贈

〔註449〕馬光裕：《陳翰笙談〈現代評論〉周刊》，《中國現代文學研究叢刊》，1990年第2期，第294頁。

〔註450〕錢端升一生有過兩次婚，在第一次婚姻期間，確實和王世杰有姻親關係，錢端升第一任太太爲王世杰太太之侄女。不過，兩人在1935年前仳離。陳翰笙先生似理應補上一句，以免誤導後學。

〔註451〕馬光裕：《陳翰笙談〈現代評論〉周刊》，《中國現代文學研究叢刊》，1990年第2期，第294頁。

〔註452〕詳參王世杰：《議院制與社會主義》，《太平洋》，第2卷第10號，1921年3月5日。

〔註453〕左傾與過激兩者在某種程度上均可理解成一詞。相對而言，過激是指在既定範圍內，進行最大可能的變更；左傾則指受馬克思主義影響，以革命手段來解決社會問題。以英國的拉斯基和美國的杜威爲例，他們都是自由主義者，但這不妨礙他們用激進的手段來使社會更加民主。杜威在《民主是激進的》一文中指出，民主的目標是「激進的」，「因爲這個目標在任何時代任何國家尚未充分實現」，並且「沒有任何其他東西能比堅持民主方法這種能夠影響社會急劇變遷的手段更爲激進」。〔美〕貝思·J·辛格著、王守昌等譯、王守昌校：《實用主義、權利和民主》，上海譯文出版社，2001年12月，第145頁。關於拉斯基擯棄政治多元論，轉向馬克思主義，詳參其1938年再版的《政治學原理》。〔英〕金斯利·馬丁著、奚博銓譯、馬清槐校：《拉斯基評傳》，北京：商務印書館，1995年1月，第86頁。

新舊諸生》中表示：「深願諸同學以澈底（真正 RADICAL 之意）自勉」。

　　如果說陳翰笙、高仁山作為錢端升的入黨介紹人和錢端升在清華改制中的表現，還不足以說明他思想過激的一面，則他邀請加拉罕到清華演講、在「聯俄與仇俄」討論中傾向親蘇，以及參與「三‧一八」國民黨左派請願活動，間接或直接說明了他在國民黨內的地位。在「聯俄與仇俄」討論中，錢端升致函劉勉己說：「要是你是激進共和黨，我可以仿法國人換湯不換藥的方法，自稱為共和左派罷（按：重點為本文所加）」。〔註 454〕可見其自我之定位。不過，在「四‧一二」政變前，部分國民黨要員如吳稚暉、戴季陶，甚至蔣介石等均有左傾現象。〔註 455〕由於缺乏相關材料，令人難以判斷的是，錢端升在此時期政治上的左傾或過激，究竟受時代影響，還是經過自己探索，仍有待進一步考證。不過，可以確認的是，他在經濟主張上，與傅斯年相近，是傾向經濟平等主義的。

　　1926 年的「三‧一八」慘案是錢端升思想其中一個轉捩點。由於處於國共合作時期，當日遊行示威的主要組織者和負責人為徐謙（國民黨北京市特別市黨部代表）和李大釗等人。參加者有：顧孟餘、陳啓修、黃昌穀、丁惟汾、陳翰笙、錢端升等。除了北大、師大、清華、燕大等北京高校外，還有藝文中學的學生，由教務長顧淑型（陳翰笙太太）帶領。〔註 456〕

　　「三‧一八」慘案發生後，《現代評論》同人立即譴責段祺瑞執政府的暴力手段，並在 3 月 26 日〔註 457〕時事短評之前，加插《悼三月十八日的犧牲者》社評。除譴責執政府外，社評還表示：「我們並且相信：惟有殺人者之服法，與從事民眾運動者之能受教訓，乃能保障未來的民眾運動不再罹同樣或相似的慘劫；乃能使未來的民眾運動即於光明之日」。〔註 458〕辭鋒所向，似對國民黨左派過度利用民眾運動有所不滿。關於這次慘案，錢端升沒

〔註 454〕錢端升《對俄問題致勉巳〔己〕書》（1925 年 10 月 31 日），章進編：《聯俄與仇俄問題討論集》，北新書局，1927 年，第 166 頁。原載《晨報‧社會周刊》，第 5 號，1925 年 11 月 3 日。

〔註 455〕曹聚仁說：「當時的國民黨，惟恐其不為馬克思主義的信徒，所以吳稚暉的論調，在北洋軍人心目中，便是共產黨理論」。曹聚仁：《〈北晨〉與〈京報〉》，《文壇五十年》，上海：東方出版中心，2006 年 1 月，第 168 頁。

〔註 456〕陳翰笙：《四個時代的我》，北京：中國文史出版社，1988 年，第 33 頁。

〔註 457〕可能由於編輯關係，3 月 20 日稿件已完成排版，未有短評和專文論及。

〔註 458〕記者：《悼三月十八日的犧牲者》，《現代評論》，第 3 卷第 68 期，1926 年 3 月 27 日，第 1 頁。

有留下片言隻語。趙元任太太楊步偉在其《雜記趙家》爲我們留下了珍貴的
記錄：

> 出事以後（有少數我們的朋友在內）受傷的有的就逃到我的
> 醫院來，而少數學生也跟著跑來了，大家都狼狽不堪，血淋淋地撞
> 門而入，給我的嫂嫂和看護都嚇得要死，還不清楚是怎麼一回事
> 呢。（記得有顧淑型、錢端升在內。）……第二天一大早，……我
> 打門進去看見診所屋內亂得一塌糊塗，血布一地到處都有，顧和錢
> 兩個人還未走，臉色還是蒼白的，錢還可以說話，而顧連話都說不
> 出來了。他們以後說爲他們站在前面聽見裏面上頭叫放實槍的，
> 他們就關照學生後退，但是來不及了。他們五、六人往裏面一退，
> 所以沒有正式受傷，只是驚嚇和氣得失魂落魄而已。我給顧送回西
> 河沿他姐姐處，我和錢就回清華園了。〔註459〕

由於這次慘案無疾而終，這可能是錢端升心頭揮之不去的隱痛。在後來的「一
二・一」慘案中，他與聞一多、張奚若等人堅持懲兇到底，應該說，與這次
慘案有相當的關係。

　　隨著北伐進展的順利，《現代評論》編輯部在 1927 年遷移至上海，並且
由錢端升負責主編。據當代著名雕塑大師劉開渠回憶，當時他因找不到工作，
在丁西林和凌叔華的介紹下，住在《現代評論》編輯部裏面。劉開渠還回憶
了第一次與胡適吃飯的情形。同席有胡適、張奚若和錢端升等人。〔註460〕與
劉開渠同住還有曾任第一任北大音樂系主任蕭友梅。王世杰是蕭友梅的妹
夫，後來錢端升的第一任夫人蕭淑嫻是蕭友梅的侄女。〔註461〕

　　在人事脈絡上，剛回國後的錢端升可能受高仁山、陳翰笙的影響較大，
但在學術思想上，陳翰笙接受了馬克思主義的觀點後，成爲兩者分道揚鑣的
起點。南下後的錢端升不論在編輯《現代評論》工作上，還是在私人關係上，

〔註459〕楊步偉：《雜記趙家》，遼寧教育出版社，1998 年 3 月，第 61～62 頁。

〔註460〕飯後因爲劉開渠不認得路，錢端升就一直把他送回住處。路上劉開渠對錢端升
　　　　表示，自己找不到工作，生活無來源，心裏很著急，錢端升建議他到南京找蔡
　　　　元培先生。不過，劉開渠到了南京後，還是沒找到工作（估計是蔡元培先生的
　　　　推薦信不靈光），最後錢端升介紹他到大學院裏工作。紀宇：《青銅與白石——
　　　　雕塑大師劉開渠傳》，北京人民文學出版社，1988 年 5 月，第 77～79 頁。

〔註461〕1929 年 6 月 16 日，吳宓記載：「星期日。5～6 赴北海公園董事會錢端升、蕭
　　　　淑嫻婚禮」。吳學昭整理注釋：《吳宓日記（4)》，北京：三聯書店，1998 年 3
　　　　月，第 261 頁。

與《現代評論》同人圈子的交往更形密切。在《現代評論》同人影響下，錢端升的政治思想逐漸向右轉，但在經濟思想上，仍維持著經濟平等主義的思想，這些思想影響到其 30 年代的各國憲法研究。

第四章 國勢杌隉：暫緩憲政與主張獨裁極權（1931～1937）

第一節 從學術再次走向政治

　　「九・一八」事變後，國民黨怯於對外，民族出現危機；在對內方面，蔣介石將精力集中在「剿匪」上，民生和民權亦發生問題，〔註1〕引發國民黨統治危機（Legitimacy Crisis）。「一・二八」事變後，國府遷都洛陽，引發各種政治恐慌和危機，各種政論刊物如雨後春筍，取代文學刊物應運而生。一位叫「安平」（儲安平？）的讀者投稿《再生》說：「幾個月來，國內市面上的文藝刊物之絕跡與政治評論刊物之代興，十足的見到民眾趣味之轉變」。〔註2〕當代學者亦觀察到：「『九・一八』，特別是『一・二八』之後，一批關注救亡與抗日、研究時政與外交的雜誌應運而生」。〔註3〕

〔註1〕 如 1930 年下半年，北師大因經費短缺，發生學潮。當時北師大教授們指出，「或以時代潮流，或以政治關係，或以生計窘迫，社會國家悉應負責。尤以歷年教育經費無著，設備廢弛，督勵無方，爲學風不飭之最大關鍵」。1931年元月，鄒魯因中大學潮致電國民政府表示：「大學負債三十餘萬，財應撥款欠至三月，現在每月攤撥一千三百四十元耳，無法便成破產」。金以林：《近代中國大學研究，1895～1949》，北京：中央文獻出版社，2000 年 2 月，第216、217 頁。關於人權論戰，已有眾多相關研究，不贅。

〔註2〕 安平：《現在的問題（通訊）》，《再生》，第 1 卷第 3 號，1932 年 7 月 20 日，第 1 頁。

〔註3〕 左雙文：《「九一八」事變後的〈國民外交雜誌〉》，《史學月刊》，2007 年第 3期，第 66 頁。按：左文中，《獨立評論》、《東北月刊》創刊時間有誤，均應爲 1932 年 5 月。

　　關於「九‧一八」和「一‧二八」後，知識分子對國難的態度和看法，目前學界已有眾多研究。從個別學人，如胡適、羅隆基、王造時等到學人群體，〔註4〕以至報刊如《獨立評論》、《再生》、《時代公論》、《國民外交雜誌》、《申報》、《大公報》、《益世報》等，〔註5〕均有不同的成果。相對人權論戰後寂靜的輿論界，政論刊物的再興不但說明了國民對民族危機的更益關心，同時亦顯示了國民政府權威的下降。

　　胡適曾說過，30 年代中國是一個「pamphleteering journalism（小冊子的新聞事業）的黃金時代」。〔註6〕林語堂亦指出，當時中國讀者將 1934 年稱為「雜誌年」。〔註7〕正是國家興亡，匹夫有責，知識分子不得不拾起放下的筆尖，期望喚起國民注意。國難會議後，《大公報》說：「直至今日河山破碎，始責言繁興，此乃迫於自救之必要，不得已而然」。〔註8〕錢端升也不例外，走出書齋，再次論政。繼羅隆基之後，1934 年出任天津《益世報》主筆。

　　在下表中，除 1931 年用筆名「德謨」發表《國民會議不要弄成黨的官吏

〔註4〕　徐希軍：《九一八事變後胡適對日外交政策的理性思考》，《安慶師範學院學報（社會科學版）》，2006 年 4 月。陳先初、劉旺華：《張君勱抗日思想述論》，《湖南大學學報（社會科學版）》，2008 年第 3 期。劉是今：《九一八事變後中國自由主義知識分子的主戰思想——以王造時為個案》，《船山學刊》，2008 年第 2 期。鄭大華、劉妍：《中國知識界對國聯處理九一八事變的不同反應：以胡適、羅隆基和胡愈之為例的考察》，《抗日戰爭研究》，2009 年第 1 期。鄭大華：《「九一八」後知識分子的思想變動——以「新年的夢想」為中心的考察》，《吉首大學學報》，2006 年第 1 期。尹偉琴：《還政於民方能共赴國難——論九一八事變後中國自由主義知識分子的憲政追求》，《杭州師範學院學報（人文社會科學版）》，2001 年第 6 期。

〔註5〕　鄭大華：《理性民族主義之一例：九一八事變後的天津〈大公報〉》，《浙江學刊》，2009 年第 4 期。左雙文：《九一八事變後的〈國民外交雜誌〉》，《史學月刊》，2007 年第 3 期。左雙文：《九一八事變後的〈國民外交雜誌〉及其政治主張》，《中國社會科學文摘》，2007 年第 4 期。劉大禹：《「九‧一八」後輿論空間與集權政治的關係（1931～1935）：以〈獨立評論〉與〈時代公論〉為中心》，《閩江學刊》，2009 年第 3 期。劉永生：《九一八事變後〈申報〉對國聯的評論》，《貴陽學院學報（社會科學版）》，2008 年第 4 期。劉永生：《「人民喉舌」：九一八事變後〈申報‧讀者通訊〉之輿論研究》，《貴州社會科學》，2008 年第 12 期。

〔註6〕　胡適：《丁文江的傳記》，安徽教育出版社，1999 年 10 月，第 144 頁。

〔註7〕　林語堂著、劉小磊譯、馮克利校：《中國新聞輿論史》（1936 年），上海世紀集團、上海人民出版社，2008 年 12 月，第 157 頁。

〔註8〕　《國難會議與當局態度》，《國聞周報》，第 9 卷第 15 期，1932 年 4 月 18 日，第 7 頁。原載天津《大公報》社論，1932 年 4 月 13 日。

的會議》和參加國難會議外，〔註9〕錢端升在 1930～1933 年的注意力主要集中在學術研究方面，這點從他發表的文章主要在學術刊物上亦可看出。

1930 年至 1934 年 1 月 1 日出任《益世報》主筆前，錢端升述著一覽：

1930 年 3 月	《德謨克拉西的危機及將來》	《武漢大學社會科學季刊》	第 1 卷第 1 號
1930 年 9 月	《世界公法學會》	《武漢大學社會科學季刊》	第 1 卷第 3 號
1930 年 11 月	《法國的政治組織》	上海商務印書館	專著
1930 年 12 月	《哈林吞政治思想的研究》	《武漢大學社會科學季刊》	第 1 卷第 4 號
1931 年 1 月	《英國之員吏制度》	清華政治學會《政治學報》	第 1 卷第 1 期
1931 年	《國民會議不要弄成黨的官吏的會議》	《社會科學季刊》	《自選集》
1934 年 4 月	《德國的政府》	上海商務印書館	專著
1933 年 4 月	《英國史》	上海商務印書館	譯著
1934 年 5 月	《法國的政府》	上海商務印書館	專著
1933 年 6 月	《德意志的國會及國會議員》	《清華大學學報（自然科學版）》	第 1 期
1933 年 6 月	《西班牙的新憲法》	《武漢大學社會科學季刊》	第 3 卷第 4 號
1933 年 9 月	《希忒勒秉政前的德意志政黨》	《民族》	第 1 卷第 9 期
1934 年 1 月	《民主政治乎？極權國家乎？》	《東方雜誌》	第 31 卷第 1 號

在上表中，除 1932 年無任何著述刊行外，1933 年有 3 篇學術論文刊行及 4 月出版譯作《英國史》；1934 年 4 月、5 月，分別出版了《德國的政府》和《法國的政府》，可見此時期錢端升在教學之餘，忙於此二書的撰寫和修訂。〔註10〕這是錢端升在 1928 年短暫從政，對當時國民黨政權失望後，轉入學術領域，潛心償還前述王世杰《比較憲法》版權頁後所刊登的《比較政治制度》一書書債。

〔註9〕　國難會議的議場是在西工。「西工是從前吳佩孚將軍駐洛陽時練兵的場所，此刻作爲會議舉行及會眾寄宿之地。黃土地帶，風沙襲人。在大會中，會眾的意見分爲兩派。其一派主張召開國民大會，結束訓政；另一派反對此一主張。在雙方爭持未決之中，北平與武漢人士，如蔣夢麟、王世杰、皮宗石、錢端升、周炳琳諸人，希聖亦從中努力，提出一個折衷案，即在五院體制之下，召開國民參政會。這就是後來抗戰時期國民參政會的先聲」《陶希聖先生年表（1899～1988）》，第 82 頁。感謝陶希聖三子陶恒生先生惠贈。

〔註10〕《法國的政府》是在《法國的政治組織》（1930 年 11 月）基礎上增訂而來。

第二節　提倡獨裁極權政治

一、提倡獨裁政治的時代語境分析

　　關於民主與獨裁的討論，目前研究可說汗牛充棟。〔註11〕大致而言，目前研究約有以下三個缺失：一、對當時學人學術背景缺乏梳理；二、對當時國際政治和民主政治走向認知不夠；三、對當時學人對國內外危機之認知略嫌不足。

　　第一、對學人的學術背景梳理。正如本研究所顯示的，錢端升的學術研究，對其轉向獨裁政治造成了相當的影響，尤其是法、德兩國政府的研究（詳參本文第二章第五節）。

　　第二、對當時國際政治和民主政治走向的認知。本文以為，要理解民國時期學人的政論主張，須具備國際視野。這不僅與民國時期學人大多為留學生有關，更重要的是，當時國際形勢和民主政治走向與中國前途息息相關。當代全球化時代有一口號：「思考全球化，行動本地化」（think globally, acted locally）——很能代表民國時期學人對國際政治的這種看法。民國時期《東方雜誌》之所以成為首屈一指壽命長、銷量廣和影響力大的雜誌並非偶然，它刊載政論文章主要以國際政治居多。

　　第三、當時學人對國內外政治危機的認知。民主與獨裁討論的大背景是當時內憂外患已迫在眉睫，這點學界眾所周知，但略嫌強調不足。「一・二八」後，傅斯年說：

〔註11〕　相關研究有：雷頤：《30 年代「新式獨裁」與「民主政治」的論戰》，《中國現代史（複印報刊資料）》，1995 年第 8 期；徐思彥：《要民主憲政，還是要專制獨裁：30 年代關於民主與專制的一場大討論》，《中國現代史（複印報刊資料）》，1995 年第 7 期。原載《史學集刊》，1995 年第 2 期；馮夏根、胡旭華：《論二十世紀三十年代的「新式獨裁」》，《安徽教育學院學報》，2003 年第 5 期；谷小水：《丁文江與獨裁民主論戰》，《中山大學學報（社會科學版）》，2004 年第 4 期；孫宏雲：《陳之邁與抗戰前的「民主與獨裁」論戰》，《社會科學研究》，2005 年第 1 期；高志勇：《試析胡適與蔣廷黻關於「民主與獨裁」的論爭》，《歷史教學》，2005 年第 2 期；王天根：《抗日戰爭前夕的學人論政——以《獨立評論》的「民主與獨裁論爭」為中心》，《廈門大學學報（哲學社會科學版）》，2006 年第 3 期；魏萬磊：《民主與獨裁論戰背後的非學理因素》，《安徽史學》，2010 年第 6 期；張勇：《歷史場景與言外之意：也說「民主與獨裁」論戰》，《清華大學學報（哲學社會科學版）》，2010 年第 6 期。

> 中國現在所處的危機，「國難」二字不足以盡之。……中國現
> 在的危機……從内説，是文化的崩潰，社會的分裂，從外説，是若
> 干倍危險於一九一四年的局面。……中國現在政治沒有有力而穩定
> 的重心，國民經濟整個分崩，而技術程度不及世界潮流者數百年。
> 〔註12〕

在内憂方面，「一・二八」事變後，國民黨政府藉口「國難」，宣佈第一次債
信破產。〔註13〕1932 年 5 月 25 日，全國商會聯合會、滬市商會、滬銀行業
同業公會、滬錢業同業公會聯合通電全國，發起「廢止内戰大同盟」。在此
之前後，廣東陳濟棠與海空兩軍破裂，最大的飛鷹號後被炸沉。9 月，山東
韓復榘和劉珍年發生衝突。10 月，四川劉湘和劉文輝爲爭奪防地也發生內
戰。丁文江指出上述事例後說：「我們儘管發表我們的主張，人家依然打他
們的私仗」。〔註 14〕完全視國家於無物。連遠在日本的駐日公使蔣作賓也不
勝感歎：「日人昨承認僞滿洲國，今日即發生自相殘殺……國事至此，軍閥
尙不知亡國之恨，猶爲鬩牆之鬥爭，可爲痛哭也」。〔註 15〕面對如此嚴重的
内憂外患，傅斯年所言的「國難」二字確實不足以盡之，丁文江更直接用「雙
重國難」來形容。〔註 16〕

　　「九・一八」事變後，天津《大公報》社論《智識階級之苦悶》（11 月 5
日）很好地概括了當時知識分子對「國難」的心情。社論說：

> 智識階級之於國事，平日可謂毫不參預，因並無參預機會。縱
> 在形式的憲政之下，智識階級之呼聲，從不能影響政治。況現在制
> 度，人民各界，直接間接，不問政治，坐看國事隳廢，而無如之何。
> 此年來實狀，無容〔庸〕爲諱者也。然而國難之來，則感覺最敏，
> 刺激最烈，苦痛最深者，首推智識階級。誠以其人皆社會優秀分子，

〔註12〕　孟眞：《中國現在要有政府》，《獨立評論》，第 1 卷第 5 號，1932 年 6 月 19
　　　　日，第 6 頁。
〔註13〕　在 1927～1936 年間，南京政府發行了 26 億元以上的內債，宣告債信破產總
　　　　共兩次。千家駒編：《舊中國公債史資料（1894～1949）》，北京：中華書局，
　　　　1984 年 1 月，第 23 頁。
〔註14〕　丁文江：《廢止內戰的運動》，《獨立評論》，第 1 卷第 25 號，1932 年 11 月 6
　　　　日，第 2 頁。
〔註15〕　北京師範大學、上海市檔館編：《蔣作賓日記》（1932 年 9 月 16 日、18 日），
　　　　南京：江蘇古籍出版社，1990 年，第 473 頁。
〔註16〕　丁文江：《民主政治與獨裁政治》，《獨立評論》，第 6 卷第 133 號，1934 年 12
　　　　月 30 日，第 6 頁。

有學問技術之長，報國濟民，素具宏願。且大抵皆通曉外事，知彼
知己；故愛國心之強烈，過於普通人民。此輩平日，不得問政，亦
無意問政。然一朝國有大故，則責任觀念，立感萬鈞之壓迫。其力
又無以糾正政治，而本身之智識學問，又無從適用於救國以生速效。
故結果，煩悶而已，自苦而已。〔註17〕

《大公報》所言「感覺最敏，刺激最烈，苦痛最深者，首推智識階級」一語
道破知識分子憂國憂民的心態，這點尤表現在感受危機最深的北方學人身
上。即使遠在南方從政的學人，也對時局焦慮萬分。1933 年 5 月，剛執掌
教育部不久的王世杰在日記中記載：「入京以後，華北局勢日趨緊張，政府
對日態度與政策亦頗爲當前危象所搖動。予精神受刺激頗劇，以致間患頭目
暈眩」。〔註18〕在南方從政的學人尙且如此，北方的學界和輿論界可想而知。
1934 年，胡政之說：「這兩年精神刺戟，受得太深，向來鎭定的頭腦，冷靜
的感情，有時都覺著〔得〕按捺不住」。〔註19〕從 20 年代錢端升對國事的
關注可知，此時也必與王、胡感同身受。因此，對錢端升的獨裁極權主張，
須從當時時代背景中，才能更充分理解它的意義。現分析 30 年代提倡獨裁
政治的時代語境如下：

20 年代中國對西方民主政治異變的認知。一戰後，西方各國在選舉權擴
張和戰後重建等「推」、「拉」因素夾擊之下，議會政治開始不勝負荷，代議
制改革成爲一種國際趨勢。1923 年，德國學者施米特出版《議會政治之危機》
就是這一趨勢之表現。〔註20〕西方代議政制未能代表民意，早在一戰期間已
有人撰文指出，不過當時認爲「此皆民智民德不進之由，非代議政治之本質
如是也（按：重點爲原文所有）」、〔註21〕「多數論者，則謂代議政治苟運用

〔註17〕 《智識階級之苦悶》，天津《大公報》社論，國聞周報社編：《論評選輯》（近
代中國史料叢刊 3 編第 5 輯），臺北：文海出版社，1985 年 10 月，第 906 頁。

〔註18〕 《王世杰日記》（1933 年 6 月 13 日），第 1 冊，第 6 頁。

〔註19〕 胡政之：《四十五天的五省旅行》，《胡政之文集（下）》，天津人民出版社，2007
年 4 月，第 966 頁。原載《國聞周報》，第 11 卷第 22、23 期，1934 年 6 月 4
日、11 日。

〔註20〕 Carl Schmitt, translated by Ellen Kennedy, *The Crisis Of Parliamentary Democracy*,
Cambridge, Mass., and London, The MIT Press, 2000. 按：德文原版出版於 1923
年。

〔註21〕 王弘實：《代議政治平議（續第一號）》，《學藝》，1918 年第 3 號，第 16 頁。
按：具體月日不詳，《學藝》在創刊初期爲季刊。

得宜，實達民主主義最良之政治」。〔註22〕簡言之，制度本身並沒問題。

　　1920 年 12 月，《東方雜誌》上的《代議政治改善論》一文指出，「議會政治已由理想政治而墜落爲黨派政治、營業政治。……今欲救治其弊，亦惟有使今後之政治，以各人之利益爲基礎而建於其上，即改爲以各職業之組合爲基礎之代議政體而已」。〔註23〕這是改造代議政制的先聲，亦是國內較早提出職業制，以代替過去的選舉標準。

　　1921 年 11 月，王世杰指出，歐戰後許多新興國家對代議制的改造雖各有不同，但有二個共同趨勢：一是「以職業代表制，代替以人口及地域爲選舉標準」；二是「以比例選舉制，代替多數選舉制」。兩者的原動力，「一爲近今社會主義的潮流，一爲近今全民政治的潮流」。〔註24〕除上以外，王世杰還分別在 1926 年和 1930 年發表了兩篇與職業代表制相關之文章，供國人討論採擇。〔註25〕20 年代的其他報刊也有相關之文章介紹職業代表制，如《東方雜誌》、《人文月刊》、《國聞周報》和《國立中央大學半月刊》等。〔註26〕

　　儘管代議政制有各種弊端，在當時七大強國中，仍有四國維持著民治制度。因此，對代議制最大的打擊，主要來自德國民主政治的異變。希特勒上臺後，世界政治形勢爲之一變。錢端升在 1930 年 3 月的《德謨克拉西的危機及將來》中，流露出對民主政治的信仰，主要是德國仍在民主陣營所致。

　　1927 年《東方雜誌》上朱偰所撰的《民治政體的厄運》一文很好地說明了這個問題。他引用了當時兩位意見相左的西方學者的觀點，一位是肯沃西

〔註22〕　王弘實：《代議政治平議》，《學藝》，創刊號，1917 年 4 月，第 2 頁。
〔註23〕　昔塵：《代議政治改善論》，《東方雜誌》，第 17 卷第 24 號，1920 年 12 月 25 日，第 26 頁。
〔註24〕　王世杰：《新近憲法的趨勢——代議制之改造》，《東方雜誌》，第 19 卷第 22 號，1922 年 11 月 25 日，第 1 頁。
〔註25〕　王世杰：《職業代表主義》，《北大社科季刊》，1926 年第 3 期；王世杰：《職業代表主義與經濟立法》，《武大社科季刊》，1930 年 12 月，第 1 卷第 4 期。
〔註26〕　張榮福：《職業代表制之比較研究》，《東方雜誌》，第 21 卷第 7 號，1924 年 4 月 10 日；〔美〕Paul Douglas 著、劉昌緒譯：《職業代表制與比例代表制之比較論》，《東方雜誌》，第 21 卷第 24 號，1924 年 12 月 15 日；堅冰：《職業代表制之漸興》，《人文月刊》，第 1 卷第 6 期，1930 年 8 月 15 日；林瓊光：《職業代表制之研究》，《國立中央大學半月刊》，第 1 卷第 13 期，1930 年 5 月 1 日；《職業代表制與中國》，《國聞周報》，第 7 卷第 33 期，1930 年 8 月 25 日。原載天津《大公報》（社論），1930 年 8 月 17 日。

（J. M. Kenworthy）；一位是皮特里（Charles Petrie）。朱氏稱之爲 K 氏和 P 氏。K 氏認爲：「民治政體須依『和平』與『安全』而存在；而緊急與紊亂卻引起獨裁政治」。P 氏則批駁 K 氏說，民治政體的衰落，並非大戰直接的影響，主要是由於經濟問題之不得解決。〔註27〕

　　儘管兩學者意見相左，但對德國民主政治的看法，頗爲一致。K 氏指出，一戰積極方面之所得，只有德意志民治政體的興起。從民治之觀點看來，「德國是今日歐洲燈光最明的一盞」。P 氏也認爲除「德國而外，其餘各國的政治情形，並不與擁護民治政體的人以若何立論的基礎」。〔註28〕因此，德國轉向獨裁後，錢端升和部分學人亦在 30 年代開始政治轉向。

　　德國位處歐洲心臟，作爲帝國主義後來者之一，它在一戰後轉向民主政治，對歐洲和平和國際政治影響至巨。從理論上講，它可抵禦來自蘇俄共產主義的滲透，減輕作爲鄰國法國的壓力。然由於各種歷史原因，一戰後法國對德國採取了報復措施。在法國壓迫和 1929 年經濟危機等因素之下，德國的民主政治終在 1933 年給壓垮了。德國轉向獨裁，不僅影響世界民主政治走向，亦影響到歐洲的勢力平衡。以正在寫作《德國的政府》和《法國的政府》的錢端升對歐洲政治的瞭解，相較其他一般學者，自當有過之而無不及。隨著民主政治「最明的一盞」燈——德國轉向好戰的民族主義，國際政治形勢丕變，產生了一連串連鎖反應。借用英國外交大臣愛德華・格雷在一戰前所言：「全歐洲的燈都被撲滅了」。〔註29〕

　　西方學者對代議政制危機之研究。1926 年，世界公法學會在法國巴黎成立並通過會章，這是西方法學界和政治學界的一大盛事。它的重要性不下於剛成立不久的國際法學會。〔註 30〕國際公法學界如此重大盛事，錢端升當然密切注意之。他和周鯁生分別專門撰文作了介紹。〔註31〕

〔註27〕　朱偰：《民治政體的厄運》，《東方雜誌》，第 24 卷第 19 號，1927 年 10 月 10日，第 11、12 頁。

〔註28〕　朱偰：《民治政體的厄運》，《東方雜誌》，第 24 卷第 19 號，1927 年 10 月 10日，第 11、13 頁。

〔註29〕　朱偰：《民治政體的厄運》，《東方雜誌》，第 24 卷第 19 號，1927 年 10 月 10日，第 11 頁。

〔註30〕　周鯁生：《國際法學會》，《武大社科季刊》，第 4 卷第 2 號，1933 年 12 月，第 309～316 頁。

〔註31〕　周鯁生：《世界公法學會概況》，《武大社科季刊》，第 3 卷第 2 期，1932 年 12

　　世界公法學會由法國著名公法學家葉慈（Jèze）等一批法國公法學者所創立。當時西方各國著名公法學家均出席了是次成立大會。〔註 32〕會員分爲正會員（Membres Titulaires）如 J. Barthèlemy 和參加會員（Membres Associès），如 Garner。其中以 Duguit（Bordeanx〔Bordeaux〕），Fleiner（Zürich），Jèze（巴黎），Kelson（維也納），Lowell（哈佛）及 Politis（希臘學者，當時駐法公使兼巴黎大學榮譽教授）六人爲理事，葉慈爲會長。〔註 33〕可以說，世界公法學會所搜羅的創會成員，均是當時歐美學界首屈一指的學術重鎮。

　　成立後的公法學會共開過三次大會，每年暑假前後在巴黎舉行。1927 年世界公法大會選定六種討論題目，並將會員分成六組：

　　　　（一）分權的理論及實施──Redlich

　　　　（二）代議政治的危機──Barthèlemy 及 Lowell

　　　　（三）憲法上關於訂結條約的規定──Politis 及 Schücking

　　　　（四）憲法原則的法理根據──Kelson

　　　　（五）法律及客觀法──Duguit

　　　　（六）自由的法理意義──Jèze

其中第二項代議政治的危機，由巴泰勒米（Barthèlemy）及洛厄爾（Lowell）負責。巴泰勒米爲法蘭西學院會員，巴黎大學法科學長，歐洲著名憲法學專家之一。〔註 34〕著有《法國政府》（Le Government de la France）等書，〔註 35〕錢端升所著《法國的政府》一書主要參考書之一，在其所列參考書目中，有巴泰勒米的著作 6 本。〔註 36〕錢端升的博士論文亦有引用巴泰勒米著作。

　　　　月，第 445 頁。

〔註 32〕　發起人包括：法國學者 Barthèlemy, Duguit, Jèze，美國學者 Goodnow, Lowell, W. F. Willoughby, James Brown Scott，奧地利學者 Kelson, Redlich，德國學者 Schücking，Stier Somb，瑞士學者 Fleiner，英國學者 Edward Jenks，智利學者 Alvarez，希臘學者 Politis，西班牙學者 Posada 等。其目的在「聯合各國公法學者，分組研究公法及政治學上的各種問題，舉行不時之集會，以互相交換意見，藉使近代國家所應尊重之人民自由更得一重的保障」，同時它也帶些榮譽性質，故會員的資格極嚴，人數有限。

〔註 33〕　錢端升：《世界公法學會》，《武大社科季刊》，第 1 卷第 3 期，1930 年 9 月，第 665～666 頁。

〔註 34〕　錢端升：《世界公法學會》，《武大社科季刊》，第 1 卷第 3 期，1930 年 9 月，第 666 頁。

〔註 35〕　孫宏雲：《中國現代政治學的展開》，北京：三聯書店，2005 年 5 月，第 198 頁。

〔註 36〕　錢端升：《法國的政府》，上海：商務印書館，1934 年 5 月，參考書目，第 1、

〔註37〕洛厄爾則是錢端升十分崇敬的哈佛校長。從世界公法學會諸議題中，可見西方學者早在 1929 年美國大股災前，已對代議制的弊端作了一次嚴肅而又廣泛的研究和調查。

1929 年 12 月 10 日，《東方雜誌》譯載了巴泰勒米的《歐洲民主政治的危機》一文。1930 年 3 月，錢端升在《德謨克拉西的危機及將來》中，亦有引用此原文。同巴泰勒米一樣，此時錢端升對民主政治仍存信仰。當 1934 年 1 月 1 日，錢端升發表《民主政治乎？極權國家乎？》一文同時，洛厄爾也在 1934 年 1 月的美國《外交事務》上發表《當代民主政治之危機》。〔註38〕洛厄爾此文與巴泰勒米上文不僅是上述世界公法學會專題研究之成果，同時亦代表當時世界一流學者對歐洲政治趨勢之看法。不過，此時錢端升所持立場已明顯與洛厄爾相左，表示暫時放棄對民主政治的信仰。

不難理解，洛厄爾對民主政治仍持信仰態度，主要原因是民主制度在美國已逾百年，根深蒂固，已成民族習慣。相較美國，德國自 1919 年開始施行《魏瑪憲法》，1933 年轉向獨裁，兩者相差不言而喻。中國情形亦類似，辛亥革命後才實行代議政制，至 30 年代仍在發展中，處於一個既非民主又非獨裁的尷尬位置。按照孫中山的憲政設想，中國理應走向民主大道，然西方民主政治的異變，正如孫中山突然去世一樣，這是當時國民黨人始料不及。加上國難因素，繼續走民主還是轉向獨裁，成為 30 年代學人爭論的焦點之一。

在《歐洲民主政治的危機》一文，巴泰勒米回顧了近代民主政治的興起。他指出，一戰前，歐洲只有法國和瑞士兩個共和國。一戰後，很快從君主的歐洲變成了共和的歐洲。他說：「大戰的風暴襲來，王冠整批地吹落在地上了。德國皇帝變了荷蘭的寓公，哈布斯堡朝的王族在比利時大學裏念書，德意志的各聯邦拍賣大批王公貴爵。羅曼諾甫的皇室已滅了族」。他甚至不無誇張地說：「現在要找尋古代專制政治的遺蹟，那除非到非洲東部的愛帝阿比（Ethiopie）去，到太平洋岸的暹羅去，到亞細亞中心的阿富汗去」。〔註 39〕可見一戰後民主政治狂潮的澎湃，不過，這股洶湧的潮水來得快，退得更快。

2、5、8、10 頁。

〔註37〕 T. S. Chien, *Parliamentary Committees: A Study in Comparative Government*, p.535.

〔註38〕 Lowell A. Lawrence, The Present Crisis in Democracy, Foreign Affairs, Vol. 12, No. 2, Jan. , 1934, pp.183-192.

〔註39〕 巴戴拉米：《歐洲民主政治的危機》，《東方雜誌》，第 26 卷第 23 號，1929 年 12 月 10 日，第 42 頁。

　　在分析完各種獨裁政體後，巴泰勒米認爲：「目前世界共和國的數目多於一九一四年，可是在一九一四年時，民主思想卻比今日更確定些。……現在卻不能如此肯定了。對於民主政治的信仰，是已死亡了」。但他明確表示：「我是一個始終不變的自由主義者，一個非常堅貞的民主主義者，一個絕不動搖的議會主義者」。〔註40〕因此，儘管他在文中沒有給出確切的答案，但他對民主政治的信仰不無影響到他對客觀事實的承認。

　　與巴泰勒米同期刊登的還有賴派特（William E. Rappard）《歐洲九個狄克推多的前途》一文。在比較了歐洲 26 個國家後，賴派特認爲其中 9 個實行獨裁政治國家，〔註41〕儘管農業人口與獨裁制不能用簡單的絕對關係看待，然兩者確有關聯。他指出，民主政治是近代工業化和城市化的產物。他以「政治的自由是都市的」，來解釋這些國家轉向獨裁。他認爲政治穩定來自農村，不穩定來自城市。〔註42〕這些國家之所以轉向專制或獨裁，是因爲它們的工業化或城市化程度還未能釋放出足夠的中產階層去支撐議會民主。一戰後所謂的民治國家，只是披著一層選舉外衣的僞民主，經濟危機揭去了這層僞裝。在賴派特看來，專制獨裁至少可以提供一種政治穩定。他認爲在落後國家，獨裁比民主制度優勝。〔註43〕

　　賴派特還指出，民主政治的危機來自內部挑戰多於外部。工業革命後，加上普選權的普及，社會所釋放的能量遠超政府所能應付的力量。〔註44〕因此，政府內部經濟麻煩相對大於外來國際壓力。賴派特上述觀點頗有說服力，一戰後法西斯主義在意大利的興起就是如此。後來德意日三國發動戰爭，應

〔註40〕　巴戴拉米：《歐洲民主政治的危機》，《東方雜誌》，第 26 卷第 23 號，1929 年 12 月 10 日，第 45 頁。

〔註41〕　按地理自西至東排列：葡萄牙、西班牙、意大利、南斯拉夫、亞爾巴尼亞、匈牙利、波蘭、立陶宛和蘇俄。

〔註42〕　賴派特：《歐洲九個狄克推多的前途》，《東方雜誌》，第 26 卷第 23 號，1929 年 12 月 10 日，第 47～48 頁。美國學者亨廷頓在 80 年代也持相近看法。他說：「城市的作用是一個常數：它永遠是支持反對派力量的根源。農村的作用是個變數：它不是穩定的根源，就是革命的根源」。因此，「在現代化政治中，農村扮演者關鍵性的『鐘擺』角色」。〔美〕塞繆爾·P·亨廷頓著、王冠華等譯、沈宗美校：《變化社會中的政治秩序》，北京：三聯書店，1996 年 4 月，第 266、267 頁。

〔註43〕　賴派特：《歐洲九個狄克推多的前途》，《東方雜誌》，第 26 卷第 23 號，1929 年 12 月 10 日，第 48～49 頁。

〔註44〕　賴派特：《歐洲九個狄克推多的前途》，《東方雜誌》，第 26 卷第 23 號，1929 年 12 月 10 日，第 50 頁。

當說，與其國內有不可克服的經濟困難也有很大關聯。

30 年代初期中日學界對西方獨裁政治興起的看法。與巴泰勒米對民主政治仍存信仰相近的是，日本自由主義學者在 30 年代初期大多也持類似看法，認爲獨裁爲一過渡時期之舉措。如日本著名法學家美濃部達吉認爲：

> 議會政治縱令有其弱點，然亦有長處，吾人極力擁護之。獨裁政治若作爲一時權宜之道而處國家非常之變，有時亦屬絕對必要。其實際效果亦較議會政治爲多，然要爲一時過渡之手段，不宜作爲常制也。〔註45〕

高橋清吾也認爲：

> 現今行政部獨裁政治，大體上，是由於議會在戰後經營上無能力而成立的。所以，牠是爲應付非常事變而有的活動的制度，是因解決困難而有的暫時的制度。若到了諸困難得到某種程度的解決，而社會內復見和平的時候，那一度被驅逐的議會政治，又可以擡頭。〔註46〕

美濃部達吉和高橋清吾的觀點，不僅在日本學界，在 30 年代的中國學界，也有相當的代表性。1926 年《東方雜誌》上《獨裁政治之勃興》一文指出，獨裁爲一時權宜之現象，等到國內困難解決了，則國家將回復正常狀態，繼續獨裁只能引起革命。〔註47〕1930 年 1 月和 10 月，《國立中央大學半月刊》兩篇文章亦持類似觀點，認爲獨裁是權宜措施。前一文較悲觀，認爲至少在廿世紀上半葉不會出現復活跡象。〔註48〕後一文則相對樂觀，認爲民主政治的弊端：

> 是行民主政治者的錯誤。……我深信民主政治還在活著，雖然它正在床第上呻吟。神經過敏的醫者，以爲它將不起。這是庸醫的見解！老實說，它現在需要藥石，不是需要棺柩。〔註49〕

〔註45〕 〔日〕美濃部達吉、仲秀譯：《議會制度之危機與獨裁》，《東方雜誌》，第 28 卷第 8 號，1931 年 4 月 25 日，第 54 頁。

〔註46〕 〔日〕高橋清吾著、矛心譯：《兩種獨裁主義》，《清華週刊》，第 36 卷第 9、10 號，1932 年 1 月 2 日，第 653 頁。

〔註47〕 仲雲：《獨裁政治之勃興》，《東方雜誌》，第 23 卷第 18 期，1926 年 9 月 25 日，第 49 頁。

〔註48〕 羅大徵：《廿世紀之民主主義與獨裁政治》，《國立中央大學半月刊》，第 1 卷第 6 期，1930 年 1 月 1 日，第 731、733 頁。

〔註49〕 曹文彥：《現代民主政治與未來的民主政治（續）》，《國立中央大學半月刊》，第 2 卷第 2 期，1930 年 10 月 16 日，第 22 頁。

有學者研究了20年代的《東方雜誌》和《國聞周報》上127篇與法西斯相關的文章後認為：「這些撰稿人……毫不動搖地一致公認法西斯主義不能救中國。在法西斯主義開始被視為『救國救民』的靈丹妙藥的時代，不能不承認這需要極大的智慧和勇氣」。該學者還指出，「在總共刊載的28篇有關譯文中至少有25篇的基調是反法西斯主義的」。〔註50〕上述看法，有商榷餘地。

就反對法西斯主義而言，至少部分撰稿人在初期並非「毫不動搖地一致」的，其中不乏同情之介紹，尤其是法西斯主義在意大利誕生初期。如1924年《國聞周報》上有人稱墨索里尼為「近世之怪傑」；〔註51〕1926年《東方雜誌》上有人認為法西斯是「適時應勢」。〔註52〕亦因此，當時有人指責：

> 國內出版界，就只《東方雜誌》時常把法西士主義介紹與國人。
>
> 但是《東方》記者，向來是很贊成法西士主義的，他稱頌黨徒穆沙尼里為英雄，為偉人，崇拜得非常，就同崇拜洛陽的吳巡帥一樣。《東方》記者，幾乎是默祝中國亦早有法西士黨出現就好。〔註53〕

指控雖言過其實，但上述兩刊物持相對同情之態度，則為無可否認之事實。之所以出現此種現象，部分原因是法西斯主義初興之時，漏弊還不彰顯。隨著時間過去，國內興論約在1926年前後，持反對之立場漸多。〔註54〕1926年《晨報副刊》上有人指出，「義國自法西底黨執政以來，內政日益專斷，外交尤為強硬。擴充武備，不遺餘力。殖民地政策，尤為急極……月前歐洲盛傳地中海大戰將發生，西報甚有譏墨索里尼為威廉第三者」。〔註55〕

到30年代初期，墨索里尼形象從「怪傑」一轉而變為專橫無道的「無賴」。1931年5月，有學者介紹墨索里尼時第一句就說：「墨氏以意國一無賴而躍為總理萬機之首，其專橫無道，兇暴粗野猶不稍減微時本色；故意民

〔註50〕　徐有威：《從20年代〈東方雜誌〉和〈國聞周報〉看中國知識界對法西斯主義的評析》，《黨史研究與教學》，1997年第4期，第33頁。

〔註51〕　誠夫：《意大利怪傑之面影》，《國聞周報》，第1卷第4期，1924年8月24日，第12頁。

〔註52〕　仲雲：《獨裁政治之勃興》，《東方雜誌》，第23卷第18期，1926年9月25日，第44頁。

〔註53〕　劉敦：《「法西士主義」是什麼》，《中國青年》，第17期，1924年2月9日，第9頁。

〔註54〕　就反對的原因而言，國內不同的政治派別反對原因亦各異。如《晨報》持自由主義立場，反專制和獨裁；社會主義者或共產主義者則受歐洲社會主義運動和共產國際等影響。

〔註55〕　用先：《意大利的帝國主義》，《晨報副刊》，1926年8月27日，第13頁。

莫不怨憤之」。〔註56〕與此同時，意大利經濟危機也未見解除。〔註57〕這是
錢端升在 1931 年 4 月反對「極端政治」的國內外學界輿論趨向背景。至於
前述 25 篇譯文，作者大多爲逃離意大利的學者，爲法西斯主義暴露其缺點
後應世之作。

　　從墨索里尼形象在中國的變化分析可知，獨裁或專制政治在 30 年代初
期，並非那麼受人歡迎的，尤其經歷了 1929 年人權論戰之後，再加上蔣介石
在 1929～1931 年的攬權和擅權。以上爲錢端升在 30 年代提出獨裁政治主張
之時代語境分析，下進入文本分析。

二、《德謨克拉西的危機及將來》與《民主政治乎？極權國家乎？》的文本分析

　　在《德謨克拉西的危機及將來》（1930.3）中，錢端升的立場大致與上述
各學者對獨裁政治的看法大同小異。在文中，錢端升在民主政治飽受各種批
評之餘，仍表達了對民主政治的信念，其堅定程度甚至比巴泰勒米有過之而
無不及。他的這種對民主政治的信仰，在某種程度上，像巴泰勒米一樣，影
響了他對民主政治的判斷。錢端升在此文中，在很大程度上有他自己所批評
的「傾向書」嫌疑，亦即結論在先，後找相關證據駁斥。

　　《德謨克拉西的危機及將來》一文頗長，近萬言字。大致可分四部分，
第一部分爲民主政治在過去十年所引起的爭議和衰落原因；第二部分爲定義
德謨克拉西；第三部分爲分辨意大利、蘇俄獨裁之間的區別；第四部分爲解
釋民主政治「衰落」的原因；第五部分結論表示對民主政治仍存信仰。從前
述在 1931 年 4 月，錢端升仍極力反對「極端政治」，不難想見他在此文中爲
民主政治辯護的立場。

　　在這篇近萬言文中，錢端升幾乎將所有對民主政治的批評意見作了一次
大清算。他將懷疑、批評和詆斥平民政治的言論分爲五類：

　　　　一、「根本由於輕視平民」；

　　　　二、「以不文不雅詆毀平民政治的，他們都是感情用事的人」；

〔註56〕　《意大利首相墨沙里尼略歷》，《復旦大學政治學報》，創刊號，1931 年 5 月
　　　　　20 日，第 5 頁。

〔註57〕　H. R. Mussoy 著、良甫譯：《法西斯蒂主義的破產》，《東方雜誌》，第 28 卷第
　　　　　2 號，1931 年 1 月 25 日。30 年民主與獨裁討論的後期，亦有學者指出，希
　　　　　特勒雖行獨裁，但並未解決德國經濟問題。

　　三、「從心理及生物上來證明人類的不平等和平民的低下」；

　　四、「平民政治組織或搆〔構〕造上的缺陷」；

　　五、「平民政治運用的不良」。〔註58〕

錢端升認爲前三者「流於浮泛，缺乏〔乏〕客觀性」，後二者「比較地要實際些」，學理成分較多，因此本文僅陳述後二者。關於第四點，針對政黨政治發展成「頭目政治（Oligarchy）」和「黨派政治（partisan parties）」，當時有人建議，代之以特設政治團體，需要時集合，事畢解散的建議。〔註59〕對此，錢端升表示同情。但同時指出，取消政黨政治的後果可能更糟糕，儘管「政黨盡爲頭目所把持（這也未必盡然──原注），至少人民還可以從多個頭目政治中挑選一個來主持國家的大政。但在非平民政治國家……人民連挑選的自由也沒有了」，因此「多黨的平民政治總還勝於它種政體」。〔註60〕

　　至於第五點，有批評說「平民政治的結果使庸者躋於能者的地位，有群眾的妄同而無賢者的自由」，「各機關間相互控制之故，平民政治幾等於無力政治」。錢端升承認：

> 這也許是確的。不過我們也可答辯。第一……平民政治目標之一即在提高人民的程度，所以當選者即不能高出於選者多少也不足爲患。且代表的知〔智〕識高卓固然極好，而尤貴能見信於選者，能爲選者所了解。苟僅智識卓絕而不爲人民所信好，則政策將難以推行，而政局立見解體。所以民主國家主政者人物之平庸爲未必就是不好。〔註61〕

錢端升認爲：「在平民政治的構造及運用上固然有許多弊病，許多缺點，但評判一個制度應採比較的標準，應和相替的制度比較，不應單從理想；更應就大體立論，不應就局部吹毛求疵」。〔註62〕他在批駁各種對民主政治的批評後

〔註58〕錢端升：《德謨克拉西的危機及將來》，《武大社科季刊》，創刊號，1930 年 3 月，第 42、44～47 頁。

〔註59〕類似當代西方議會政治中的壓力團體（pressure group），亦即專門針對一個社會議題而產生的一種社會或政治運動組織，事畢後解散，與政黨長期存在不同。

〔註60〕錢端升：《德謨克拉西的危機及將來》，《武大社科季刊》，創刊號，1930 年 3 月，第 46、47 頁。

〔註61〕錢端升：《德謨克拉西的危機及將來》，《武大社科季刊》，創刊號，1930 年 3 月，第 47、48、49 頁。

〔註62〕錢端升：《德謨克拉西的危機及將來》，《武大社科季刊》，創刊號，1930 年 3 月，第 49 頁。

說：

> 平民政治遇到不能應付嚴重時局時，固有發生獨裁的可能，但平民政治並不因獨裁而會一蹶不振。……〔一戰時，〕英法等民主國家固不見得應付裕如，然俄土德奧等非民主國更呈應付不靈之態。所以我們祇能說平民政治尚不能防止獨裁的發生，但我們不能說它是釀成獨裁的原因。且就事實而論，獨裁的盛行也沒有中止平民政治的進展。〔註63〕

總之，錢端升認爲：「我們再一細考紛亂微弱之所由起，則我們絕不能歸罪於平民政治。」〔註64〕這是因爲，德國仍在民主陣營所致。在結論中，不難發現錢端升對民主政治處處維護之心，與1934年提倡獨裁極權，宛若兩人。他以樂觀的語氣說：

> 近年來批評平民政治的文字固然多至不可卒讀，但一大部分尚脫不了德人所謂「傾向書（Tendenz-werke）」。一大部分的作者先有一個厭棄平民政治的目的，然後再找些破碎的事實來充實他們的立論。梅恩〔、〕法給〔本文按：即法驥〕等本是學者，但狃於成見，對於平民政治的觀察己〔已〕失公允，次焉者更不必說。還有些人，則因爲發現一二壞處而攻擊到平民政治的本身。他們也是不合邏輯。我們如用比較的眼光以論平民政治的得失，我們殊無失望的理由。英，美，法，德爲今日實行民治的四個大國（按：重點爲本文所加）。〔註65〕

錢端升對民主政治危機的敏感性，一方面來自西方學界對民主政治的研究，一方面來自國際政治形勢的變更，同時也有他自己對國內政治形勢的思考以及自己思想發展的內在邏輯在內。其思想變化傾向獨裁極權政治是隨著國內外危機的加深而逐漸改變的。

　　1934年1月1日，錢端升出任天津《益世報》主筆，同日的《東方雜誌》也刊登了他的《民主政治乎？極權國家乎？》，在文中，錢端升明確提出獨裁

〔註63〕 錢端升：《德謨克拉西的危機及將來》，《武大社科季刊》，創刊號，1930年3月，第40頁。

〔註64〕 錢端升：《德謨克拉西的危機及將來》，《武大社科季刊》，創刊號，1930年3月，第39頁。

〔註65〕 錢端升：《德謨克拉西的危機及將來》，《武大社科季刊》，創刊號，1930年3月，第49頁。

極權主張。該文共分四部分：一、民主政治之衰頹原因；二、現代獨裁政治及極權國家之誕生；三、何者爲適宜於現代的制度；四、中國將來的政制。

在開場白中，錢端升引用上述《德謨克拉西的危機及將來》的結束語——「我們和白賁斯（按：即布賴斯）同樣的對於平民政治希望無窮，我們更斷定凡背了平民而獨裁的政治終將歸於無成」——明確地表達了他的平民政治立場後說：

> 我現在對於以平民爲主體的政治固仍有無窮的希望，而對於漠視平民利益的獨裁制度固仍絲毫不減其厭惡，然對於有組織，有理想，能爲民眾謀眞實福利的政治制度，縱是獨裁制度，我也不能不刮目相看（按：重點爲本文所加）。〔註66〕

對於這段夫子自白，實值得再三閱讀。這段文字表明，他對獨裁政治立場是權宜的，與梁啓超的開明專制論異曲同工。同前文一樣，錢端升也是從民主政治趨勢和國際形勢出發，然後聚焦到中國問題上去。他說：「我於這篇文章中將先論民主政治的衰頹，次及現代各種比較成功的獨裁的內容。從兩者的比較中〔，〕我將探索在最近將來或可流行的制度，從而更推論及中國應採的制度」。〔註67〕在回顧民主政治衰頹過程中，錢端升指出，

> 歐戰的結局實爲民主政治最後一次的凱旋。……新興的國家雖幾乎一致地採用民主憲法，但民主政治的基礎則已早因蘇俄革命的震蕩，及各國戰時政府權力無限的膨脹而受暗傷，一九二二年莫索里尼的法西斯蒂主義在意大利獲到〔得〕勝利後，則民主政治受到更嚴重的打擊。〔註68〕

與前文相較，讀了不免讓人有後見之明的感覺。不過，按照錢端升的邏輯，自然並非如此。他在文中三次強調制度的時代性和適宜性。他說：

> 政治制度之爲物本不能憑好惡爲取捨，而應憑其實際上的表現爲從違。〔註69〕

〔註66〕　錢端升：《民主政治乎？極權國家乎？》，《東方雜誌》，第 31 卷第 1 號，1934
　　　　　年 1 月 1 日，第 17 頁。
〔註67〕　錢端升：《民主政治乎？極權國家乎？》，《東方雜誌》，第 31 卷第 1 號，1934
　　　　　年 1 月 1 日，第 17 頁。
〔註68〕　錢端升：《民主政治乎？極權國家乎？》，《東方雜誌》，第 31 卷第 1 號，1934
　　　　　年 1 月 1 日，第 18 頁。
〔註69〕　錢端升：《民主政治乎？極權國家乎？》，《東方雜誌》，第 31 卷第 1 號，1934

一切制度本是有時代性的。〔註70〕

政治制度是一最現實的東西，不能永久地爲我們的感情所牽制。我們的感情，因爲過去的習慣及環境的關係，對於新制，尤其是索縛自由的新制，總不免有一種熱烈的反感。我們反對極端國家的最大理由，仍是個人之無自由。然我們於推重個人自由時我們常不免過分重視個人對於事物之標準或價值。實則個人的估價離了社會的估價是無意義的。〔註71〕

最後一種說法是他引用英人珀西勳爵（Lord Eustace Percy）之說法。珀西原爲擁護民主政治甚力之一人，後他也主張「議會政府是須採用意大利的會社觀念，且出以犧牲自己的精神」，〔註72〕可見西方民主政治異變對錢端升的影響。

除一戰影響外，錢端升也從民主政治內部找原因。他指出，「民主政治衰頹的最大原因，自然是無產階級意識的發達，及國家經濟職務的增加」。不過，他認爲，前者無足輕重。「無產階級的不合作，不能即算是民主政治本身的弱點；猶之我們不能因拿破侖三世之稱帝而遽爲第二共和國病」；後者「無法完成現代國家的經濟職務」，才是「民主政治難以補救，或竟不能補救的弱點」。〔註73〕因此，錢端升認爲，現代國家職能的轉換，是導致獨裁制度興起的主因之一。他說：

現代的國家已不復是一個警察國家（本文按：即守夜人角色），所以國家的經濟職務繁而且重。而且現在又是經濟的民族主義澎湃時代，國與國間的經濟戰至爲劇烈，故國家常有採取捷的處置的必要。……議會不能爲敏捷有力的決議；議會即有決議，行政人員亦未必能實行，因此種種，民主國家的生產和消費乃不能維持其應有的均衡。〔註74〕

年1月1日，第18頁。

〔註70〕 錢端升：《民主政治乎？極權國家乎？》，《東方雜誌》，第31卷第1號，1934年1月1日，第25頁。

〔註71〕 錢端升：《民主政治乎？極權國家乎？》，《東方雜誌》，第31卷第1號，1934年1月1日，第23～24頁。

〔註72〕 錢端升：《民主政治乎？極權國家乎？》，《東方雜誌》，第31卷第1號，1934年1月1日，第25頁，注腳15。

〔註73〕 錢端升：《民主政治乎？極權國家乎？》，《東方雜誌》，第31卷第1號，1934年1月1日，第18～19頁。

〔註74〕 錢端升：《民主政治乎？極權國家乎？》，《東方雜誌》，第31卷第1號，1934

　　從劍橋學派所強調的修辭去觀察，錢端升對民主政治的負面分析和用詞，其意向是十分清晰的，民主政治頹敗已無可避免。無可否認，錢端升對國際政治的觀察是敏銳的，尤其 1933 年倫敦經濟會議的失敗，對國際政治產生了深遠的影響。〔註 75〕國際經濟衝突再加上德國希特勒登臺，二次大戰迫在眉睫。〔註 76〕令錢端升出現政治轉向，除上述民主政治暗傷嚴重外，還有蘇、意制度上所顯示的優越性和德國民主政治的異變。他說：

> 　　共產獨裁及法西斯蒂主義初時僅是一種革命的現象，既無成績可言，也無持久的把握，故擁護民主政治者尚可不太悲觀。到了一九三〇年左右則形勢又大變。兩者不特均有持久的趨勢，且在施政上亦有顯著的成績。而此成績者不特優於俄意囊日之所有，即以此比所謂民主先進國家的造詣亦無遜色。這樣一來，不特民主政治自身的缺點暴露無遺，且代替民主政治的制度之堪採用也得了事實上的證明。這實是民主政治空前的大打擊。〔註77〕

錢端升還自問自答說：

> 　　然擁護民主政治者尚有說焉。他們可詆俄意民智未開，工業不發達，故獨裁易乘，而民治難行，至於先進國家則固仍以民治爲最良政體。但一九三三年希特勒主義之披靡於人民政治能力素號發達的德國則更爲民主政治之致命傷（按：重點爲本文所加）。〔註78〕

德國的例子顯示出，20 年代中國部分學人認爲民主制度本身沒有問題的說法出現漏洞。〔註 79〕限於篇幅，錢端升對蘇、意、德和土耳其四國獨裁的分析從略。但可指出的是，他對四國的評價，正面居多，罕有負面批評。即使有之，也是不成比例的。錢端升表示，從四國的例子可以看出，政治安定是四

　　　　　年 1 月 1 日，第 18～19 頁。

〔註 75〕　鄭允恭：《世界經濟會議以後之國際政局》，《東方雜誌》，第 30 卷第 19 號，1933 年 10 月 1 日，第 6 頁。

〔註 76〕　錢端升：《二次大戰在醞釀中》，天津《益世報》社論，1934 年 2 月 26 日。

〔註 77〕　錢端升：《民主政治乎？極權國家乎？》，《東方雜誌》，第 31 卷第 1 號，1934 年 1 月 1 日，第 18 頁。

〔註 78〕　錢端升：《民主政治乎？極權國家乎？》，《東方雜誌》，第 31 卷第 1 號，1934 年 1 月 1 日，第 18 頁。

〔註 79〕　「即就民主政治在實施時所發生的缺陷而言，我們也絕對不承認這是民主政治本身的缺陷，而是行民主政治者的錯誤。」曹文彥：《現代民主政治與未來的民主政治（續）》，《國立中央大學半月刊》，第 2 卷第 2 期，1930 年 10 月 16 日，第 22 頁。

國經濟和社會發展的關鍵：

> 俄意土德等國的國家權力是無限的，所以它們在經濟及文化上的設施也和民主國家有南轅北轍的懸殊。它們變法極易，而對於人民的強制力亦較大。……對內可以消除各職業及各階級間無謂的紛擾及自相抵制，如罷工，停業，及競賣等等，而對外則可以舉全國的力量以應付國際間的經濟鬥爭（按：重點為本文所加）。〔註80〕

儘管四國發展各異及不能說完全成功，但錢端升認為，「比民主國家，則確有指揮若定的好處」。〔註81〕正是「政治安定」，是 30 年代中國最匱乏的政治稀缺品。這也錢端升自 20 年代以來一以貫之的主張，希望通過翼贊一個現代化的政黨，建立一個強有力的法治政府，進行各種現代化建設。

從上可見，錢端升的分析也帶有他自言的「傾向書」現象。德國政治的轉向，不僅打破了民主與獨裁國家之間的微妙勢力平衡，也打破上述 20 年代認為民主政治衰落是「民德民智」不濟而非制度不濟的解釋。在 30 年代，錢端升承認民主政治制度本身也存有問題，它不能有效解決經濟困境等是它的致命傷。不過，比上述這兩個因素更重要的是，在錢端升眼中，德國是一個學術發達和政治成熟的民族，這是他轉向獨裁政治深層次的主因之一。

在中國應行何種制度中，錢端升再次強調國際因素的重要性。他指出，一戰後，雖有國聯等和平機構設立，但民族主義情緒從未見緩和，「且在最近的將來，它祇會更盛而不會衰減」。他認為：「現代民族主義的表現有二，一為國家經濟力量的增進，一為軍備的注意。……在這種尖銳化的競爭的過程之中……統制經濟遲早將為必由之路……任何犧牲亦將為各民族所忍受」。〔註82〕為了民族的生存，中國也必須忍受這種痛苦，未雨綢繆，統制經濟。

三、提倡新式的獨裁

那到底中國該走那條路呢？作為一個自由主義者，錢端升雖對德、蘇、

〔註80〕 錢端升：《民主政治乎？極權國家乎？》，《東方雜誌》，第 31 卷第 1 號，1934 年 1 月 1 日，第 19 頁。

〔註81〕 錢端升：《民主政治乎？極權國家乎？》，《東方雜誌》，第 31 卷第 1 號，1934 年 1 月 1 日，第 19 頁。

〔註82〕 錢端升：《民主政治乎？極權國家乎？》，《東方雜誌》，第 31 卷第 1 號，1934 年 1 月 1 日，第 21～22 頁。

意、土四國的獨裁「刮目相看」，認爲比民主政治更適宜經濟統制。但「這並不是說，除了這兩種制度外，它種代替物別無存在的可能」。他指出，

> 我的意思剛是相反。我以爲英美一旦變更現在的生產方法，而採用統制經濟時，其所採的政治制度大概不會是意大利式的法西斯蒂主義，更不會是俄國式的共產獨裁。〔註83〕

由此，錢端升得出了一個頗有遠見的看法。這個看法，與後來丁文江提倡新式的獨裁：智識階級聯合武力的獨裁政治，並無二致。他說：

> 穿了制服，拿了短棍，在街上示威，多數英美人不會做；開宗明義就將私產取消，多數英美人恐不肯做。英美所賴以實現統制經濟的制度或將爲一種智識階級及資產階級（即舊日的統治階級——原注）的聯合獨裁，但獨裁的目的則在發展民族的經濟，且不自私地增進平民的生活，而不在爲資產階級自己謀特殊的享受。我所以有此推測者〔，〕因爲英美的統治階級是最能見機而作的。但這種推測當然很有錯誤之可能。〔註84〕

作爲一個學者，錢端升清楚自己推論的局限性。他除不敢將英美將來採用何種制度說得太死板外，也不敢絕對地說俄意德制度最後將如何演變，不過他表示有三點可以肯定：

> 第一，民主政治是非放棄不可的。這點我認爲已有充分的説明。第二，緊接民主政治而起的大概會是一種獨裁制度。第三〔，〕在民族情緒沒有減低以前，國家的權力一定是無所不包的——即極權國家（按：重點爲本文所加）。〔註85〕

錢端升指出，「獨裁是少不了的一種過渡制度」。何以呢？「因爲獨裁是一種最有力的制度。苟不用獨裁則民治時代一盤散沙式的生產制度將無法可以糾正過來」。他以英國基爾特社會主義者爲例，認爲「即能實現，亦不能收統制民族的生產能力之效」。只有獨裁才能糾正民治時代的散漫，強迫人民服從以全民族的利益的經濟計劃。〔註86〕

〔註83〕　錢端升：《民主政治乎？極權國家乎？》，《東方雜誌》，第31卷第1號，1934年1月1日，第22頁。

〔註84〕　錢端升：《民主政治乎？極權國家乎？》，《東方雜誌》，第31卷第1號，1934年1月1日，第22頁。

〔註85〕　錢端升：《民主政治乎？極權國家乎？》，《東方雜誌》，第31卷第1號，1934年1月1日，第22頁。

〔註86〕　錢端升：《民主政治乎？極權國家乎？》，《東方雜誌》，第31卷第1號，1934

　　因此，錢端升主張當時中國應實行獨裁，但不是舊式殘民以逞的獨裁。
他說：

> 　　我應當聲明，這裡所謂的獨裁當然不是指普通一班人的所謂
> 獨裁。這裡所謂獨裁一定要獨裁者——無論是一人，或一群，或
> 一黨——能有組織，有理想，能爲民眾謀實際的福利，能對現代
> 經濟制度有認識，能刻苦耐勞，先天下之憂而憂，後天下之樂而
> 樂。〔註87〕

錢端升甚至認爲：「我們上面所述比較成功的四個獨裁，無論是共產黨領袖，
或是莫索里尼，或是凱末爾，或是希特勒，其中有的對經濟制度的認識尙嫌
薄弱，但其他各條件，大都俱是具備的」。〔註88〕爲了提倡獨裁極權，錢端升
甚至不惜表示對四國獨裁領袖的讚賞，與他在 1931 年反對「極端政治」立場
對照，形同兩人。

　　作爲一個國際政治問題專家，錢端升憂心忡忡的是即將爆發的二次世界
大戰和中國所處的地位。與傅斯年、丁文江一樣，他所關心的不僅是團結國
內各黨派，還有中國的落後：

> 　　說到我們中國，我們是除了所謂舊文化——古董式的文化——
> 外，一切落後，尤其是經濟落後的國家。我們第一個急務是怎樣的
> 急起直追，求爲一個比較有實力的國家，庶幾最可怕最殘酷的世界
> 大戰到臨時，我們已不是一個毫不足輕重的國家。〔註89〕

錢端升雖推崇獨裁，但對人選問題，與蔣廷黻一樣，持存而不論的態度。他
說：「究竟國民黨是否有獨裁中國的可能，如果沒有，何人或何黨將爲中國的
獨裁者，這些是本文範圍以外之事，故不必再予推測」。〔註90〕給人印象似乎
留待將來事實之演變。但在現實中，作爲黨員，錢端升還是對當時國民黨寄
予了厚望。他毫不隱瞞自己的觀點說：

年 1 月 1 日，第 22～23 頁。

〔註87〕　錢端升：《民主政治乎？極權國家乎？》，《東方雜誌》，第 31 卷第 1 號，1934
　　　　　年 1 月 1 日，第 23 頁。

〔註88〕　錢端升：《民主政治乎？極權國家乎？》，《東方雜誌》，第 31 卷第 1 號，1934
　　　　　年 1 月 1 日，第 23 頁。

〔註89〕　錢端升：《民主政治乎？極權國家乎？》，《東方雜誌》，第 31 卷第 1 號，1934
　　　　　年 1 月 1 日，第 24 頁。

〔註90〕　錢端升：《民主政治乎？極權國家乎？》，《東方雜誌》，第 31 卷第 1 號，1934
　　　　　年 1 月 1 日，第 25 頁。

> 像中國這樣一個一盤散沙，民智落後，能力微弱的民族我們尚
> 望其能進而成爲一個近代國家，則國民黨中興（按：重點爲本文所
> 加），國民黨能成爲有力的獨裁者的希望自然也不是沒有。不過像它
> 過去那樣地缺乏能力，缺乏目的，則它當然不能成爲獨裁者，更不
> 要説是成功的獨裁者。〔註91〕

在上文中，錢端升既批評了國民黨的過去，又寄託了對國民黨希冀。「中興」二字簡扼道出他在 30 年代初期對國民黨政府的失望。最後，錢端升再次強調制度的時間性和習慣性，要推行新的制度，則必須改變過去的成見，這種成見很大程度上是來自接受西方民主政治教育的知識分子。爲此，他對自己過去的「成見」進行懺悔。他總結說：

> 一切的制度本是有時代性的。民主政治在五十年前的英國尚
> 爲統治階級所視爲不經的，危險的思想，但到了一九○○年以後即
> 保守黨亦視爲天經地義。我們中有些人——我自己即是一個——本
> 是受過民主政治極久的薰陶的（按：重點爲本文所加），這些人對
> 於反民主政治的各種制度自然看了極不順眼。但如果我們想要使中
> 國成爲一個強有力的近代國家，我們恐怕也非改變我們的成見不
> 可。〔註92〕

與後來丁文江主張放棄民治信仰同出一轍。錢端升主張獨裁制度，只有一個終極目標——爲了能使中國能在民族林立的世界競爭中生存下去。這種迫在眉睫的心情，從前述傅斯年、丁文江、王世杰、胡政之等人的言論中當能體會之。在上述層層相扣的陳述中，錢端升的論說有二大漏弊：第一、獨裁制人選問題；第二、獨裁不開明怎麼辦？二點不但關係密切，且前者決定後者。

　　錢端升上述二大漏弊，正是後來《獨立評論》上民主與獨裁討論的焦點所在。不過，他在 1934 年初的意見，除胡適在《獨立評論》有所回應外，得不到當時其他學人的回應。可能是孤證不立，直到丁文江在 1934 年底提出與錢端升相近的意見時，《獨立評論》其他同人才對丁氏的「新式的獨裁」展開批評。在《獨立評論》上，其中視丁文江爲「畏友」〔註93〕的陶孟和的批評

〔註91〕　錢端升：《民主政治乎？極權國家乎？》，《東方雜誌》，第 31 卷第 1 號，1934
　　　　　年 1 月 1 日，第 24～25 頁。

〔註92〕　錢端升：《民主政治乎？極權國家乎？》，《東方雜誌》，第 31 卷第 1 號，1934
　　　　　年 1 月 1 日，第 25 頁。

〔註93〕　陶孟和：《民治與獨裁——對於丁文江先生〈民主政治與獨裁政治〉的批評》，

最有代表性。他借用了約翰・穆勒（John S. Mill）的《論代議政制》第三章其中一段評論獨裁的話來說明獨裁的劣點：

> 一個有超人的精神活動的人管理若干被動的人民的一切事務。人民的被動性即含在絕對權力（獨裁）的觀念之內。民族全作〔族〕，乃至構成民族的每個人，對於他們自己的運命，沒有一點發言權，對於他們全體的利益，不能行使他們的意志。一切事情全被他們自己意志以外的一個意志，替他們給決定了，他們不服從這個意志，在法律上，便成了犯罪。在這樣的統治之下，可以產生出什麼樣的人呢？

結果是個體依賴政府，不但道德情操遭受摧殘萎縮，而且知識貧乏，思考無從歷練。穆勒說：「古時常說，在獨裁制度之下，最多祇有一個愛國的人，就是獨裁者自己」。〔註94〕這樣的國家，包括存亡，已與個體無關。在《國聞周報》上，陶孟和繼續批評說：「如果讀者接受丁先生的假定，遵循他的邏輯，再承受他的文字的催眠，我敢說他一定會變成一個丁氏獨裁主義的信仰者」。〔註95〕但他拒絕以「丁氏獨裁主義的信仰者」自居。張忠棟指出，

> 拿民主和獨裁作比較，他（按：陶孟和）相信民主政治可以避免革命的痛苦，不必用激烈的外科手術。民主像一個金字塔，基礎比較安穩。獨裁則像倒立的金字塔，一旦獨裁者不幸，不能行使他的職務，金字塔便倒了。〔註96〕

與陶孟和意見相近的還有胡適和陳之邁。〔註97〕陶孟和對丁文江的批評雖在

《國聞周報》，第 12 卷第 1 期，1935 年 1 月 1 日，第 1 頁。

〔註94〕 明生：《雙周閒談（六）穆勒論獨裁》，《獨立評論》，第 6 卷第 133 號，1934 年 12 月 30 日，第 10～11 頁。按：「明生」即陶孟和。丁文江在《再論民治與獨裁》一文中說：「陶孟和先生的《民治與獨裁》（國聞周報第十二卷第一期）和《雙周閒談》（獨立評論第一三三號）」。丁文江：《再論民治與獨裁》，《獨立評論》第 6 卷第 137 號，1935 年 1 月 27 日，第 19 頁。陳儀深指出，《獨立評論》的作者總人數爲 256 位，不過，他承認實際人數可能稍少此數。例如他說無法查知陶孟和曾用何筆名發表文章。陳儀深：《獨立評論的民主思想》，臺北：聯經出版事業公司，1989 年 5 月，第 11 頁，注腳 25。

〔註95〕 陶孟和：《民治與獨裁——對於丁文江先生〈民主政治與獨裁政治〉的批評》，《國聞周報》，第 12 卷第 1 期，1935 年 1 月 1 日，第 1 頁。

〔註96〕 張忠棟：《胡適五論》，臺北：允晨文化事業股份有限公司，1990 年 8 月，第 192 頁。

〔註97〕 陳之邁說：「錢端升先生的目的是『極權國家』，意大利、德國式的 Totalitarian State；丁文江先生的目的是『渡過這雙重國難』。提高政府的效率，我想誰都

錢端升文章發表一段時間之後，但亦可用在錢端升身上，若跟隨錢端升的分析邏輯，任何讀者也免不了「變成一個錢氏獨裁主義的信仰者」。

四、與蔣廷黻、丁文江、胡適的比較

　　鑑於目前學界對民主與獨裁的討論研究已眾多，為免重複研究，本節擬將錢端升與胡適、蔣廷黻、丁文江三人作一橫向比較研究，以窺視他們政治主張的合理性和時代性。在國難的大前提下，傅斯年當時一篇文章的標題《中國現在要有政府》很能代表當時大部分北方學人看法。不同的是，不同學人對政府擴權程度各有歧見。就影響胡適、蔣廷黻、丁文江和錢端升四者政治主張的因素而言，是異常複雜的，任何單一的因素均不足以解釋個別學人的思想變化。就四人而言，個人的思想背景、學術專長、對國內外政治形勢的觀察以及現實政治經歷均為分歧的重要原因。

　　在 20 年代，蔣廷黻在曾《現代評論》上發表過唯一的一篇文章《統一方法的討論》，提出以「廣義的武力統一論」來統一中國。他指出，十年來軍閥的失敗，「實際上或為政策的失敗」。要統一全國，須以政策（民意）為主，輔以武力。他表示，若下面三者有同等實現機會，次序應為：民意統一、少數黨統一、武力統一；若不能，則應根據實現可能性，主張武力統一論。〔註98〕蔣廷黻的文章發表後，在當時未引起足夠的重視和討論。

　　在 30 年代，蔣廷黻又舊話重提，這次卻引起了足夠的爭議。這是因為，此時蔣廷黻已身兼清華大學歷史學系主任（1929～1935），加上胡適的駁論，名人效應倍增。如果說丁文江因科玄之戰而進入公眾的視野，〔註99〕則 30 年代的蔣廷黻亦類似。在民主與獨裁討論中，一舉名揚天下，映入最高當局眼中。與 20 年代相較，蔣廷黻在 30 年代的觀點並無大的變更。在《獨立評論》上，他提出用大專制取消小專制，並認為「個人的專制來統一中國的可能比任何其他方式可能性較高」。〔註100〕胡適因此乾脆將他歸類為「武力統一論」。

　　　贊成……〔但〕民主政治一定是集權的相反嗎？」陳之邁：《民主與獨裁的討論》，《獨立評論》，第 6 卷第 136 號，1935 年 1 月 20 日，第 9 頁。
〔註98〕蔣廷黻：《統一方法的討論》，《現代評論》，第 3 卷第 65 期，1926 年 3 月 6日，第 8～10 頁。
〔註99〕歐陽哲生：《科學與政治──丁文江研究》，北京大學出版社，2009 年 1 月，第 61 頁。
〔註100〕蔣廷黻：《論專制並答胡適之先生》，《獨立評論》，第 4 卷第 83 號，1933 年

　　不過，按照陳之邁的說法，蔣廷黻的主張並非完全如胡適所概括。蔣廷黻的觀點與胡漢民在 20 年代期盼蔣介石行土耳其模式是一致的（胡的觀點見第三章第五節）。蔣廷黻逝世後，陳之邁說，30 年代「『胡適之主張民主，蔣廷黻主張獨裁』，是一種很膚淺的歸納，蔣廷黻提倡的不是墨索里尼和希特拉式的獨裁，更不是列寧、史太林式的專制，而是將『東亞病夫』土耳其復興起來的凱末爾」。〔註 101〕錢端升、丁文江似亦可作類似觀。不同的是，丁文江在「九·一八」事變前的政治立場和胡適相近。

　　蔣廷黻上述主張，應該說，與他對近代中國外交的瞭解有相當的關聯。他的學術專長為英國和近代中國外交史。除博士論文《英國勞工黨的外交政策》外，〔註 102〕他還對近代中國外交瞭如指掌，編有《近代中國外交史資料輯要》。〔註 103〕蔣廷黻指出，自二次革命失敗後，連孫中山也「不惜出重價以謀日人的協助」。他引用孫中山寫給大隈重信的信後指出，「以孫先生的偉大人格尚且出〔如〕此，其他革命家不屑說了」、「這樣的革命，多革一次，中國就多革去一塊」。蔣廷黻還指出，民初孫、袁競爭不過是個例子，他表示可以證明民國以來「沒有一次外交當局不受內戰的掣肘」、「沒有一次內戰沒有被外人利用來作侵略的工具」。〔註 104〕正因如此，蔣廷黻受不了國內政治的走馬看花，尤其是「閩變」的發生，更讓他有國不成國的感覺，才開出個人專制的藥方。與錢端升一樣，蔣廷黻亦認為這只是一個過渡期。他在答覆胡適時說：「我以為惟一的過渡方法是個人專制」。〔註 105〕

　　蔣廷黻還有一個相對較為受人忽略的觀點。他認為當時國情跟古代不一樣：

　　　　現在外人除加在我們身上極大的壓力以外，又供給了我們科學
　　與機械。這兩個東西不是任何專制政府所願拒絕的，所能拒絕的。

---

　　12 月 31 日，第 6 頁。

〔註 101〕陳之邁：《蔣廷黻的志事與生平》，臺北：傳記文學出版社，1967 年 1 月，第 28～29 頁。

〔註 102〕《蔣廷黻》，《中華民國史資料叢稿·譯稿》，第 22 分冊，中華書局，1987 年，第 30 頁。

〔註 103〕蔣廷黻編纂：《近代中國外交史資料輯要》（上、中），上海：商務印書館，1932、1934 年。

〔註 104〕蔣廷黻：《革命與專制》，《獨立評論》，第 4 卷第 80 號，1933 年 12 月 10 日，第 3、4 頁。

〔註 105〕蔣廷黻：《論專制並答胡適之先生》，《獨立評論》，第 4 卷第 83 號，1933 年 12 月 31 日，第 5 頁。

就是政府完全無爲，只要牠能維持治安，這兩個東西就要改造中國，

給她一個新生命。〔註106〕

這個觀點頗近馬克思的唯物論。在蔣廷黻看來，工業和經濟結構的改變，上層結構亦將無可避免的改變，這是一種美國式的樂觀主義看法。姑勿論上述說法是否成立，可以確認的是，蔣廷黻對中國將來的發展是建立在工業和科技能改變中國政治這一信仰上。〔註107〕這是與其他三者背後原因不同之處之一。

　　與錢端升一樣，提倡新式獨裁的丁文江也是一位自由主義者。在 30 年代訪俄之前，他的政治思想與胡適接近。與蔣廷黻在國難會議中，提出無條件的擁護政府成對比的是，在 1932 年《中國政治的出路》一文中，丁文江提出有條件的擁護國民黨政府。他認爲，只要國民黨做到保障言論自由、黨政分家和規定政權的轉移方式這三個條件。「使政治的和平改革有逐漸實現的可能」、「〔才〕可以盡力與國民黨合作，一致的擁護政府」。丁文江列舉了五個事實來說明「在今日的中國，武力革命是極不容易走得通的一條狹路」，只能「用和平的手段，長期的奮鬥，來改革中國的政治」。〔註108〕

　　時任北京大學政治學系主任邱昌渭在致胡適信中謂：「丁在君先生之《中國政治之〔的〕出路》一文最中肯……渭近三年來讀時論多矣，但以在君先生一文爲最能代表自由主義者之立場」。〔註109〕除上文外，丁文江還有一篇與胡適合著更具自由主義色彩的文章──《所謂『剿匪』問題》。在文中，除對國民黨的剿匪政策提出質疑外，還認爲「『匪』不是內亂」，「共產黨並沒有因爲國民黨對於他們改變了稱呼，就喪失了他們政黨的資格」。〔註110〕

〔註106〕蔣廷黻：《論專制並答胡適之先生》，《獨立評論》，第 4 卷第 83 號，1933 年 12 月 31 日，第 6 頁。

〔註107〕蔣廷黻此一觀點，主要來自他的博士論文指導教授海斯（Cartlton J. H. Hayes）。蔣廷黻說：「海斯教授使我明瞭工業革命發生使社會起了巨大的變化」。蔣廷黻著、謝鍾璉譯：《蔣廷黻回憶錄》，臺北：傳記文學出版社，1979 年 3 月，第 78 頁。

〔註108〕丁文江：《中國政治的出路》，《獨立評論》，第 1 卷第 11 號，1932 年 7 月 31 日，第 4、5 頁。

〔註109〕《邱昌渭致胡適》（1932 年 8 月 4 日），《胡適來往書信選（中）》，香港：中華書局，1983 年 11 月，第 128 頁。

〔註110〕該文第五段開始，由胡適修改，因時間關係，未及交丁審校，聲明由自己負責。丁文江、胡適：《所謂「剿匪」問題》，《獨立評論》，第 1 卷第 6 號，1932 年 5 月 26 日，第 3 頁。

這是他在主張獨裁前，與錢端升政見大不同處之一。丁文江屬於自由主義光譜中的一員，亦可從他擔任中央研究院總幹事（1934.5～1936.1）可以看出。若非丁氏具有一定的自由主義思想基礎，很難得到中研院當時各學科獨當一面的學者的支持。〔註111〕

丁文江提出獨裁主張，受下列因素影響：一、英國的政治文化強調少數人的天然責任。二、20年代英人羅素中國之行，進一步加強了這種觀念。三、梁啓超開明專制論。四、對中國軍事的研究。五、對蘇俄的研究。六、對日本的研究。七、美國羅斯福智囊團等。〔註112〕其中影響較大的是蘇俄模式，其次可能是羅斯福的智囊團。

1933年，丁文江因參加美國地質學會之便，順道訪問蘇俄。蘇俄的專家政治和舉國一致的大規模建設震撼和刺激了丁文江，回國後言論爲之一變。與錢端升一樣，他在《我的信仰》中表示：

> 我也不是迷信獨裁制的。在現代社會中實行獨裁的首領責任太重了。任何富於天才的人都很難稱職。何況這種制度的流弊太明顯了。要能永久獨裁，不但必須要消滅政敵，而且要使政敵不能發生，所以一定要禁止一切的批評和討論。在這種制度之下做首領的腐化或是「盲化」只是時間問題。我以爲假如做首領的能夠把一國內少數的聰明才德之士團結起來，做統治設計的工作，政體是不成問題的。並且這已經變爲資本主義〔、〕共產主義國家所共有的現象——羅斯福總統一面向議會取得了許多空前的大權，一面在政客以外組織他的智囊團，就是現代政治趨向的風雨表。〔註113〕

到了1934年底，丁文江正式提出「新式的獨裁」，它的定義如下：

一、獨裁的首領要完全以國家的利害爲利害。

二、獨裁的首領要澈底瞭解現代化國家的性質。

三、獨裁的首領要能夠利用全國的專門人材。

〔註111〕 丁文江的自由主義思想亦表現在《中央研究院的使命》一文中。丁文江說：「國家什麼東西都可以統制，惟有科學研究不可以統制，因爲科學不知道有『權威』，不能受『權威』的支配」。洪曉斌編：《丁文江學術文化隨筆》，北京：中國青年出版社，2000年4月，第163頁。

〔註112〕 詳參拙著：《一位真誠的愛國者——丁文江的政治思想、主張與他的時代》，香港浸會大學歷史學系《歷史與文化》，第5卷，2009年5月，第53～80頁。

〔註113〕 丁文江：《我的信仰》，《獨立評論》，第4卷第100期，1934年5月13日，第11頁。

　　四、獨裁的首領要利用目前的國難問題來號召全國有參與政治資格
　　　　的人的情緒與理智，使他們站在一個旗幟之下。〔註114〕

與錢端升主張中國應實行——有組織，有理想，能爲民眾謀實際的福利——
的新式獨裁，以及推論英美民主政治在危機之下，將來可能出現的政制是「一
種智識階級及資產階級的聯合獨裁」，完全吻合。與錢端升一樣，丁文江認爲
「放棄民主政治的主張就是這種努力的第一個步驟」。〔註115〕丁文江的文章一
出，再次引發民主與獨裁的討論，由於胡適和丁文江的名人效應，參加討論
的學者更多。鑒於目前相關研究眾多，不贅。

　　至於胡適，除個人思想背景外，受現實政治經歷影響較深。人權論戰後，
胡適一直對國民黨政府抱有某種程度的成見，認爲是扶不起來的阿斗，除非
天降聖人才能行獨裁。〔註116〕1931 年蔣介石拘禁胡漢民，坐實了胡適的看法，
國民黨並非一個現代化政黨。1934 年，國民政府恢復祭孔，胡適認爲這是嚴
重偏離了新文化運動。直到 1935 年蔣的政治形象逐漸開明時，才放棄了對他
的成見。

　　應當說，1933 年是社會輿論又一次感受了自「九·一八」以來，國家危
機最深刻的一年。不但「外患」，且「內憂」接踵而來。1933 年 3 月，熱河不
戰而失，輿論大嘩。不但平津危在旦夕，而且北方門戶洞開。11 月，「閩變」
爆發。1934 年 1 月，錢端升再次從學術走向政治，除出任天津《益世報》主

〔註114〕丁文江：《民主政治與獨裁政治》，《獨立評論》，第 6 卷第 133 期，1934 年 12
　　　　月 30 日，第 7 頁。鄧麗蘭認爲，「丁文江、錢端升等使用『新式獨裁』一詞
　　　　時，並未給予明析的解釋」。鄧麗蘭：《域外觀念與本土制政制變遷——20 世
　　　　紀二三十年代中國知識界的政制設計與參政》，北京：中國人民大學出版社，
　　　　2003 年 11 月，第 252 頁。
〔註115〕丁文江：《民主政治與獨裁政治》，《獨立評論》，第 6 卷第 133 期，1934 年 12
　　　　月 30 日，第 7 頁。
〔註116〕在《建國與專制》中，胡適說：「今日中國社會本無『可作新政權中心的階級』」。
　　　　在《再論建國與專制》中：「今日的領袖，無論是那一黨那一派的健者，都可
　　　　以說是我們的『眼中人物』；而我們無論如何寬恕，總看不出何處有一個夠資
　　　　格的『諸葛亮』。……所以我們可以說：今日夢想一種新式專制爲建國的方法
　　　　的人，好有一比，比五代時後唐明宗的每夜焚香告天，願天早生聖人以安中
　　　　國！」兩年後，胡適改變了看法，認爲「蔣介石先生在今日確有做一國領袖
　　　　的資格」。胡適：《建國與專制》，《獨立評論》，第 4 卷第 81 號，1933 年 12
　　　　月 17 日，第 5 頁。胡適：《再論建國與專制》，《獨立評論》，第 4 卷第 82 號，
　　　　1933 年 12 月 24 日，第 4 頁。胡適：《政制改革的大路》，《獨立評論》，第 7
　　　　卷第 163 號，1935 年 8 月 11 日，第 7 頁。

筆外，還在《東方雜誌》上提出，中國不僅僅需要政府，還需要一個為民眾利益的獨裁極權政府。在國內外雙重危機的壓迫下，當時的中國確實有需要一個強有力政府，利用一、二十年時間急起直追。從錢端升的觀點來看，當時世界局勢咄咄逼人，第二次世界大戰將在 1936 年爆發的傳聞已甚囂塵上。既然第二次世界大戰的爆發無可避免，則獨裁制度越快實行越好，因戰時需要的經濟統制也可越早實行，以利抗戰。事實上，當時不少學人在民主與獨裁的討論中就是持這種觀點的。〔註117〕

　　從錢端升思想的內在發展邏輯來看，極權主義的提出，是在其原有的思想基礎上發展而來。在「九‧一八」事變前，他已提出一個強有力的政府論。事變後，要提出比上述主張更高層次、更有力的論述，除獨裁外，只有極權主義了。作為三民主義的信徒和國民黨黨員，盡管錢端升在 30 年代初期對國民黨失望，但在外患壓境的情況下，他還是將復興中國的重任寄託了在國民黨身上。這是他兩權相衡之結果。

　　在《國憲與黨章》中，錢端升從國民黨和國民的立場兩方面作出了剖析。他表示，站在前者的立場，國民黨自應繼續訓政。站在後者的立場，國民黨應否「放棄一黨專政，便要看放棄後的局面能否比現在為滿意」。他表示，「在人民沒有選舉的能力與經驗的中國，一定又會演成民初及安福時代的局面，自然比目前的黨治更是不如」。〔註118〕因此，國內外局勢及對德、法兩國政府的研究（詳參本文第二章第五節）、以及錢端升內在的思想邏輯，均是影響他提出獨裁極權主張的原因之一。

　　錢端升在《國憲與黨章》中的看法頗類蔣廷黻。在國難會議期間，蔣廷黻承認，「所謂國民黨訓政，論其成績，尚不及宣統年間滿清的預備立憲」。但他同時也指出，「憑良心說，政府雖不好，政府人員的平均道德和知識也不在在野人士平均道德和知識之下」。〔註119〕此外，蔣廷黻還有兩個意見與錢端升一致。第一、他認為憲法和議會在當時是次要之事，最重要的是經濟

〔註117〕詳參拙著：《1930 年代憲政問題初探——以〈獨立評論〉的憲政討論為中心》，北京大學歷史學系碩士論文，2004 年 12 月，第 90～121 頁；陳儀深：《〈獨立評論〉的民主思想》，臺北：聯經出版事業公司，1989 年 5 月，第 61～86 頁。

〔註118〕錢端升：《國憲與黨章》，《半月評論》，第 1 卷第 19 期，1935 年 11 月 1 日，第 1 頁。

〔註119〕蔣廷黻：《參加國難會議之回顧》，《獨立評論》，創刊號，1932 年 5 月 22 日、第 10 頁。

建設。蔣氏提出兩點說：「其一，利用現代科學和技術從事生產運輸。其二，社會化或公平的分配財富」。〔註120〕第二、蔣氏也服膺孫中山的強有力政府論。陳之邁說：「〔廷黻〕服膺孫中山先生『萬能政府』的概念，因而反對『無為而治』的主張。……凱末爾如果事事要順民意，他就不可能短期內除掉了土耳其婦女的面罩。根據同一理由，中國政府如果沒有實權，也不能短期內禁絕中國婦女的纏足」。〔註121〕

與蔣廷黻、丁文江和錢端升等人看法不同的是，胡適在1934年1月仍堅持他無為政治的觀點。他在《再論無為的政治》中說：「為政者不知道『除一弊勝於興一利』的政治原則，……結果是每興一利即多生一弊，即是多加一重人民負擔」。平心而論，胡適的看法有其道理。不過，這種看法也包含了他對國民黨一定的成見。大致而言，胡適在1932～1934年之間的言論，對國民黨基本上是持不信任的態度的，不論內政還是外交政策。影響所及，胡適認為，在「人才」和「經濟能力」兩缺情況下，政府提出「『以建設求統一』，話是積極的，其實等於空談」。〔註122〕胡適所言似是而非，既然當時中國「人才」和「經濟能力」兩缺，則民間力量似更不能像政府那樣，集中全國力量從事建設。總的來說，胡適因其對國民黨抱有一定的成見，錯過了一次指導輿論的機會。〔註123〕三個月後，胡適改口表示贊成「有為」和「建設」。不過他仍堅持：「我不反對有為，但我反對盲目的有為；我贊成建設，但我反對害民的建設。盲目害民的建設不如無為的休息」。〔註124〕

有意思的是，與錢端升提倡極權主義相較，兩人思想恰好處於自由主義光譜的兩極。一個主張國家權力最大化，一個主張政府行為無為化。同丁文

〔註120〕蔣廷黻著、謝鍾鏈譯：《蔣廷黻回憶錄》，臺北：傳記文學出版社，1979年3月，第136～138頁。

〔註121〕陳之邁：《蔣廷黻的志事與平生》，臺北：傳記文學出版社，1967年1月，第28～30頁。

〔註122〕胡適：《再論無為的政治》，《獨立評論》，第4卷第89號，1934年2月25日，第5、6頁。

〔註123〕胡適的一時用語不慎，引發了一場曠日持久的「無為政治」論戰。將輿論引導到加強監督政府和建設之外的歧道上去了，這或許是胡適的一個過失。雖當時亦有不少贊成胡適論者，如區少幹、陶希聖、瘦吟等，但反對者似更多一些。如：張弘伯、薛典曾、蔣廷黻、陳伯莊、翟象謙、永分、趙鐵寒等。陳儀深：《獨立評論的民主思想》，臺北：聯經出版事業公司，1989年5月，第99～100頁。

〔註124〕胡適：《建設與無為》，《獨立評論》，第4卷第94號，1934年4月1日，第2頁。

江一樣，錢端升的觀點也遭到了胡適的駁斥。對於胡適的批評，錢端升只修正了枝節看法，其核心思想絲毫未曾動搖。他還進一步寫了一篇《極權主義》來回應胡適的批評（詳參下一節）。與後來的丁文江一樣，胡適與錢端升的討論也陷入了兩極化和各說各話的境地。

從事後來看，儘管錢、胡、蔣、丁等人的意見十分不一致，甚至兩極化，但他們的說法均有一定的合理性。因民主政治本身就含獨裁（總統）、貴族（上議院）和平民（下議院）──亦即一個人、少數人和多數人──三種因素混合而成，這種制度當代稱之爲「複合共和制」。〔註125〕1935年冬的「人才內閣」，在某種程度上，是錢端升、丁文江所主張的「新式的獨裁」和胡適提出的「團結」方案折衷之結果，或陳之邁所言的「危機政府」。〔註126〕在日本侵略威脅下，舉國放棄成見，團結一致。錢端升和丁文江主張只是將複合共和制中的下議院去掉，亦即由一個人和少數人共同建立起一個舉國一致的政府，並由少數精英負責監督政府。在某種程度上，抗戰期間國民參政會的設置，似可視爲這種準新式的獨裁之表現。

五、主張極權主義

自錢端升在1934年1月《東方雜誌》提出獨裁主張後，除胡適在《獨立評論》上對其駁斥外。一年後，張奚若亦在《大公報》上發表《獨裁與國難》，對當時的獨裁論者作了一次大清算。張氏指出，獨裁若果能渡過國難，還不

〔註125〕美國著名憲法學者奧斯特羅姆指出，「總統針對外部威脅採取行動的權力基於一人規則（one-man rules）的概念。適當地依靠人民、代表、多數投票，這些概念都是建立共和制的重要因素……因此，設計一部憲法的任務要求考慮形形色色的緊急情況，並且制定一些條款，來確定適合於這些緊急情況的各不相同的決策規則。如果能力、安全、自由、正義和共和制等要素在立憲安排中恰當地組合的話，那麼一人規則以及任何一人規則（any-one rules）的安排，必須與多數投票規則（majority vote rules）以適當的比例結合在一起」。〔美〕文森特・奧斯特羅姆著、毛壽龍譯：《複合共和制的政治理論》，上海：三聯書店，1999年6月，第71頁。
〔註126〕陳之邁說，歐戰期間的民主政府「沒有犧牲民主政治的根本精神──它們並不用暴力便能推翻，也不用暴力才能維持──但它們都有最大的效率。最近一位美國作者稱此種政制爲『危機政府』（『Crisis Government』）」。陳之邁：《民主與獨裁的討論》，《獨立評論》，第6卷第136號，1935年1月20日，第10頁。陳之邁所言之「美國作者」即羅傑斯。詳參〔美〕林賽・羅傑斯（Lindsay Rogers）：《國難時期的政府》，《國聞周報》，第12卷第26期，1935年7月8日。

妨一試。不過自他看來，「今日的國難，若要在短期內渡過，絕非中國自己的力量所能勝任」。與胡適看法相同的是，他指出，「若要渡過，除國際情勢有大變動」。否則，「沒有別的法子」。

同陶孟和一樣，張奚若亦認為，中國若要渡過國難，「就非想盡方法喚起人人同仇敵愾的情緒，使人人能自動的，熱烈的，為國盡力，為國犧牲不可」，而獨裁政治只會「在平時是為自己製造奴隸，在外患深入時代敵人製造順民」。他指出，

> 鼓吹專制提倡獨裁的人們的最大錯誤就是他們的全副議論完全建築在一個很大的「假定」的基礎上，這個假定以為專制者或獨裁者一定是一個具備現代智識而且始終以國家利益為利益（按：重點為本文所加）的人。這個基礎鞏固不鞏固，我們一望便知，用不著討論。

與陳之邁提出的「危機政府」論和張君勱「修正的民主政治」論相近的是，〔註127〕張奚若認為，要渡過國難，「將軍政權暫時集中，當然是可以的，或者也是必需的」，但「這都不能與建設一個正式的獨裁制度混為一談」。政府若實力不夠，獨裁反而會誤國亦未可知。他說：「比較起來，民主政制的優點遠超過它的弱點，而且這些弱點都有相當的補救方法；獨裁政制的壞處則遠超過它的好處，而且這些壞處都是無法補救的……希望關心國事的人不要忘記歷史上的正大教訓，不要為世界上一時的變態政象所眩惑，拿國運民命作兒戲。」〔註128〕

胡適、陶孟和和張奚若的批評對錢端升的影響似乎不大。1935 年 2 月 1 日，錢端升在《半月評論》創刊號上發表《極權主義》。此文後在 2 月 9 日、10 日的《大公報》轉載，影響更廣。〔註129〕在文中，錢端升表面上提倡極權主義，似乎比獨裁論更進一步，但實際上是後退了，或者說，進一步完善了他的獨裁論。在《民主政治乎？極權國家乎？》中，錢端升曾表示「無論是一人，或一群，或一黨」，只要有理想和能力，為民眾謀利，就可獨裁。但現

〔註127〕 張君勱：《法治與獨裁》，《再生》，第 2 卷第 10 期，1934 年 7 月 1 日；《民主獨裁以外第三種政治》，《再生》，第 3 卷第 2 期，1935 年 4 月 15 日；《修正的民主政治之方案》，《再生》，第 8 期，1938 年 11 月 25 日。

〔註128〕 張熙若：《獨裁與國難》，《大公報》（星期論文），1935 年 1 月 13 日，第 2、3 版。

〔註129〕 錢端升：《論極權主義》，《大公報》，1935 年 2 月 10 日，第 5 版。

在則必須先「極權」，後才能行一黨獨裁，再個人獨裁。這似乎是錢端升在提防蔣介石的個人獨裁，或者更確切地說，提防行政權突然過度提高。

在《極權主義》一文中，錢端升區分了兩個概念：一個是「極力國家「（Authoritarian State）」，一個是「極權國家（Totalitarian State）」。「前者於二十年前已見諸述著；後者則爲法西斯主義勃起後，一個簇新的名詞。前者的意思是指些個富有威權力量的國家；後者乃指一個權力廣大，一切權力皆爲〔政府〕所有的一個國家」。〔註130〕

除區分概念外，錢端升還認爲極權與民治不僅對立，前者是後者的替代物。同時，他認爲：「極權主義與民主政治比較起來，孰優孰劣固然不能一概而言，但相信極權主義決不是一種膚淺的理論」。因此，他再次對極權與獨裁進行了異同辨別：

> 我們須知極權主義包含着國家的權力應有極度的發展，而這無限制的權力國家又有敏捷且利便的方法以行使的意義，而獨裁則僅爲行使這種權力的一種方法（按：重點爲本文所加）。前者固然必包含着後者，但後者則決不能與前者有同樣廣大的意義。如果一個非極權國家而行使獨裁，那不但沒有必要，而且流弊廣大。一個極權國家一則不能不用獨裁，再則獨裁也不易成爲一夫自私自利的專制。墨索里尼及斯丹林等，專制則有之，如說他們自私自利，則恐怕不太公平了吧！……所以僅僅提倡獨裁誠不免失之膚淺，但是爲極權而主張獨裁則又是一件事情。〔註131〕

錢端升所言的極權主義，與戰時國家集中所有權力無甚差別。不同的是，錢端升將它提前到戰前實行，以利備戰。在他看來，民主政治是一需時發展的制度。遠水不能救近火，欲求速成，則獨裁遠較民主有效，這是他兩權相衡之結果。在《極權主義》中，他再次重申：

> 我在東方雜誌一文中有下列一段話：我以爲中國所需要者也是一個有能力，有理想的獨裁。中國急需於最短時期內成一具有相當實力的國家。欲使全國工業化決非一二十年內能夠做到，但在一二十年內沿海各省務須使有高度的工業化，而內地各省的農業則能與沿海的工業相依輔。只有這樣，我們才能於下次世界大戰一方可以

〔註130〕錢端升：《論極權主義》，《大公報》，1935年2月10日，第5版。
〔註131〕錢端升：《論極權主義》，《大公報》，1935年2月10日，第5版。

給敵人以相當的抵抗力，而一方又可以見重於友邦。欲達到工業化
沿海各省的目的，則國家非具有極權國家所具有的力量不可。而要
使國家有這種權力，則又非賴深得民心的獨裁制度不爲功。

至於選擇獨裁的理由，錢端升也再次表示：

我的理由已詳於東方雜誌的那篇文章。民治已經有深長基礎的
國家，固然不必太急急於改制，但民治尚未實現的國家，儘可向極
權主義的道上走去。欲實現極權主義固是不易，但憑空建築民治，
其困難更大。如果爲應付現代國際及經濟局勢起見，極權主義較宜
於民治（按：重點爲本文所加）。

至於就吾國的需要而言，我以爲我們應努力培植一個極權國
家，以圖立足於世界之上。我們不必抄襲民治的陳義，以自陷於無
力量的低下地位。……我國現時需要者即大家先應認清極權國家的
必要，而不枉費時間於民治的提倡。〔註132〕

從上論述中，可見錢端升念茲在茲的是國家力量的提升，以應付可能即將到
來的中日戰爭。胡適在《獨立評論》上曾批評錢端升的主張——沿海建立工
業化城市——認爲易遭敵國海陸空立體夾擊。在《論極權主義》中，錢端升
說：

工業化先應在沿海各省實施，抑應在別地實施，則我也可以隨
專家的意見爲轉移，但無論如何決定，俱不足爲推翻我主張極權的
理由。〔註133〕

對於將來獨裁的人選問題，錢端升表示持開放態度，留待將來事實之演變。
「至於應否有一人獨裁的制度的問題，則暫時轉沒有討論的必要。……到了
一黨的獨裁有改爲一人的獨裁的必要時，自可再予討論」。〔註134〕

在很大程度上，要實現錢端升所主張「極權國家」，須全國取得共識。這
點從他呼籲民主論者暫時放棄對民治的信仰可知。若從這個角度而言，錢端
升不是無條件提倡極權主義的。蔣介石若要行獨裁，則須爭取黨內，以至全
國的支持。與之前的獨裁論相較，錢端升區分了實現的步驟。同胡適相較，

〔註132〕錢端升：《論極權主義》，《大公報》，1935 年 2 月 10 日，第 5 版。按：「太急
　　　　急」，原文如此。
〔註133〕錢端升：《論極權主義》，《大公報》，1935 年 2 月 10 日，第 5 版。
〔註134〕錢端升：《論極權主義》，《大公報》，1935 年 2 月 10 日，第 5 版。按：「暫時
　　　　轉」，原文如此。

兩者目標一致（團結全黨和全國人心），但手段不同。胡適用民主的方法，錢端升用極權的方法。

　　總的來說，《極權主義》一文側面反映了此時的蔣介石，仍未符合錢端升心目中理想的獨裁人選。這點亦可從他半年後發表的《對六中全會的期望》看出（詳見本章第六節分析）。在上述分析中，最引人注目的是，錢端升將孫中山的「民權主義」從「民治」中抽離出來，並將它與極權主義聯繫起來。他說（按：重點為本文所加）：

　　　　即就民權主義而言，民權主義本非民治，且與極權主義又並無不可相容之處。（按：重點為本文所加）〔註135〕

簡單來說，錢端升認為西方的「民治」是一有限政府，而孫中山的「民權主義」是一無限政府。錢端升表示，他所言的「民治必是立憲自由的國家」，〔註136〕政府權力受到憲法的限制；而孫中山所言的民權基於權能區分論，與西方民治有所不同。他明確表示，「在孫先生的民權主義之下，國家的權力可以絕無法律上的限制。」〔註137〕

　　在《中央政制的改善》（1935.10）中，錢端升再次指出，

　　　　極權〔主義〕與孫中山先生的民權主義倒可相容，因為所謂民權者，即人民須為基本的選舉機關及最高的監督機關之意，卻不限制國家的權力。……在孫先生的民權主義之下，國民大會為國家的最高權力機關。國民大會是常常可以集會的機關。他的議決又隨時可以變更任何根本法律。〔註138〕

在很大程度上，錢端升的看法接近孫中山的「萬能政府論」，但又有所不同。不同之處在於，他將權能區分論中的授予政府的權力放到了最大。孫中山懲西方議會獨大，提出五院制度，將議會監察權剝離出來。同時提出政權、治權之分，通過國民大會授權政府，以減少掣肘，但國民仍賦有四權。因此，儘管五院制度和國民大會在政制形式上與西方有所不同，但在民治、民享和民有精神上，應該說是一致的。而錢端升所言的是：

〔註135〕錢端升：《論極權主義》，《大公報》，1935 年 2 月 10 日，第 5 版。
〔註136〕錢端升：《中央政制的改善》，《華年》，第 4 卷第 41 期，1935 年 10 月 19 日，第 804 頁。
〔註137〕錢端升：《中央政制的改善》，《華年》，第 4 卷第 41 期，1935 年 10 月 19 日，第 805 頁。
〔註138〕錢端升：《中央政制的改善》，《華年》，第 4 卷第 41 期，1935 年 10 月 19 日，第 805 頁。

> 極權國家是國家權力，至高無上、不可限制的國家。因爲如此，
> 所以人民不能有自由，更不能設憲法以限制國家的權力。〔註139〕

> 在極權國家中，人民既不平等，亦無自由，亦無代議機關。政
> 黨只有一個，而分權的制度也不存在。在民治國家所認爲天經地義
> 者，在極權國家絕不能存在。〔註140〕

錢端升提倡的與盧梭所言，不受任何限制的人民主權（popular sovereignty）相近。這點他亦自承說：

> 我嘗以爲就形式而論，現今世界各民治國家中，只英國可爲
> 極權國家，因爲在形式上英國無憲法，而英國的國會又是最高權力
> 機關。換言之，英國的制度在形式上與孫先生的民權主義頗相合。
> 〔註141〕

從上可知，錢端升所追求的是英國議會那種除了「將男人變女人」以外的權力。由於英國有不成文慣例，所以說形式上「頗相合」。在孫中山的表述中，國民至少有四權可以行使，但在錢端升的表述中，完全拋棄了四權說。憲法的作用在於它規定了一套既定程序——即政府權力的行使，須符合相關步驟，而錢端升所言的「極權國家」，則將程序障礙縮到最小，除了維持一線的形式——國民大會授權政府外，其他全在拋棄之列。

錢端升爲了提倡極權主義，不惜將「民權主義」與「民治」脫鈎，並與「極權主義」嫁接，應該說，這是對孫中山民權主義的極大扭曲。按照錢端升的說法，在極權主義之下，所有自由都必須受到限制，包括言論自由。這是他思想中矛盾的地方。不過，若從他的前提言之，理想的獨裁極權必須大公無私，邏輯上則又無可挑剔。原理正如自由主義者所強調的「自由」是「法治下的自由」一樣，兩者理論上是相輔相成、沒有衝突。但邏輯上的一致，並不代表現實中的一致。這亦是丁文江的獨裁論遭到陶孟和非難的背後原因。

最後，錢端升也沒有說清楚爲何「一個極權國家則不能不用獨裁，再則獨裁也不易成爲一夫自私自利的專制」，這似乎只是他一廂情願的理想看法。

〔註139〕錢端升：《中央政制的改善》，《華年》，第 4 卷第 41 期，1935 年 10 月 19 日，第 805 頁。

〔註140〕錢端升：《論極權主義（上）》，《大公報》，1935 年 2 月 9 日，第 5 版。

〔註141〕錢端升：《中央政制的改善》，《華年》，第 4 卷第 41 期，1935 年 10 月 19 日，第 805 頁。

總之，錢端升希冀的是類似一個英國的議會，通過國民大會賦予政府權力，集中全國力量，抵抗日本。毫無疑問，這是「開明專制論」的極致版，這點從他仍維持國民大會授權政府這一線的形式可看出，他所依賴的是政治人物的道德良心。

第三節　《益世報》時期的外交主張

一、反對準備好了再打

天津《益世報》時期的錢端升，是繼 1929～1931 年後，與國民黨當局出現的又一次緊張關係。錢端升高足南開大學教授陳文秋認爲，30 年代錢端升對黃郛外交的批評，「伏下了蔣介石對錢先生個人抱有成見的契機」。〔註 142〕不過，這次衝突背景非常特殊，它是國家處於外患內憂、亡國滅種的「雙重國難」之際。

就錢端升發表的社論而言，涉及的範圍頗爲廣泛，包括憲草、西南問題、政府公債、工業化、農村合作事業，教育、國民健康、救災、甚至遠及海外華僑等。儘管社論主題看似散漫，但然仍有主要脈絡可尋，就是對日外交、憲草與中央政改問題。〔註 143〕縱觀錢端升在此時期的政論，如對憲政和共產黨問題等的看法，均從國家立場，民族生存出發立論。

陳文秋先生雖指出，錢端升與國民黨當局發生衝突，可惜語焉不詳。本文以爲，錢端升在《益世報》上反對準備好了再打，是與國民黨當局衝突的主因。這種衝突源的根源，主要是錢端升與外交當局對中日關係和國際形勢各有不同的判斷。

在 4 月 3 日《論華北大勢——兼送黃委員長南行》這篇被錢端升認爲曾遭郵禁的文章中，〔註 144〕明確指出《益世報》與「親日派」立場的不同之處：

〔註 142〕陳文秋：《爲民主與法制建設而奮鬥終生——一位愛國民主教授錢端升》，《錢端升先生紀念文集》，中國政法大學出版社，2000 年 2 月，第 39 頁。

〔註 143〕陳儀深亦指出，「抗日問題和民主問題是當時知識分子的兩大核心關懷」。陳儀深：《〈獨立評論〉的民主思想》，臺北：聯經出版事業公司，1989 年 5 月，第 16 頁。

〔註 144〕按：錢端升回憶有誤。顏惠慶、邵元沖和胡適日記及各種工具書、大事記未見是次郵禁記載。另社論日期爲 4 月 3 日，《自選集》誤記爲 4 月 7 日。《自選集》，第 697 頁。《天津新聞傳播史綱要》據此記載，亦誤。馬藝主編：《天

　　　　我們與主張親日者見解不同的地方在下面一點。親日派以爲日
　本人對華的慾望是有一定的限度的，如果滿足了他們的慾望；他們
　（至少暫時）便不會前進。我們以爲日本人對華的最後目標在制服
　中國（或武力合併，或攻守同盟，或經濟操縱），在沒有達到最後目
　標以前；他們的慾望是不會滿足的（按：重點爲本文所加），⋯⋯
　割了東北，日本仍會要求華北，割了華北，日本仍會要求長江，與
　其開門揖盜，財物被劫，内眷蒙羞⋯⋯毋寧與盜肉搏，而死壯士之
　死！

按照 20 年代末蔣介石的設想，中日聯合對抗蘇俄。但日本軍部蔑視中國，取
而代之的是「濟南事變」和「九・一八」事變。兩次事變後，國民政府採取
了妥協忍讓政策。日本軍部仍不滿足，得隴望蜀，希望華北進一步非軍事化。
在這過程中，國民政府仍希冀通過中日談判，甚至「親善」，來換取暫時的和
平。

　　在很大程度上，國民政府在華北非軍事化問題上，對日採取忍讓政策，
似有意在促進日蘇衝突之企圖。關於這一點，蔣廷黻在一年前針對當時有人
主張，日俄衝突或是中國的出路之一，作過深刻的分析。他說：「這是一種極
危險的誤會。日俄的戰爭不是遠東問題解決之路。無論是日勝俄勝，中國是
得不到好處的」。因爲「戰後我們所受的日本的壓迫正與日俄戰爭前我們所受
的俄國的壓迫相等」。〔註 145〕與蔣廷黻看法類似的是，錢端升也說，如果日俄
戰爭提前爆發，對還未預備好的中國來說，無論誰勝誰敗，均是不利的。〔註
146〕在另一社論中，錢端升再次針對當時有輿論認爲，「因勢利導，以促成日
本與列強間之衝突」作出批判。他說，中國並不具備這個實力，「國際雖有可
以運用之形勢，而我國苦無運用之資格」。〔註 147〕

　　「九・一八」事變後，國民政府將東北問題訴諸國聯。由於英法美均陷
於國內問題，國民政府只得與日直接交涉。對於國民政府的外交轉向，錢端
升認爲，方向基本是對的，但須有限度，不必放棄國聯和美俄。他指出，去

　　津新聞傳播史綱要》，北京：新華出版社，2005 年 6 月，第 139～140 頁。
〔註 145〕蔣廷黻：《日俄衝突的意義》，《獨立評論》，第 3 卷第 73 號，1933 年 10 月 22
　　　　日，第 3、4 頁。
〔註 146〕錢端升：《最近幾年内日蘇間會有戰事麼？》，天津《益世報》社論，1934 年
　　　　1 月 21 日。
〔註 147〕錢端升：《對日外交之東西兩向》，天津《益世報》社論，1934 年 3 月 20 日。

年 9 月曾有傳聞與日妥協，當局雖否認之。但從塘沽協定看來，由抗日轉為妥協則為不掩之事實。他表示並不反對妥協，但不應過度，以免失卻中國的外交立場。他批評說：「『日本通』外交家所主張者，似較此〔塘沽協定〕更積極」。因此所謂的交涉，只是自取其辱和損失更多的權益而已。〔註148〕

應當說，在二戰爆發前，日本對付中國的方法，極大可能如錢端升所言，先制服中國，以免將來日蘇開戰，日軍腹背受敵。上述社論寫於 4 月 3 日。二星期後，4 月 17 日，日本發表「天羽聲明」，〔註149〕將中國視為禁臠，印證了錢端升的分析。一年後，錢端升說：「當我寫上文（按：指 4 月 3 日社論）之日，正是華北當局力主親善政策及妥協政策之時，徵諸華北年來的演變，我的預測，其應驗乃絲毫不爽」。〔註150〕

在上述社論中，錢端升認為日本的貪得無厭是無法滿足的：

> 我們很不客氣地堅持我們的見解是唯一正當的見解。我們近來在平津常聽見這樣一個譬喻。鯊魚嗜糖，聞糖味必追逐……這個譬喻的根本錯誤即在以貪饞無計劃的鯊魚譬日本人，……我們於拋完糖了以後，還得把自己貢獻於鯊魚的。……你們割讓的用意當然在求有整頓內部的機會，……日本人非鯊魚；非冥頑不靈者，他們決不會傻到讓你……有復仇的實力（按：重點為本文所加）。

因此，錢端升主張：「有一分力量，則用一分力量來抵抗」。〔註151〕不能等準備好了再打。在此前的另一社論中，錢端升亦表示，與日本虛與委蛇則可，像「日本通」所建議的中日親善政策則完全不可取。他指出，「日本非至愚者，其洞悉我國情形，原勝於吾儕小民；友誼云云，親善云云，豈可以空言了事」。〔註152〕1935 年 6 月 27 日，胡適在致王世杰二千多字的長函中亦表

〔註148〕錢端升：《對日外交之東西兩向》，天津《益世報》社論，1934 年 3 月 20 日。
〔註149〕關於天羽聲明之分析，詳參：徐淑希：《四一七與「不共存主義」》，《國聞周報》，第 12 卷第 15 期，1935 年 4 月 22 日；劉奇甫：《日本四一七對華政策宣言之作用》，《外交月報》，第 5 卷第 1 期，1934 年 7 月 15 日；李迪俊：《日本對華政策聲明之國際反響》、堅白述：《日本對華政策聲明之內容》、龔德柏：《日本對華政策聲明之由來》，《時事月報》，第 10 卷第 1～6 期（合刊），1934 年 1～6 月。
〔註150〕錢端升：《論中日關係》，《中國新論》，第 2 卷第 1 期，1936 年 1 月 1 日，第 11 頁。
〔註151〕錢端升：《論華北大勢——兼送黃委員長南行》，天津《益世報》社論，1934 年 4 月 3 日。
〔註152〕錢端升：《國際環境與外交路線》，天津《益世報》社論，1934 年 2 月 17 日。

示，「老實說，……我們若要作戰，必須決心放棄『準備好了再打』的根本錯誤心理」。〔註153〕

對中日關係和國際形勢的認知，是錢端升與國民黨當局衝突的主要原因。早在 1934 年 2 月，他在社論中認為，中日關係不能和和二戰格局正在形成中。

在 2 月 22 日《中日問題果能解決嗎？》社論中，錢端升一針見血地指出，在帝國主義競爭時代，中日兩國是零和關係，根本無法妥協。他指出，一般國際關係不外三種：第一、互相往來，無所謂好惡。第二、平等關係，雖有衝突，也能互存。第三、一強一弱，一為把持者，一位被把持者。顯然，當時中日關係為第三種，中日兩國根本無法協調：「兩國必有一個在上，而一個為經濟上的附庸。我如強盛，則日本在經濟上勢非依賴我國或別的國家不能生存，我如長此貧亂，則日本或者竟可於短期中吞併我，……所以中日間的死拚是無可幸免的」。〔註154〕在《論華北大勢》中，錢端升再次指出，「中日問題根本是無法解決的」。〔註155〕

在 2 月 26 日《二次大戰在醞釀中》社論中，錢端升指出，

> 近兩年來，因日本對華之加緊侵略，倫敦經濟會議之完全失敗，世界軍縮會議之陷於僵局，以及由此三大問題引起的日德退出國際聯盟，德國脫離軍縮會議，列強之軍備競爭，資本主義國家間之關稅戰與貨幣戰，國際情勢，日趨複雜，戰爭空氣，日愈緊張，已成不可掩之事實。若從最近日俄增防滿邊，日美趕築戰艦的情形上觀察，日本人的「危機在一九三六」的預測，莫索里尼的「火藥庫在遠東」的危言決非神經過敏之談；若再從德法，德奧的政治經濟鬥爭，德意法西斯蒂勢力的東侵，巴爾幹諸小國家及小協約國之積極團結，以謀自衛的種種事象上觀察，「一九一四年的慘史，重演於今日歐洲」的客觀條件，不能說不已經具備了。〔註156〕

〔註153〕王世杰：《胡適之先生的政治人格與政治見解》（1976 年 5 月），國立武漢大學旅臺校友會編：《王世杰先生論著選集》，臺北：裕臺公司，1980 年 3 月，第 521 頁。

〔註154〕錢端升：《中日問題果能解決嗎？》，天津《益世報》社論，1934 年 2 月 22 日。

〔註155〕錢端升：《論華北大勢——兼送黃委員長南行》，天津《益世報》社論，1934 年 4 月 3 日。

〔註156〕錢端升：《二次大戰在醞釀中》，天津《益世報》社論，1934 年 2 月 26 日。

證諸後來事實，應當說，錢端升對於遠東形勢的評估，有相當的遠瞻性。他對國際形勢的判斷，儘管後來有部分修正，然在大體上仍維持上述看法。從這個角度言之，錢端升主張不放棄國聯、積極與美俄聯繫，除旨在與當時的日本侵華外交對抗外，也包括將來與四國建立盟約。儘管國聯和美俄外交路線在 30 年代中期，表面上看起來空洞無物，但實際上，四國都在積極備戰。不論英法（國聯）、還是美俄，當時對日的忍讓和妥協，一方面固由於國內問題，一方面不無外交考量在內，即等待二戰爆發後再跟日本算總賬。

一年後，錢端升在《論中日關係》中，再次重申上述立場。他說：「解決中日的問題只有降與戰。和是不可能的。這是九一八以來我的一貫的見解」。〔註 157〕他重新引述《中日問題果能解決嗎？》社論後表示：「上面一番議論，不但三十四個月的經過不能改易其一絲一毫的眞實，即在過了三十四年，其眞實不會有一絲一毫的變動」。〔註 158〕

錢端升對中日關係的理解和對國際形勢的觀察，基本與胡適、傅斯年和蔣廷黻等人相近。亦因此，他們的國聯和美俄外交主張亦接近。胡適、傅斯年指出，「世界之心驚固不全爲東北問題」，而是日本打破了太平洋的勢力平衡，勢必引起英美俄等國的擴軍。〔註 159〕蔣廷黻也說，第一次世界大戰的根本原因可以說是一個後起的帝國德意志，圖謀強迫與四個先進的帝國分肥，這次日本也不例外。「大戰是必會在短期內———一二年爆發的」。〔註 160〕

在 2 月 23 日社論中，錢端升批評外交當局半年以來，日內瓦代表停止活動實爲一種失策。他指出除東京路線外，「凡一切國際的路線皆應試走」。〔註 161〕蕭公權和胡適也持類似意見：「不可放棄國聯與國際，也不必與日本衝突或決裂」。〔註 162〕在 8 月 14 日社論中，錢端升再次重申，沒有必要因

〔註 157〕錢端升：《論中日關係》，《中國新論》，第 2 卷第 1 期，1936 年 1 月 1 日，第 10 頁。

〔註 158〕錢端升：《論中日關係》，《中國新論》，第 2 卷第 1 期，1936 年 1 月 1 日，第 6 頁。

〔註 159〕傅斯年：《「不懂得日本情形」！？》，《獨立評論》，第 4 卷第 88 號，1934 年 2 月 4 日，第 5 頁。

〔註 160〕蔣廷黻：《國際形勢現分析》，《獨立評論》，第 4 卷第 88 號，1934 年 2 月 4 日，第 6、7 頁。

〔註 161〕錢端升：《對日應採取何種策略？》，天津《益世報》社論，1934 年 2 月 23 日。

〔註 162〕君衡：《中央外交方針如何轉變？》，《獨立評論》，第 3 卷第 66 號，1933 年 9 月 3 日，第 4 頁；胡適：《世界新形勢裏的中國外交方針》，《獨立評論》，第

一時權宜之計而將美俄、國聯等推開。他說：「國際風雲變化最快，此時若自行擯斥於國際集團之外，則大難到頭之日，必將悔亦無及」。〔註163〕傅斯年亦說：「現在世界的局面已到緊急準備的經〔進〕程中，我們的當局想也不至於把美之築艦，俄之自恃，英之海軍開會，都算作無意義的事，而把西向的線索一齊割斷吧？」〔註164〕

從上述角度出發，我們可以大致理解錢端升在《益世報》上各種外交主張。就當時中國而外交而言，錢端升認爲，已陷入了進退兩難的困境。在3月20日社論中，他指出，「塘沽協定與國聯議決，先後相映，頓成奇趣，使吾人不免有啼笑皆非之苦」。他針對當時的「東向外交」和「西向外交」批評說：

> 總之，今日吾國之外交，西向則有汲江活鮒之苦，東向則有認賊作父之嫌。我國之如此左右爲難者，其原因在於國力太弱，所謂「歐美派」與夫「日本通」二者間之孰是孰非，尚不足論也。國家事勢至此，早已失去自動外交之資格。〔註165〕

這是他提倡獨裁極權，希冀中國急起直追的國際原因。同時，錢端升還認爲，確立一個合理的外交政策也是民族生存必備的條件之一。在1月5日的社論中，他說：「內政與外交是互爲因果的，內政有辦法，可以增加外交之力量；同樣，外交得到勝利，也足幫助內政之成功。所以中央目前誠然要急於建設和統一，同時對於外交也必須確立一個比較合理而自主的政策」。〔註166〕蔣廷黻在一年前的《長期抗戰中如何運用國聯與國際》中也說：「內政與外交好像左右兩條腿……不然，全體就不能有進步」。〔註167〕錢、蔣所言的合理外交，指的自然是與胡適、傅斯年看法相近的國聯與美俄外交。

4卷第78號，1933年11月26日，第3頁。

〔註163〕錢端升：《論所謂既定的對日方針》，天津《益世報》社論，1934年8月14日。

〔註164〕傅斯年：《「不懂得日本情形」！？》，《獨立評論》，第4卷第88號，1934年2月4日，第5頁。

〔註165〕錢端升：《對日外交之東西兩向》，天津《益世報》社論，1934年3月20日。

〔註166〕錢端升：《中國外交的出路》，天津《益世報》社論，1934年1月5日。按：本文採用的《益世報》爲原件複印本，人民大學圖書館提供免費拍攝，謹此致謝。

〔註167〕蔣廷黻：《長期抗戰中如何運用國聯與國際》，《獨立評論》，第2卷第45號，1933年4月9日，第2頁。

二、對日本侵略外交的揭露與批評

日本退出國聯後，在遠東一意孤行，不僅侵犯了蘇俄的利益，連帶英美的利益也受到損害。爲了緩和國際外交的孤立，日本外交當局採取了一連串緩和措施。針對日本外交當局的做法，錢端升發表一連串的社評，揭露日本只是改變了策略，侵略的本質仍未變更。他在 1 月 5 日的社論中指出，當時所謂「協和外交」（即廣田外交），其本質是：第一、引誘中國承認僞滿。第二、實行所謂的「多邊外交」，煽動中國各省內亂，以謀暴利。錢端升警告國民政府說：「千萬不可因畏懼其煽動內亂，分割領土而先屈伏，妥協，因爲日方是要利用這種『多邊外交』的手段，達到其引誘我國承認僞國之最後目的」。〔註 168〕

在 4 月 8 日社論中，錢端升再次指出，

> 廣田的是所謂不戰而勝的政策，是須和內田的焦土政策比較才能明瞭的。……廣田的目標仍是制服中國，和前並無分別……他希望能誘中國與之提攜。他的希望如能實現，則將藉提攜以收制服中國之功。這是廣田政策屬害的地方，這也是我們所應當基本認識的。〔註 169〕

對於「廣田外交」，胡適等人在《獨立評論》上亦指出，它剛好與內田的「焦土政策」配合，一張一緩，用蠶食代替鯨吞，不戰而屈人之兵。〔註 170〕

在 4 月 10 日的社論中，錢端升繼續對「廣田外交」作出揭露。他指出，日本爲緩和自退出國聯以來的國際孤立與西方列強的經濟衝突，所以才實行「協和外交」。美俄復交後，加深了「九・一八」以來的日俄矛盾，日俄「售路交涉停頓於先，漁業糾紛繼起於後，蘇聯軍政領袖復聲色俱厲，痛詆日本，劍拔弩張，衝突有隨時爆發之虞」。至於英日，「以前兩國同盟之好感，因經濟的衝突而不絕如縷」，已開始煙消雲散。但爲了爭取英國承認「滿洲及海軍問題」留有餘地，才避免直接與英國衝突。〔註 171〕總之，錢端升認爲：

> 日本的對華政策是向來一貫不變的。無論是焦土政策也好，或是協和外交也好。它的最後目的，是制服中國。如果中國能低首下

〔註 168〕 錢端升：《中國外交的出路》，天津《益世報》社論，1934 年 1 月 5 日。
〔註 169〕 錢端升：《廣田召駐外日使回國》，天津《益世報》社論，1934 年 4 月 8 日。
〔註 170〕 胡適：《「協和外交」原來還是「焦土外交」》，《獨立評論》，第 4 卷第 98 號，
　　　　　1934 年 4 月 29 日。
〔註 171〕 錢端升：《日本之外交策略》，天津《益世報》社論，1934 年 4 月 10 日。

心，政治及經濟上一任它的指揮，那它就不必用武力來征服。如果
中國不肯低首下心……那日本遲早必用武力來一試。〔註172〕

　　針對上述國際形勢，錢端升對國民政府提出了一系列的外交建議：一、
站穩自己的立場，用不亢不卑的態度與日本周旋。二、堅持不承認任何有損
主權的協定。三、在日本付出相當的代價前提下（即抵抗）或在合理的範圍
內，犧牲部分國家利益，與之周旋，但任何形諸文字的協定或條約必須避免。
四、與蘇俄密切合作，與歐美保持聯絡；五、自力更生，政府加快內政建設
的步伐。〔註173〕對於國民政府與「偽滿」的「通車」、「通郵」，錢端升是極
力反對的。這亦是他與外交當局發生衝突的主要原因之一。他說：

　　　　中日的關係既談不到根本的妥協或親善，我們現在所能做到的
　　最大限度的親善即是與日本人客客氣氣，口上不談復仇或抵抗而
　　已。至於通車通郵等等，則我們認爲祇有百害而無一利。害之大者，
　　一爲使各國得有承認偽國的藉口。再爲使華北的民氣更死，更消沉。
〔註174〕

錢端升的擔憂不是沒有道理的。華北地區若再非軍事化，難保不會出現第二
個「偽滿」。當中國主權已在事實上造成永久損害時，政府還在箝制輿論，一
味在高唱中日親善，民心士氣怎能不逐漸消沉！

　　以上爲錢端升認爲中國應如何應對日本外交的幾個原則。除暴露日本的
侵略外交外，錢端升也對當時國民政府的對日外交作出剖析。在 8 月 14 日《論
所謂既定的對日方針》的社論中，錢端升指出，

　　　　就事實而言，政府所持的方針可作下列的分析：（一）對偽國
　　事暫置不提；（二）對華北求相安無事，即使相安的代價爲放棄若干
　　種感情上在此必爭的立場；（三）對日經濟上的讓步則視日本要求的
　　堅決與否而決定允諾與拒絕；（四）對日本取極意和諧的態度；（五）
　　對其他列強則停止一切日人所視爲含有排日性的關係。以上所述，
　　國人固然可以看出，即日人及其他外人也當然可以看出；所以我們
　　認爲沒有隱諱的必要。

〔註172〕錢端升：《日本的恐嚇政策》，天津《益世報》社論，1934 年 4 月 20 日。
〔註173〕錢端升：《中國外交的出路》、《對日要不卑不亢》、《華北對日的外交方略》，
　　　　天津《益世報》社論，1934 年 1 月 5 日、4 月 7、15 日。
〔註174〕錢端升：《論華北大勢——兼送黃委員長南行》，天津《益世報》社論，1934
　　　　年 4 月 3 日。

這些分析，對南京政府而言，有可能暴露了其處理對日問題的原則與其底線，有利於日本對中國提出更苛刻的要求，引起政府高層「關注」是自然而然的事。

對於中共問題，錢端升的立場基本與 20 年代一致，認為「聯俄」和「剿共」可分開處理。1932 年中俄復交後，兩國關係一直未有重大進展，原因之一是國民政府正在全力「剿匪」。錢端升認為，既然兩國的敵人一致，則合作還是越快越好。他認為，共產黨問題不足慮：「我如內政修明，聯俄也沒赤化危險；我如內政紊亂，不聯俄也難免赤化。……莫斯科的路線終須有勇氣去走的」。〔註 175〕

除對政府意見作出批評和建議外，錢端升也對政府正確的立場作出翼贊。天羽聲明後，中國政府發表反聲明。錢端升評論說：「昨日汪行政院長在立法院中所表示的嚴正態度，多少祛除了我們的憂慮，這是深可欣慰的」。〔註 176〕但對政府對日的軟弱立場，始終希望能再強硬些。「昨日我外部所發表的聲明書，方向固是對的，措詞也較傀儡稱帝時所發的為得體，但準以上面所說，總未免太嫌軟弱」。〔註 177〕

針對當時輿論在塘沽協定半年後，仍對國民政府有所指責，錢端升認為不宜太過苛責。他以瞭解之同情態度指出，

> 夫言抵抗則戰鬥無力，言求助則口惠而實不至……就「好漢不吃眼前虧」一原則言之，則暫時容忍，實具苦心，肆意抨擊，近於不恕。

相較羅隆基，應該說，對當時政府的外交困境還是比較諒解的。同時，他呼籲全國應認清形勢，努力建設，以備抗戰。他說：「國民須認清當前之事實，不能苛責政府，政府亦應與國民以誠相見，無需作虛偽之粉飾，是亦應付被動外交苦悶沉痛局面之一道也」。〔註 178〕

從以上種種分析可見，錢端升對當局時國際形勢和中國外交，不僅觀察入微，而且鞭辟入裡。對中日關係和國際形勢的觀察，與胡適、傅斯年、蔣廷黻等人大多相當接近。可能因外交意見相近，錢端升後與胡適等被委派出

〔註 175〕錢端升：《再論日本的東亞政策》，天津《益世報》社論，1934 年 4 月 21 日。
〔註 176〕錢端升：《再論日本的東亞政策》，天津《益世報》社論，1934 年 4 月 21 日。
〔註 177〕錢端升：《日本的恐嚇政策》，天津《益世報》社論，1934 年 4 月 20 日。
〔註 178〕錢端升：《對日外交之東西兩向》，天津《益世報》社論，1934 年 3 月 20 日。

使歐美。〔註179〕

三、《益世報》與其他報刊的被郵禁

　　錢端升出任主筆後不久，就拜訪了時任國民黨宣傳委員會主任一職的邵元沖。〔註180〕1934 年 2 月 15 日、16 日，其日記均有相關記載，談的均爲報務和國民政府新聞政策。15 日，「新任天津《益世報》主撰錢端升來訪，談報務」。〔註181〕16 日，「午在明湖春招宴錢端升、張溥泉、劉眞如等，兼談新聞政策，二時後散」。〔註182〕其後，錢端升仍跟邵元沖保持著相當的聯繫。如 6 月 14 日，「十一時後，天津《益世報》主筆錢端升來談北方新聞界情形」。〔註183〕

　　除邵元沖外，錢端升還拜訪了不少黨政學三界津要聞人，以通過不同渠道獲得各方消息。如《顏惠慶日記》中就有不少錢端升的記載，其中包括《益世報》被郵禁和他離開的消息。3 月 2 日，顏惠慶記載：「《益世報》主筆來訪，他過去是清華大學教授」。4 月 19 日，「《益世報》記者錢君來訪，表示對黃的心理狀態有些擔心，並問爲何郭泰祺在親日派那裡不受歡迎」。6 月 10 日，「錢端升來電。顧等回國」。9 月 28 日，「錢端升來訪。他由於批評了黃郭的下屬，現已離開了《益世報》。他將去中央大學執教」。〔註184〕錢端升之所以拜訪顏惠慶，原因之一是在北京政府時代，顏與黃已有交往，現又同在國民政府工作。〔註185〕由於錢端升在此期間活動記載十分稀缺，與其

〔註179〕龔祥瑞說：「1938 年春，錢端升先生從美國來信說他將到英倫來。大概是應他的好友外交部長王世杰先生的邀請進行抗日救國宣傳活動的」。龔祥瑞：《盲人奧里翁：龔祥瑞自傳》，北京大學出版社，2011 年 6 月，第 85 頁。

〔註180〕邵元沖於 1931 年 3 月任國民政府委員，立法院副院長、代理院長；同年冬任國民黨第四屆中央委員，國民黨政治會議委員、宣傳委員會主任委員、黨史編纂委員會主任委員。1935 年春，辭宣傳委員會主任委員職。中科院臺灣所編：《邵元沖》，《中國國民黨全書》，下冊，陝西人民出版社，2001 年 4 月，第 992 頁。

〔註181〕王仰清、許映湖標注：《邵元沖日記，1924～1936 年》，上海人民出版社，1990 年，第 1086 頁。

〔註182〕王仰清、許映湖標注：《邵元沖日記，1924～1936 年》，上海人民出版社，1990 年，第 1086～1087 頁。

〔註183〕王仰清、許映湖標注：《邵元沖日記，1924～1936 年》，上海人民出版社，1990 年，第 1128 頁。

〔註184〕上海市檔案館譯：《顏惠慶日記》，第 2 卷，中國檔案出版社，1996 年，第 799、808、817、839 頁。

〔註185〕吳建雍等譯：《顏惠慶自傳——一位民國元老的歷史記憶》，北京：商務印書

他人物的交往分析只能從簡。從邵、顏日記中片鱗半爪來看，可以推論錢端升應還造訪了不少其他黨政學人物。儘管如此，仍挽救不了《益世報》至少二次被郵禁的命運。

關於第一次郵禁，據羅隆基回憶說，蔣介石「爲了獲得日本人的歡心……以總司令的名義，於 1934 年 7 月通令全國，停止天津《益世報》對郵政和電報的使用。最初因得到當時河北省主席于學忠的默許，報紙仍照常出版……不到半個月，蔣又發來電報，說『全國各地如再發現天津《益世報》，唯當地軍政長官是問』。于學忠把蔣的電報給劉豁軒看，並說明他處境的困難。天津《益世報》從此一份也不能出意租界了。……於是就完全停刊了」。〔註 186〕羅的回憶略有不確。顏、邵和胡適日記及各種工具書未見相關記載。

據羅氏所言，疑與 8 月 11 日郵禁爲同一次。《中華民國大事記》記載：「天津《益世報》因上日社論《華北戰區之整理》一文觸犯當道，是日被天津新聞檢查所處以停止郵遞及收發電訊之處分，至 9 月 16 日始解禁」。〔註 187〕關於這次郵禁，邵元沖和胡適均有記載。8 月 20 日，邵記載：「又天津錢端升來電，爲《益世報》撰文詆諆黃郛，介石電河北省政府予以停止郵遞及郵電交通，屬〔囑〕爲設法。當予去電布雷，囑向介石疏解」。〔註 188〕8 月 30 日，胡適亦載：「錢端升來談天津《益世報》被剝奪郵運權的事」。〔註 189〕

據此，筆者特意考察了此文，發現行文甚平穩，就筆鋒來看，遠比不上《論所謂既定的對日方針》（8.14）犀利。在文中，錢端升指出，華北當時有四大患：第一、權力之不統一；第二、保安力量之不足；第三、地方官吏之怕事；第四、浪人漢奸太多。錢端升認爲，從理論上而言，華北戰區權力，不統一於省，便統一於政整會，「若從事實而言，則我人更不敢存由政整會治

館，2003 年 3 月，第 271 頁。

〔註 186〕羅隆基：《我在天津〈益世報〉時期的風風雨雨》，《中華文史資料文庫》，第 16 輯，北京：中國文史出版社，1996 年，第 338 頁。按：羅隆基所言「完全停刊」，似略有不確。除 7 月 1 日外，餘下日子均有社論。詳參本文附錄《錢端升學術政論著述年表》。

〔註 187〕韓信夫、姜克夫主編：《中華民國大事記》，第 3 冊（第 20～26 卷），北京：中國文史出版社，1997 年 2 月，第 685 頁。按：《華北戰區之整理》應爲《戰區之整理》，社論原標題並無「華北」二字。

〔註 188〕王仰清、許映湖標注：《邵元沖日記，1924～1936 年》，上海人民出版社，1990 年，第 1147 頁。

〔註 189〕曹伯言整理：《胡適日記全集（7）》（聯經版），第 138 頁；亦見《胡適日記全編（6）》（安徽版），第 406 頁。

理戰區之意」。〔註190〕可能是這個批評觸痛了黃郛，導致蔣介石下令禁郵。

　　至於第二次，即9月16日解禁後，前述9月28日顏惠慶日記所載「批評了黃郛下屬」。錢端升在辭去《益世報》主筆一職後，還跟邵元沖保持著一定的聯繫，並藉此途徑表達了他對國民黨政府箝制輿論政策的不滿。1934年10月4日，邵元沖記載：「錢端升來談新聞事業意見，晚餐後去」。〔註191〕10月27日，又記：「午前至中央黨部宣傳會辦事，並處分各事。十時後歸，分別晤鄧孟碩、陳浦靈〔陳靈浦？〕、錢端升等」。10月30日，「午約鄧孟碩夫婦、錢端升、傅汝霖、袁同疇、洪蘭友等看菊午宴」。〔註192〕從共同賞菊來看，錢、邵關係似乎不錯。

　　與《益世報》同時期被禁的還有《時事新報》和北平《晨報》。9月9日，邵元沖記載：「上周，介石又因黃郛、汪精衛等之哀訴，將《時事新報》及北平《晨報》停止郵遞，而《益世報》亦尚未解禁，主筆錢端升已辭職。對輿論抑制太過，殊慮異日之反攻也」。〔註193〕明確指出兩份報紙被禁是因爲批評黃郛和汪精衛。10月13日又記：「又蕭同茲伴《時事新報》記者潘公弼來，談南昌制裁《時事新報》情形，並希酌予救濟，當爲略談一切而去」。〔註194〕

　　「九・一八」事變後，日本一再侵犯中國主權，而國民黨埋頭於「剿共」，其對日妥協政策引起了國內輿論普遍的不滿。可以說，1934年是輿論反日高潮的一年。也因此，報紙經常因批評國民政府對日政策而犯禁，眾矢所至，咸集中於汪精衛和黃郛身上。

　　除上述報刊外，《民生報》、《朝報》，甚至連《華北日報》和《中央日報》也因批評汪精衛和黃郛而遭到各種不同程度的處分。6月9日，邵元沖記載：「方希孔報告，介石已飭京憲兵司令部，將《華北日報》編輯陳國廉扣留」。〔註195〕《華北日報》是國民黨在北方唯一的黨報，曾因泄漏了中政會決議通

〔註190〕錢端升：《戰區之整理》，天津《益世報》社論，1934年8月10日。

〔註191〕王仰清、許映湖標注：《邵元沖日記，1924～1936年》，上海人民出版社，1990年，第1162頁。

〔註192〕王仰清、許映湖標注：《邵元沖日記，1924～1936年》，上海人民出版社，1990年，第1171頁。

〔註193〕王仰清、許映湖標注：《邵元沖日記，1924～1936年》，上海人民出版社，1990年，第1156頁。

〔註194〕王仰清、許映湖標注：《邵元沖日記，1924～1936年》，上海人民出版社，1990年，第1165頁。

〔註195〕王仰清、許映湖標注：《邵元沖日記，1924～1936年》，上海人民出版社，1990

車消息而遭停版處分。〔註196〕7 月 11 日，汪精衛因監察院彈劾事，在中央政治會議上提出，未經懲戒機關審議之彈劾案，概不得公佈，並「痛詆《中央日報》及《時代公論》」。〔註197〕7 月 14 日，邵元沖又記：「《朝報》因載汪精衛事，予以停刊一日之處分」。〔註198〕這是因 12 日《朝報》刊登之《某院長昨狂怒》及社評《狗屁之中央日報》未曾送檢。〔註199〕7 月 25 日，北平《世界日報》因 22 日社論《黃郛、于學忠進退問題》，行政院駐平政務整理委員會以「措詞失當」，罰令停刊三日。〔註200〕7 月 29 日，邵元沖又記：

> 又日前介石因汪精衛之哀訴，予《民生報》及民族通訊社以封禁，並令憲兵司令部逮《民生報》社長成舍我，及民族社社長及編輯等三人，更將再三追究，以興大獄。小題大做，為他人分謗，殊屬無謂。蓋精衛近來之措施，輿論界莫不痛心疾首，介石殊不值為之負責撐腰，使邪人愈肆，擬日內以電規之。〔註201〕

從上可見，即連國民黨內部如邵元沖，也對汪、黃（蔣）外交政策不滿；同時又覺得蔣介石鉗制輿論的做法不妥。連黨報《中央日報》和《華北日報》，及國民黨色彩濃厚的《時代公論》也在禁罰之列，《益世報》仍維持羅隆基時期的抗日言論風格，被禁自在情理之中。

可能由於不勝當時報刊批評之煩，蔣介石意欲趁機將新聞檢查收歸國防會議麾下。7 月 31 日，邵元沖記載：「上午，楚傖來談關於《民生報》及《中央日報》處分事，又謂介石來電，主將新聞檢查所劃歸國防會議主管。此等辦法，從法理系統手續而言，全無是處，然介石既欲悉置之於軍政統制之下，

年，第 1126 頁。

〔註196〕草人：《華北日報停版》（一周簡評），《國聞週報》，第 11 卷第 23 期，1934 年 6 月 11 日，第 1 頁。

〔註197〕王仰清、許映湖標注：《邵元沖日記，1924～1936 年》，上海人民出版社，1990 年，第 1136 頁。

〔註198〕王仰清、許映湖標注：《邵元沖日記，1924～1936 年》，上海人民出版社，1990 年，第 1137 頁。

〔註199〕該報後被國民黨中央宣傳委員會勒令停刊一日。韓信夫、姜克夫主編：《中華民國大事記》，第 3 冊（第 20～26 卷），北京：中國文史出版社，1997 年 2 月，第 676 頁。

〔註200〕韓信夫、姜克夫主編：《中華民國大事記》，第 3 冊（第 20～26 卷），北京：中國文史出版社，1997 年 2 月，第 680 頁。

〔註201〕王仰清、許映湖標注：《邵元沖日記，1924～1936 年》，上海人民出版社，1990 年，第 1141 頁。

亦非口舌所能爭也」。8 月 1 日，「上午，電介石，關於彼近來處置各新聞事，勸其務崇寬大」。8 月 2 日，「本日中央常會已決定將新聞檢查所劃歸國防會議管理」。〔註 202〕

從邵元沖日記中，可以觀察到：一、國民黨的輿論控制，是牢牢掌控在蔣介石而非國民黨宣傳部手中。二、蔣、汪之間的權力格局。汪精衛沒有蔣介石的支持，即使連國民黨輿論機關也不能控制自如。三、汪、蔣合作關係，連圈中人如邵元沖也不甚明瞭。在國難期間，國民黨內部分高層不但未能精誠合作，反而互拆其臺。四、蔣介石欲借報刊批評汪、黃兩人之機會，整頓輿論，將之收歸軍事機構之下。

蔣介石的過度控制輿論政策，引起了邵元沖的擔憂，這與錢端升等人向他傳遞的意見有一定的關係。8 月 20 日，在接到錢端升所發《益世報》被禁電當天記載：「介石近日對於新聞事業及記者嚴格之制裁，非特將中央宣傳部之職權盡量侵越，且慮引起新聞界此後之反感，殊不知所以善其後也」。〔註 203〕應當說，邵的憂慮還是有一定的遠見的。惟當局不但拒絕其建議，反而反其道行之。在 1933 年秋暗殺羅隆基失敗後，翌年 11 月 13 日，《申報》總經理史量才由杭州返滬途中被暗殺。〔註 204〕1934 年底，蔣介石的新聞控制政策和史量才的被暗殺引起了新聞界的強烈反彈。12 月 11 日，天津《大公報》、《益世報》、北平《晨報》、《世界日報》等電請五中全會，再次重申保障言論自由。〔註 205〕

四、與《獨立評論》、《時代公論》、《再生》和《大公報》之比較

對於國民政府的外交政策走向，當時《大公報》和三大知識分子刊物《獨立評論》、《時代公論》、《再生》均持不同的態度。其中以具國民黨色彩濃厚的《時代公論》，立場以最為鮮明和激進，明確反對所謂「親日政策」，因此

〔註 202〕王仰清、許映湖標注：《邵元沖日記，1924～1936 年》，上海人民出版社，1990 年，第 1141～1142 頁。

〔註 203〕王仰清、許映湖標注：《邵元沖日記，1924～1936 年》，上海人民出版社，1990 年，第 1147 頁。

〔註 204〕沈醉：《楊杏佛、史量才被暗殺的經過》，《軍統內幕》，北京：中國文史出版社，2001 年，第 131～137 頁。亦見《文史資料選輯》，合訂本第 13 冊（總 37～39），1986 年 12 月，第 165～171 頁。

〔註 205〕郭廷以：《中華民國史事日誌》，第 3 冊，臺北：中研院近代史研究所，1984 年 6 月，第 421 頁。

遭到禁郵處分。在《時代公論》上，楊公達和樓桐孫等人旗幟鮮明地反對國民黨政府的親日立場，發表了一系列攻擊汪精衛、黃郛親日的文章，其中楊公達的文章包括：《親日又怎樣呢？》、《唾面自乾的親日外交》和《不親日又怎樣呢？（上、下）》。〔註206〕樓桐孫則有《親日外交的教訓與華北的將來》、《由抗日到親日！由親日到降日！！》和《嗚呼親日外交》等。〔註207〕另還有陶彬《質大公報之親日謬言論》，〔註208〕側面反映出《大公報》對當時國民政府持相對同情態度。楊、樓的文章大大地刺激了汪精衛，這點從汪氏「痛詆《中央日報》及《時代公論》」和《某院長昨狂怒》可看出。

相較《時代公論》帶有一定的黨派色彩，較為獨立和中肯的《獨立評論》、《再生》和《大公報》在對國民政府的親日政策採取了截然不同的態度。相較而言，對於當時國際形勢的分析和日本對華外交的剖析，應當說，《益世報》立場與《獨立評論》是最接近的。在《獨立評論》上，君衡（蕭公權）說：「中國目前外交的方針應當是：不可放棄國聯和國際，亦不必與日本衝突或決裂；前者求其援助，後者求其諒解。俗語說『兩姑之間難為婦』。現在的中國正不得不勉為其難，以求一條自救自全的出路」。〔註209〕蕭公權的意見得到了胡適的和應。他說：「我們一班朋友在這一年之內，曾屢次說過：中國目前外交的方針應當是：不可放棄國聯與國際，也〔亦〕不必與日本衝突或決裂」。〔註210〕

對當時所謂的「中日親善」，儘管態度不如《時代公論》之激烈和激進，但《獨立評論》部分同人的立場還是異常鮮明的。1933年5月，國民政府與日本簽訂《塘沽停戰協定》，傅斯年極力表示反對。〔註211〕由於《獨立評論》

〔註206〕見《時代公論》：《親日又怎樣呢？》（第2卷第30號）、《唾面自乾的親日外交》（第2卷第32號）、《不親日又怎樣呢？（上、下）》（第2卷第33、34期）。

〔註207〕見《時代公論》：《由抗日到親日！由親日到降日！！》（第2卷第33號）、《親日外交的教訓與華北的將來》（第3卷第1、2號）、《嗚呼親日外交！》（第3卷第5號）。

〔註208〕陶彬：《質大公報之親日謬言論》，《時代公論》，第2卷第35號，1933年11月24日。

〔註209〕君衡：《中央外交方針如何轉變？》，《獨立評論》，第3卷第66號，1933年9月3日，第4頁。

〔註210〕胡適：《世界新形勢裏的中國外交方針》，《獨立評論》，第4卷第78號，1933年11月26日，第3頁。

〔註211〕傅樂成：《傅孟真先生的民族思想》，王爲松編：《傅斯年印象》，學林出版社，1997年12月，第197頁。原載《傳記文學》（臺北），第2卷第5期。

爲一同人刊物，儘管大多社員在國際形勢和日本對華政策分析上，看法相近，但在應對日本上，部分社員立場卻南轅北轍，其中以傅斯年和胡適、丁文江態度明顯呈兩極化。由於中國積弱，胡適〔註212〕和丁文江〔註213〕和主張盡量對日低調，爭取時間臥薪嘗膽，與《益世報》主張有一分力量則用一分抵抗，立場明顯不同。胡適的低調態度引起了傅斯年的不滿，甚至一度要退出《獨立評論》社。〔註214〕

儘管胡適對《塘沽停戰協定》持諒解態度，但在 1934 年 4 月，他的態度亦開始變化，明確表示：「到了今日，我們必須明白我們已無求得強鄰諒解的可能，也無求得諒解的必要」。〔註215〕5 月，胡適再次重申：「今日的日本決不是我們的朋友；我們在日本的侵害與侮辱之下，也無法可以和日本做朋友」。〔註216〕

至於《再生》的態度，則與《時代公論》截然相左，與胡適低調立場相近，甚至採取了比《大公報》有過之而無不及的同情態度。《今年的九一八》準社論指出，

> 總之，只有一個立國問題。而沒有所謂抗日問題。自己不能立國，則一切都談不到。……經過這樣的一個大教訓，我們不能不希望大家有澈底的覺悟：即大家須從此專心集力從事於國家自身健全的努力（按：重點爲原文所有）。〔註217〕

在另一場合，張君勱指出，「在國家未統一實力未充足之日，應以同等友誼待各國，而不必有所倚輕倚重是矣（按：重點爲原文所有）」。他所持的理由爲：

〔註212〕胡適：《丁文江的傳記》，安徽教育出版社，1999 年 10 月，第 151 頁。胡適其他 4 篇文章，參見《獨立評論》：《我們可以等候五十年！》（第 2 卷第 44 號）、《保全華北的重要》（第 3 卷第 52、53 號合刊）、《華北問題》（第 8 卷第 179 號）、《蘇俄革命外交史的又一頁及其教訓》（第 7 卷第 163 號）。

〔註213〕丁文江：《假如我是蔣介石》，《獨立評論》，第 2 卷第 35 號，1933 年 1 月 15 日；丁文江：《抗日的效能與青年的責任》，《獨立評論》，第 2 卷第 37 號，1933 年 2 月 12 日；丁文江：《蘇俄革命外交史的一頁及其教訓》，《獨立評論》，第 7 卷第 163 號，1935 年 8 月 11 日。

〔註214〕傅樂成：《傅孟眞先生的民族思想》，王爲松編：《傅斯年印象》，學林出版社，1997 年 12 月，第 197～198 頁。原載《傳記文學》（臺北），第 2 卷第 5 期。

〔註215〕胡適：《「協和外交」原來還是「焦土外交」》，第 4 卷第 98 號，1934 年 4 月 29 日，第 4 頁。

〔註216〕胡適：《解決中日的「任何懸案」？》，《獨立評論》，第 5 卷第 102 號，1934 年 5 月 27 日，第 2 頁。

〔註217〕記者：《今年的九一八》，《再生》，第 2 卷第 1 期，1933 年 10 月 1 日，第 2 頁。

第一、中國國力太弱，「尚未具實際上之國際人格」，不足以與其他國家聯盟
（此點與錢端升看法相近）；二、當時中國未統一，「捨南就北，或如今之捨
西南就南京」，均會引發內部之爭；三、任何親某一國的行為，均將會引致另
一國的抗議。因此，張君勱建議：「與其因我之左右袒而引起他人之搗亂，反
不如專力於內治而以聯某拒某為緩圖可矣」。〔註218〕

　　總的來說，《益世報》的立場，若論抗日態度，介乎《時代公論》與《獨
立評論》之間，不及《時代公論》，但較《獨立評論》、《大公報》有過之，與
《再生》立場最遠。相較《大公報》而言，《益世報》社論抗日立場鮮明而堅
定，這點尤其表現在對反對「通郵」、「通車」上。6月28日，《大公報》以《通
車案今日公佈》為題發表社論，引用國聯決議中國東北郵政三原則——與偽
滿發生郵政關係「不能視為國家與國家間或政府或政府間之關係」——後認
為：「政府為對日問題，縱有其負責召謗之道，國人儘可批評，獨不可以因通
車案加以承認偽國之罪名，轉助外人張目，此國人所應瞭解者也」。〔註219〕

　　這種差別可能源於與官方訊息渠道的不對稱。羅隆基在《新月》時期與
國民黨政府所結下的「樑子」，也連帶進入《益世報》，尤其是其第一篇《一
國三公的僵局》，奠定了《益世報》與國民黨相對處於一種對立狀態。這種情
況在錢端升擔任主筆期間雖有所緩和，但隨著溥儀稱帝、通車通郵談判等的
進行，社論對政府軟弱的憂懼和批評也隨之增加。影響所及，雙方溝通的渠
道明顯不若《大公報》之記者可隨時並直達廬山採訪黃郛。

五、《益世報》社論影響評估

　　要評論錢端升在《益世報》期間主筆社論的影響，並不是一件容易的事。
從《益世報》的創辦人雷鳴遠親臨長城支持中國軍隊抗戰來看，它的抗日色
彩濃厚是不容置疑的。由於缺乏相關數據，錢端升主筆時期的《益世報》銷
量只能推論之。當羅隆基主筆《益世報》時，每日發行約4～5萬份，〔註220〕

〔註218〕張君勱：《歐美派日本派之外交政策與吾族立國大計》，《再生》，第2卷第1
　　　　期，1933年10月1日，第24頁。
〔註219〕《通車案今日公佈》，《大公報》社論（1934年6月28日），《國聞周報》，第
　　　　11卷第26期，1934年7月2日，第4頁。亦見《黃膺白先生年譜長編》，第
　　　　749頁。
〔註220〕侯傑、姜海龍：《歷史回眸〈益世報〉九十載》，《天津日報》，2004年7月10
　　　　日。

估計錢端升主筆時仍能大致維持此約數。

　　儘管從發行量來說，有時未必能說明《益世報》對國民政府外交的影響確切程度，然從《益世報》至少兩次或以上被郵禁，及從顏惠慶、邵元沖等日記來看，它對國民政府的影響是存在的。應該說，錢端升對國民黨政府外交政策的種種分析、批評和建議，國民黨當局應有一定的關注，尤其天津作爲當時民國輿論重鎮之一，其餘三大名報也在此落腳。

　　就當時日本對華政策而言，誠如《蔣介石秘錄》所言，是「胡蘿蔔加大棒」。〔註221〕當時錢端升擔心中國在日本兩手政策下——「武力之外，再用外交上之方法，利誘威脅，難免有達到目的之一日」。〔註222〕因此，《益世報》社論對國民政府繼續妥協下去，有一定的抵制作用。此外，對於國民政府本身來說，錢端升的分析，對其自身的外交政策所存的缺失，也應該說，有一定的借鑒作用，儘管所起作用程度不能確定。

　　對於錢端升的建議，確立一個合理的外交原則，美國總統羅斯福的回應，或許正好說明了此一原則的重要性。有學者指出，羅斯福當時認爲，中國的外交政策在漫長的模糊的變化過程中，最好把它擱在一邊。〔註223〕國民政府對日採取和戰不定的外交政策，更是讓顧維鈞、顏惠慶等在國聯的努力和爭取國際輿論的同情大打折扣。正當顧氏等人在日內瓦努力之際，國內卻傳來和談消息，顧維鈞迭次致電外交部詢問，外交部稱是「無稽之談」，還指示顧氏加以駁斥。一如顧氏所言：「我們現在的處境，頗像講壇上的發言人，臺上說得天花亂墜，而臺下發生的事實卻完全相反」。〔註224〕英法美等國政要和輿論對中國的外交觀感可想而知。

　　最後，基於訊息不對稱，《益世報》與國民政府實際外交政策之間的距離也是明顯的，部分言論可能出於推測或想當然，尤其是政府在此期間，嚴守秘密外交原則。但大體而言，錢端升對日本外交以及國際形勢的把握，相對還是比較中立和客觀的。所做的分析和批判也相當深刻。對當時國民政府過

〔註221〕〔日〕古屋奎二撰、蔣介古秘錄翻譯組：《蔣介石秘錄》，第3卷，湖南人民出版社，1988年12月，第195頁。

〔註222〕允恭：《武力侵略後的日本外交》（東方論壇），《東方雜誌》，第31卷第8號，1934年4月16日，第2頁。

〔註223〕〔美〕歐內斯特·梅、小詹姆斯·湯姆遜編：《美中關係論》，中國社會科學出版社，1991年4月，第246～247頁。

〔註224〕岳謙厚：《顧維鈞外交思想的研究》，北京：人民出版社，2001年12月，第82頁。原載：《顧維鈞回憶錄》，第2冊，第195頁。

度「親善」，有一定的醍醐灌頂的作用，正如錢端升所指出的那樣：妨礙日本支配僅有兩事，一是國際形勢，二是民氣。〔註225〕

關於民氣的重要性，錢端升說：

> 我人徒知物質的崩潰為可慮，而〔不知〕此心理的崩潰，則誠足以使吾國墜入於萬劫不復之境。……蓋一個國民之心理，與少數人之心理不同。少數人之意志，或可應時而變，而一個國民的心理則非積久薰陶，不足以變換其毫末。〔註226〕

應當說，上述觀察是相當入微和深刻的。王世杰在 1935 年致函胡適亦表示，「目前國內局勢有兩大危機：一為兩廣與中央之決裂。……一為全國上下奮鬥精神之消沉。這是兩年以來所謂『中日親善政策』的顯著結果」。〔註227〕林語堂在 1936 年亦云：「在國土不斷淪喪之際，當局卻禁止老百姓發表看法，禁止新聞界發出聲音。這時仍然實行審查，只能使民眾普遍陷入悲觀與失望的情緒之中」。〔註228〕

因此，如果說國民政府在物質建設上為日後抗戰奠定基礎，則 30 年代的各種抗日報刊在民族心理上，為日後抗日保存了民氣。《益世報》作為一份以抗日敢言的報刊，尤其作為主筆的錢端升，如此注重保存民氣，應當說，對日後抗戰有肯定的貢獻。

第四節　三民主義觀分析

一、20 年代：三民主義的信徒

2010 年 2 月 21 日，民國時期史語所碩果僅存的研究員何茲全先生在接受《南方都市報》訪問時承認自己是「三民主義的信徒」。〔註229〕其回憶錄中也

〔註225〕錢端升：《再論日本的東亞政策》，天津《益世報》社論，1934 年 4 月 21 日。
〔註226〕錢端升：《國際環境與外交路線》，天津《益世報》社論，1934 年 2 月 17 日；在其他的社論中，錢端升生亦再三表示：「哀莫大於心死」，若中國民氣過度消沉，將可能萬劫不復。錢端升：《對日應採取何種策略？》，天津《益世報》社論，1934 年 2 月 17 日 2 月 23 日。
〔註227〕《王雪艇來書（一）》（1935 年 6 月 28 日），胡頌平編著：《胡適之先生年譜長編初稿（4）》，臺北：聯經出版事業公司，1984 年 5 月，第 1390～1391 頁。
〔註228〕林語堂著、劉小磊譯、馮克利校：《中國新聞輿論史》（1936 年），上海世紀集團、上海人民出版社，2008 年 12 月，第 174 頁。
〔註229〕《何茲全訪談：我一輩子沒離開政治》，《南方都市報》，2010 年 2 月 21 日。

直承之，並認爲「三民主義是最適合中國國情的思想和政治道路」。〔註 230〕
何茲全上述說法，也可用在錢端升身上。在民國知識分子當中，不論出於何
種原因，信奉三民主義爲當時主流，這點尤表現在留學歐陸英美的知識分子
當中。這主要源於孫中山的三民主義，糅合了英美自由民主主義和中國固有
的政治哲學傳統及國情。所以在思想上，存有先天的親和性。

　　與何茲全十五、六歲加入國民黨不同的是，〔註231〕錢端升加入國民黨時
已二十六歲，對三民主義已有所認知、經過深思熟慮後才加入的。目前並無
錢端升最早接觸三民主義的記錄，很可能在清華時期，即 19 歲出國之前。有
跡可考的是，青年時代的錢端升，其醉心革命或傾向民主已十分明顯。如在
學生時代，對雲南起義的讚賞和曾參與「五四運動」。但從學理上的認知，很
有可能來自其哈佛導師何爾康，或師弟互相影響亦未可知。

　　何爾康（Holcombe，Arthur N., 1884-1977），1912～1933 年美國哈佛大學
政府學教授、〔註232〕1919 年始擔任政府學系主任，1928 年國民政府成立初
期，曾來華遊歷。回國後，著有《中國的革命》（1930 年）和《中國的革命精
神》（1930 年）。其他著作還有《現代國家的立國基礎》（1923 年）、《今日政
黨》（1924 年）、《新政黨政治》（1933 年）等。後在 1933 年參加政府工作，
1954 年任哥倫比亞大學政治學教授。〔註233〕

　　目前暫無資料顯示，何爾康何時開始研究中國政治和孫中山思想。《中國
近代大學校長的教育家精神》一書記載，「五四運動」前後，私立中華大學校
長陳時曾邀請了一批國內外名家到校演講，其中包括何爾康。〔註234〕未知此
「何爾康」是否就是彼「何爾康」。若是，這是他接觸中國政治的開始，有可
能跟孫中山會過面。〔註235〕

〔註230〕何茲全：《大時代的小人物》，北京大學出版社，2010 年 1 月，第 33～34 頁。
〔註231〕何茲全：《大時代的小人物》，北京大學出版社，2010 年 1 月，第 21 頁。
〔註232〕上海市檔案館譯：《顏惠慶日記》，第 2 卷，中國檔案出版社，1996 年 12 月，
　　　　第 416 頁，注腳 1。
〔註233〕孫越生、陳書梅主編：《美國中國學手冊（增訂本）》，中國社會科學出版社，
　　　　1993 年 9 月，第 189 頁。吳學昭整理注釋：《吳宓日記（4）》，北京：三聯書
　　　　店，1998 年 3 月，第 52 頁，注腳 2。
〔註234〕黃旭主編：《百年之功——中國近代大學校長的教育家精神》，福建教育出版
　　　　社，1994 年，第 540 頁。
〔註235〕1935 年訪華期間，何爾康在中央大學政治學系學生歡迎茶會上，曾言及七年
　　　　前訪華經歷，未曾提及 1919 年訪華或曾與孫中山見面。另 1919 年何爾康剛
　　　　接任哈佛大學政府學系主任，理論上似不應此時離開美國，因此存疑。《中大

　　據臺灣學者羅剛編著的《國父實錄》記載，「哈佛大學政治系主任亞瑟・何爾康（Arthur N. Holcombe）曾說：『……他（按：指孫中山）博覽群書，在政治科學的園地上，或除威爾遜外，比和他同時的西方第一流政治家任何人更爲淵博』」。1928 年 7 月，林伯樂教授在麻州劍橋見何爾康教授時，也曾說：「他曾在上海法租界莫利藹路孫先生的私人圖書室中，隨便抽出一本羅馬法，孫先生在書眉的批註都是專家的見解」。〔註 236〕崔書琴在《三民主義新論》中也有引用何爾康和另一西方學者林克白對孫中山學說的看法。林克白說：「權能區分即在不關心中國的人士來看，也是對政治學的一種貢獻」。〔註 237〕從上可看出，接觸過孫中山的西方學者對他的高度評價。

　　羅剛引用何爾康對孫中山的評價推崇，或有溢美之處，但這是眞的。在《中國的革命精神》中，何爾康對孫中山的評價並非一般的高。他認爲孫中山對政治學至少有三大貢獻：第一、將領袖教育與民眾教育區分開來；第二、訓政理論，亦即憲政三階段論；〔註 238〕第三、政府理論，亦即權能區分論。〔註 239〕何爾康甚至還認爲，孫中山「不僅是革命領袖，還是新中國政治學的奠基人」。〔註 240〕可見其不論對孫中山的革命理論，還是建國理論，均十分激賞。

　　除何爾康在 1928 年訪華之外，還有另一位美國著名學者也在中國訪問，他就是普林斯頓大學政治系主任恪而溫教授（Dr. Edward S. Corwin）。〔註 241〕與何爾康相較，恪而溫對中國革命和五權憲法評價沒何爾康那麼高。恪而溫

政治系同學，招待何爾康》，《中央日報》，1935 年 3 月 20 日，第 8 版。

〔註 236〕羅剛編著：《中華民國國父實錄》，第 1 冊，羅剛先生三民主義獎學金基金會，1988 年 7 月，第 3262～3263 頁。原載羅時實：《三民主義泛論》，《三民主義研究論文集》，國防研究所，第 8 頁注腳 3。按：原文爲：「民國十七年（一九四八年）七月」，應爲 1928 年。

〔註 237〕崔書琴：《三民主義新論》，上海：商務印書館，1947 年 10 月三版，第 173 頁，注腳 7。原載：何爾康：《中國的革命》，第 144 頁；林克白：《孫逸仙的政治主義》，第 107 頁。

〔註 238〕Holcombe, Arthur N., *The Spirit of the Chinese Revolution*, New York: Alfred. A. Knopf, 1930, pp.170, 173.

〔註 239〕Holcombe, Arthur N., *The Spirit of the Chinese Revolution*, New York: Alfred. A. Knopf, 1930, p.174.

〔註 240〕Holcombe, Arthur N., *The Spirit of the Chinese Revolution*, New York: Alfred. A. Knopf, 1930, p.157.

〔註 241〕王化成：《政治學系概況》，《清華大學史料（2）》，上卷，清華大學出版社，1991 年，第 362 頁。

說：「我們在美國時常聽見一句笑話，朋友之間何必要憲法，這句話是美國一個黨魁說的，中國十月三號中央政治會議所頒佈的國民政府組織法，就是朋友之間彼此不十分相信訂出來的憲法……與其稱爲憲法，毋寧稱爲軍人與黨的領袖互相諒解的條約」。不過，他也承認孫中山的憲政三階段論比蘇俄高明，「中國比蘇俄進步，曾經表示經過訓政時期，就到憲政時期，一切政權仍交與人民」。〔註242〕兩相比較，何爾康似偏向理想主義，恪而溫偏向現實主義。

　　與何爾康看法相近的是，錢端升也認爲中國可從一黨專政過渡到憲政民主，這亦是他的一貫主張，即建設一強有力之中央政府。至於師弟之間誰影響誰，難以確定。何爾康在中國的親身經歷和錢端升對三民主義的看法，有可能互相影響。

　　除《中國革命的精神》外，1929年的《東方雜誌》上，亦載有何爾康《中國革命》一書之第九、十章譯文，譯文之要點大致如上。何爾康指出，「在革命的中國，孫中山先生是最高的威權，他的思想學說是中國革命家奉爲神聖，視如法律的」、「無論國民黨中何派執政，孫先生的政治思想自有其特殊的價值，能夠終古長存！」〔註243〕何爾康這些看法，基本與錢端升對孫中山的推崇一致。

　　從早年錢端升思想可知，他之所以所服膺孫中山的「萬能政府論」和國家自由主義，與他自己本身思想吻合有關。也因此，錢端升在回國後不久，在同鄉兼同事的介紹下，於1926年加入了國民黨。錢端升最早提及三民主義的是在《現代評論》上的《設立中央計劃委員會芻議》一文，這是加入國民黨後，宣傳三民主義的開端。他說：「國民黨所以能爲中國的惟一革命黨，就是因爲它的最後目標是，根據三民主義和五權憲法，建設眞正的中華民國，而並不是單單推翻軍閥官僚的政府和劣紳土豪的社會」。〔註244〕

　　錢端升對孫中山的推崇，還可從他在1928年的一篇紀念孫中山的文章看

〔註242〕恪而溫（E. S. Corwin）：《中國五權憲法之評論》，《東方雜誌》，第26卷第1號，1929年1月10日，第85頁。此文爲恪而溫在北大演講稿，由北大教授鮑明鈐口譯、政治學系學生林昌恆筆記，曾在月初《大公報》刊登。

〔註243〕張銳在前言中說，曾師從霍孔（A. N. Holcombe）。北大圖書館錢端升捐書中，張銳在贈錢氏書中尊錢爲師。張銳：《霍孔教授評中山主義》，《東方雜誌》，第26卷第23號，1929年12月10日，第60、69頁。

〔註244〕錢端升：《設立中央計劃委員會芻議》，《現代評論》，第6卷第138期，1927年7月30日，第10頁。

出。他說：

> 在先生逝世後的三年內……先生所精心體驗的三民主義，已成
> 了國民唯一的信條，深入全國國民的心坎了。這種迅速的成功，在
> 軍事上，歷史上固然罕與比倫，在精神上更是前無古人，這都是先
> 生偉大人格的表現。

除高度讚賞孫中山外，錢端升還鼓勵大家努力做「中山先生真正的信徒」。他
說：

> 先生的精神是不死的，後死的黨員們，應該在先生的精神的指
> 導之下，努力向前做去，才不愧爲中山先生真正的信徒。〔註245〕

錢端升發表此文時，正值何爾康訪華研究中國政治期間。當時國民政府對孫
中山的紀念活動和部分學界人士對孫中山的推崇，尤其是錢端升，很大可能
影響何爾康對孫中山的評估。如在《中國的革命》序言中，何爾康對錢端升
和洪煨蓮（William Hung）均有表示感謝。〔註246〕

二、30年代：反思三民主義

在20年代，錢端升對三民主義的宣揚甚少，只有在宣傳黨治時偶然提
及，如在《黨紀問題》一文中說：「約略說起來，中山先生的三民主義、建
國方略和建國大綱，是無變更之餘地的」。〔註247〕在40年代，錢端升對20
年代末「黨八股」宣傳風氣有所批評。他說：

> 「黨八股」這個名詞到了今日已失去了尖銳的譏刺意味，而只
> 是一個平淡的形容詞。但「黨八股」這名詞的成立和流傳卻充分說
> 明了十六七八年間上述三種人的過失。
>
> 〔這些過失包括：〕第一個是黨中解釋主義者氣度過於狹隘而
> 理解過於膚淺；第二個是黨外知識份子不是缺乏政治意識，便是缺
> 乏寬宏之量；第三個是黨內知識份子過於消極緘默而未能對主義作
> 恰當的宣傳。〔註248〕

〔註245〕錢端升（文）：《中山先生逝世後的第三週年》（時事短評），《現代評論》，第
7卷第171期，1928年3月17日，第1頁。

〔註246〕Holcombe, Arthur N., *Preface, The Chinese Revolution: A Phase in the Regeneration of a World Power, Cambridge, Mass.: Harvard University Press*, 1930.

〔註247〕錢端升：《黨紀問題》，《現代評論》，第6卷第151期，1927年10月29日，
第4頁。

〔註248〕錢端升：《三民主義的闡揚與宣傳》，《三民主義周刊》，第2卷第1期，1941

上述批評似亦可用在錢端升發表的《黨紀問題》上。進入 30 年代，錢端升開始改變過去相對教條化的看法，不再執著於字面的理論，而是體現了三民主義的「遺教的精神」。1936 年 1 月，錢端升發表《孫中山先生的憲法觀念》一文。此文系統地對孫中山的憲法思想進行了考證，全文分兩大部分：一、孫中山憲法思想溯源；二、對《軍政府宣言》（1905 年）、《中國之革命》（1922 年）和《建國大綱》（1924 年）進行比較研究。不難想見，這是一篇讀來十分枯燥的文字。

由於孫中山上述三篇著作時間不同，前後有不少矛盾和歧義的地方，不同的國民黨人按照自己利益進行了不同的解讀。錢端升亦以為，三民主義應隨環境的改變而應有不同的闡釋，不過他強調須掌握以「遺教的精神」為前提。他說：

> 孫中山先生關於憲法的主張，並非歷久不變，亦並未事事有所指示。我國將來的制憲者，苟能熟知先生所處的環境，嚴守先生整個遺教的精神，而不為文字所拘泥，則俾〔伸〕縮的餘地自極可觀。
> 〔註 249〕

因此，他嘗試從「遺教的精神」來解讀三個文本。關於國民大會，在《建國大綱》中，國民有選舉、罷免、創制，複決四權；在《中國之革命》中，「似僅有修改憲法，及制裁公僕之權」，兩相比較，以前者較妥。至於五院，按照《建國大綱》，由國民大會選舉；按照《中國之革命》，行政和立法兩院，由人民投票選舉的總統和代議士組織之，兩相比較，以後者較妥，兩院可免受國民大會的挾持。〔註 250〕

關於五院制度，錢端升認為，行政院本為實力機關，議會有預算否決權，兩者獨立不成問題。但監察、考試兩院則不同，一半有賴「國民大會的力予扶持」，一半須賴「良善的傳習」的繼承，否則不易獨立。因此，憲政前若未能獨立，正式憲法「必須規定五權的獨立行使」，但「憲法或可不設五院」。簡言之，無須硬性規定成立監察、考試和司法三院，可另「設一較

年 9 月 27 日，第 2 頁。
〔註 249〕錢端升：《孫中山先生的憲法觀念》，《民族》，第 4 卷第 1 期，1936 年 1 月 1 日，第 49 頁。
〔註 250〕錢端升：《孫中山先生的憲法觀念》，《民族》，第 4 卷第 1 期，1936 年 1 月 1 日，第 46 頁。

簡單的機關，以助成其獨立」。〔註251〕

在總統存廢上，錢端升認爲，「不應以《中國之革命》爲根據。而應以憲法是否採用五院制度爲準」。如採用五院，則可「不另設總統」；如五權獨立，「則應設總統，以監察五權的獨立行使。這兩種辦法，與《建國大綱》的文字及精神俱不牴觸」。〔註252〕對於《中國之革命》規定，國民大會、五院及全國大小官吏，「其資格皆由考試院定之」。錢端升認爲，「以中國之大，全國大小官吏無慮百萬。定此百萬人的資格，縱不由考試，也不是一件易事」，不主張全由考試院包辦。《建國大綱》對於「彈劾及考試兩權無所規定者，實欲予憲法以伸縮自由之權」。〔註253〕

從上摘錄可知，錢端升解讀孫中山三個文本別出心裁的一面。在不違背孫中山遺教的前提下，進行損益修訂。應當說，對消解國民黨政治人物對三民主義教條化和意識形態化，〔註254〕重新復活孫中山思想有一定的貢獻。但同時也開放了通往紛爭的另一道大門，因「遺教的精神」比白紙黑字更難把握。如在訓政期限上，錢端升贊成孫中山的主張「本於《建國大綱》及訓政憲政兩時期之成績」，〔註255〕但不設期限，憲政有可能會遙遙無期。又如一縣一代表制，錢端升認爲有兩種弊病：一、選舉基礎不公，大縣與小縣無差別；二、代表人數似嫌太多。因此建議「稍有變革」，但如何「變革」，也沒說明。〔註256〕

〔註251〕錢端升：《孫中山先生的憲法觀念》，《民族》，第 4 卷第 1 期，1936 年 1 月 1 日，第 47 頁。

〔註252〕錢端升：《孫中山先生的憲法觀念》，《民族》，第 4 卷第 1 期，1936 年 1 月 1 日，第 47～48 頁。

〔註253〕錢端升：《孫中山先生的憲法觀念》，《民族》，第 4 卷第 1 期，1936 年 1 月 1 日，第 48 頁。

〔註254〕所謂意識形態是指「一套系統化的、具有内在統一性的思維體系。……它既包含關於人類社會與自然界的解釋，又包含對個人、社會、國家行爲的規範性規定，具有強烈的政策與實際導向。這種意識形態具有強烈的封閉性，那些接受了某種意識形態的人會拒絕接受意識形態模式以外的任何證據、任何經驗。這種意識形態是相當嚴格而僵化的，它比一般價值觀、世界觀與信條更傾向於抗拒創新」。李強：《自由主義》，吉林出版集團責任有限公司，2007 年 12 月，第 126 頁。

〔註255〕錢端升：《孫中山先生的憲法觀念》，《民族》，第 4 卷第 1 期，1936 年 1 月 1 日，第 44 頁。

〔註256〕錢端升：《孫中山先生的憲法觀念》，《民族》，第 4 卷第 1 期，1936 年 1 月 1 日，第 45 頁。

三、40年代：三民主義的宣揚與闡釋

進入 40 年代，錢端升在經歷 20、30 年代磨練後，其所發表的兩篇《三民主義的闡揚與宣傳》（1941.9.27）和《三民主義與新世界的建設》（1941.10.4）又有了重新的體會。前者以自由主義的立場，再次對孫中山的學說進行了闡揚；後者顧名思義，與世界潮流結合，即與 1941 年 8 月 14 日「羅丘宣言」（《大西洋憲章》）鳴和。

在《三民主義的闡揚與宣傳》中，錢端升除前述對 20 年代一般黨員「黨八股」有所批評外，也對投機者和黨內老同志有所指陳。他指出，當時解釋主義者不外兩種人：黨中老同志和投機者。前者闡釋雖有缺陷，但熱情和忠誠可嘉。後者雖對於西方文化比較瞭解，闡釋上優於部分元老同志，但信仰不堅定則是其弊。在批評過後，錢端升以反省的態度再次為三民主義去神聖化，重新解釋孫中山學說提供了合法性：

> 我以為我們對三民主義首先應有一個合理的看法。我們不可把
> 《三民主義》一書看做耶穌〔穌〕教徒的《聖經》，或是明清士子的
> 《聖諭廣訓》，或是共產黨人的《共產黨宣言》，而僅加以集註式的
> 解釋引伸。我們要有一個合理的看法，須先知孫先生的學詣，孫先
> 生所處的時代，及《三民主義》成書時的環境。〔註257〕

關於所處的時代，孫中山「眼見清政的不振，列強的壓迫，日俄的戰爭，第一次的歐戰，蘇聯的革命，民國初年政治的紊亂，及人民的塗炭」等，因此「要了解三民主義，我們便須追記這些事變的因果」，〔註258〕這是錢端升慣用的歷史分析法，意在指出孫中山理論有很強的現實針對性。

關於成書的環境，錢端升認為，「孫先生對於述作一向認為是一件大事難事，絲毫不苟」，《三民主義》一書卻不幸是個例外，「推其故，則由於陳炯明的叛變以致損失了底稿與參攷書籍」，加上「叛變之後，即有黨之改組，而主義的宣傳，刻不容緩」，於是不得不以演說筆記倉促付印，而「當時的聽眾本極複雜，演詞自不能不從俗」，記錄者又「不長於史學與社會科學」，「所記者，當更不免〔有〕遺誤之處」。〔註259〕

〔註257〕錢端升：《三民主義的闡揚與宣傳》，《三民主義周刊》，第 2 卷第 1 期，1941年 9 月 27 日，第 3 頁。

〔註258〕錢端升：《三民主義的闡揚與宣傳》，《三民主義周刊》，第 2 卷第 1 期，1941年 9 月 27 日，第 3 頁。

〔註259〕錢端升：《三民主義的闡揚與宣傳》，《三民主義周刊》，第 2 卷第 1 期，1941

　　錢端升引用孫中山的原話表示，「先生自己說得最近情。先生『望同志讀者本此基礎，融類引伸，匡補闕遺，更正條理，使成為一完善之書，以作宣傳之課本』」，因此，宣傳三民主義者，「若奉為《聖經》，咬文嚼字，反而使其精神不顯，此決非先生的原意，亦決非宣傳的正途」。〔註260〕總之，錢端升從歷史主義的立場，對孫中山學說重新進行定位，為繼承和發揚孫中山學說創造了臺階。

　　但在另一方面，錢端升又以略帶神聖化的傾向，認為《三民主義》堪比《論語》，甚至有過之而無不及。他引用吳稚暉的意見認為，孫中山是一「通人」，而「通人」的主要特徵為「理想主義」和「中庸主義」結合，這是他將對亞里士多德的評價轉用到孫中山身上：

　　　　關於孫先生學詣，吳稚暉先生說得最好：『孫先生是通人』。通人舉世不多見，經久不多出。通人所讀之書最多，但不流為學究。通人理想最高遠，但非幻想家。通人認識最現實，但不是妥協主義者，這幾種很難集於一身□〔的〕長處，卻都集於孫先生一人之身，……所以要了解《三民主義》，決不能僅以一部學術論著，或《烏托邦》，或《霸術》視之。以《論語》比之，或大體無誤；但《論語》偏重修身，而《三民主義》則兼重治國平天下，二者範圍之廣狹實大有不同。〔註261〕

　　由於在抗戰期間，蔣介石聲望如日中天。因此，他對國民黨和蔣介石寄予厚望：

　　　　我深以為際此抗戰已見曙光，國民黨對民族對國家已樹大信，總裁蔣先生德望翕服海內，而新中國及新世界的建設行將開始之時，我們為民族為人類計，正宜及時宣傳三民主義的真諦，以作建設的南針。〔註262〕

在《三民主義與新世界的建設》中，錢端升繼續稱讚蔣介石說：

　　　　日本之暴力侵略……實甚於北洋軍閥。所幸者，時至今日，日

年9月27日，第3頁。

〔註260〕錢端升：《三民主義的闡揚與宣傳》，《三民主義周刊》，第2卷第1期，1941年9月27日，第3頁。

〔註261〕錢端升：《三民主義的闡揚與宣傳》，《三民主義周刊》，第2卷第1期，1941年9月27日，第3頁。

〔註262〕錢端升：《三民主義的闡揚與宣傳》，《三民主義周刊》，第2卷第1期，1941年9月27日，第3頁。

本之侵略勢力，崩潰在即，而四年的抗戰既消除不少的私心，蔣先
生的兼仁兼智和任勞任怨，又收了不少的感化功效。所以，今後的
宣傳如再得其道，則三民主義的實現，就可很順利地推進了。〔註263〕

與 30 年代看法不一樣的是，錢端升認爲，極權主義是與三民主義背道而馳
的。他說：

就國際言，三民主義的實現，更是到處遇到障礙；其中最大者
當推極權主義。此一主義的表現爲侵略異族，爲壓迫人民，爲戕害
眾生，實無一而不與三民主義背道而馳。〔註264〕

此外，他還將民權主義與「羅丘宣言」連接起來，並以瞭解之同情的態度認
爲，「羅邱宣言雖沒有提到民權，但這卻極易諒解。英美爲取得蘇聯的合作
計，自不便對政體多所主張」。在宏觀層面上，錢端升認爲「羅邱宣言的精
神與三民主義是一致的」。他甚至進一步推論說：「世界上最進步的思想一定
將以三民主義爲依歸」，原因是孫中山不僅是「中國一國的通人，而且也是
整個世界的通人」，所以三民主義不僅包含「中國一國的文物民情，而且也
包含西洋整個文化的精華」。〔註265〕

在宣傳孫中山思想上，錢端升除頗爲理想主義外，且略有過火之嫌。他
表示，儘管世界各國趨向民權政治，「但我們若以『三民主義的世界性』，
『英美政治家皈依三民主義』一類的題目爲題，而亂寫文章，恐怕於三民主
義不特無益，而且有害。我們可堅信世界將循三民主義的大道以前進，但我
們卻要顧到任何民族都富有虛驕的心理，我們可盡力以求英美等國與我平行
前進，卻萬不可說他們追着我們。『謙』這美德，在我們向國外宣傳三民主
義的時候，更是應當格外注意的」。〔註266〕

儘管上述言論發表在《三民主義周刊》上，對象主要爲國民黨黨員。即
便如此，也不免讓人有一廂情願、過猶不及之感，尤其上述一段，是一大敗
筆。幸好關於當時中國的民權狀況，錢端升有所提及，「自抗戰以來，英美人

〔註263〕錢端升：《三民主義與新世界的建設》，《三民主義周刊》，第 2 卷第 2 期，1941
　　　　年 10 月 4 日，第 2 頁。
〔註264〕錢端升：《三民主義與新世界的建設》，《三民主義周刊》，第 2 卷第 2 期，1941
　　　　年 10 月 4 日，第 2 頁。
〔註265〕錢端升：《三民主義與新世界的建設》，《三民主義周刊》，第 2 卷第 2 期，1941
　　　　年 10 月 4 日，第 2 頁。按：原文作「雖沒設有提到民權」。
〔註266〕錢端升：《三民主義與新世界的建設》，《三民主義周刊》，第 2 卷第 2 期，1941
　　　　年 10 月 4 日，第 2～3 頁。

士往往以中國是否民主——詢問我們的國際宣傳者。我以爲我們決不能只以『我們信仰民權主義』爲答，而必須能誠實地以『我們正推行民權主義』相回」。而具體的辦法，除了一方面「必須積極推行民權制度」之外，另一方面還得對「戰前苦〔若〕于部分國人所受於法西斯主義及蘇聯共產主義的惡影響須首應排除」（按：重點爲本文所加）。〔註267〕錢端升並沒有提及任何人，但似可包括他自己。

此外，錢端升再次對個人自由進行界定，主張限制物質自由，並重申言論自由。「我主張排去舊有許多經濟性的自由，如財產自由，契約自由，及工作自由等，而保持精神性的自由，如出版自由，言論自由等等。」〔註268〕錢端升提出上述限制，主要是其經濟民主和統制思想在作祟。他的目的在於限制私有產權所形成的不平等差距及對國家建設造成的妨礙。他說：「我們如果堅持舊日一切自由的觀念與學說，則民生民族二主義決不能推行」。〔註269〕

應當說，第二次世界大戰的爆發，對錢端升恢復民主政治的信仰，起了巨大的作用。在《三民主義與新世界的建設》一文中，錢端升還有一段值得令人回味再三文字，這是他告別獨裁極權主張後，回歸自由主義思想的一個里程碑，亦是他政治和學術思想中的一個精華片段。錢端升說：

> 你固然可以提倡族性主義的統治國家。如希特勒之所夢求者；但久而久之，你必被打倒。你固然可以主張主權絲毫不能放棄，國與國間不必合作；但久而久之，你必身處於紛爭中的世界。你固然也可以對侵略者採取妥協□〔政〕策；但久而久之，你必發現祖國有遭受危險之一日，而瞭然集體安全之必要。質言之，無論你開始採取何種外交政策，但歸結你終不能不走上民族自決及世界大同的大道。你可以提倡領袖國家（納粹黨的最高政治原理），漠視人民的人格；但久而久之，你會發現服從性的限度超過後，人民會起革命。你也可以提倡少數人爲政治基礎的政體，爲資本家當權的民主政治或僧侶地主軍官富權的貴族政治；但一遇

〔註267〕錢端升：《三民主義與新世界的建設》，《三民主義周刊》，第2卷第2期，1941年10月4日，第3頁。

〔註268〕錢端升：《三民主義與新世界的建設》，《三民主義周刊》，第2卷第2期，1941年10月4日，第3頁。

〔註269〕錢端升：《三民主義與新世界的建設》，《三民主義周刊》，第2卷第2期，1941年10月4日，第3頁。

　　國難，你會發現這些當權者因經不住狂瀾或不能發動全民動員而被推倒。質言之，無論你開□〔始〕採取何種政治理論，但歸結你終不能不讓全民握政權。你可以提倡資本主義；但有生產總動員的必要時，你會發現你的錯誤。你也可以提倡馬克斯派的共產主義；但在實踐的時候，你定要〔會〕感覺到事實的困難，而有改弦更張的必要。質言之，無論你開始採取何種的社會理想，但歸結你終不能不飲〔欽〕服民生主義的溫和劑。〔註270〕

錢端升這段文字，可以用他讚美亞里士多德有二大不朽的貢獻——「理想主義」和「中庸主義」，及馬基雅維利的「現實主義」來形容，並不爲過。在國內政治上，錢端升指出，任何一個國家，不論是實行獨裁或少數人統治的政治制度，任何國家均將受物極必反之害，因此中庸之道勢在必行。在國際關係上，不論哪個國家，提倡族群優越的國家還是過分強調國家主權的國家，將來均有互相扶助的需要，因此各國無論採取何種外交政策，歸根結柢終不能不走上集體安全和世界大同的大道，這固然是一很遠大的理想，但卻也是人類發展的必然方向。在經濟生產上，錢端升強調，不論是資本主義還是馬克思主義，都必須照顧民生的需要。這點二戰後，福利性國家的出現就是最好的寫照。資本主義之所以未如馬克思所料，成爲自己的掘墓人，主要的原因是——借用鄧小平的名言倒轉說法——資本主義國家吃了社會主義的救命丸。總之，上述文字所申述的，均爲政治學中顛撲不破的眞理，體現了錢端升思想中的理想、中庸和現實主義，值得再三咀嚼。

第五節　憲政主張及對憲草的批評

一、30 年代的憲政主張

　　在《益世報》上，錢端升發表了 5 篇與憲草有關的社論。這些社論後來成爲他發表在《東方雜誌》上二文的底本（見下）。這些政論，反映了此時期的錢端升對國民政府實行憲政和制訂憲草的看法。整體而言，錢端升在 20 年代已反對反對驟然行憲，30 年代國際形勢比 20 年代更惡劣，自更不贊成。但

〔註270〕錢端升：《三民主義與新世界的建設》，《三民主義周刊》，第 2 卷第 2 期，1941年 10 月 4 日，第 2 頁。

由於他一貫主張憲政，因此也不強烈反對國民政府制憲。

憲草名稱、日期	刊物名稱、日期
1.《憲草初稿》 1934 年 3 月 1 日，立法院第一次公佈《中國民國憲法草案初稿草案》。	1.《憲法初稿評議》，《益世報》（社論），3 月 2 日。 2.《論憲稿中人民代表機關的保守性》，《益世報》（社論），3 月 24 日。 3.《論憲草中的人權章》，《益世報》（社論），4 月 1 日。
2.《憲草修正案》 6 月 30 日，立法院 9 次審查會後擬成《憲法草案初稿審查修正案》，7 月 9 日公佈。	4.《憲法草案修正稿評議》，《益世報》（社論），7 月 11 日。 5.《關於憲法草案的根本問題》，《益世報》（社論），8 月 15 日。 6.《評立憲運動及憲草修正案》，《東方雜誌》，第 31 卷第 19 號，10 月 1 日。（下簡稱《評修正案》）
3.《憲草第二稿》 10 月 25 日，立法院第二次三讀通過《中華民國憲法草案》。	7.《評中華民國憲法草案》，《東方雜誌》，第 31 卷第 21 號，11 月 1 日。（下簡稱《評憲法草案》）

在上述 5 篇社論和 2 篇專論文章中，重複出現的議題有三：一、中國不需要憲法；二、如有需要，將已有各種政府組織法，進行修訂即可；三、中國需要安定，增加效率，發展經濟，以應付即將到來的中日衝突。現分述如下：

關於第一點，在 3 月 2 日社論中，錢端升指出，「目下的中國，一方人民既未具運用政權的能力，他方政府又沒有令出惟行的實力，憲法即使美奐美輪，無瑕〔懈〕可擊，又安能必其實行？」〔註271〕8 月 15 日，再次指出，「我們以為中國此時尚不需要憲法，也不宜有憲法，且不能有憲法」。〔註272〕在 10 月《評修正案》中，「即使民治宜於中國，中國人民現在也實在沒有實行民治的能力。成功的民主憲法皆先有民治而後有憲法，先於民治的憲法皆為失敗的憲法」。〔註273〕在 11 月《評憲法草案》中，「人民也沒有運用民治制度的能力」。〔註274〕上述看法與前述 20 年代至 30 年代初中國學界認為民主政治的衰頹在於「民智民德」不濟的看法相近。

〔註271〕錢端升：《憲法初稿評議》，天津《益世報》社論，1934 年 3 月 2 日。
〔註272〕錢端升：《關於憲法草案的根本問題》，天津《益世報》，社論，1934 年 8 月 15 日。
〔註273〕錢端升：《評立憲運動及憲草修正案》，《東方雜誌》，第 31 卷第 19 號，1934 年 10 月 1 日，第 6 頁。
〔註274〕錢端升：《評中華民國憲法草案》，《東方雜誌》，第 31 卷第 21 號，1934 年 11 月 1 日，第 5 頁。

至於第二點，在 3 月 2 日社論中，「如果憲法僅爲規定各國家機關的組織及職務的一種文件，則我們現在已有國府及各院的組織法，我們並不另需憲法……所貴於有憲法者在能實行」。〔註 275〕在 10 月的文章中，「中國這時候如能有一憲法，將政府各機關的組織及職權，及彼此間的關係，有一扼要的規定，則公法方面的法治必可較有把握」。〔註 276〕

最後第三點，在 8 月 15 日社論中，「要知道中國此時何以不需要，不宜有，也不能有憲法，我們應先知道中國現在需要的是什麼？中國現在需要的，第一步是安定的政局，第二步是統一的國民意志，第三步是有力的政府。我們將要靠這政府以增加民族的經濟力量，並以恢復民族的地位」。〔註 277〕在 11 月的文章中，「政府現在最大最急的任務在維持國內治安，增進行政效率，發展國民經濟」。〔註 278〕

錢端升反對憲政實施，除認爲根本時機不成熟、不符合國情外，主要還顧慮到政治「安定」。他說：「關於政治者，則我們願提出安定二字爲根本的原則。政局須安定，政府可以充實，但不可以大更動：這是我們向來的主張。（按：重點爲本文所加）……中央政制容有改良的必要……但一切的改良……不應絲毫害及安定」。他擔心憲法的施行，足以動搖國本，「憲法首貴適合國情。現在的中國既尚無採用憲法的準備，強定〔訂〕的憲法非但不能實行，反而可以搖動政局」。〔註 279〕

從上可見，「安定」一詞是 30 年代錢端升主筆《益世報》期間核心主張之一，用現代術語表達，即「政治穩定壓倒一切」。在《安定的政府》中，錢端升指出，「安定的必要是顯而易見的。就對外言，國難之深無逾於今日。就對內而言，共匪尚未剿滅，而天災人禍又紛至沓來。政局如有變動，則內政外交未有不受不良的影響的」。〔註 280〕在《再論安定政局》中，「我們必須於短期間成爲一個有相當軍備的國家，方能圖存。欲成爲這樣的一個國家，內

〔註 275〕錢端升：《憲法初稿評議》，天津《益世報》社論，1934 年 3 月 2 日。

〔註 276〕錢端升：《評立憲運動及憲草修正案》，《東方雜誌》，第 31 卷第 19 號，1934 年 10 月 1 日，第 7 頁。

〔註 277〕錢端升：《關於憲法草案的根本問題》，天津《益世報》，社論，1934 年 8 月 15 日。

〔註 278〕錢端升：《評中華民國憲法草案》，《東方雜誌》，第 31 卷第 21 號，1934 年 11 月 1 日，第 6 頁。

〔註 279〕錢端升：《五全大會與其使命》，天津《益世報》社論，1934 年 8 月 26 日。

〔註 280〕錢端升：《安定政局》，天津《益世報》社論，1934 年 7 月 17 日。

戰或革命兩俱不能容許，因爲前者勞民傷財，而後者的結果更是把握毫無。……總之，我們所希望者，即政局能安定，行政能銳進，而自衛的能力早日具備」。〔註281〕

　　正如錢端升雖贊成廢除五院中的三院，但爲避免引發政潮，穩定政局起見，建議縮小權限一樣，他對憲政的態度亦類似。雖反對驟然行憲，但「國民大會及國民參政會一類代表機關，黨已多次允許人民，爲信用計，自宜及時召集」。〔註282〕同時，須在盡可能減低政治動盪的前提下進行。因此，他建議在既已決定施行憲政的前提下，縮小這些機構的權限。

　　隨著《益世報》被郵禁，錢端升對憲草的和中央政制改善的後續建議，遂發表在《東方雜誌》上，即《評修正案》和《評憲法草案》兩文，並成爲1935 年下半年政論的中心。這點從他在 1935 年發表的其他政論文章亦可看出。是年發表的有：《政治活動應制度化》（月日不確定，見《自選集》）、《對於六中全會的期望》（8 月 4 日）、《中央政制的改善》（10 月 19 日）、《國憲與黨章》（11 月 1 日）。現將錢端升對憲草的評價分析如下，中央政制改善建議分析見後。

二、對憲草的批評和建議：主張責任內閣制

　　爲方便理解錢端升對憲草的評價起見，有必要對 30 年代中國的憲政困境作一簡述。儘管錢端升和丁文江等人的建議，從國家立場出發有其合理性，但印諸當時國情，又陷入了兩難境況中。30 年代的中國，一如民初故事，一方面社會對專制有恐懼，一方面又需要強有力的政府，如何平衡兩者仍是當時中國面臨的最大困境。30 年代憲草從內閣制走向總統制，反映了上述困境。胡道維在《論專制與獨裁》時說：

> 今日的中國實處在一種進退維谷的困難環境中：不增加政府的權力不足以完成近代國家的使命，但是若增加的太驟太重又足以掀起人民心理的反響而遭遇失敗。〔註283〕

這是錢端升的主張得不到當時社會應有的討論之背後原因。〔註284〕就 1931～

〔註281〕錢端升：《再論安定政局》，天津《益世報》社論，1934 年 7 月 31 日。
〔註282〕錢端升：《五全大會與其使命》，天津《益世報》社論，1934 年 8 月 26 日。
〔註283〕胡道維：《論專制與獨裁》，《獨立評論》，第 4 卷第 90 號，1934 年 3 月 4 日，第 10 頁。
〔註284〕直到後來丁文江在《獨立評論》上主張「新式的獨裁」，引起胡適反駁，名人

1934 年中國而言，社會既對行政權散渙表示不滿，又對行政權突然過度提高，抱有警惕之心，尤其是蔣介石在此期間為應付日本和「剿共」，對輿論採取了各種高壓措施。錢端升在 1934 年主張責任內閣制，似含有對行政權過度集中之預防，這點在他的《極權主義》一文中亦有體現（詳參本文第四章第二節）。

至於國民政府內部，實行憲政主要是為緩和國內對「安內先攘外」的壓力，﹝註285﹞亦即意圖分散國民對日本和「剿匪」問題的關注。同時，還夾雜國民黨內爭因素。胡漢民在被蔣介石釋放後，放棄了其「黨外無黨、黨內無派」的思想，對實施憲政表示支持。﹝註286﹞孫科於 1932 年 4 月發表《救國綱領草案》前，曾赴香港與胡漢民會面。《綱領》第 6 點指出，「現役軍人，應停止其選舉權與被選權」。﹝註287﹞字裏行間，不難想見其針對對象。

國民黨內爭，為憲草走向投下不確定的陰影。以孫科為首、背後有胡漢民等人支撐的立法院，為牽制行政權的獨大，民初甚具爭議性的「副署制度」再次借屍還魂。﹝註288﹞此舉在社會輿論壓力下，立法院有所退讓，一度提出較為合理「變相總統制」。限於蔣介石在 1934 年 10 月後地位再度上升，憲草的修訂再次偏離社會的需求，變成「純粹總統制」了。

上表中的憲草三稿，錢端升對 7 月 9 日修正案評價是最高的，這是立法院根據各種社會批評，在 3 月 1 日初稿基礎上修改而成。10 月 25 日，立法院第二次三讀通過憲法草案。錢端升對它的評價比 7 月 9 日修正案的評價則更低。錢端升對這三個憲法草案的總體評價，大致與陳之邁和胡適相近。但在具體主張上，又有所不同。陳之邁主張變相總統制，錢端升則主張變相內閣制；在政府行政集權上，胡適主張政府無為而治，錢端升則主張大有所為。

加名刊，引起當時輿論討論。

﹝註285﹞ 蔣介石：《革命軍的責任是安內攘外》，《蔣總統集》，第 1 冊，華岡書局，1969年，第 622 頁。

﹝註286﹞ 胡適：《憲政問題》，《獨立評論》，創刊號，1932 年 5 月 22 日、6 月 14 日再版，第 5 頁。

﹝註287﹞ 孫科：《救國綱領草案》，胡春惠選輯，《民國憲政運動》（中國現代史史料選輯），臺北：正中書局，1978 年，第 669 頁。原載：《時事新報》，1932 年 4月 27 日。

﹝註288﹞ 「副署制度」還受《魏瑪憲法》影響至鉅。詳參錢端升：《德國的政府》，第四章　萊希總統，上海：商務印書館，1934 年 4 月，第 84～109 頁。新近研究，詳參鄧麗蘭：《西方思潮與民國憲政運動的演進》，第二章第一節　關於魏瑪憲政模式與民國憲政史的轉折點，南開大學出版社，2010 年 5 月，第 85～101 頁。

1934 年 3 月 1 日，立法院公佈第一次憲法草案初稿。在初稿中，立法院因利乘便，不僅將行政權弄得四分五裂，還將立法權提拔過高，招致了社會輿論的猛烈批評。關於行政權，徐道鄰指出，「行政院長之阻力過多」，西方的責任內閣顧慮的只有國會提出的不信任案，現在的行政院卻要受：一、國民大會或國民委員之不同意；二、立法院的不信任提案；三、監察院之彈劾；四、國民委員之接受彈劾或不信任案。〔註 289〕胡適、陳受康也認為行政權四分五裂。胡適說：「行政院長可以被監察院彈劾，可以被立法院投不信任票，時時可以動搖」。〔註 290〕陳受康更用「四面楚歌」來形容之。〔註 291〕

此外，初稿中的行政部門也疊床架屋、權責不分。憲草初稿第 70 條規定：「國民政府公佈法律、發佈命令由總統依法律署名，並經主管院院長之副署行之」。〔註 292〕陳受康指出，大總統公佈法令，須主管院長副署，「似乎是責任內閣制的原則；但是頒佈法律，又以國民政府名義出之……若果國民政府不是一個抽象的名詞，便是一個委員制的機關……萬一有四院院長反對該議決案，但是卻總統表示贊成的時候，四院院長不能強迫大總統行使『否決』權」，〔註 293〕這便形成僵局。周鯁生也說：「草案關於中央政制最令人有重床疊架，權限不清之感」。〔註 294〕

陳受康沒有留意到，五院院長副署制度正是重演民初國務員「副署制度」的戲碼，限制的對象不言而喻。從孫科事後的反應來看，當時社會對憲草初稿的反響是異常激烈的。以致孫科不得不在《憲法草案初稿》公佈 19 天後，

〔註 289〕徐道鄰：《憲法草案初稿商兌》，《獨立評論》，第 4 卷第 94 號，1934 年 4 月 1 日，第 11 頁。

〔註 290〕胡適：《論憲法初稿》，《獨立評論》，第 4 卷第 96 號，1934 年 4 月 15 日，第 3 頁。

〔註 291〕陳受康：《讀憲法初稿》，《獨立評論》，第 4 卷第 92 號，1934 年 3 月 18 日，第 10 頁。

〔註 292〕憲法起草委員會編：《中華民國憲法草案初稿》，胡春惠選輯，《民國憲政運動》（中國現代史史料選輯），臺北：正中書局，1978 年，第 760 頁。按：標點為本文所加。

〔註 293〕陳受康：《讀憲法初稿》，《獨立評論》，第 4 卷第 92 號，1934 年 3 月 18 日，第 10 頁。

〔註 294〕周鯁生：《憲法草案評》，《周鯁生文集》，武漢大學出版社，1993 年 12 月，第 236 頁。按：《文集》記載日期「1934 年十月 16 日」（原文如此），有誤，應為「4 月 16 日」，詳見《東方雜誌》（第 31 卷第 8 號）；亦見《文化月刊》，第 4 期，1934 年 5 月 15 日。

即 3 月 20 日的《總理逝世紀念周報告詞》中極力爲自己開脫，表明自己也不贊成立法院對行政院提出不信任案。對其它的種種批評，作了種種退讓和模棱兩可的態度。〔註295〕這是社會在要求行政權集中，以應付國難。

錢端升雖反對驟然行憲，「但既經有所草擬，則所草擬者我們當然仍希望其較合於國情，而較少可以攻擊之處」，〔註296〕所以還是對憲草提出了意見。

對於憲草初稿，同周鯁生等人一樣，錢端升在 3 月 2 日《益世報》社論中，指出行政權權責不清。「行政院院長則由總統提交國民政府任命，而國民政府則又以總統及五院院長爲會〔委〕員。在這憲法之下，究竟誰負行政責任簡直無法推測」。〔註297〕在 3 月 24 日社論中，錢端升還指出，憲草至少有兩大弱點：

一、「國民大會每三年才開會一次，會期又以一個月爲限」，除審查代表資格、選舉政府人員等外，「事實上決難仔細審查對它負責各政府機關三年來的政治成績」。這點陳受康亦指出，據孫中山的憲政設計，國大應是國民行使四權的場所。罷免權有監察院，可以暫時不顧，創議權也可以等三年行使一次，但複決權卻不能如此。他指出，「立法院雖然不是天天立新法……〔但〕常有新法和議決案，關係到國家人民的權利幸福的」。〔註298〕易言之，法律行使三年後，國民大會才來複決，假如一旦被否決，這不但很滑稽，且大量浪費政府人力物力。

二、國民委員會委員，規定年齡在四十五歲以上，方有被選的資格。錢端升指出，「歐美的經驗亦已顯確的證明，年紀愈大，政見愈趨於保守，……這個國民委員會，係由農民代表佔大多數的國民大會去產生，其政見的保守性，更可不言而喻。……實令吾人不寒而慄！」〔註299〕這似是當時以孫科爲首的立法院有意爲之，利用國民大會和國民委員會，以達到控制或制衡國民政府之目的。

此外，值得注意的是，錢端升雖贊成國家權力集中，但對政府可能侵犯

〔註295〕孫科：《總理逝世紀念周報告詞》（1934.3.20），胡春惠選輯：《民國憲政運動》（中國現代史史料選輯），臺北：正中書局，1978 年，第 770～778 頁。

〔註296〕錢端升：《憲法初稿評議》，天津《益世報》社論，1934 年 3 月 2 日。

〔註297〕錢端升：《憲法初稿評議》，天津《益世報》社論，1934 年 3 月 2 日。

〔註298〕陳受康：《讀憲法初稿》，《獨立評論》，第 4 卷第 92 號，1934 年 3 月 18 日，第 10 頁。

〔註299〕錢端升：《論憲稿中人民代表機關的保守性》，天津《益世報》社論，1934 年 3 月 24 日。

民權仍時刻保持著警惕之心。他的看法與張君勱的「修正民主政治論」觀點有相類之處。張氏說：「爲政治效率增高起見，政府權力當然宜於集中，但集中的限度是以行政爲界；斷不容易侵犯到社會上去；把人民的自由亦受管轄（按：重點爲本文所加）」。〔註300〕

在 4 月 1 日《益世報》社論中，錢端升對憲草中人民的權利和義務，認爲前者應剛性規定，即採憲法保障主義，「不要憲法則已，要憲法則國家權力的範圍必須規定」。他明確反對憲草以法律主義，即「非以法律不得限制」之形式來規定自由權，「若然，則人民的自由是空的」。對於後者，錢端升則認爲應刪除之，毋庸將人民義務明列憲草中。同時，他指出，「現在是多變的世界，國家的權力當然常須變更」，〔註301〕主張模仿《魏瑪憲法》，採用柔性憲法，政府可隨時變更法律，以增加彈性和靈活性，應付國難。這些看法，不難看出，與剛出版《德國的政府》一書密切相關。

經社會批評後，修正稿在 7 月 9 日公佈。這是陳之邁認爲「獨具匠心」的「變相總統制」。所謂「變相總統制」是指行政院變成總統的內閣，總統又向國民大會負責，並減少立法院的掣肘，行政權力大爲集中。陳之邁說：「修正稿對於初稿改正的地方很多，每種改正也能矯正初稿的不當，增補初稿的未備。行政體制的改革，國民大會和國民大會的選舉方法，均較初稿大有進步，這是我們所不能不爲制憲者賀功的」。〔註302〕

憲草初稿中行政權四分五裂問題總算解決了大部分。因此，當經過立法院收集民意後修訂的《初稿審查修正案》在「1934 年 7 月 9 日公佈時，卻很少聽到批評了」。〔註303〕儘管如此，立法權問題仍未解決，修正稿中的國民大會委員有複決預算、宣戰、媾和、解決總統與各院提請事項等權，還是受到當時社會輿論不少批評。〔註304〕

〔註300〕閆潤魚：《民主、獨裁抑或「修正的民主政治」——關於近代中國宜於採取何種政體的爭論研究》，《中國現代史（複印報刊資料）》，2003 年第 3 期，第 62 頁。原載張君勱：《我們對於「救國」問題的態度》，《再生》，第 2 卷第 8 期。

〔註301〕錢端升：《論憲草中的人權章》，天津《益世報》社論，1934 年 4 月 1 日。

〔註302〕陳之邁：《讀憲法修正稿》，《獨立評論》，第 5 卷第 112 號，1934 年 8 月 5 日，第 9 頁。

〔註303〕〔美〕易勞逸著、陳謙平、陳紅民等譯，錢乘旦校：《流產的革命——1927～1937 國民黨統治下的中國》，北京：中國青年出版社，1992 年 2 月，第 212 頁。

〔註304〕鄧麗蘭：《民國憲政史上追求「直接民主」的嘗試及論爭——從「國民大會」觀民國政制的演變》，《中國現代史（複印報刊資料）》，2004 年第 6 期，第 102 頁。

　　限於篇幅，立法權問題，以及其他種種爭議，只能從略。〔註305〕可指出的是，當時以孫科爲首、胡漢民在背後撐腰的立法院對行政權的約束，固含有國民黨內爭因素，一方面，也有一定的社會基礎，前述胡道維在《論專制與獨裁》時就指出了這種社會恐懼。

　　這些恐懼主要來自：一、蔣介石拘禁胡漢民，大大地破壞了自己的政治形象。二、30 年代輿論除對蔣介石統轄下的言論自由感到不滿意外，〔註306〕也對其外交政策，尤其是對日政策，十分失望，認爲不是一個負責任的政府應有的態度。〔註307〕因此社會對行政權的高度集中，存有反感，而「變相總統制」剛好解決了這個兩頭不到岸的尷尬處境。

　　儘管修正稿還有不少令人不滿意處，但總體來說，與陳之邁一樣，錢端升是讚譽有加的。錢端升指出，修正稿與初稿不同之點甚多，不但「章目既多變動，內容也有修改」。其中，最重要者可分三點：一、國民大會；二、國民大會委員會；三、行政權。

　　關於國大代表選舉，錢端升認爲：「修正稿中除仍以縣市爲選區外，並以人口爲標準。這確是一種進步」。但國民大會的職權「仍以爲太大……在人民尚不能行使民權的中國，則人民代表的權力在先自以愈有限制爲妥」。

　　關於國民大會委員會，錢端升指出，修正案中的國民大會委員會（即初稿中的國民委員會），本限於彈劾要員之權及不信任行政院之權。修正案不僅增加了複決權，還因「改內閣制爲總統制的緣故，對於總統更有質詢及試行

〔註305〕詳參拙著：《1930 年代憲政問題初探——以〈獨立評論〉的憲政討論爲中心》，北京大學歷史學系碩士論文，2004 年 12 月；《三十年代的憲政運動——以〈獨立評論〉的憲草探討爲中心》，香港浸會大學歷史學系《歷史與文化》，第 4 卷，2009 年 1 月，第 55～74 頁。

〔註306〕蕭公權說：「近年來各報紙所受不合理檢察手續的苦痛，局中人類能道之」。君衡（蕭公權）：《當前的三個問題》，《獨立評論》，第 7 卷第 164 號，1935 年 8 月 18 日，第 2 頁。亦見本文第五章第三節《益世報》時期國民政府對各種報刊郵禁分析。國民政府一系列控制輿論與出版的相關法規，見徐宗勉、張亦工等：《近代中國對民主的追求》，合肥：安徽人民出版社，1996 年 11 月，第 328～329 頁。

〔註307〕適之：《上海戰事的結束》，《獨立評論》，創刊號，1932 年 5 月 22 日、6 月 14 日再版，第 9 頁；孟眞：《睡覺與外交》，《獨立評論》，第 5 卷第 114 號，1934 年 8 月 19 日；蔣廷黻著、謝鍾璉譯：《蔣廷黻回憶錄》，臺北：傳記文學出版社，1979 年 3 月，第 136～138 頁；林語堂著、劉小磊譯、馮克利校：《中國新聞輿論史》（1936 年），上海世紀集團、上海人民出版社，2008 年 12 月，第 179 頁。

罷免之權。……人數也自二十一增至百餘，而選舉方法也改由國民代表分省各自互選。這倒是很合理的辦法，這不能不算是進步」。

　　關於行政權，錢端升表面上持中立態度，認爲中國到底行總統制還是內閣制，「誠是可以討論的問題」。他以美國和墨西哥爲例，美治墨亂，制度應「因時因地以制宜」。但實際上，他是主張內閣制的。對於當時中國的內閣制（即「汪蔣合作」），錢端升認爲：

　　　　就過去兩年的經驗而論……在可襃可貶之列。它既沒有完全失敗，也沒有完全成功。沒有成功，因爲內閣並沒有能大權獨攬，行政效率亦極微小。沒有失敗，因爲第一〔，〕林主席是一個內閣制下模範的總統。第二，在所謂內閣制之下，中央政局已兩年半不發生劇烈的變動或糾紛，兩年半的安定在中國是不能算短了。……所以在理論上，我們雖不願對於總統制或內閣制有所偏袒。在事實上則我們以爲現時的中國仍以內閣制爲宜。〔註308〕

可見此時期錢端升的意見——「變相內閣制」——剛好與陳之邁意見相左。但在整體評價上，與陳之邁一樣，錢端升認爲修正稿遠較初稿進步：

　　　　除了上述三點外，修正案中其餘的修正雖然是不甚重要，卻都是一種進步。……這是可爲負修正之責的幾位立法委員〔致〕賀的。〔註309〕

隨著時間的流逝，在10月1月《評修正案》中，錢端升的評價下降了許多。他指出，

　　　　初稿及修正稿俱犯了一個根本的毛病，就是草憲者在一方固不滿於現在的局面，但在又一方也沒有一定的要求。他們唯一的要求，就是要一個憲法。至於什麼樣的憲法，他們卻缺乏很固定的主張。〔註310〕

錢端升舉了三個例子，說明立法院立憲沒有原則性可言。一、兩稿起草者對於民生主義的經濟生活，「似皆缺乏斬截的認識」。他指出，1919年的《魏瑪憲法》早已被人批評含混，若將修正稿和德憲比較，「含混似有過之而無不及」。二、國民大會委員會是一個何等重要機關，兩稿權限相差極大。初稿中

〔註308〕錢端升：《憲法草案修正稿評議》，天津《益世報》社論，1934年7月11日。
〔註309〕錢端升：《憲法草案修正稿評議》，天津《益世報》社論，1934年7月11日。
〔註310〕錢端升：《評立憲運動及憲草修正案》，《東方雜誌》，第31卷第19號，1934年10月1日，第9頁。

是實際統治機關，修正稿權力已大大縮小。三、如果說國民大會委員會是新機關，猶有可說，但總統制與內閣制「國人二十年來討論得濫熟」，政府理應有一定的見解。兩稿相距僅四月，「國中的制度沒有變，最高的當局也沒有變，根本的情勢更沒有變」，然已從變相內閣制改為變相總統制。「這又是何等的劇變。凡這種種含混及無恆俱可視為起草者缺乏堅信的一種象徵。他們所起草的憲法於是也儘多可議之處了」。〔註311〕錢端升列舉了 12 條，篇幅所限，僅將較重要的臚列如下：

關於三民主義入憲，錢端升是極力贊成的。「不過除此而外，則不應再有黨的字眼形諸文字」。關於國民大會，「立憲則必須有國民大會；不然便無須立憲」，但錢端升認為當時無成功的希望，所以「如果國民大會非有不可，則組織不能不求其小，而職務不能不求其簡」，將來再據試行成績擴大組織和職權。至於其職權，若以修正稿 2,000 人的大會，簡直不應有討論之權，有選舉、罷免、投票即可。若能減少代表人數及有教育資格的限制，則俾以創制及複決權亦無不可。否則，應將部分權限移交國民大會委員會行使。〔註312〕這是他在博士論文中改良美國議會委員會的建議。

對於總統的職權，錢端升指出，「修正稿中的總統責任尚不殼專。監察院可以彈動他，立法院可以重行通過他所提交複議的立法案件，而國民大會委員會則隨時可以麻煩他，魔〔磨〕難他」。同時「行政院長僅是總統手下的屬官，並沒有專責可負」，因此建議兩者合一。錢端升還認為，「修正稿禁止現役軍人任總統。這也與國情不合。無論為總統或為行政院長，我們俱不主張有此限制」。〔註313〕可見他建議的內閣制元首權比陳之邁主張的還要大。

對於行政機關的權限，錢端升提出了四個重要原則：「第一要注重效率，第二要強有力，第三要能負責，第四要有制裁」。對於五院制度，為「消滅院與院之爭」、「增加事務的效率」和「經濟」起見，〔註314〕錢端升「主張能簡

〔註311〕錢端升：《評立憲運動及憲草修正案》，《東方雜誌》，第 31 卷第 19 號，1934年 10 月 1 日，第 9 頁。

〔註312〕錢端升：《評立憲運動及憲草修正案》，《東方雜誌》，第 31 卷第 19 號，1934年 10 月 1 日，第 9、10、11 頁。

〔註313〕錢端升：《評立憲運動及憲草修正案》，《東方雜誌》，第 31 卷第 19 號，1934年 10 月 1 日，第 12 頁。

〔註314〕錢端升：《評立憲運動及憲草修正案》，《東方雜誌》，第 31 卷第 19 號，1934年 10 月 1 日，第 12～13 頁。

單則簡單，因爲組織愈繁複，則經費亦愈大，而人事的糾紛亦愈多」。〔註315〕

應當說，錢端升上述建議是頗爲合理的，但亦不乏理想成分。他建議刪除「禁止現役軍人任總統」，顯是遷就現實政治中蔣介石的地位，以應付國難。但同時，他又明確主張「責任內閣制」，以防行政權突然提高之弊。他說：「我們既主張責任內閣制，則〔以上〕這些問題自然無存」。〔註316〕這是他爲照顧當時好不容易形成的「汪蔣合作」局面和兼有照顧西南之意。除現實政治因素外，錢端升的建議亦有其學理成分在內。在《德國的政府》中，他曾明確指出，領袖制與純正議會制「是極不相宜的」，反對變相總統制（詳參本文第二章第五節）。

1934 年 10 月 25 日，立法院第二次三讀通過的憲法草案，出現了驚人的變化，變成了「純粹總統制」。之所以如此，是因爲蔣介石「先安內」已近「成功」階段。1933 年 11 月的「閩變」雖一度給了蔣氏一記當頭棒喝，但他仍然醉心總統夢。1935 年 10 月 17 日「軍人非解職不得擔任總統或副總統」條文的刪除，足以證明蔣在 1934 年並沒有放棄過「純粹總統制」。

對於「純粹總統制」，民初宋教仁曾說過：「內閣不善而可以更迭之，總統不善則無術更易之，如必欲更易之，必致動搖國本。此吾人不取總統制而取內閣制也」。〔註317〕此言雖針對袁世凱，但也可套用在 30 年代蔣介石身上。結果，輿論夾在理論與現實之間。從憲政設計而言，「純粹總統制」可形成強而有力政府；但從現實角度而言，又缺乏適合人選。

與錢端升一樣，陳之邁認爲立法院第二次公佈的憲草雖已過正式公開諮詢期，但憲草爲國家將來之根本大法，仍值得提出分析。〔註318〕對於憲草第二稿，陳之邁指出，中國目前雖沒充分條件行內閣制，但也不贊成「純粹總統制」。他認爲，把國民大會委員會取消，全部憲法有「將之因犧牲」之虞。同時，純粹總統制「不特在學理上不妥當，在實行上至少也有減低行政效率

〔註315〕錢端升：《評立憲運動及憲草修正案》，《東方雜誌》，第 31 卷 19 號，1934 年 10 月 1 日，第 12 頁。

〔註316〕錢端升：《評立憲運動及憲草修正案》，《東方雜誌》，第 31 卷 19 號，1934 年 10 月 1 日，第 12 頁。

〔註317〕薛恒：《民初內閣制與宋教仁的政治理念》，《民國檔案》，2003 年第 4 期，第 57～61 頁。原載宋教仁：《代草國民黨之大政見》，《宋教仁集》，第 489、450 頁。

〔註318〕陳之邁：《評憲草》，《獨立評論》，第 6 卷 129 號，1934 年 12 月 2 日，第 15 頁。

的弊病」。他指出，初稿中的「變相總統制」是值得和可取的，「不但在理論上講得通，事實上也有種種便利」。〔註319〕可見修正稿經立法院第二次三讀之後，反而變得嚴苛了。錢端升的意見亦類似，但評價更低和直白：

> 三讀案是退步而不是進步，談不到適合國情，更談不到完美。……審查修正以後，二讀以前，忽因一二人的意見，而將草案加以根本的改竄則是不可思議的，也是不足爲訓的。〔註320〕

與陳之邁一樣，錢端升認爲，「取消國民大會委員會則等於促成國民大會的失敗」。〔註321〕在文章最後，他重申說：「我總望今之當國者，不急於憲法的完成，而努力於政治及經濟的改進。如果爲滿足國內一部分人的要求而立憲，則亦須能眞正立憲，纔能消滅反對」。〔註322〕錢氏這段話甚可玩味，在某種程度上，似在暗示國民政府的立憲動機並不純正。

從上述錢端升對憲草的各種批評和建議，可看出其思想中現實主義的一面。就30年代中國而言，當時社會輿論希望修補的是，自清末以來中央行政權散渙、權責不清，不足以應付「國難」之弊。陳之邁指出，「自冀察事件發生以後，國人便感覺到中樞機關『補苴應付，如堵罅隙，緊急搪塞，但求苟免』的政策，不但不能救亡圖存，即應付當前問題，亦感不足，而推源溯本是在政制之不良」。〔註323〕但在修補行政權同時，也提出相應的機制，以制衡行政權過份集中可能引發的弊病，最早指出這個問題的應是張佛泉。

在一篇被胡適十分欣賞的政論文《民元以來我國在政制上的傳統錯誤》中，張佛泉生動地道出了民元以至30年代中國政治結症所在：「（一）國民心理因對專制有強的反應（按：重點爲本文所加），始終畏忌政治力量；（二）不懂利用國會作爲節制機關；（三）不懂將行政置於立法繮繩之下，然後以行政駕駛〔馭〕立法。因而政制永是混淆駁亂，邀無知軍人進而干政」。〔註324〕

〔註319〕陳之邁：《評憲草》，《獨立評論》，第6卷第129號，1934年12月2日，第18頁。

〔註320〕錢端升：《評中華民國憲法草案》，《東方雜誌》，第31卷第21號，1934年11月1日，第6頁。

〔註321〕錢端升：《評中華民國憲法草案》，《東方雜誌》，第31卷第21號，1934年11月1日，第8頁。

〔註322〕錢端升：《評中華民國憲法草案》，《東方雜誌》，第31卷第21號，1934年11月1日，第10頁。

〔註323〕陳之邁：《再論政制改革》，《獨立評論》，第7卷第166號，1935年9月1日，第2頁。

〔註324〕見1933年11月6日日記，曹伯言整理：《胡適日記全集（6）》（聯經版），第

張氏這篇文章可以說，說出了胡適想說，但又不知道怎麼說的話。故此文一發表，胡適就打聽張氏的下落。

國民政府這種行政權的散渙，正如胡道維和張佛泉所言，主要是社會「對專制有強的反應」。這種自民元以來行政權的散渙，之所以未能及時糾正，主要是由袁世凱，經北洋政府到蔣介石，都是武人弄政，因而引發對行政權集中的恐懼。直到發生「國難」，不足以應付時艱，社會輿論才願意將分裂的行政權集中，但仍擔心行政權集中所引發的可能弊端。胡漢民、孫科是行政權集中和分散這兩極中一極，蔣介石則是另一極；當時社會輿論與知識分子雖傾向行政權集中，但最初強調的是張佛泉所言的行政與立法互相制衡，後因國民政府提出「治權歸一化」（即將立法院劃爲治權），社會輿論才被迫以國民大會牽制行政權。但國民政府仍死心不息，再次釜底抽薪，用同樣的理由取消國民大會委員會。〔註 325〕這就是陳之邁和錢端升所言的，若取消國民大會委員會，全部憲法有因之犧牲之虞。〔註 326〕

在爲政府充權過程中，錢端升和胡適處於兩極。在人權論戰中，胡適受國民黨輿論「圍剿」影響，對國民政府持不信任態度。這點從他在《獨立評論》上引用胡漢民在香港的講話，表示胡氏也主張憲政可看出。從錢端升在1935 年主張理想的極權主義來看，不難想像其強調加強行政權的重要性。但在 1934 年，錢端升雖承認蔣介石的實力和地位，並未認可其爲最高領袖。這點從他意欲維持「汪蔣合作」，建議蔣派與非蔣派合作，以及提出「責任內閣制」就能看出。隨著形勢的變化，汪精衛在 1935 年被鎗擊，「汪蔣合作」瓦解、加上日本的侵迫，以及蔣的政治形象改善，錢端升的主張亦爲之一變。〔註 327〕儘管如此，在爲政府充權同時，錢端升仍保持著對行政權突然過度提高的警惕，強調憲草必須採用憲法保障主義，以保障民權。

---

723 頁；亦見《胡適日記全編（6）》（安徽版），第 249～250 頁。

〔註 325〕錢端升說：「立法院二讀時將國民大會委員會取消是一個大大的錯誤，也是失策。據立法院負責人的解釋，此次取消國民大會委員會的目的在將政權及治權釐分清楚，政權在民，而治權則在政府」。錢端升：《評中華民國憲法草案》，《東方雜誌》，第 31 卷第 21 號，1934 年 11 月 1 日，第 8 頁。

〔註 326〕按：國民政府取消國民委員會的理由是，它由國民大會間接選舉，是代表之代表，有違直接民權。這個理由十分牽強，因在不論在開會還是在閉會期間，都須有類似秘書處的機構運作，以審議提案和監督政府。

〔註 327〕儘管沒有確鑿證據，但據錢端升在主筆《益世報》期間，與邵元沖的交往及《益世報》被郵禁來看，有可能對加深了他對汪蔣權力格局的瞭解，如汪精衛作爲全國最高行政機關的首長，連宣傳部也不能控制。

1936 年「五五憲草」公佈後，羅隆基在《益世報》社論中說：「五月五日的憲草是一權憲法，不是五權憲法。是行政領袖獨裁的憲法」。〔註328〕平心而論，「五五憲草」總統權限（緊急命令權，可延期三月提交立法院追認），〔註329〕與 1919 年《威瑪憲法》第 48 條是一致的，只是國民政府的民主程度遠不及威瑪德國，蔣介石的威望亦未及興登堡，因此再次引起輿論反彈。從錢端升在 1935 年提出極權主義及政府權力用柔性憲法規定來看，他是贊同上述憲法變化的。但同時，他堅持人民的自由權利必須用憲法剛性規定，反對法律形式主義，這一點始終未變。

三、何爾康第二次訪華及其影響

繼 1928 年訪華後，1935 年 1 月，何爾康應國民政府教育部邀請，擔任顧問。〔註330〕同時，中央大學也聘其爲客座教授。〔註331〕當時教育部長正是翌年與錢端升合著出版《比較憲法》（1936）的王世杰，而錢端升此時正任中央大學政治學系主任。〔註332〕在很大程度上，何爾康是次訪華，不僅沒有緩和錢端升思想中的極權主義主張，反而加強了其思想中一些原有的傾向。如何爾康認爲，憲政的實現並非一班人開個會就能實現，此一看法加強了錢端升原有制憲並非當務之急的主張。另外，對中國的建議：公民教育與改良黨治，基本與錢端升的論調相近。

何爾康此次訪華有多重因素促成：一、1930 年所著《中國的革命》和《中國的革命精神》二書對孫中山和國民革命持同情態度，贏得國民政府好感；

〔註328〕耿雲志等：《西方民主在近代中國》，北京：中國青年出版社，2003 年 3 月，第 522～523 頁。原載羅隆基：《憲法草案中的總統》，《自由評論》，第 24 期；羅隆基：《五權憲法？一權憲法？》，天津《益世報》社論，1936 年 5 月 19 日。

〔註329〕周鯁生：《憲法草案的修正與實施》，《武大社科季刊》，第 6 卷第 4 號，1936 年 8 月 4 日，第 917 頁。

〔註330〕"In response to an invitation from the Ministry of Education, Professor Arthur N. Holcombe, of Harvard University, sailed for China in January to serve in an advisory capacity at Nanking until September." Frederic A. Ogg，Personal and Miscellaneous, *The American Political Science Review,* Vol. 29，No. 1，Feb.，1935, p.100.

〔註331〕「中央大學本期所聘之美籍教授何爾康博士，自上月十四日在該校政治系開始授課後，其所授之課程，爲近代政治思潮，即將於下月二日全部完畢」。《何爾康將赴平漢講學，中大課程下月二日授畢》，《中央日報》，1935 年 3 月 28 日，第 8 版。

〔註332〕「本京中央大學政治系。自錢端升先生主持以來，兩載於茲，成績昭著」。《中大政治系學生 挽留主任錢端升》，《中央日報》，1937 年 6 月 6 日，第 8 版。

二、何爾康自 1919 年擔任哈佛政府學系主任，至 1933 年放棄教席參加政府，一直爲美國政治學界權威；三、1933 年 3 月，羅斯福推行新政，中國黨政學三界均欲獲第一手材料；四、理解美國民主政治趨向，以作國內政治參考等。〔註 333〕

在《民主政治之危機與美國之新政》演講中，何爾康認爲，羅斯福的「所謂新政（New Deal）乃是美國對於民主政治受批評之處的一種解答」。〔註 334〕他在報告了 30 個新政個案後指出，羅斯福對經濟危機的處理基本上是對症下藥的，並且顯示出：一、民主政治也可有很高效率的；二、美國的憲政基礎未曾因此動搖。〔註 335〕

可以說，何爾康的演講爲當時的民主論者打了一支強心針。但同時，他提出的方案，卻又按照中國現實，暫緩憲政，主張公民教育和改善黨治，又對民主政論者造成一定的消極影響。在《憲政之理論與實際》演講中，他爲中國出的藥方如下：

> 歷史告訴我們，成文法不能規定政府的程序，而需要造成一種心理，換言之，健全的學說，不是成文說，而是教育說，因此總上所云，就有兩種結論：（一）在許多國家黨法更爲重要；（二）憲法不是以若干時間，開一個會所可造成的……我們讀過西洋憲法史之後，就可以知道貴國的《建國大綱》，是看透了西洋人的經驗，該大綱代表著大政治家及人民的聰明才智，在實行該大綱時，據我看（一）中國將來的政府，是會由一般能瞭解憲法權利的人民來管理，逐漸

〔註 333〕由於是教育部邀約，《中央日報》進行了跟蹤報導。詳參該報 1935 年 2 月 12 ～13、19～21、26～28 日；3 月 5、7、10、13、19～28 日；4 月 3～4、8～9、14、22、30 日、5 月 1 日之報導。儘管如此，《中央日報》還是遺漏了下列活動：4 月 7 日，《時事公報》報導《何爾康參觀新運總會》。4 月 15 日下午四時，在湖北省政府黨部禮堂講演《公共行政的新趨勢》。何爾康：《公共行政的新趨勢》，《湖北省政府公報》，第 96 期，1935 年 4 月 15 日（按：日期爲演講日期）。5 月 24 日，何爾康在北京大學講演《民主政治的沒落與美國的復興政策》。《北京大學紀事（上）》，北京大學出版社，1998 年 4 月，第 216 頁。5 月，接受《中興周刊》採訪。王道勝：《何爾康先生訪問記》，《中興周刊》，第 95、96 期，1935 年 5 月 18、25 日。

〔註 334〕《民主政治之危機與美國之新政，中大教授何爾康演詞譯文》，《中央日報》，1935 年 3 月 21 日，第 3 版。

〔註 335〕《美國之經濟計劃與政治計劃，中大教授何爾康演詞譯文》，《中央日報》，1935 年 3 月 24 日，第 2 版。

產生成文憲法，在過渡期間，仍由學者當政，即傳統上的「士治」；（二）目下最緊要的工作，不在草擬成文的憲法，而是在規定一良好的黨法，最後我再說一句，要想憲法安定持久，其基礎不在成文，而在教育，成文憲法只是建築物的屋頂，基礎和牆壁，還是在於訓政，而現在最重要的只有兩件事，（一）發展公民教育；（二）制定健全黨法（按：所有重點爲本文所加）。〔註336〕

值得注意的是，何爾康對《建國大綱》的高度評價及其建議：中國應由學者當政，即傳統上的「士治」，與錢端升和丁文江的主張「聯合智識階級」的「新式的獨裁」異曲同工。同時，憲法不是「開一個會所可造成」，以及發展公民教育和加強政黨建設，與錢端升一貫的政論主張基本一致。

儘管錢端升在 30 年代初期對蔣介石失望，但隨後蔣氏石採取了一連串補救措施。1932 年，王世杰、周鯁生和朱家驊等學者成爲蔣介石的政治顧問，並爲其講學。薛毅先生指出，「在武漢大學擔任校長期間，王世杰開始進入蔣介石的視野」，〔註337〕此說不確。據《羅家倫日記》顯示，還要更早。1928 年 1 月 10 日，羅家倫爲講學事致函蔣介石表示：「常來此室參與討論研究之人，不可過多，多則責任不專。目前似可請周鯁生：此人精通國際政治，於外交修約等問題，爲中國惟一專門人材，極純正之學者；精通英、德、法、日文字，在日本及歐洲十餘年，北大任教六七年，富著作。王雪艇：名世杰，思想精密，有幹才。在歐及任北大教授多年，通英、法、日文字，長政治、憲法。於五權憲法有研究。」1 月 24 日，日記記載：「偕鯁生、雪艇前往晤蔣」。〔註338〕後因繼續北伐，講學未成。王、周爲蔣氏講學，主要是意圖從幕後影響現實政治。〔註339〕1933 年，王世杰被委任執掌教育部，成爲民國時期最長命的教育部長（1933.4.21～1938.1.1）。〔註340〕應當說，蔣此舉是

〔註336〕《憲政之理論與實際，何爾康在中大講演詞譯文（續）》，《中央日報》，1935 年 5 月 1 日，第 8 版。

〔註337〕薛毅：《王世杰傳》，武漢大學出版社，2010 年 9 月，第 39～40 頁。

〔註338〕羅久芳注、邵銘煌校讀：《羅家倫先生日記》，《近代中國》（臺北），第 129 期，1999 年 2 月 25 日，第 137、145～146 頁。

〔註339〕王世杰說：「中國的民眾運動，如果希冀發揮光大，目前最要的，我覺得還是像十九世紀末年英國費邊社（Fabian Society）一類的團體」。王世杰：《民眾運動與領袖》，《現代評論》，第 3 卷第 54 期，1925 年 12 月 19 日，第 2 頁。

〔註340〕劉壽林等編：《民國職官年表》，北京：中華書局，1995 年 8 月，第 607～608 頁。

頗為高明的。不僅獲得學界大部分支持，中國高等教育亦因此獲得了長足的發展。

與此同時，1932 年 11 月 28 日，蔣氏與胡適進行了首次會面，加上翌日和三天後（12 月 2 日）共三次會面。12 月 5 日，胡適在湖南中山堂紀念周演講《中國政治的出路》，由省主席何鍵接待，可見規格之高。在演講中，胡適的基本觀點仍是打倒所謂的「五鬼」（「貧、病、愚、貪、亂」），希望（1）國民黨瞭解它使命，努力成為社會的重心；（2）努力建設一個維繫全國人心的制度，如國會、考試制度；（3）建立一種建設政治哲學：專家政治。〔註341〕

其中，「專家政治」為胡適、羅隆基等在「人權論戰」時期所倡導的。可見胡適的立場仍未從人權論戰時期的思路轉過來。與蔣三次會面，自然是話不投機半句多。這點從蔣送胡五小冊《力行叢書》、胡送蔣《淮南子》可見兩者的分歧，一個正努力有為、一個反勸其利用專家政治，無為而治。〔註342〕

儘管如此，三次會面還是為日後的「和解」奠定了基礎。1935 年 7 月 26日，胡適致函羅隆基，表示對蔣介石諒解。〔註343〕應當說，這與蔣介石成立國防設計委員會（1932.11～1935.2，後改為資源委員會）招攬了國內一批專家，有相當的關係。據錢昌照回憶，在國際關係方面，推薦的名單包括：王世杰、周鯁（鯁生）、謝冠生、徐淑希、錢端升等。〔註344〕目前未有實質證據表明錢端升曾參與上述委會員，〔註345〕但對蔣的上述舉動，應有所知聞。

由於蔣介石忙於「剿匪」，國防設計委員會在 1932～1934 年的主要工作

〔註341〕曹伯言整理：《胡適日記全集（6）》（聯經版），第 639～640 頁；亦見《胡適日記全編（6）》（安徽版），第 186～187 頁。

〔註342〕見 1932 年 12 月 5 日日記附記。曹伯言整理：《胡適日記全集（6）》（聯經版），第 640 頁；亦見《胡適日記全編（6）》（安徽版），第 187 頁。

〔註343〕「依我的觀察，蔣先生是一個天才，氣度也很廣闊，但微嫌近於細碎，終不能『小事糊塗』……我前在漢口初次見蔣先生，不得談話的機會，臨行時贈他一冊《淮南王書》，意在請他稍稍留意《淮南子》書中的無為主義的精義，……去年我第一次寫信給蔣先生，也略陳此意」。曹伯言整理：《胡適日記全集（7）》（聯經版），第 267～268 頁；亦見《胡適日記全編（6）》（安徽版），第 533、534 頁。

〔註344〕「九・一八」事變後，錢昌照向蔣介石提出創辦建立一個國防設計機構的構想，所擬名單共有 45 人，均為當時首屈一指的專家學者，分：軍事、國際關係、財政經濟、教育文化、原料及製造、交通運輸、土地及糧食等。《錢昌照回憶錄》，中國文史出版社，1998 年，第 36～37 頁。

〔註345〕薛毅：《國民政府資源委員會研究》，北京：社會科學文獻出版社，2005 年 4月，第 1～132 頁。

以調查統計爲主。1934 年 9 月，工作重心才開始向具體建設轉移。〔註346〕至
何爾康訪華期間，恰好是國民政府利用專家學者埋頭建設時期。1935 年 4 月
1 日，國民政府發起「國民經濟建設運動」。因此，何爾康所言「士治」一說，
並非空穴來風，亦因國民政府實行專家政治，在 1935 年獲得了胡適、錢端升、
陳之邁和蕭公權等人的讚賞。

第六節　對中央政改的批評和建議

一、對五院制度的批評和改良建議

　　錢端升提倡中央政治的改善約在 1934 年下半年。在主筆《益世報》期間，
監察院彈劾顧孟餘案引起了他的高度關注。顧孟餘案暴露了監察院的兩大弊
端：不自重和不對任何人負責。在很大程度上，錢端升意欲廢除三院的構想，
主要出於維持政治穩定和提升效率的考慮。但廢除五院中的三院，勢必引發
各種政潮。爲兼顧理論和事實，錢端升建議採取縮小其中三院的權宜措施。
現分述如下：

　　在《監察院彈劾顧孟餘案》中，錢端升說：「監察院過去最大的毛病即在
妄效御史，亂上彈章。……監委則不對任何人負責……監委如不能自尊自
重……現行法律中幾無制裁之可言……則毋寧另想別種方法之爲愈」。〔註347〕
監察院不懂自重，亂彈劾的結果是干擾了行政權的行使，破壞了汪蔣合作。7
月 12、17、21、31 日，錢端升分別發表《監察院彈劾顧孟餘案》、《安定政局》、
《監察院與監察權》、《再論安定政局》，大談蔣汪合作的重要性。

　　在《安定政局》中，錢端升指出，兩年來蔣汪合作是政局安定的「必要
條件」。他在行文中，多次並行使用「汪蔣合作」、「蔣汪合作」，以示兩者地
位之平等。社論指出，

　　　　兩年餘來的政局，是汪蔣合作的政局，也是比較安定的政局。
　　兩年餘來政府對內對外的設施固然也有不滿人意的地方……如果沒
　　有這個合作，沒有這安定，則中國現在的情況儘可比現在的還遠不
　　及。……蔣汪合作既是安定政局的必要條件，那麼蔣汪合作以外的

〔註346〕王衛星：《論國防設計委員會》，《學海》，2004 年第 6 期，第 51 頁。
〔註347〕錢端升：《監察院彈劾顧孟餘案》，天津《益世報》社論，1934 年 7 月 12 日。

－403－

第三者，也應顧全國家的困難。

因此，「站在國家的立場上，譏笑的，挑撥的，及反對的口氣，是絕對不能容許的。」〔註348〕

這是錢端升試圖在彌合國民黨內的裂縫，以維持一個至少穩定的局面，團結一致對外。從當時社會輿論角度來看，1934 年的蔣介石，應該說，其權威和人格魅力還不足以作為一全國性的領袖。對於錢端升個人來說，更是如此，遠不足以符合他心目中的獨裁人選。因此，他在 1934 年 1 月提出獨裁論只是一個理論或理想。從這個角度而言，他是在力促現實政治向理想政治邁進。

繼《監察院彈劾顧孟餘案》後，錢端升又發表《監察院與監察權》，可見專門針對之意。他認為：「監察院之失敗，與其歸罪於監察委員之失職，毋寧歸罪於制度之不良」。他指出，監察院集西方議會質詢權和中國御史彈劾權而來。西方議會之所以有力量，主要根據選舉和預算權。當時監察院恰缺此二者：第一、它無預算否決權；第二、它不是民選，又不向國民負責。因此，要使監察院「真有行使之力量與夫可能，第一必須自身有力，第二必須負責」。

錢端升上述分析符合西方政治學原理。不過，就訓政時期的監察院而言，儘管它並非民選，但也並非沒有負責對象可言，眾所周知是中央政治會議。因此，關鍵在於監察院為何不向中政會負責。顧孟餘案前，監察院之荒腔走板，早在對待胡漢民被軟禁和汪精衛被彈劾事件中，暴露無遺。在《監察院與汪精衛》中，傅斯年一針見血地指出，「監察權之行使，若有了政治作用，是極其不幸的事」。〔註349〕他說：「去年二月二十八日，無端一個院長給關起來，我們覺得此風一開，大禍真要臨頭了！當時于公（按：指監察院長于右任）……彼時靜默的態度和此時動氣的態度一比，我們不免惶恐」。〔註350〕「靜默」是指胡漢民被蔣介石軟禁後，監察院沒有任何動作；「動氣」是指監察院彈劾汪精衛「擅自」簽訂上海協定。

至於考試院，早在 1932 年，社會輿論就表達了對它的不滿意。在《所謂「剿匪」問題》中，丁文江和胡適提出五點主張來改良當時政治，其中第

〔註348〕錢端升：《安定政局》，天津《益世報》社論，1934 年 7 月 17 日。
〔註349〕孟真：《監察院與汪精衛》，《獨立評論》，第 1 卷第 4 號，1932 年 6 月 12 日，第 5 頁。
〔註350〕孟真：《監察院與汪精衛》，《獨立評論》，第 1 卷第 4 號，1932 年 6 月 12 日，第 3 頁。

三點爲「裁撤戴季陶先生的考試衙門，在這五省澈底實行考試任官的制度」。
〔註351〕1934 年 11 月，張佛泉在《國聞周報》亦表示：「考銓制度亟應樹立」。
〔註352〕在《監察院與監察權》中，錢端升也說：「五院之中，考試院之虛設
或更甚於四監察院，故監察院應廢，則考試院更應廢」。〔註353〕在另一社論
中，錢端升則指出，考試院成立已逾四年，「經常歲費達八十餘萬之鉅……
只聞其頒佈法令，不聞其有其他舉動。即以其所舉行之高考而論，費國帑每
次數十萬，而取錄者則每次僅及百人，取錄者之成績則亦不過爾爾」。〔註354〕

　　對於監察和考試兩院的存廢，錢端升的意見是搖擺在存廢之間的。在理
論上，他是傾向廢除的。在事實上，則參以穩定現實政治爲前提。在《監察
院與監察權》一文，他表達了這個意向：「然則監察院應取消乎？曰然，亦曰
不然。在理論上，在五權憲法眞正成立以前，監察院絕不應存在。然在事實
上，則吾人亦不能不爲安定政局設想。……兩院之可否廢除則勢須以政局爲
推移。如廢兩院而無審〔損〕於政局之安定，廢之可也；如廢兩院必引起政
潮，則毋寧存之」。〔註355〕

　　爲免引發政潮，錢端升只好在改良上下手。對於監察院，錢端升的建議似
有點無奈：一、希望能對審計工作加倍努力；二、彈劾官吏，務須有協助行政
及司法機關之精神，而不以博虛名爲目的，至於意存搗亂則更切忌。〔註356〕

　　至於考試院，建議各部可自行考試，不必一味依賴考試院提供人材。他
說：「五權憲法今既未屆實行之期，則考試院盡亦不必包辦考政，而各院部更
不應卸責於考試院，而不自舉行考試」。此外，還建議借鑒其他制度，如清華
大學招生制度，〔註357〕顯與其在《區域政府制大綱芻議》中，主張地方公務
員考試由中央負責不同。

　　對於司法院，檢索 1934 年《益世報》社論標題，未見專門論及。3 月 2
日《憲法初稿評議》有以下評述：「五權儘可分立，而五院不必盡設。無論爲

〔註351〕丁文江、胡適：《所謂「剿匪」問題》，《獨立評論》，第 1 卷第 6 號，1932 年
　　　　5 月 26 日，第 3 頁。
〔註352〕張佛泉：《考銓制度亟應樹立》，《國聞周報》，第 11 卷第 46 期，1934 年 11
　　　　月 19 日。
〔註353〕錢端升：《監察院與監察權》，天津《益世報》社論，1934 年 7 月 21 日。
〔註354〕錢端升：《考試制度之推行》，天津《益世報》社論，1934 年 8 月 9 日。
〔註355〕錢端升：《監察院與監察權》，天津《益世報》社論，1934 年 7 月 21 日。
〔註356〕錢端升：《監察院與監察權》，天津《益世報》社論，1934 年 7 月 21 日。
〔註357〕錢端升：《考試制度之推行》，天津《益世報》社論，1934 年 8 月 9 日。

簡單化，或爲節約，考試司法等院實有裁撤或降低組織的必要」。〔註358〕在《評憲草修正案》中，錢端升重提舊議：「五院應作獨立行使的試驗，卻不必有同樣龐大的組織。司法、考試、及監察三院能裁去最好，即不能裁去，亦當縮小組織」。〔註359〕錢端升提出上述主張，主要希冀國家在危機關頭，行政效率有所提升及盡可能避免引發政潮。應該說，他的建議，理論和事實兼顧，縮小三院的做法是可取的。

二、建立一個以蔣介石爲核心，但又非個人獨裁的強有力法治政府

1935 年 3 月，針對民主與獨裁的討論，葉叔衡在《「民治與獨裁」的爭論與調解》中提出，應注重實際和具體的政改方案。這個調解意見爲後來的中央政改討論奠定了基礎。

在文中，葉叔衡指出，丁文江和胡適的方法均非能在一時之間實現，現在國難的大火已經燒到眉頭，須得先另想辦法。據此，他提出六條具體措施：第一、讓有直接利害關係的階層參與政治。第二、重大問題應由民意代表機關通過。第三、中央權力應集中於最高行政機關。第四、全國國防軍完全由中央最高軍事機關統率整理，汰弱留強。五、整理行政須從監督財政下手，務須絕對嚴格辦理，方可以言行政、談建設。六、中央各機關的事務官應有規定的額數，不得自行增加。〔註360〕

隨著民主與獨裁的討論在 1935 年上半年進入尾聲，在何爾康離華後，中國的學界更從理論進入實際的層面，探討中央政制的改革。在《獨立評論》上，最早提出中央政改初步構想的是丁文江，〔註361〕可惜因意外早逝。至於有系統性地針對蔣介石與中央政治和改善黨政關係者，分別應爲錢端升和

〔註358〕錢端升：《憲法初稿評議》，天津《益世報》社論，1934 年 3 月 2 日。

〔註359〕錢端升：《評立憲運動及憲草修正案》，《東方雜誌》，第 31 卷第 19 號，1934 年 10 月 1 日，第 8 頁。對於司法院的評價，王世杰也說：「居覺生長司法院十年，對於司法毫無貢獻，其最高法院尤爲法界所不滿」。《王世杰日記》（1942 年 11 月 17 日），第 3 冊，第 393 頁。

〔註360〕葉叔衡：《「民治與獨裁」的爭論與調解》，《獨立評論》，第 6 卷第 140 號，1935 年 3 月 3 日，第 9～11 頁。

〔註361〕丁文江、胡適：《所謂「剿匪」問題》，《獨立評論》，第 1 卷第 6 號，1932 年 5 月 26 日，第 3 頁。

陳之邁。〔註 362〕錢端升在主筆《益世報》時期已注意到監察、考試和司法三院效率不彰顯，及中央政制運用的不靈敏。在《評修正案》和《評憲草案》中，也有觸及中央權力分配問題，如他認為，與其制憲，不如將當時中國各種政府組織進行研究和合理化，《對六中全會的期望》一文就是將之合理化的結果。

　　1935 年 8 月，錢端升在《獨立評論》上發表了唯一的文章《對六中全會的期望》，可見此時期仍處於胡適社交圈子核心之外。〔註 363〕這是一篇非常直白分析蔣介石與中央政治關係的文章。在文中，錢端升提出了兩個期望：一、建立一個以蔣介石為核心，但又非個人獨裁的中心勢力；二、根據以上原則，改良中樞政治機關──中央政治會議。

　　錢端升上述意見最早發表 1934 年 2 月的《益世報》上。他在《統一中國的途徑》社論中表示，要解決就國難，就必須有一中心勢力。若果沒有，「我們立須創造；我們如果已有，我們更應扶植」。關於採用法俄的合議制還是意德的領袖制，他認為前者較適宜。他指出，國民黨雖行民主集權制，但爭端各方各執一端。一方面，他認為：「在理論上，這兩種制度（按：指合議制和

〔註 362〕在錢、陳兩人之前，《獨立評論》上已有眾多撰稿人要求行政改革，如翁文灝：《行政機關改革的必要》（第 1 卷第 25 號）、邱昌渭：《行政研究的重要（通信）》（第 2 卷第 38 號）、趙錫麟：《如何提高中國行政效率》（第 4 卷第 96 號）、張忠紱：《政治理論與行政效率》（第 6 卷第 135 號）、翁文灝：《整頓內政之必要》（第 7 卷第 148 號）、翁文灝：《整頓內政的途徑》（第 7 卷第 161 號）。但上述文章缺乏系統性和針對性。較有系統性地針對中央政制問題的應為錢端升。至於提出黨政關係改善，則為陳之邁。

〔註 363〕在出任《益世報》主筆前，30 年代錢端升的友朋圈子主要以清華、北大教授為主，如與梁思成、林徽因、金岳霖、費正清，及陶孟和等。與胡適、傅斯年等人的交往，似仍不密切或仍未進入胡適友朋核心圈子。直到抗戰爆發，與胡適、張忠紱共同出使歐美，再加上與王世杰和朱家驊的關係，及與傅斯年在參政會上共同彈劾孔祥熙，開始成為胡適、傅斯年核心圈子內的重要人物之一。抗戰期間，錢端升與梁思成、金岳霖等毗鄰而居，與張奚若成為莫逆之交。抗戰勝利前夕，出於對國民政府和蔣介石的失望，在日本投降前最後一屆國民參政會上，與王世杰、胡適、傅斯年等在政見上開始分道揚鑣。詳參本文第六章第一節。關於錢端升與上述學人的交往，詳參劉培育主編：《金岳霖的回憶與回憶金岳霖》（增訂本），四川教育出版社，2000 年 11 月。〔美〕費正清著、陸惠勤等譯、章克生校：《費正清對華回憶錄》，上海：知識出版社，1991 年 5 月。〔美〕費慰梅著、曲瑩璞等譯：《梁思成與林徽因：一對探索中國建築史的伴侶》，北京：中國文聯出版公司，1997 年 9 月。另一版本：〔美〕費慰梅著、成寒譯：《中國建築之魂：一個外國學者眼中的梁思成林徽因夫婦》，上海文藝出版社，2003 年 10 月。

集權制）各有利弊，難分上下」。〔註364〕這是他治學方法所強調的價值中立。但另一方面，錢端升根據歷史比較法，作出比較後說：

> 然歷史的經驗及比較的觀察告訴我們，成功的獨裁制在開始的時候都不是很鮮明的獨裁。獨裁的程度卻是隨建樹而增高的。如果毫無建樹，而遽欲獨裁，則成功的希望極少。我們以為在今日的中國，誰能認清途徑，埋頭苦幹，而又有領導群眾的能力者，誰將成為最有力的領袖。這即中國古語所謂「實至名歸」。在當前的時候我們認為這中心勢力所寄託的黨，還是採用法國急進黨，俄國共產黨等的合議制，比較取法意國法西斯蒂黨或德國國社黨的獨裁制為宜（按：重點為本文所加）。〔註365〕

換言之，錢端升看來，像憲政一樣，理想的獨裁也不能一蹴而就。在《對六中全會的期望》中，他再次提出類似建議：「第一〔，〕黨內各派應在同一的領袖之下團結起來；第二，這領袖不應是獨裁的領袖；第三〔，〕中央應有一個有力量有效率的決議機關，決議一切國家大計，參加決議者不得兼為執行者。中央的政制不能不有改良，不改良則既不能團結，更不能禦侮。」與 20 年代一樣，錢端升認為：「惟有有了一個統一的有力的中央政府，才能談到解除國難」。〔註366〕

要有中央政府有力，則須兼顧上述三點。那「何以團結應以一個領袖為中心呢？」錢端升說：「這理由甚多」，但主要的只有一個：解救國難。他說：「一個民族意識很高強，政治能力很發達的民族，遇到非常的事變，往往尚須賴一個最高領袖來領導解救國難」。錢端升所言顯指德國。德國況且如此，更何況「民族意識十分薄弱，人民政治力量十分幼稚」的中國？〔註367〕

作為美國哈佛大學政府學系的博士，錢端升除關注制度外，亦十分關注人選問題。他說：「制〔度〕與人又有密切聯帶的關係，空談制度而不問人事，是無裨於實際的」。〔註368〕同時，「參加決議者不得兼為執行者」。〔註369〕因

〔註364〕錢端升：《統一中國的途徑》，天津《益世報》社論，1934 年 2 月 21 日。
〔註365〕錢端升：《統一中國的途徑》，天津《益世報》社論，1934 年 2 月 21 日。
〔註366〕錢端升：《對於六中全會的期望》，《獨立評論》，第 7 卷第 162 號，1935 年 8 月 4 日，第 5 頁。
〔註367〕錢端升：《對於六中全會的期望》，《獨立評論》，第 7 卷第 162 號，1935 年 8 月 4 日，第 6 頁。
〔註368〕錢端升：《對於六中全會的期望》，《獨立評論》，第 7 卷第 162 號，1935 年 8 月 4 日，第 5 頁。

兩者合一，弊端至少有三：一、執行不了；二、權責不易分明；三、自己不能監督自己。

對於領袖問題，錢端升指出，應從國情和黨情出發，注意以下兩點：「（一）黨內有沒有人配做這樣一個領袖及（二）黨的眞正團結不能不容許他做領袖的問題」。錢端升表示：「誰都承認蔣介石先生是黨內最有實力的領袖。不過這還不夠。要做此刻中國的最高的領袖，第一必須黨內各派一致的擁護；第二必須黨外比較開明的各派，一致的承認」。〔註370〕

錢端升指出，儘管蔣介石還有許多缺點，未合理想標準，但蔣的領袖地位在國難危機之下，不能再有動搖和指責。若因此「有所遲疑，而使此多難的國家長陷於無領袖，無中心的狀態」是不該的。他表示：「我敢說蔣先生做領袖的資格不會比在意大利、埃及做統將時的拿破崙，在紐吉賽做邦長時的威爾遜，以倒閣爲能事時的克利莫梭爲下」。〔註371〕

但同時，錢端升也注意到，當時國民黨內爭的主要源於蔣介石不願意跟胡漢民等人平起平坐。「七八年來，黨的分裂，黨的不能團結，幾無一不以反蔣，或不與蔣合作爲主因。但所謂反蔣或不與蔣合作者，並非反對蔣在黨中居領袖地位，而是反對蔣居最高領袖地位。胡展堂先生三年來的眞實態度便是如此」。這也是後來汪精衛叛國的主要原因之一。

這是一個兩難的僵局：一個意欲大權獨攬，一個要求至少平起平坐。如何解決這個難題，是錢端升這篇文章主旨之一。對此，他進行了兩面勸說。一方面，輿論若能「促黨內非蔣各派放棄成見，以共赴國難的精神，擁他爲領袖，則非蔣各派將失去其反蔣或不擁蔣的理由及依據」。另一方面，列舉了種種理由，力促蔣放棄獨裁。他說：

> 蔣先生不應做獨裁者的理由甚多。第一，從上面我們可以推行
> 而得，蔣先生獨裁，則黨不能團結。第二，歷來獨裁者之所能獲獨

〔註369〕錢端升的觀點有可能來自哈林頓。在哈佛時期，錢端升撰有「James Harrington」一文，後發表在《武大社科季刊》（第1卷第4號）。哈林頓在《大洋國》中認爲，如果由一個機構去切開蛋糕並進行選擇，便無法阻止其獨享整個蛋糕，因此必須由兩個分離的機構進行管理。〔英〕昆廷‧斯金納著、李宏圖譯：《自由主義之前的自由》，上海：三聯書店，2003年10月，第24頁。

〔註370〕錢端升：《對於六中全會的期望》，《獨立評論》，第7卷第162號，1935年8月4日，第6頁。

〔註371〕錢端升：《對於六中全會的期望》，《獨立評論》，第7卷第162號，1935年8月4日，第6頁。

　　裁，不外兩種原因，不是驚人的成功，便是法律的賦予。拿破侖的
　　獲得獨裁是由於赫赫的武功。威爾遜的獲得獨裁是由於憲法上所設
　　大元帥的作戰權。就是希特勒的獨裁亦基於一九三三年三月的選舉
　　大勝利。法律的賦予在中國既說不到，驚人的成功，無論文治或武
　　功，則尚有待於更大的努力。第三，國際的形勢亦不容我們此時有
　　一名至實歸的元首。野心的國家固希望我們有一這樣的元首來簽訂
　　喪權失地的條約，但他決不會許這元首來復興國家。所以就對外而
　　言，我們絕不能行獨裁制。〔註372〕

錢端升的建議是擱置爭議、承認現狀，及留待將來事實之演變。此點與其在
《極權主義》中主張一致，即蔣介石若要獨裁，則須先贏得民心。他認為，
在目前國民黨眾多領袖中，蔣在實力、聲望、民望和道義上，「儘可是黨國最
高的領袖」，但「在名義上此時絕不宜為總理及總統」，「名義及享受則〔應〕
無別於別的領袖。必如此，黨才能團結；亦必如此，黨及國才有可資憑藉的
中心」。〔註373〕這是他在建議一個各方均贏的「數全其美」折衷辦法。姑勿論
蔣在1935年對西南釋放的善意是否本諸真心，後來事實的發展證實了錢端升
的遠見。

三、改良中樞政治機關——中央政治會議

　　至於中央政治會議（下簡稱「中政會」）的改善，錢端升一針見血地指
出，「中政會議的弱點就是整個中央政府〔的〕弱點」。〔註374〕他認為：

　　　　中央現行的政制既不合政治學原理，又不適合目前的國情，無
　　怪其既無力量，又鮮〔有〕效率。……中央現行的政制，說完全的
　　實話，是蔣先生與中央政治會議分治的政治。軍事及蔣先生所處理
　　的其他事項，他有全權處理，中政會的決議僅是一種形式。此外的
　　事項則中政會有全權處理。……蔣先生所處理的事項，……有一極
　　大弊病，即蔣先生所處理的事項，其一部分往往仍由別的機關繼續

〔註372〕錢端升：《對於六中全會的期望》，《獨立評論》，第7卷第162號，1935年8
　　　　月4日，第7頁。

〔註373〕錢端升：《對於六中全會的期望》，《獨立評論》，第7卷第162號，1935年8
　　　　月4日，第8頁。

〔註374〕錢端升：《對於六中全會的期望》，《獨立評論》，第7卷第162號，1935年8
　　　　月4日，第9頁。

處理，以致法制與事權兩不統一。〔註375〕

錢端升將中政會的弊端歸爲三類：「責任不專，缺乏實力及效率」。〔註376〕他指出，中政會的不健全，至少有四大原因。第一、二點早在前年的《評憲草修正案》中指出，一、中政會不但「可以出席之人太多」，且出席人員不固定，討論無「連續性可言」。二、中政會大小事通吃，加上重要委員經常缺席，「出席者不能代表黨的力量。蔣先生以及許多任封疆大吏的委員大都均不出席」，〔註377〕「討論者轉多爲例行事件」。〔註378〕三、「參加討論及決議者即爲執行者，所以對於任何難事，缺乏勇氣，更缺乏超然的見解」。四、「委員在實際上太不平等，所以討論的價值大大減少。……小委員又何能與大委員抗庭辯論？」〔註379〕

針對以上弱點，錢端升列出以下建議：一、減少出席人員。「使之成爲一個十五至二十人的會議」；二、加強委員的地位。「多數應爲中央執監委員，而少數則不妨爲國內其他的領袖」；三、委員專職化。「委員絕對不兼任何官職，任何官員亦絕對不能參加任何決議」。爲增進中政會的地位，錢端升還建議吸收「非黨員的領袖」。至於黨籍，「不妨由全會特予黨籍，以貫澈黨治的理論，且有張漢卿先生等入黨的前例可援」。〔註380〕

以上爲黨中央的改革。至於政府組成，除蔣介石外，「政府要員的產生一如中政會議的委員，和中政會議處於平等的地位。但蔣先生的地位則較特殊。他一方爲中政會及政府的主要的產生人，但一方又爲政府的重員之一」。〔註381〕至於與其他領袖之關係，蔣「應繼續爲最高的軍事長官。其他的事項，得主管院及中政會的同意後，亦可劃歸軍事機關全權辦理；但爲保持行

〔註375〕錢端升：《對於六中全會的期望》，《獨立評論》，第7卷第162號，1935年8月4日，第8頁。

〔註376〕錢端升：《對於六中全會的期望》，《獨立評論》，第7卷第162號，1935年8月4日，第8頁。

〔註377〕錢端升：《對於六中全會的期望》，《獨立評論》，第7卷第162號，1935年8月4日，第8頁。

〔註378〕錢端升：《評立憲運動及憲草修正案》，《東方雜誌》，第31卷第19號，1934年10月1日，第7頁。

〔註379〕錢端升：《對於六中全會的期望》，《獨立評論》，第7卷第162號，1935年8月4日，第8～9頁。

〔註380〕錢端升：《對於六中全會的期望》，《獨立評論》，第7卷第162號，1935年8月4日，第9頁。

〔註381〕錢端升：《對於六中全會的期望》，《獨立評論》，第7卷第162號，1935年8月4日，第9頁。

政系統起見，不應輕易支劃。蔣先生應留意於大政方針的貫澈，及國民自衛力量的充實；但為分工合作起見，應充分信賴其他人材來分司各部行政」。〔註382〕

除以上外，中政會「整個的名單在實際上應由蔣先生會同黨中其他三四領袖預先擬定，但須由全會通過，以示黨治的繼續存在」，「萬一中政會議與政府發生衝突，則由蔣先生會同兩方的一二領袖（如中政會主席及立法行政兩院長等）予以解決」。錢端升認為，若「根據以上的辦法，蔣先生的最高領袖的地位當會有所增進，但黨內其他領袖當亦較多效力之處，所以黨的團結當亦較易」。〔註383〕

從上可見，錢端升旨在建立一個以蔣介石為超然領袖，同時與黨內其他領袖分工合作的領導體系，這是他在評憲草時建議的「變相內閣制」。至若蔣要真正獨裁，則仍須努力。這是錢端升在實行他在《極權主義》一文中所提出的政見主張。他在嘗試彌合極權理想與現實之間的差距。從表面上看，錢端升的意見似無新穎之處，只是據當時中國政治實際情況，理順國民黨各領袖以及黨政之間關係而已。但實際上，它的重要性也恰恰在此。這是最貼近當時現實政治的改革建議。在錢端升看來，在國難大背景下，任何大動作的政治改革，均應避免。後來事實的發展證實了錢端升的遠見。從 1934 年到 1938年蔣介石擔任國民黨總裁來看，蔣介石正朝著錢端升的建議——「要使國家有這種權力，則又深得民心的獨裁制度不為功」〔註384〕方向邁進。或者說，兩者不謀而合。

四、與陳之邁、胡適、蕭公權等之比較

對於中央政治的改善，除上述錢端升的建議外，胡適、蕭公權和陳之邁等亦在《獨立評論》提出不同的意見。關於政制改善的討論，蕭公權曾將之歸為三大類：一、開放黨禁；二、黨政關係；三、領袖地位問題。〔註385〕陳

〔註382〕錢端升：《對於六中全會的期望》，《獨立評論》，第 7 卷第 162 號，1935 年 8 月 4 日，第 9 頁。

〔註383〕錢端升：《對於六中全會的期望》，《獨立評論》，第 7 卷第 162 號，1935 年 8 月 4 日，第 9 頁。

〔註384〕錢端升：《民主政治乎？極權國家乎？》，《東方雜誌》，第 31 卷第 1 號，1934 年 1 月 1 日，第 24 頁；亦見錢端升：《論極權主義（下）》，《大公報》，1935 年 2 月 10 日，第 5 版。

〔註385〕君衡（蕭公權）：《當前的三個問題》，《獨立評論》，第 7 卷第 164 號，1935

之邁的分類更具體：一、在國民黨專政的原則下謀政制的改革。二、主張「拋棄黨治，公開政權」，用憲法來做政權的基礎；三、改組國民黨，使其紀律森林嚴，只准有黨，不准有派。〔註386〕陳之邁指出，第一種主張，「錢端升，『君衡』（按：即蕭公權）先生和我都是如是主張」；胡適屬第二種主張；第三種主張為「碩人」（按：即樓邦彥），〔註387〕他的觀點基本是胡漢民「黨外無黨，黨內無派」的老調重彈。

在《政制改革的必要》中，陳之邁提出「黨內的民主政治論」（下簡稱「黨內民主論」）來解決當時國民黨內的紛爭。與蕭、錢一樣，陳之邁也主張「一黨專政」。他不贊成開放黨禁，一方面懲議會政治之黨派政治，「產生不出一貫的政針，或找不著功過之所在」。一方面在30年代，國民黨「號稱一黨專政，……黨裏還有人喊叫獨裁」。他認為，這種狀態是國民黨內爭的結果，因此建議「公開的承認目前國民黨內部分歧的狀態，而令制度去適應這種狀態」。〔註388〕與錢端升立論基礎相近的是，他的「黨內民主論」是建立在對蔣介石的信仰上。陳之邁指出，「蔣先生是一位具有現代智識的軍人，不能和曹錕〔、〕張作霖輩同日而語，憑藉著軍權來統馭政權是他所不取的」。〔註389〕

對於錢端升、陳之邁的意見，緊接一期的《獨立評論》上，胡適對於「政制有改革的必要」，尤其對錢、陳認為當時「中央現行的政制，既不合政治學原理，又不適目前的國情，無怪其既無力量，又沒效率」，表示「完全同意」。但對錢、陳認為「不主張開放政權，解除黨治」，則認為不可取。胡適認為：「今日當前的問題，不是三五人的合作不合作，也不是三五個小組的團結不

年8月18日，第2頁。

〔註386〕陳之邁：《再論政制改革》，《獨立評論》，第7卷第166號，1935年9月1日，第2～3頁。陳儀深在《獨立評論的民主思想》第三章中分為：獨裁論者，丁文江、蔣廷黻等；民主論者，胡適、陶希聖等；折衷論者，陳之邁、張佛泉等；第四章中，分為：無黨政治論，胡適；非競爭性政黨論，陳之邁、蕭公權；競爭性政黨論，張佛泉、陶希聖；第五章中，分為：訓政論，村治論，憲政論。詳參陳儀深：《獨立評論的民主思想》，臺北：聯經出版事業公司，1989年5月，第59～152、180～190、199～236頁。

〔註387〕《清華同學錄》，國立清華大學校長辦公處，1937年4月，第393頁。

〔註388〕陳之邁：《政制改革的必要》，《獨立評論》，第7卷第162號，1935年8月4日，第2、3頁。

〔註389〕陳之邁：《再論政制改革》，《獨立評論》，第7卷第166號，1935年9月1日，第6頁。

團結。今日的真問題是收拾全國的人心」。〔註390〕針對胡適的開放政權論，與端升一樣，蕭公權認爲：「開放黨禁不特無需，亦且有害。但是黨禁雖不必開，言禁卻不可不開」。他說：「『防民之口』的危險及不當，已經爲人所公認，不必在此贅述。何況封鎖言論的政策執行如不得當，徒自增加沉悶的空氣，減少愛護政府的同情，絲毫無補於實際」。至於領袖，蕭氏看法亦與錢、陳接近，認爲「蔣介石先生這幾年來的成績，除別有用心的少數人以外，沒有不承認的。蔣先生是否成爲最高領袖，我以爲是事實問題，無待討論」。〔註391〕

　　與胡適一樣，樓邦彥也對陳之邁的「黨內民主論」的可行性表示懷疑。不過，他的建議與胡適相左。儘管他對錢、陳的建議有所保留，但對他們「以制度去適應事實（人事）」的原則，表示認同，並認爲錢端升的看法——「承認蔣介石先生是黨內最有實力的領袖」——比陳之邁的看法更透澈，因「黨內民主論」只會「重新開演民初黨派合縱連橫的怪劇」，所以他重彈了錢端升在 20 年代的老調，認爲「在一黨專政的國家裏，我們不容有其它政黨的存在，同時也不讓黨內有派別分歧的狀態」。〔註392〕

　　對於蔣介石，胡適與錢端升諸人看法大同小異，認爲雖仍有不少缺點，但「在今日確有做一國領袖的資格，這並不是因爲『他最有實力』……他的資格正是錢先生說的『他近幾年來所得到的進步』。他長進了；氣度變闊大了，態度變和平了。他的見解也許有錯誤，他的措施也許有很不能滿人意的，但大家漸漸承認他不是自私的，也不是爲一黨一派人謀利益的」。所以，胡適認同蕭公權的看法，認爲「蔣先生之成爲全國公認的領袖，是個事實的問題」。不過，胡適還期望蔣「作一個有實力的西園寺公〔望〕，作一個不做總統的興登堡」，亦即做一個守護憲法領袖，這才是「政制改改的大路」。〔註393〕

〔註390〕胡適：《政制改革的大路》，《獨立評論》，第 7 卷第 163 號，1935 年 8 月 11 日，第 2、3、5 頁。

〔註391〕君衡（蕭公權）：《當前的三個問題》，《獨立評論》，第 7 卷第 164 號，1935 年 8 月 18 日，第 2、4 月。

〔註392〕碩人：《政制問題的討論》，《獨立評論》，第 7 卷第 164 號，1935 年 8 月 18 日，第 18～19 頁。

〔註393〕胡適：《政制改革的大路》，《獨立評論》，第 7 卷第 163 號，1935 年 8 月 11 日，第 7、9 頁。1932 年 8 月 4 日，邱昌渭致函胡適說：「蔣爲興登堡而另由文治者爲政治領袖，此議甚善」。從行文來看，應是胡適在致邱昌渭函中，曾提及過。由此可見，胡適對當時蔣介石的期望。《胡適來往書信選（中）》，香

　　針對各種對「黨內民主論」的非難，陳之邁寫了《再論政制改革》來澄清他的目的是「希望黨內外的人現在不要再做那『精誠團結』的美夢，因爲那是永無法實現之日的」。他表示胡適和蕭公權都看錯了他的原意。他是希望借「黨內民主論」使得「現在消極的，不合作的，發不負責的言論，都有把握政權的機會，以期他們不敢繼續地玩他們的雜技。」陳之邁說：「胡先生說：『這四年的教訓是：統一全國容易，團結黨內很難』。我完全承認這句話的後半」。〔註394〕

　　從上述錢端升、陳之邁、胡適和蕭公權等人的論述中，不難發現30年代中國政治的癥結所在：「統一全國容易，團結黨內很難」。胡適所言前半是指憲政，儘管這點錢、陳等人不同意，但「團結黨內很難」，這是當時大多學人的共識。

　　要評價學人論政對政府的影響力，是困難的。不過，從 1935 年 11 年召開的第四屆六中全會實現的國民黨大團結及 1935 年底「人才內閣」來看，一方面，固是蔣介石嘗試整合社會力量準備抗日之結果；一方面，應當說與上述學人呼籲有相當之關係。在很大程度上，「人才內閣」符合胡、錢、丁、蕭、陳等人的設想。蔣介石在 1935 年贏得了上述學人的讚賞，應該說，與蔣解決與西南的矛盾、埋頭建設有莫大干係。

　　就上述民主與獨裁、中央政改和開放政權等討論而言，本文認爲，錢、丁、蔣、陳、蕭和胡適等人的意見，均其有合理性的一面。「人才內閣」既是錢、丁所主張的「聯合智識階級」和「新式的獨裁」之實現和胡適等人提出的「團結全國」、「專家政治」方案折衷之結果，亦符合陳之邁和張君勱所言「危機政府」和「修正的民主政治」。〔註395〕

　　港：中華書局，1983 年 11 月，第 128 頁。

〔註394〕陳之邁：《再論政制改革》，《獨立評論》，第 7 卷第 166 號，1935 年 9 月 1 日，第 6 頁。

〔註395〕詳參拙著：《三十年代的憲政運動——以〈獨立評論〉的探討爲中心》，《燕園史學》，第 17 輯，2009 年 12 月，第 76～89 頁。

第五章　書生報國（上）：議政國民
參政會與創辦《今日評論》
（1937～1945）

第一節　議政國民參政會

一、「教授派」辨正

正所謂「愛之深，責之切」。錢端升雖強調抗戰期間，決策權力應高度一元化，但他對國民黨政府的監督，卻也令當局坐立難安。前北京大學國際政治系主任趙寶煦曾說，據說在參政會中蔣介石最怕四個人起立質詢。這四個人是張奚若、錢端升、羅隆基和周炳琳。這四位教授，雖然政治立場不盡相同。但都痛恨腐敗、獨裁、力爭民主，且皆熟悉西方民主程序。〔註1〕上述說法初步已得到相關的研究印證。〔註2〕從錢端升在歷屆參政會的表現來看，與傅斯年一樣，「倒孔」是他其中一項主要工作。如果說傅斯年是「倒孔」的主

〔註1〕 趙寶煦：《奉奉愛國心 殷殷報國情》，《錢端升先生紀念文集》，中國政法大學出版社，2000 年 2 月，第 18 頁。亦見蕭超然主編：《巍巍上庠 百年星辰：名人與北大》，北京大學出版社，1998 年，第 337～338 頁。

〔註2〕 謝慧在她的博士後報告中，對周炳琳和錢端升在國民參政會期間的活動已有初步的研究。相對來說，她的研究較為側重周炳琳，材料主要以報刊為主。她似乎未認識到，錢端升所扮演角色的重要性。謝慧：《西南聯大與抗戰時期的憲政運動研究》，北京：社會科學文獻出版社，2010 年 11 月，第 215～230 頁。

帥，錢端升則是「攻孔」的急先鋒。本節僅就歷屆參政會有關錢、傅等倒孔活動、梁漱溟對參政會的觀感、王世杰對參政會的充權及國民大會大召開等問題，結合王世杰、翁文灝、黃炎培日記等進行分析。

在《抗戰以來》一書中，鄒韜奮曾對抗戰期間各黨派有所介紹，其中將來自昆明的大學教授們稱為「教授派」。聞黎明先生認為：「這僅是一種職業性的劃分，並不能反映這部分人的政治傾向」。〔註 3〕但在本文看來，似有一定政治傾向性。1939 年 1 月 24 日，參政會第一屆第三次大會前，錢端升寫了一封甚可玩味的信函給胡適。信中說：

> 參政會二月十日左右開會，蔣自為議長，我輩讀書人或轉可視為攻孔之良好機會（按：重點為本文所加），弟等大概下月七八日即須去渝，聯大方面參政者僅今甫、奚若及弟三人，若加孟和及孟真便五人矣，枚蓀近亦在此省視太太，惟枚蓀日內或即與孟麟去渝，孟麟之去則為枚事。P. C.及于均由孔派出，眾疑 P. C.有覦覯復初及兄之缺意，孟真怒而問雪艇，雪艇覆函云蔣不知 P. C.出洋事，聞 P. C.到英，甚為奇怪云。〔註4〕

錢端升所言「蔣自為議長，我輩讀書人或轉可視為攻孔之良好機會」，和提及的五位教授：楊振聲、張奚若、傅斯年、周炳琳，包括錢端升，這是「教授派」的核心成員。羅文幹、羅隆基、陶孟和任鴻雋相對比較外圍，尤其是任鴻雋對政治興趣相對不大。傅斯年則對羅文幹的評價不高。〔註5〕

從錢端升自述來看，這個所謂的「教授派」已有一定的政治傾向。其中一個特徵表現為對孔祥熙的不滿。另一個特徵表現在《憲法草案修正草案說明書》中，有兩處稱呼「昆明若干參政員」。在陳述「國民議政會」時，稱之為「昆明案」。〔註 6〕國民黨政府拒絕《五五憲草修正草案》其中一個重要原因，是因為「國民議政會」權限之大，超出原案規定。這個強有力的「國民

〔註 3〕 聞黎明：《第三種力量與抗戰時期的中國政治》，上海書店出版社，2004 年 10 月，第 55 頁。

〔註 4〕 《錢端升致胡適》（1939 年 1 月 24 日），《北京大學圖書館藏胡適未刊書信日記》，清華大學出版社，2003 年 6 月，第 144 頁。

〔註 5〕 傅斯年認為羅文幹「毫無見識，殊大失望。此人乃官僚、酒徒之混合」。《傅斯年致胡適》（1937 年 10 月 11 日），《胡適來往書信選（中）》，香港：中華書局，1983 年 11 月，第 367 頁。

〔註 6〕 《國民參政會憲政期成會提出中華民國憲法草案修正草案說明書》，《國民參政會史料》，臺北：國民參政會在臺歷屆參政員聯誼會，第 178 頁。

議政會」是「昆明若干參政員」所提議的。他們分別是：羅隆基、羅文幹、陶孟和、周炳琳、傅斯年、錢端升、張奚若、楊振聲、任鴻雋。〔註7〕有證據表明，這個《修正草案》事前是經過這些教授們商討的。〔註8〕在 25 位憲政期成會參政員中，〔註9〕勢力佔五分之一強。因此，鄒韜奮將他們歸類爲「教授派」，有一定的道理。

　　1939 年 7 月 20 日，羅文幹等八人發表討汪通電，餘七人依次爲：陶孟和、張奚若、楊振聲、周炳琳、傅斯年、羅隆基、錢端升。〔註10〕因此，「教授派」參政員大致可以確定爲上述諸人。須注意的是，本文所言的「教授派」只是一個鬆散的學人團體。〔註11〕這個所謂的「教授派」，儘管與國民黨有著千絲萬縷的關係，如陶孟和與錢昌照、黃郛爲連襟，三位夫人爲沈家三姐妹、傅斯年與蔣介石關係密切等。但又有一個共通點，即錢端升所謂「讀書人」出身。在爲國家奠定百年基業上，對他們來說，國家利益大於黨派利益，他們更多關注的是與自己並無切身利益的利益（Unconcerned Interest）。

　　在上函中，錢端升將自己和傅斯年等人定位爲「讀書人」，此語甚可玩

〔註7〕　《「五五憲草」修正案理由報告書》（1940 年 4 月 5 日）記載：「本年三月二十日第三次會議，收到（一）昆明參政員羅隆基、羅文幹、陶孟和、周炳琳、傅斯年、錢端升、張奚若、楊振聲、任鴻雋等提出之《五五憲草》修正案」。楊紀、戴君曠編：《憲政要覽・行憲述要》（1940 年 7 月），臺北：文海出版社，1981 年，第 60 頁；亦見夏新華等整理：《近代中國憲政歷程：史料薈萃》，中國政法大學出版社，2004 年 7 月，第 1055 頁。

〔註8〕　羅文幹說：「留昆期成會會員陶孟和、周炳琳、傅斯年、羅隆基諸先生及文幹等，自渝返昆後，即集會研究，並推羅隆基先生主稿。稿成後，討論數月，幾經修正。留昆參政員張奚若、楊振聲、任鴻雋三先生，於討論時，均肯惠然參加。留昆期成會會員錢端升先生於 3 月從美返回、閱覽全稿，亦表贊同」。羅文幹：《五五憲草之修正序言》，羅隆基等：《五五憲草之修正》，《再生》，第 45 期，1940 年 4 月 10 日，第 3 頁。《楊振聲編年事輯初稿》沒有注明這段文字爲羅文幹序言。

〔註9〕　這 25 人爲：張君勱、張瀾、杭立武、史良、周覽、李中襄、章士釗、黃炎培、左舜生、李璜、董必武、許孝炎、陶孟和、羅隆基、傅斯年、羅文幹、錢端升、褚輔成、梁上棟、胡兆祥、章伯鈞、馬亮、王家楨、李永新。

〔註10〕　聞黎明：《抗日戰爭與中國知識分子——西南聯合大學的抗戰軌跡》，北京：社會科學文獻出版社，2009 年 10 月，第 160 頁。未知何種原因，上述宣言未見任鴻雋署名，周鯁生可能人在國外。

〔註11〕　這個提法正如 20 年代清華改制時期的「少壯派」一樣，在很大程度上，可以理解爲一壓力團體，亦即在理念上，他們主張國事不應從黨派立場出發；及在現實政治中，他們的政治目標大致相近：主張憲法超越黨派利益和以國民大會委員會制衡政府；一致反對孔祥熙（與清華少壯派反對張彭春類似）等。

味。錢端升表面上提出各種政治主張，似乎對政治表現出有強烈的野心，但在其內心，卻依然不失學人本色。1941 年，他在致胡適函中表示：「弟既蓄志教書，自不能不想法求工作，以求有前進之可能。……」〔註 12〕應當說，錢端升致胡適兩函均屬私人性質，反映了他心中真實想法，無文過飾非之必要。有意思的是，傅斯年在 1940 年致胡適函中也說：「我一讀書人，既不能上陣，則讀聖賢書所學何事哉？」〔註 13〕在參政會上，周炳琳亦云：「我是讀書人，我受的是自由主義教育，我要自由說話」。〔註 14〕在《今日評論》創刊號上，錢端升則云：

> 至於中國人民則向來偏向自由，而較能有思想，較多發表意見的讀書人，更素來習慣於自由表示意見。言官制度之所以能為中國政治上的最特殊最善良的一個傳習，士子上書當局之所以能成為一種風氣，以及歷代學潮之所以時起，均足以表示中國讀書人向來能自由表示意見，且喜自由表示意見。現在要中國人，尤其是讀書人，做應聲蟲，不許其自由思想，不許其自由發表意見，在事實上是決難做到的。將來教育愈普及，民智愈撥〔發〕達，個個中國人，或差不多個個中國人，成為讀書人，則困難自必更大。〔註 15〕

錢端升使用「讀書人」一詞，含有當代狹義和廣義「知識分子」的定義，即前者為本文所定義的「獨立於權威和忠於自己的信仰」；後者包括初中或高中教育水平以上的一般知識分子。「讀書人」一語，錢、傅兩人誰影響誰，已無從稽考。以兩人經常在參政會碰面來看，錢端升的「讀書人」自我定位，應該說是可以得到傅斯年和胡適等人的認同的。

　　與約翰遜‧查默斯一樣，蕭公權在回憶錄中認為，錢端升和張奚若在1949 年後留在大陸「做『官』……是為了滿足他們的政治欲望」，並認為「『佳人』作賊，古今同慨」，不免有點冤枉錢、張。〔註 16〕平心而論，他們二人

〔註12〕 《錢端升致胡適》（1941 年 1 月 21 日），《胡適來往書信選（中）》（1941 年 1 月 21 日），香港：中華書局，1983 年 11 月，第 508 頁。

〔註13〕 《傅斯年致胡適》（1940 年 8 月 14 日），《胡適來往書信選（中）》，香港：中華書局，1983 年 11 月，第 479 頁。

〔註14〕 謝慧：《西南聯大與抗戰時期的憲政運動研究》，北京：社會科學文獻出版社，2010 年 11 月，第 232 頁。原載逸嘯：《參政會精彩一幕》，《新中國日報》，1945 年 7 月 23 日。

〔註15〕 錢端升：《統一與一致》，《今日評論》，創刊號，1939 年 1 月 1 日，第 4～5 頁。

〔註16〕 蕭公權：《問學諫往錄》，臺北：傳記文學出版社，1972 年 1 月，第 110 頁。

1949 年後參與新政權工作，主要爲教育和外交方面，錢則還參與了 1954 年的制憲工作。應當說，他們「當官」，並非爲了滿足「政治欲」，而是爲了實踐自己的學術理想和專長，這點可從何炳棣的回憶錄可得到證明。

1945 年春，錢端升對何炳棣說：

> 你們這一輩學問基礎在國內就已打得比我們（在國內時）結實，而且你們出國的時候就比我們那時要成熟得多。所以你們出國深造前途不可限量。要緊的是，不要三心二意，一邊教書，一邊又想做官。你看蔣廷黻多可惜，他如果不去行政院，留在清華教書，他在外交史方面會有大成就。我希望你能專心致志地搞學問，將來的成就肯定會超過我們這一輩的。〔註17〕

可見錢端升之「讀書人」立場。在 20、30 年代，張奚若與錢端升曾至少打過兩場筆墨官司（「聯俄與仇俄」的討論和對獨裁極權論的批判），但均無損他們的交往。在抗戰期間，兩人更成爲莫逆之交。在張熙若看來，錢端升在當時所提的，只是國難之下的臨時舉措，基於愛國心而非邀約於當局。若錢端升熱衷名利或權力，以張熙若嫉惡如仇的鯁直性格，未必會與錢端升交往，更遑論成爲莫逆之交。

二、「攻孔」急先鋒

根據楊天石先生的研究，現存傅斯年「倒孔」各函中，最早一通可追溯到 1938 年 2、3 月，距離孔出掌行政院長不過兩月。除孔祥熙外，傅還連帶攻擊王寵惠。1938 年 3 月 4 日，王世杰日記載：「近日外間對於孔庸之之長行政院，王亮疇之長外交部，頗多不滿。昨聞傅斯年君（國防參議會委員）曾以長函致蔣先生，指責孔、王甚力。」〔註18〕傅斯年第一次上書不成後，趁 1938 年 7 月第一屆國民參政會在武漢召開之際，以參政員資格積極活動。與第一次單獨上書不同的是，這次與人聯署。〔註19〕對於第二次「倒孔」，蔣的反應是「聞之甚不悅」，〔註20〕孔祥熙的反應則是「倒胡」。錢端升上述

〔註17〕　何炳棣：《讀史閱世六十年》，廣西師範大學出版社，2005 年 7 月，第 173 頁。

〔註18〕　《王世杰日記》（1938 年 3 月 4 日），第 1 冊，第 197 頁。

〔註19〕　楊天石：《傅斯年攻倒孔祥熙──讀臺灣所藏傅斯年檔案》，《海外訪史錄》，中國社會科學出版社，1998 年 9 月，第 541〜542 頁。

〔註20〕　《王世杰日記》（1938 年 7 月 3 日），第 1 冊，第 302 頁。

致胡適信中的「P. C 和于」應爲張彭春〔註21〕和于斌，〔註22〕所言取代「復初」和胡適，「復初」即郭泰祺，當時爲駐英大使。耿雲志先生在《抗戰時期的胡適》中說：「先後續派錢端升，周鯁生、張彭春等人來館協助工作」，〔註23〕與錢端升所言，未獲最高當局同意，及取代胡適顯有所出入。〔註24〕

　　錢端升的推論並非空穴來風，就孔、胡關係而言，傅「倒孔」在先，孔「倒胡」還以顏色。傅斯年似沒注意到這點，錢端升雖有提及，但似也未將二事連起來。結果「倒孔」越激烈，胡適去職也更快，若非有軍委會參事室主任王世杰（1938.4～1946.5）及翁文灝等支撐，胡適在 1942 年 9 月卸任大使時間可能將會更早。〔註25〕儘管如此，胡適最後還是敵不過孔祥熙後加宋子文的雙重夾擊。〔註26〕

　　第一屆第二次大會。1938 年 10 月 28 日，第一屆第二次參政會開幕。這是錢端升 1937～1938 年出使歐美後，第一次參加國民參政會。11 月 2 日，錢與周炳琳領銜連同其他參議員共 42 人，臨時提出設立特種委員會、審查貿易委員會等，矛頭所指，針對的就是孔祥熙。

　　據當天《翁文灝日記》記載：「國民參政會錢端升、周炳琳等四十人臨

〔註21〕　《南開大學大事記》記載：1939 年 1 月 10 日，「聯大教授張彭春因公出國，請假一年」。《南開大學校史》，天津：南開大學出版社，1989 年 10 月，第 417 頁。

〔註22〕　于斌（1901～1978），1936 年任天主教南京區總主教，因其特殊身份，抗戰期間曾 8 次赴英美，爭取英美同情，支持抗戰。朱傑勤、黃邦和主編：《中外關係史辭典》，湖北人民出版社，1992 年，第 778 頁。

〔註23〕　耿雲志：《抗戰時期的胡適》，《胡適研究叢錄》，北京：三聯書店，1989 年 2 月，第 176 頁。《抗戰時期的對外關係（下）》也指出，「國民政府於 1939 年 1 月派張彭春協助胡適」。唐培吉主編：《抗戰時期的對外關係（下）》，北京：燕山出版社，2007 年 6 月，第 192 頁。

〔註24〕　約 2 年前，王世杰曾推薦錢端升、張彭春赴美宣傳，後不知何種原因，直到 1939 年 1 月，張彭春才出國。《王世杰日記》（1937 年 8 月 30 日），第 1 冊，第 96 頁。

〔註25〕　李學通等整理：《翁文灝日記》（1940 年 9 月 18 日），北京：中華書局，2010 年 1 月，第 530 頁。

〔註26〕　1942 年 10 月 26 日，國民參政會第三屆第一次大會期間，蔣介石晚宴全體參政員，適宋子文「自美返抵重慶，亦被邀參加。宋氏即席演說，謂中美外交形勢之完滿，與胡大使適之或其他任何人無關」。王世杰說：「宋氏此言，頗爲教育界人士所輕，蓋胡使之去職由於宋之排斥，久爲外間所知也」。《王世杰日記》，第 3 冊，第 381 頁。關於宋排擠胡，詳參楊天石：《排擠駐美大使胡適——宋子文檔案管窺之三》，《海外訪史錄》，中國社會科學出版社，1998 年 9 月，第 571～576 頁。

時提議，設立特種委員會，審查貿易委員會及外匯辦法」。《黃炎培日記》亦記載：「爲管理外匯及貿易委員會管理出口問題，外間頗多責言，向會陳述者亦多起，有人（錢端升等人——原注）提議組特種委員會，特別審查通過」。〔註27〕翁文灝和黃炎培同時記載了錢端升等人提出的議案，可見此事在當時矚目程度。同日，《翁文灝日記》還記載了「教授派」另一成員羅文幹對貿委會的攻擊：「晚，孔、張公權及余邀第四組參政員至行政院座談會。羅文幹攻擊貿易委員會甚力，彭允彝對交通部表示不滿。徐柏園爲財政部辯護」。〔註28〕

　　由於當時攻擊貿易委員會流言甚多，因此參政會對此案處理十分愼重，表示若所言屬實，將建議政府採取行動。決議案云：「財政部貿易委員會所管理之外匯及對外貿易二事，關係國計民生抗戰前途至爲重大。……現在外面流言孔多，陳訴於本會之文件亦有多起。如貿易委員會確能奉公守法……本會應將其信用恢復……貿易委員會確有不法之處，則本會亦應籌妥救濟之法，建議政府。……決議：設特種審查委員會以第四組審查委員會召集人爲召集人。原第四組審查委員會及其他參政員願加入者，均可向召集人聲明參加」。〔註29〕

　　第四組審查委員會召集人爲陳豹隱、林祖涵、楊端六。錢端升、周炳琳爲提議人，當在參加之列。從決議案可看出，陳訴的案件爲數不少。除大會十分重視外，特種審查委員會亦復愼重其事。「凡開會三次，費11小時，始作成審查報告，提出大會通過」。〔註30〕至於結果如何，未見相關材料。不過，從參政會會議記錄來看，由於是官方文件，加上戰時宣傳需要，不免冠冕堂皇，不可能有對財政部門任何不利之公開報告。

　　除參政會臨時動議外，傅斯年、錢端升等再次上書蔣介石。1938 年 10月 30日，副秘書長王世杰記載：「參政會中傅斯年等二十餘人將以私函致　蔣

〔註27〕　《黃炎培日記》（1938 年 11 月 2 日），第 6 卷，北京：華文出版社，2008 年，第 39 頁。

〔註28〕　李學通等整理：《翁文灝日記》（1938 年 11 月 2 日），北京：中華書局，2010年 1 月，第 280～281 頁。

〔註29〕　《國民參政會第二次大會紀錄》，重慶：國民參政會秘書處編印，1938 年，第 24～25 頁。

〔註30〕　《抗日戰爭》（中國近代史資料叢刊之 13），第 3 卷，民族奮起與國內政治，第 174 頁。原載《國民參政會第二次大會紀錄》。亦見《國民參政會第二次大會紀錄》，重慶：國民參政會秘書處編印，1938 年，第 45 頁。

先生，反對孔庸之長行政院。聞彼等已擬就函稿」。〔註 31〕不過，胡適並不贊成此舉。1938 年 12 月，胡適致電傅斯年「勸勿攻孔」。〔註 32〕到了 1939 年 10 月，胡適仍不贊成，儘管他認爲傅文是一篇「打孔家店妙文」。〔註 33〕

　　跟前二次一樣，對於傅斯年等人的「倒孔」，蔣介石的反應是「護孔」。1938 年 12 月 11 日，傅斯年將 7 月、11 月上呈蔣介石「倒孔」信函交給翁文灝傳閱。12 日，翁文灝記載，蔣介石在行營擴大紀念周講演，「言財政辦法甚好，不應攻擊」。〔註 34〕王世杰亦載：「今晨蔣先生在重慶行營作紀念周〔報告〕，頗爲財政當局辯護。意謂戰事已歷一年□〔多〕，財政當局能維持至現在境地，足見財政當局之勞苦；外間政客之攻擊，爲不負責任云云。當係對參政員前次攻擊財政當局，表示不滿」。〔註 35〕所言「參政員」，顯指傅斯年、錢端升等人。

　　翁、王二人的記載頗有點輕描淡寫。據《顧維鈞回憶錄》記載，汪精衛出走河內，其中「一個直接而重要的原因是他與行政院長孔祥熙的爭吵」，四十多名參政員對孔提出的彈劾案加劇了這一爭吵。當國民參政會議長和國防最高委員會副主席汪精衛將此一提案副本交給蔣介石後，「這一行動引起了委員長的憤怒，使他在隨後的政府擴大紀念周上強烈譴責了國民參政會參政員」。〔註 36〕可見傅、錢「攻孔」之影響，間接擴大了蔣（孔）、汪之間的矛盾。

　　關於彈劾孔祥熙，1940 年 8 月，傅斯年在致胡適信中解釋說：「當時接先生勸阻之電，尊意爲介公著想，我亦有同感」。不過，他以箭已在弦上不得不發爲由，並沒有停止對孔祥熙的攻擊。傅斯年說：「事在進行，不必便與『特任大官』商榷，不妨事後再詳陳其故，以請不奉令之罪」。所言「特任大官」即指胡適；不得不「倒孔」數大理由如下：

〔註 31〕 《王世杰日記》（1938 年 10 月 30 日），第 1 冊，第 413～414 頁。

〔註 32〕 按：原電未見。1938 年 12 月 9 日，翁文灝記載：「傅孟眞（告以胡適之電，勸勿攻孔）」。李學通等整理：《翁文灝日記》，北京：中華書局，2010 年 1 月，第 290 頁。

〔註 33〕 楊天石：《傅斯年攻倒孔祥熙──讀臺灣所藏傅斯年檔案》，《海外訪史錄》，中國社會科學出版社，1998 年 9 月，第 545 頁。原載：《胡適致傅斯年函》（1939 年 10 月 8 日），《傅斯年來往書信選》（打字本）。

〔註 34〕 李學通等整理：《翁文灝日記》（1938 年 12 月 12 日），北京：中華書局，2010 年 1 月，第 291 頁。

〔註 35〕 《王世杰日記》（1938 年 12 月 12 日），第 1 冊，第 447 頁。

〔註 36〕 《顧維鈞回憶錄》，第 3 分冊，北京：中華書局，1987 年 2 月，第 237～328 頁。

　　1、孔之爲私損公，毫無忌憚，先生久在國外，未能深知。2、他之行爲，墮人心，損介公之譽，給抗戰力量一個大打擊。3、貪贓枉法，有錢愈要錢，縱容其親黨無惡不作，有此人當局，政府決無希望。4、他一向主張投降，比汪在漢、渝時尤甚。5、一旦國家到了更危急的階段，不定出何岔子。6、爲愛惜介公，不容不反對他。……〔註37〕

綜上所言，孔祥熙爲官對上不對下負責，只有長官而不知有百姓，每一條所列「罪狀」均違背了他祖先孔老先生所垂示的。在傅斯年看來，像孔祥熙一類置自己利益於國家之上的官員，在抗戰危急關頭，很可能會出亂子。傅斯年所言不幸言中，在外交方面，國家每次「到了更危急的階段」，孔祥熙總是主和。有時甚至背著蔣和談，成爲一顆蔣介石不得不勞心對付的計時炸彈。〔註38〕在財政方面，除用人唯親外，還參與投機買賣，最後驚動蔣介石親自處理。〔註39〕遭到孔祥熙同樣「禮遇」的，還有張群和陳立夫。在第一屆第四次大會上，參政員胡景伊所提的《肅清在位之漢奸》主要是針對他們兩人，後因蔣之反對作罷。〔註40〕

　　在是次參政會上，錢端升、于斌和周鯁生三人被選爲第二組國際外交召集人，委員共二十五人。由於抗戰初期，和、戰外交大權在蔣介石手上，故提案不多。凡開會四次，審畢議案六件。〔註41〕其中以吳玉章等人所提的《加強國民外交案》較爲重要。〔註42〕由於參政員身份及第二組國際外交召集人

〔註37〕　《傅斯年致胡適》（1940 年 8 月 14 日），《胡適來往書信選（中）》，香港：中華書局，1983 年 11 月，第 479 頁。

〔註38〕　據楊天石研究，蔣介石曾至少兩次制止孔祥熙之和談，分別爲 1938 年 9 月制止賈存德、馬伯援及 1939 年 10 月蕭振瀛的和談。此後，孔仍背著蔣，命賈存德與上海日僞聯繫，再度遭蔣制止。楊天石：《蔣介石對孔祥熙謀和活動的阻過》，《尋找眞實的蔣介石（下）》，山西人民出版社，2008 年 5 月，第 310～316 頁。

〔註39〕　楊天石：《蔣介石親自查處孔祥熙等人的美金公債舞弊案──且看蔣介石如何反腐》，《尋找眞實的蔣介石（下）》，山西人民出版社，2008 年 5 月，第 449～466 頁。

〔註40〕　《王世杰日記》（1939 年 2 月 16 日），第 2 冊，第 34～35 頁。

〔註41〕　《開會經過》，《國民參政會第二次大會紀錄》，重慶：國民參政會秘書處編印，1938 年，第 1 頁。

〔註42〕　吳玉章等：《加強國民外交，推動歐美友邦人士，敦促各該國政府，對日寇侵略者實施經濟制裁案》，《國民參政會紀實》，上卷，重慶出版社，1985 年 8 月，第 344～345 頁。

身份，錢端升閱讀到當時許多不爲外人所知的情報，甚至駐美大使胡適與美國國務卿的談話。〔註43〕

11 月 6 日，參政會閉幕。王世杰記載：「閉會會前，會中討論今後抗戰工作方策，多數人頗不滿於孔院長。孔院長在會場中亦悻悻然」。〔註44〕翁文灝當天也載：「國民參政會特別審查會對孔極表不滿，責其不負責任、沒辦法、欠莊重」。會後，傅斯年更揚言，「在此形勢下，在外國只有孔辭職或解散參政會！！」〔註45〕

第一屆第三次大會。第一屆第二次參政會閉會一個多月後，正如過去一樣，團結最大的危機又發生在國民黨內。1938 年 12 月 18 日，國民參政會議長汪精衛出走河內。2 月 12 日，國民參政會第一屆第三次大會開幕。由於汪的叛逃，蔣介石擔任了國民參政會議長。這是錢端升所言「攻孔」良機之背景，這是傅、錢等人第四次「倒孔」。在這次會上，蔣介石二次離開主席位置，代表政府說明抗戰國策（第 6 次）和國民精神總動員及其實施之報告，並親自宣讀（第 8 次）。〔註46〕對蔣介石親自擔任議長的做法，翁文灝的評價是「非妥也」，〔註47〕顯與錢端升的看法不同。

1939 年 2 月 15 日下午 3 時，錢端升出席第三次會議，主席爲議長蔣中正。會上，錢端升領銜提出二了次詢問。第一次爲錢端升等五人提出詢問：「僞聯合準備銀行之僞幣已發表若干流通於華北五省及江浙者各若干財政部有何對策？」第二次爲錢端升等五人詢問：「軍興以來郵政辦理不善有何補救辦法？」〔註48〕錢端升領銜的第一次質詢人還有周鯁生、陳博生、張忠紱和傅斯年。除了陳博生外，〔註49〕餘均可稱爲「讀書人」出身。第二次詢

〔註43〕 1942 年 2 月 23 日，黃炎培致胡適説：「往年六月得從參政會讀　兄與國務卿談話紀錄，則今茲之變化，殊不覺爲意外」。《黃炎培致胡適》，《胡適來往書信選（中）》，香港：中華書局，1983 年 11 月，第 547 頁。

〔註44〕 《王世杰日記》（1938 年 11 月 6 日），第 1 冊，第 419～420 頁。

〔註45〕 李學通等整理：《翁文灝日記》，北京：中華書局，2010 年 1 月，第 282 頁。

〔註46〕 《開會經過》，《國民參政會〔第一屆〕第三次大會紀錄》，國民參政會秘書處編印，1939 年 4 月，第 1 頁。《國民參政會史料》，臺北：國民參政會在臺歷屆參政員聯誼會，1962 年 11 月，第 69 頁。

〔註47〕 李學通等整理：《翁文灝日記》（1939 年 1 月 21 日），北京：中華書局，2010 年 1 月，第 303 頁。

〔註48〕 《國民參政會第三次大會紀錄》，重慶：國民參政會秘書處編印，1939 年，第 15、16 頁。第一次提問，亦見歐陽哲生編：《傅斯年全集》，第 4 卷，湖南教育出版社，2003 年 9 月，第 200～201 頁。

〔註49〕 陳博生（1890～），福建林森縣人，畢業於早稻田大學政治學系，1930 年曾

問四人雖不詳，應不出教授派諸人。

這次質詢，又引起了參政會轟動。臺灣學者馬起華在《戰時中央民意機構》中說：「有些詢問案很引人注意。例如第一屆第三次大會第三次會議，財政部長孔祥熙作財政報告後，參政員錢端升、周覽、陳博生、張忠紱、傅斯年等五人詢問：『請問財政部長，偽聯合準備銀行所發行之偽幣，據調查所得，已有若干？此項偽幣流於華北五省及江、浙二省各為若干？我方能否用外交或其方法使在淪陷區內（尤其在上海）外國銀行商得各該行之同意，拒絕以偽幣為交易媒介？如售賣外匯及存款等等。關於此點，英外次十四日答 Sirpitrck〔Sir Patrick〕Hanuon 之詢問已有何研究及對策？』」可惜孔祥熙未有當場口頭答覆，改用書面答覆。〔註 50〕馬起華說：「此種書面答覆，四平八穩，無懈可擊，頗能維持財政部的立場」。〔註 51〕

第一屆第四次大會。1939 年 9 月 10～18 日，國民參政會第一屆第四次召開，孔祥熙繼續成為國民參政員攻擊對象。此前不久，1939 年 8 月 4 日，王世杰記載：「參政員張瀾謂財政如此一塌糊塗，倘無更動，如何與敵人作經濟戰」。〔註 52〕9 月 11 日，王世杰又記：「參政會此次集會，參政員中對孔庸之院長多表示不滿。此實目前最為一般人注意之問題」。〔註 53〕9 月 14 日下午 3 時，召開第五次會議，議長仍為蔣介石，秘書長和副秘書長為王世杰和周炳琳，記錄為雷震等人。是次大會共有 18 起質詢案，其中第 8、18 項為錢端升領銜提出之質詢。據會議記錄如下：

8. 參政員錢端升等五人關於對外貿易機關之詢問一件。

<hr>

隨張學良入關，接收《新晨報》，改名《北平晨報》，出任社長兼總主筆、總編輯。1931 年國民會議期採訪期間，陳布雷對他十分器重，並將之三度介紹與蔣介石會晤。1936 年接受中央社邀請，屈就出任東京特派員，籌設中央社第一個外國分社——東京分社，曾引起國內新聞界的重視。抗戰爆發後，從日本回國，並在 1939 年 1 月正式擔任中央社第一任總編輯。1940 年 12 月 1 日起擔任重慶中央日報社長兼總主筆，1942 年 12 月辭職，但仍兼任中央社總編輯。《中央社六十年》，中央社六十週年社慶籌備委員會，1984 年 4 月，第 291～292 頁。

〔註 50〕　書面答覆見：《國民參政會第三次大會紀錄》，重慶：國民參政會秘書處編印，1939 年 4 月，第 114 頁。

〔註 51〕　馬起華：《國民參政會——戰時中央民意機構》，《國民參政會紀實（續編），1938～1948》，重慶出版社，1987 年 6 月，第 608 頁。作者並未注明資料來源。

〔註 52〕　《王世杰日記》（1939 年 8 月 4 日），第 2 冊，第 128 頁。

〔註 53〕　《王世杰日記》（1939 年 9 月 11 日，第 2 冊，第 149 頁。

18. 參政員錢端升等六人詢問倫敦財政泰晤士通訊員史坦因對於我
   國財政措施之惡意批評，曾否考慮消除辦法一件。

主席宣告：「以上詢問案十八件，送財政部孔兼部長答覆。當由孔兼部長即席
作簡單之口頭答覆，其餘以書面答覆」。〔註54〕上面是會議記錄。翁文灝記載
了當日孔祥熙狼狽的樣子：

> 下午大會，蔣主席。對孔財政詢問案宣讀後，蔣起立謂：參政
> 員應知抗戰環境，統一後一年餘即抗戰，實行至今，全靠財政。參
> 政會應平心靜氣討論，不宜誤會。對財政詢問當用書面答覆……（如
> 此凌厲態度，壓制正當詢問以護孔，實非領袖所宜出，深爲國家前
> 途憂慨！）孔仍口頭答覆，語無倫次。〔註55〕

張君勱在《第三勢力》中亦有相關回憶：「沒有任何部長會被彈劾。當提
出了太多與財政部長孔祥熙的工作有關的問題時，蔣作爲參政會的議長，會
告訴會眾說：此事毋需回答。這就打斷了所有的質問，並且讓孔祥熙不致於
過於困窘」。〔註56〕應該是這一屆參政會，蔣介石粗暴地打斷了張奚若的發
言，插話說：「歡迎提意見，但別太刻薄！」張奚若隨後拒絕出席參政會，並
回電：「無政可議，路費退回」。〔註57〕

蔣介石「護孔」，部分原因是 1939 年 9 月 11 日，恰逢孔祥熙 60 歲大壽。
從蔣爲孔所撰超過千字文的壽序，可見對其倚重：「昔楚漢相爭於滎陽京索
間，鄷侯塡撫關中，主官軍食，遂以破楚。由今觀之，漢之所以勝，由得持
久戰之要也」。〔註58〕由於有最高領袖的庇護，孔祥熙在參政會上避免了不少
尷尬。不過，這樣的待遇不是每一位部長都能雨露均霑的。譬如有參政員詢
問糧食部長徐堪：

> 平價米內不僅有礦物如灰砂，且有動物如蛀蟲甲蟲；並且因倉
> 儲管理不善，米多潮濕黴腐，於是便形成了所謂八寶飯。請問徐部

〔註54〕《國民參政會〔第一屆〕第四次大會紀錄》，重慶：國民參政會秘書處編印，
   1939 年 11 月，第 22、23 頁。
〔註55〕李學通等整理：《翁文灝日記》，北京：中華書局，2010 年 1 月，第 371 頁。
〔註56〕張君勱：《第三勢力》，臺北：稻鄉出版社，2005 年，第 107 頁。
〔註57〕按：蔣介石只擔任過一屆議長。據孫敦恒記載，張奚若辭去參政員一職，是
   因爲蔣介石打斷了他的發言。孫敦恒：《張奚若》，《清華人物志（3）》，清華
   大學出版社，1995 年 4 月，第 70 頁。
〔註58〕郭榮年編著：《民國孔庸之先生祥熙年譜》，臺北：商務印書館，1981 年 11
   月，第 152 頁。

長，你是否吃這種八寶飯？你的感想如何？你有沒有能力和信心去
改善？若沒有辦法，最好另讓賢能。〔註59〕

還有一次，農林部長沈鴻烈答覆詢問時，因天熱揮汗，竟在發言臺上不支，
翻身栽下臺來。幸虧沒有發生悲劇，「詢問和答詢的緊張熱烈，於此可見一班
了」。〔註60〕應當說，上述場景與英國議會中舌劍唇槍般的質詢不遑多讓。

　　然而上述民主議會的常態質詢，對國民政府部分高層，如孔祥熙和徐堪
來說，卻難以忍受。從第一屆參政會開始到結束，孔祥熙一直對參政會抱有
惡感。1938 年 11 月 8 日，王世杰以參政會事致電蔣介石，建議政府「各院部
會長官虛心忍耐，以誠懇之態度與諸參政員相處」，可見政府與參政會關係不
甚融洽。〔註61〕到了翌日上午召開國防會議時，王世杰記載：「孔庸之院長，
以參政會同人頗多表示不滿，微露消極之意。財次徐可亭語侵參政會秘書處，
殊可噱」。〔註62〕1939 年 9 月 14 日，錢端升在參政會質詢孔祥熙當天，王世
杰又記載：「參政員傅斯年等四十人，將向大會動議，請政府重行考慮財政部
部長及行政院院長人選，蓋即對孔庸之表示不信任」。正當傅斯年等人意欲再
度「倒孔」時，孔祥熙卻為自己火上加油：「持一自滬來電出示若干參政員，
電中指參政員中有受汪精衛指使者」。結果可想而知，「參政員中對孔益不
滿」。〔註63〕

　　第一屆第五次大會。1940 年 4 月 1～10 日，國民參政會第一屆第五次大
會召開。在這次大會中，錢端升又領銜提出了兩個議案：一、《調整運輸機構
提高運輸效率以利貨運而平物價案》；二、《設法利用國人存放國外之資金以
增厚金融力量而平物價案》。〔註64〕這次遭殃的不僅僅是孔祥熙，也包括宋子
文。不過，這個負面效果在兩年後才發作。兩年後，宋子文以外交部長身份
請胡適向美國政府要求不要凍結他在美的銀行帳戶。〔註65〕

〔註59〕　馬起華：《國民參政會——戰時中央民意機構》，《國民參政會紀實（續編），
　　　　　1938～1948》，重慶出版社，1987 年 6 月，第 608～609 頁。
〔註60〕　馬起華：《國民參政會——戰時中央民意機構》，《國民參政會紀實（續編），
　　　　　1938～1948》，重慶出版社，1987 年 6 月，第 608～609 頁。
〔註61〕　《王世杰日記》（1938 年 11 月 8 日），第 1 冊，第 422 頁。
〔註62〕　《王世杰日記》（1938 年 11 月 9 日），第 1 冊，第 422 頁。
〔註63〕　《王世杰日記》（1939 年 9 月 14 日），第 2 冊，第 150 頁。
〔註64〕　《國民參政會史料》，臺北：國民參政會在臺歷屆參政員聯誼會，1962 年 11 月，
　　　　　第 199 頁。《國民參政會紀實》，上卷，重慶出版社，1985 年 8 月，第 698 頁。
〔註65〕　1942 年 2 月 11 日，胡適記載：「宋子文部長用 Minister of Foreign Affairs 的信
　　　　　紙，給我一個命令，其文曰：請求美國財政部通過國務院不要凍結我下列銀行

　　關於錢端升在各次參政會的表現，材料和篇幅所限，不能一一敘述。就其對孔祥熙的質詢而言，基本與傅斯年一樣。傅斯年從 1938 年 2～3 月起，直到孔祥熙倒臺，孔一直是他攻擊的對象。由於孔祥熙每次都成眾矢之的，及「倒孔」的完全公開化，孔祥熙也毫不掩飾他對參政會的厭惡。1940 年 9 月 23 日，孔祥熙在中央常會上反對召集參政會，王世杰批評「其議論甚爲幼稚，態度尤不佳」。〔註 66〕翁文灝亦記載了是次經過：「羅志希言：前星期一日常委會，蔣主席，商洽國民參政會新訂條例，孔庸之主張不設，謂戰爭國家不應有此□議會。王雪艇言，雖蘇聯及德國亦有國會。孔又不贊成參政員由各省參議院選舉。蔣言，此項會議仍爲必要。乃定議。孔末言，我輩只好進元老院去」。〔註 67〕

　　1942 年 10 月 22～31 日，參政會第三屆第一次大會召開。10 月 23 日，孔祥熙「報告財政設施情形。周枚蓀及其他參政員提出質問多起，孔甚懊惱」。〔註 68〕24 日，陳立夫報告教育，也享受了同樣的「禮遇」。「今日午後參政會參政員顧頡剛、周枚蓀等，對教育部陳部長立夫之教育設施，頗多指斥式之質問。此爲參政會成立以來所未有」。〔註 69〕

　　到 1942 年底，國防最高委員會審查參政會議案時，糧食部部長徐堪（1941.5.20.～1946.10.17.）〔註 70〕也開始「發飆」了。徐堪的態度反映了國民政府中一些高層官員對國民參政會的態度。這種態度折射出來的是，國民政府部分官員希冀政府權力不受任何監管。由於徐堪曾長期擔任財政部次長（1935.7.4.～1940.11.2）〔註 71〕兼四行總處第一任秘書長（1939～1942），

　　　的賬目：里奇斯國立銀行，華盛頓；歐文信託公司，紐約；州立銀行，舊金山」。宋子文居然讓胡適幹自己不敢幹的事情，胡適的惡感可想而知。胡適早年對宋氏青眼有加，現在則是追悔莫及。據胡適記載，宋子文自 1941 年 12 月當上外長後，不曾給他看一個國內電報，包括王世杰的。1942 年 5 月 18 日，胡適終於忍不住，將上述情況致電王世杰，並親筆致函宋子文，意在看他如何答覆。結果不言而知，宋氏用同樣的方式回答了他。曹伯言整理：《胡適日記全集（8）》（聯經版），第 125 頁。按：宋子文寫給胡適原文爲英文，聯經版只有英文。中文翻譯取自《胡適日記全編（7）》（安徽版），第 478～479 頁。

〔註 66〕　《王世杰日記》（1940 年 9 月 23 日），第 2 冊，第 348 頁。
〔註 67〕　李學通等整理：《翁文灝日記》（1940 年 9 月 29 日），北京：中華書局，2010
　　　　　年 1 月，第 538 頁。
〔註 68〕　《王世杰日記》（1942 年 10 月 23 日），第 3 冊，第 380 頁。
〔註 69〕　《王世杰日記》（1942 年 10 月 24 日），第 3 冊，第 381 頁。
〔註 70〕　劉壽林等編：《民國職官年表》，北京：中華書局，1995 年 8 月，第 579～581 頁。
〔註 71〕　劉壽林等編：《民國職官年表》，北京：中華書局，1995 年 8 月，第 528～530 頁。

〔註72〕深得蔣介石信任和孔祥熙支持。王世杰記載，徐堪「在審查時對參政會冷嘲熱笑，目參政會爲裝飾品，令人聞之不可耐。予謂參政會能否有貢獻，要看我們是否眞心扶植民治」。〔註73〕「裝飾品」畫龍點睛地道出政府部分高層心態，後半句更是一針見血地道出，參政會的命運操縱在國民黨手裏。這點從以下梁漱溟答記者問，表示對參政會冷淡亦可看出。

三、梁漱溟與國民參政會

　　國民參政會一共召開四屆十三次。第一屆參政共召開大會五次（1939年4次，1940年1次）。後改爲半年，所以第二屆只召開過兩次，第一次爲年初（1941.3.1～10），第二次爲年底（1941.11.17～26）。1941年11月，梁漱溟在答記者問何以作爲駐會參政員卻不在渝時，表示了自己在責任心驅使之下，既不能辭職，但在參政會又無所作爲的尷尬處境，很可代表當時獨立人士對國民參政會的不滿。

　　梁漱溟認爲國民參政須「『有力可用』，此爲最要條件」。他說：「愚所求唯此而已，其他一切不計。至於無可用力，則愚只有捨而去之，不能虛與委蛇」。梁漱溟回憶了1932年國難會議召開於洛陽時，因政府限制討論範圍，電辭不赴。他說：「無他，無可用力，不能虛與委蛇也。虛與委蛇，便是無血性」。〔註74〕到了1937年上海戰事起，政府密徵參議國防，梁漱溟表示：「愚赴之未敢後。自是以來，第一屆參政會，第二屆參政會，累被徵召，無會不與。然三四年來日漸感覺無用力處，不勝苦悶」。因此當第一屆任期既滿，梁漱溟「甚願不再入選，別求所以自効於國家之道。乃二屆遴推，卒未邀免，去就之間大感躊躇」。〔註75〕

　　從梁漱溟當完一屆參政員感到參政會無力可著而痛苦不堪，可見黨外人士對國民政府的不滿程度。到1940年底公佈第二屆名單時，梁漱溟幾乎失去

〔註72〕　此外，徐堪在1935～1948年，任國民黨中央執行委員兼中央政治會議專門委員會主任委員；1948年11月至1949年3月，擔任財政部部長；1949年6月至10月，擔任中央銀行總裁。1969年在臺去世，獲政府明令褒揚。杜元載主編：《革命人物誌》，第10集，臺北：中央文物供應社，1972年2月，第299、301頁。

〔註73〕　《王世杰日記》（1942年12月12日），第3冊，第405頁。

〔註74〕　梁漱溟：《答國訊社記者問》，《國訊》（港版），第6期，1941年11月30日，第133、133～134頁。

〔註75〕　梁漱溟：《答國訊社記者問》，《國訊》（港版），第6期，1941年11月30日，第134頁。

了對參政會的興趣和期待。梁漱溟回憶了他當時進退兩難的尷尬情形：

> 憶是廿九年十二月廿四日二屆名單公佈。是晨愚手持報紙，目
> 睹名單，心中感慨不平，躊躇無計者甚久甚久。名額既隨便增加，
> 曾〔增〕無憑準，而黨外在野人士轉見減少；尤其敢言之士，多遭
> 排斥；是何以副「團結全國力量，集中全國之思慮與識見」之初旨？
> 政府之無誠意如是，理不可留。〔註76〕

面對如此困境，梁漱溟「特往就商於張君勱、左舜生」兩人，結果是「彼此
感慨同深，但於愚求退之計卒不能決」。在責任心和良心的驅使下，辭職又不
能，參政會又無從著力，令梁漱溟痛苦不已。他說：

> 蓋欲辭職，則參政為國民義務，非同爵祿之可辭。況當國土半
> 失，偽政府成立，大懼人心之渙散，何忍率然離去？若不作辭職表
> 示，而開會不出席，似尤難有以自申其說。若出席而不提案發言，
> 既不足促政府之反省，於義亦不自安。〔註77〕

不過，消極不是梁漱溟的個性，「消極既不可能，唯有積極」。積極的方法就
是中國民主政團同盟（下簡稱民盟）〔註78〕的創建，可見民盟的成立是國民
政府忽視民意之結果。梁漱溟說：

> 古有諍臣諍友之說，今日之事或者義當仿此。因相約針對時局
> 提出積極主張，一以號召國人共同趨赴，一以諍於執政者之前，期
> 其實踐。中國民主政團同盟即造端於此。洎乎新四軍事件發生（卅
> 年一月間），中共參政員表示不出席大會（二月間），愚隨同人之後，
> 奔走轉圜而無成（三月間），益信第三者結合為團結全國之前提。故
> 不避虧負駐會職責之咎，而奔走於外。自三月廿九日離渝，以至於
> 今，要為此一事而已。問愚何為出此，最率直之回答：愚絕不能置
> 大局問題於不顧，而虛耗其時間於無可用力之處。進一層言之，參
> 政會設置之本旨在於團結全國力量（見抗戰建國綱領——原注），愚

〔註76〕 梁漱溟：《答國訊社記者問》，《國訊》（港版），第 6 期，1941 年 11 月 30 日，
第 134 頁。

〔註77〕 梁漱溟：《答國訊社記者問》，《國訊》（港版），第 6 期，1941 年 11 月 30 日，
第 134 頁。

〔註78〕 民盟於 1941 年 3 月 19 日在重慶秘密成立，當時的名稱是「中國民主政團同
盟」。1944 年 9 月，改名「中國民主同盟」，去掉「政團」二字，以便獨立人
士加入。

　　　　　今所為正本此旨，而為其最善之努力。〔註79〕

梁漱溟還認為，國民參政會如不賦予其應有職權，則不如廢除。他說：「今者大會開會，愚雖不赴渝出席；而以有同盟之故，凡所主張，同盟諸友悉可代我發揮。主張之一，即今之參政會必須改造。執政方面果猶不忘團結全國力量之本旨，應充實其內容而使其發生應有之作用。如其不然，寧可廢去」。〔註80〕

　　上述為體制外獨立知識分子的聲音，儘管是個別聲音，但其代表性卻不容忽視。在梁漱溟這冰山一角底下的是整個中國民主同盟，它代表著對參政會 1939～40 年期成憲草最後一事無成、1941 年初所爆發的「新四軍事件」，以及從抗戰以來，對國民政府施政失誤和鉗制言論自由的不滿和抗議。

四、王世杰與國民參政會

　　對於參政會的種種不足之處，政府內部人士也有所察覺。除錢端升、周炳琳等體制內知識分子力求通過參政，賦予形式上的國民參政會實權外，任職軍委會參事室主任的王世杰也在背後默默耕耘。在第三屆第三次參政會期間，王世杰記載：

　　　　　女參政員於蔣先生講畢時發言，要求政府立即給予人民以較多之自由，並謂現時情形，人民不但無言論自由，結社自由，抑且無「旅行自由甚或吃飯自由」云云。本黨同志聞之均感不快。惟枚蓀（按：即周炳琳）語予云，我們對於此種批評，也只好忍受。〔註81〕

此前一日，1943 年 9 月 24 日，蔣介石同意邵力子和雷震擔任參政會秘書長、副秘書長職，原因是「枚蓀不願續任」副秘書長一職。〔註82〕王世杰則在 9 月 19 日因被選入主席團而請辭秘書長一職。〔註83〕周炳琳作為一資深國民黨員，對國民黨向有深厚感情，因此對國民黨的前途也甚為關注。在 1939～1943 年期間，以副秘書長身份，見證了參政會的興衰榮辱。〔註84〕早在

〔註79〕　梁漱溟：《答國訊社記者問》，《國訊》（港版），第 6 期，1941 年 11 月 30 日，第 134 頁。

〔註80〕　梁漱溟：《答國訊社記者問》，《國訊》（港版），第 6 期，1941 年 11 月 30 日，第 135 頁。

〔註81〕　《王世杰日記》（1943 年 9 月 25 日），第 4 冊，第 162 頁。

〔註82〕　《王世杰日記》（1943 年 9 月 24 日），第 4 冊，第 161 頁。

〔註83〕　《王世杰日記》（1943 年 9 月 19 日），第 4 冊，第 155 頁。

〔註84〕　1939 年 2 月 1 日，王世杰記載：「今日周枚蓀自滇來渝，余勸其勉任參政會

1939 年 3 月，他在與王世杰「談論國家前途」時，就指出，「蔣先生之苦幹，至可佩。惟蔣先生於其工作之繼承，至今尚無打算，殊可慮。余亦覺奠定一種政制，需要甚長之時間，蔣先生如不及□〔令〕著手爲民治制度逐漸立下基礎，前途確屬可危」。〔註85〕到了 1943 年，政治制度化依然遙遙無期，繼梁漱溟之後，周炳琳也對參政會失望了。

同周炳琳一樣，此時的錢端升表面上在埋頭苦幹他的國民參政員職務，但其內心對國民黨政府也是十分不滿的。1943 年 9 月 24 日，黃炎培記載，「午，各組召集人聯席會議，被推爲政府施政方針審查報告整理者。午後，偕錢端升整理各組聯合報告，偕李中襄整理本組報告，至晚始畢。錢端升、李中襄皆最肯賣力者，齊世英次之」。〔註86〕

1943 年 12 月 8 日，錢端升在致《芝加哥日報》駐外通訊處主管阿布納・卡羅爾・賓德（Abner Carroll Binder）信中透露，對國民黨政府統治表示失望，其中對打壓言論自由尤表極度沮喪（extreme distressing）。錢端升指出，在抗戰期間，「不論自由主義分子批評與否，均處於一個尷尬地位。公開批評，將不利抗戰；不批評，則戰後革命可能無法避免」。因此，他希望「美國能盡最大力量說服國民黨領袖，實行民主是中國唯一的希望，也是美國支持中國抗戰和戰後重建的動力」。此信因國民黨政府郵檢關係，由費正清帶回美國轉達。〔註 87〕就周炳琳、錢端升與王世杰關係而言，他們對參政會的觀感，王世杰應當有所認知。

王世杰對參政會的苦心經營，在他的日記中有所反映。爲方便分析，僅以 1940 年爲例。在參政會第一屆第五次大會（1940.4.1～10）期成憲草宣告夭折後，4 月 18 日，國民黨開中央常會，商討黨務費問題。王世杰提出「擬設法籌一基金（數千萬元），將來即以基金利息之所入，維持黨務。因實行憲政後，本黨黨務費將不□〔便〕作政務費列入國家預算」。〔註88〕可見他對黨政分家，與錢端升持同一立場及頗抱樂觀態度。然不幸的是，直到 60 年後，

　　副秘書長」。《王世杰日記》，第 2 冊，第 28 頁。

〔註85〕　《王世杰日記》（1939 年 3 月 19 日），第 2 冊，第 50 頁。

〔註86〕　《黃炎培日記》，第 8 卷，北京：華文出版社，2008 年，第 158 頁。

〔註87〕　Chien Tuan-Sheng to Carroll Binder, *Carroll Binder Papers*, 1910-1967，The Newberry Library, Chicago, Illinois, Dec. 8, 1943.按：原藏芝加哥紐伯利圖書館，應筆者申請免費郵寄，謹此致謝。

〔註88〕　《王世杰日記》（1940 年 4 月 18 日），第 2 冊，第 259 頁。

國民黨仍為解決這個問題而頭疼！〔註89〕4 月 29 日，同錢端升一樣，王世杰又為國民黨部分老同志，未受過現代教育，以至對孫中山的憲政思想，「大多只是一知半解」這一「最難補救之缺憾」而煩惱。〔註90〕

　　9 月 17 日，王世杰擬就國民參政會組織條例修正案，將各省市參政員改由各省市參議會選舉，不過職業團體人員仍由中央遴選，並將參政會職權略加擴充。王世杰原意主張將預算案決議權賦予之，但「因蔣先生認為此時尚不能將此權畀予參政會，遂未列入」。〔註91〕可見這位《比較憲法》的原創兼第一作者，對憲政的嚮往是真誠的，同時他的費邊社策略也未到位。9 月 23 日，國民黨中央常會開臨時會討論參政會改組事，出現前述孔祥熙反對召集參政會幼稚的一幕。雖然王世杰「所擬原案，大體上終於通過」，〔註92〕不過從上述梁漱溟的反應來看，王世杰的原案似不甚高明，或可能在國防最高委員會已修正過。

　　12 月 10 日，王世杰參加參政員資格審查會。當時有人「對黨外左傾分子如王造時等，頗有主張去之者」，王世杰「力持不可」。〔註93〕可見他秉持公正平和立場，維持在野黨派團結之苦心。不過，王造時最後還是只當了兩屆參政員，第三屆就給踢出局。〔註94〕與此同時，王造時還因「入黨」問題丟了中山大學法學院院長的飯碗。〔註95〕從上種種，可見王世杰對參政會改良的困境與局限，其「建設」速度往往不及國民黨其他分子「破壞」之快。

　　另外，王世杰將部分參政員名額從政府遴選分配到省選舉名額上去，〔註96〕這種做法在戰時到底有多少成效，亦值得疑問。參政會的權力和地

〔註89〕　賈葭：《處理黨產期限將至　國民黨：有錢是個大問題》，《南方周末》，2010年 6 月 2 日。

〔註90〕　《王世杰日記》（1940 年 4 月 29 日），第 2 冊，第 265 頁。

〔註91〕　《王世杰日記》（1940 年 9 月 17 日），第 2 冊，第 344 頁。

〔註92〕　《王世杰日記》（1940 年 9 月 23 日），第 2 冊，第 348 頁。

〔註93〕　《王世杰日記》（1940 年 12 月 10 日），第 2 冊，第 394 頁。

〔註94〕　《國民參政會史料》，臺北：國民參政會在臺歷屆參政員聯誼會，1962 年 11月，第 637 頁。

〔註95〕　韜奮：《抗戰以來》（1946 年 10 月），民國叢書第四編（99），上海書店重刊本，第 38 頁。

〔註96〕　第二屆依照參政會條例第三條（丙），遴選了有社會名望人士有 139 名，到第三屆時只遴選了 60 個名額，其餘名額或重新遴選、或取消，主要將之分配到第三條（甲）省區代表名額上去。《國民參政會史料》，臺北：國民參政會在臺歷屆參政員聯誼會，1962 年 11 月，第 213、297 頁。

位一如既往，它既不能要求政府服從自己決議，也不能處分任何一名官員，唯一可稱道的是它在形式上增強了民主性。但另一方面，它又有一個負面影響。錢端升在 1945 年說：「這次參政會有一不良現象，就是地方性太重，研究政治制度的人是清楚地曉得假如一個全面性的〔議〕會，地方性太濃是不會有成果的」。〔註 97〕

第三屆第三次大會。1944 年 9 月 5～18 日，參政會召開第三屆第三次大會。在該屆最後一次大會上，錢端升對財政部門的質詢依然如故。錢端升雖云蔣介石當議長，是質詢的好時機（按：此時蔣已不再擔任議長）。但質詢時，應當說，還是有一定的分寸的，這就是遵守現代議會的議事規則，就事論事，不進行人身攻擊，趙寶煦說的「且皆熟悉西方民主程序」，所言非虛。當時錢端升口頭詢問如下：

（二）財政當局兼管金融機構問題——孔兼部長兼管的金融機構有多少？何者是法律規定，何者非法律規定，法律規定的現在代理財政部長是否俞次長？依照法律也兼管，如果不是，請說明理由。又各省財政廳長兼管金融機構有多少？如手頭無統計，請調查後送駐會委員會參考。（三）財政部長兼管金融機構之利弊，希望主管給我們說明。

孔祥熙書面答覆如下：

（二）孔兼部長兼任金融機構職務計有：（一）中央銀行總裁，係依照中央銀行法由國民政府特派。（二）中國銀行及中國農民銀行董事長，係依照規定由政府就董事中指派；（三）中國國貨銀行董事長，係由該行董事會推選，均非以財政部長資格兼任。至各省財政廳長兼任省銀行董事長或總經理者，計有安徽地方銀行、湖北省銀行、湖南省銀行之董事長，係依照行章規定由財政廳長兼任。福建省銀行之董事長，江蘇農民銀行、河北省銀行之總經理係依照行章規定由省政府派任。貴州銀行、陝西省銀行之董事長，係依照行章規定由常務董事推選。新疆商業銀行之總經理，係依照行章規定由董事會聘任。（三）已於黃參政員宇人詢問案內答覆。〔註 98〕

〔註 97〕 錢端升講、天凡記：《僵局如何打開——論中國的政治前途》，《民主周刊》，第 2 卷第 7 期，1945 年 9 月 1 日，第 14～15 頁。

〔註 98〕 洪葭管主編：《中央銀行史料（1928.11～1949.5）》，下卷，北京：中國金融出版

儘管孔祥熙的答覆避重就輕，官樣味道濃厚，但暴露如此多之職務，已足夠讓人聯想，其實不宜擔任財政部長。除經濟議題外，在政治方面，錢端升等人領銜在這次大會上提出的《請政府刷新政治以慰民望而奠國基案》，亦轟動一時。〔註99〕其提案主要有五項建議：

一、廣開言路。除有關戰事進行之軍事機密外，一切言論均許自由發表，不受檢查。其有妨害自由者，無論妨害者爲官吏或爲黨派社團，一律予以有傚之制裁，言論有違法者，可依刑法處罰之。

二、人民取得合法之政治結社權。

三、擴大參政會及省各級民意機關之職權。並增加民選名額。凡省區之未受敵人蹂躪者，省及省以下之參議會應於一年內做到完全民選，並許取得一般人民代表機關所具之權利。參政會依此原則，擴充其權力，並增加民選參政員之額數。

四、廣用有才能有操守之新人，以增加行政實際力量。凡備位中樞，成績平庸，或名聲不佳，久爲人民所指責者，應及早更換，勿令長居要職。凡失職、貪污及違法之人員，絕不再予優容。

五、實行分層負責之制，大小官員各賦以應有之權利，應負之責任，力革越級請示，越級訓令之辦法，庶幾責任分明，推諉搪塞之風可以少戢，而人才培養，用盡其才，蔚成風氣，效力亦已必大見發揮。〔註100〕

此次聯署共30人，其中陶孟和、周炳琳、傅斯年、皮宗石、杭立武等均與錢端升交往甚密，應爲核心骨幹。從上述五項建議來看，其主旨《今日評論》建言相近。

在此次大會期間，錢端升參與其他參政員聯署的提案至少有26件之多。〔註101〕這次大會，由於孔祥熙出訪美國，免了一劫，次長卻遭了殃。9月2

　　　　社，2005年，第891頁。原載《參政會三屆三次大會質詢及答覆案》，1944年。
〔註99〕　《國民參政會紀實》，下卷，重慶出版社，1985年10月，第1327頁。
〔註100〕《國民參政會第三屆第三次大會提案原文・上冊》，審三第四十七號，重慶：國民參政會秘書處編印，1944年9月，第1～2頁。亦見《國民參政會紀實（續編），1938～1948》，第186～188頁。
〔註101〕此爲據上冊不完全的統計（未計下冊），由於提案標題眾多和頗長，故不一一列出。《國民參政會第三屆第三次大會提案原文・上冊》，重慶：國民參政會秘書處編印，1944年9月。按：每一提案頁碼均經重編，即從第一頁開始，

日，財政部次長俞鴻鈞報告。王世杰記載：「參政員傅斯年等責問孔部長極厲，並涉及諸多私人問題。（私人營商，以及濫用公款等等）」。〔註 102〕聯繫到孔祥熙一連串銀行董事名單，「私人營商」、「濫用公款」指責，不免讓人產生遐想。在這屆參政會上，周炳琳對國民政府亦大加批評。9 日，周炳琳說：「民有饑色，野有餓莩，高唱『人生以服務為目的』的人，卻若無所聞」。18 日，周氏又說：「中國人在外國的存款，不論美金、英鎊，應一律提出」。〔註 103〕

儘管參政員指責嚴厲，但國民政府部分高層依然我行我素，似乎參政會與國民政府是兩個各不相干的機構，不過有時過度蔑視也會引起軒然大波。1943 年 9 月 28 日，第三屆第二次大會時，由於糧食部覆參政員的書面答覆，措詞失當，會場群情憤激。參政員馬毅說那是蔑視參政會。高惜水提議退回全部書面答覆。傅斯年說：「請主席團以大會名義將徐部長失態情形報告蔣主席！」許德珩說：「此事關係重大，小則糧食部失言，大則關係中國今後民主建設問題」。孔庚大叫：「在閉會之前，沒有結果，我們不閉會！」最後表決請徐堪出席答覆。下午徐堪來到現場親自道歉，答覆書自行撤回修改，一場風波始告乎息。〔註 104〕當時主持會議的王世杰也記載了是次「盛會」：

> 參政員馬毅等以糧食部部長徐堪於答覆參政員，詢問之書面中，頗有傲慢之語，今日在大會中提出臨時動議要求徐部長出席答覆。全場參政員因徐部長素日謾罵參政會，群起而攻。予當時任主席，亦無法緩和，遂仍決定於午後請其出席答覆。午後徐部長出席向大會道歉，適有眾多外賓旁聽，其事遂寢。參政會旋即閉幕。〔註 105〕

徐堪的驕橫不僅表現在國民參政會上，即使在政府內部也橫行無忌。1941 年1 月 21 日，翁文灝記載：「經濟會議中，徐堪批評何北衡之水利徒託空言，不做實事；交通部造木船，領款而不實。盧作孚略為何氏說明，張公權則當場

故不列頁碼。
〔註 102〕《王世杰日記》（1944 年 9 月 2 日），第 4 冊，第 394～395 頁。
〔註 103〕張友仁編：《周炳琳年譜》，《周炳琳文集》，浙江人民出版社，2009 年 12 月，第 393 頁。
〔註 104〕馬起華：《國民參政會——戰時中央民意機構》，《國民參政會紀實（續編），1938～1948》，重慶出版社，1987 年 6 月，第 608～609 頁。作者並未注明資料來源，所載日期與王世杰日記（1943.9.27）略有出入。
〔註 105〕《王世杰日記》（1943 年 9 月 27 日），第 4 冊，第 163 頁。

表示憤怒。徐堪貪污驕橫極矣！」〔註 106〕何北衡即何廉，南開大學教授，錢端升所謂「讀書人」是也。據其回憶錄所言，因沒有「外交手腕」，得罪了孔祥熙而罷官。〔註 107〕

　　隨著抗戰形勢的改變，經歷 1944 年豫湘桂大潰敗後，政府官員收斂了不少。1944 年 9 月 8 日，葉聖陶日記記載：「此次參政會，諸參政員皆勇於發言，爲民喉舌，語多指摘行政官吏。行政首長答問，皆執禮甚恭，語多自認愆疚，爲以前所未有。報紙所載，洋洋大觀，儼然如嚴父兄與不肖子弟對話之記錄」。〔註 108〕

五、成爲國民黨反對派

　　在抗戰勝利前最後一屆國民參政會（1945.7.7～20.）上，周炳琳代表參政員致答詞。這是他第一次、也是最後一次代表參政員致詞。因爲在這次會上，他和錢端升在召開國民大會問題上，與國民黨公開分裂了。這次分裂也包括錢端升、周炳琳與王世杰、傅斯年對國民黨看法上的分化。

　　7 月 7 日，國民參政會第四屆第一次大會召開。具有諷刺意味的是，當天是「七・七事變」八週年紀念日，這可能是抗戰以來最不團結的紀念日。不僅第二大黨共產黨缺席，會議期間中華職教社黃炎培等人也臨時發表聲明，缺席抗議。在是次參政會上，錢端升再度提出與上次大會相同的提案《再請政府刷新政治以慰民望而奠國基案》。此案的再次提出，表示國民政府在政治改革上依然原地踏步。〔註 109〕不過，這次爭論焦點不在涮新政治或財政問題上，而在國民大會召開日期及其代表問題上。

　　周炳琳在致答詞時，一反過去傳統，修飾讚美空洞之詞甚少，大多坦率直指問題。在致詞中，周炳琳表達了多數國人希望在戰後實施憲政的良好願望。除軍事問題外，他對於國內意見不一致，提出四點請政府注意。〔註 110〕

〔註 106〕 李學通等整理：《翁文灝日記》，北京：中華書局，2010 年 1 月，第 596 頁。
〔註 107〕 《何廉回憶錄》，北京：中國文史出版社，1988 年 2 月，第 183～185 頁；李學通等整理：《翁文灝日記》，北京：中華書局，2010 年 1 月，第 532 頁。
〔註 108〕 商金林編：《葉聖陶抗戰時期文集》，第 3 卷，北京：人民教育出版社，2005 年 4 月，第 150～151 頁。
〔註 109〕 《國民參政會史料》，臺北：國民參政會在臺歷屆參政員聯誼會，1962 年 11 月，第 485 頁。
〔註 110〕 這四點爲：第一、國內問題必須坦誠相見，共同討論，希望政府首先採取動作，使國內各種政治組織均能貢獻國事意見。第二、國民大會僅決定一個召

然而不幸的是，周炳琳上述答詞在公開發表時給打了折扣。據《大公報》報導，在翌日會場上，周炳琳態度很安詳，但言辭十分鋒利地說：「今日報上所發表的我的答詞，五點只剩了三點，關於團結統一問題和國民大會的兩點一字沒有。難道秘書處新聞政策還要剝奪參政員發言的自由嗎？」〔註111〕

據7月7日王世杰記載：「上午九時，第四屆參政會大會開會。開會時周枚蓀致答詞，中有現時政治紊亂等語，甚爲蔣先生所惡。原議選周補王亮疇主席團之缺，臨時決定命本黨黨員改選王雲五」。〔註112〕可能因這個原因，講稿在發表時給刪節了。周炳琳的質疑預示著這屆國民參政會將更不平靜。

7月14日，按照議程，是日討論國民大會召開日期問題。中華職教社黃炎培、冷遹、江恒源發表書面聲明，表示不參加國大問題討論。他們指出，「還政於民之善意，其唯一先決條件，及必須在全國和諧空氣中進行……若各方主張，尤其是有組織者之意見尚未融通，而遽欲倉卒召集，倉卒制定，則其後患將不堪設想」。〔註113〕

看來王世杰在事前沒有與中華職教社取得共識。7月13日，王世杰記載了與中國青年黨左舜生、陳啓天、周謙沖等商議國大處理方法。經「彼此商定，參政會大會不作硬性決議」。以上是對黨外意見之處理。對於黨內，在與左舜生等會面當晚，王世杰約見國民黨籍參政員談話，告知上述與中國青年黨之約定。同時提醒「發言時本黨參政員不得發表違反本黨六全大會決議之意見（即對國民大會日期問題不得主張變更——原注）」。〔註114〕

由於黃炎培等人缺席，會議開始時的緊張可以想見。因此，大會主席王世杰在討論前宣佈兩點：第一、國民大會問題，作大體討論，不作硬性決定，討論後再交特種審查委員會審議。第二、內政部長已到會，準備供諮詢，討

集日期不夠，必須根據這個決定，作種種實施憲政的準備工作。第三、提到憲政準備，必須解除政府對人民的種種束縛。第四、國民大會之構成，「全國各方面都能參加」。《國民參政會史料》，臺北：國民參政會在臺歷屆參政員聯誼會，1962年11月，第460頁。

〔註111〕謝慧：《西南聯大與抗戰時期的憲政運動研究》，北京：社會科學文獻出版社，2010年11月，第226頁。原載高集：《經濟與財政的報告與質詢》，《大公報》，1945年7月9日，第2版。

〔註112〕《王世杰日記》（1945年7月7日），第5冊，第118頁。

〔註113〕黃炎培、冷遹、江恒源：《關於不參加國民大會問題討論的書面聲明》，《國民參政會紀實》，下卷，重慶出版社，1985年10月，第1465頁。原載重慶《新華日報》，1945年7月15日。

〔註114〕《王世杰日記》（1945年7月13日），第5冊，第121～122頁。

論後來就漸漸鬆弛了。〔註115〕這次大會收到提案共 24 件，共產黨因抵制缺席、黃炎培等亦不願擔干係缺席，中間黨派人數不多。〔註116〕其中主張召開的有 21 件，主張延期的僅有 3 件，國民大會的召開勢在必行。〔註117〕

除中華職教社外，當時主張暫緩召開國大的還有：左舜生、邵從恩、周炳琳、錢端升、許德珩、徐炳昶、王又庸七人。他們的態度和立場雖各異，目標大多一致。左舜生的觀點頗類黃炎培等人。他說：「憲法是應該在全國和諧團結的空氣下產生，而不應該先產生憲法，而次求統一」。當時 70 歲高齡的國民黨員邵從恩〔註118〕也一再呼籲，請為國家前途留有餘地。他說參政會是以團結精神開始，假如因召開國大而造成國家分裂，則參政員良心上如何對得起老百姓。〔註119〕他主張在國民大會前開一預備性政治會議，解決紛爭。不過，他的國民黨立場很明顯，除變節者外，贊成承認過去所有國大代表。〔註120〕許德珩和徐炳昶則不厭其煩地解說團結的重要。前者認為，既然國民黨過去已延期七次，多一次又何妨。後者則認為，憲政實施還不是時候。王又庸的意見最具說服力。他從事實出發說：第一、抗戰仍未取得最後勝利，萬一三、四個月後進行反攻，國大只得擱置。第二、三個多月之內，準備工作無論如何是無法完成的。〔註121〕

王又庸的意見值得注意，在抗戰前景大致明朗情況下，國民黨卻一反過去再三拖延常態，如此倉促通過，究竟意欲何在？據當時《大公報》報導，當天出席的國民黨黨政高層特別多，包括：于右任、吳鐵城、陳立夫、朱家驊、谷正綱、謝冠生、鹿鍾麟、張道藩等。與之相反的是，來賓席上及旁聽

〔註115〕高集：《參政會重大一幕，討論國民大會問題，發言四十人提案廿四件》，重慶《大公報》，1945 年 7 月 15 日。

〔註116〕聞黎明：《第三種力量與抗戰時期的中國政治》，上海書店出版社，2004 年 10 月，第 345 頁。

〔註117〕至於質詢有 40 起，質詢內政部長的只有 1 起，39 起均與國民大會召開有關。高集：《參政會重大一幕，討論國民大會問題，發言四十人提案廿四件》，重慶《大公報》，1945 年 7 月 15 日。

〔註118〕聞黎明：《第三種力量與抗戰時期的中國政治》，上海書店出版社，2004 年 10 月，第 347 頁。

〔註119〕高集：《參政會重大一幕，討論國民大會問題，發言四十人提案廿四件》，重慶《大公報》，1945 年 7 月 15 日。

〔註120〕邵從恩等：《召集國民大會以前應先召集一項預備性之會議案》，《國民參政會紀實》，下卷，重慶出版社，1985 年 10 月，第 1476 頁。

〔註121〕高集：《參政會重大一幕，討論國民大會問題，發言四十人提案廿四件》，重慶《大公報》，1945 年 7 月 15 日。

席上，除一兩位外賓外，卻顯得相當冷清。〔註122〕國民黨有如此眾多黨政長官出席，顯然是因爲勝券在握。國民黨意欲在抗戰結束前，造成一既定之事實。不過，在第二大黨缺席、國共兩黨的矛盾仍未解決的情況下，決定召開國民大會，這是無論如何說不過去的。只要稍有政治常識的人，都能察覺箇中問題。

讓人啼笑皆非的是，國民黨意欲實盡早施憲政，這次輪到部分在野黨人士推說不具備憲政實施條件了！左舜生等人在《請先實施民主措施從緩召國民大會案》中就指出，淪陷區未收復、共產黨未出席，既有以上「事實上之困難，如吾人輕予附和，則是以參加團結始，而以促成分裂終」。他們表示：

> 吾人所要求者，爲憲政之實質，絕非憲政之空名；所期待者，在先有一適宜於憲政滋長之民主環境，而不在一紙白紙黑字之憲法。各黨派之合法地位，至今未被承認，是人民尚無集會結社之自由也。目前尚有若干思想犯罪者，小之則入勞動營，大之則或突告失蹤，生死莫卜，是人民尚無生命安全之保障也。言論出版自由，迭經本會呼籲，目前雖號稱改善，但一切檢查機關仍得曲解條例，任意刪削，甚至將整篇原稿扣留，不予發還，亦不說明任何理由，是人民尚無言論之自由也。……政府不汲汲以謀改造，乃斤斤於國民大會之召集，憲法之制頒，寧不近於本末倒置？〔註123〕

至於周炳琳和錢端升的意見，在 7 月 14 日的大會上，周炳琳說：「一個交了白卷的學生的威信，是不必重視的。不在憲政的題目下做文章，而只爭一個召開的日期，是無意義的」。對於這樣的憲政，他表示懷疑。周炳琳認爲，要打開政治僵局，須趕快結束一黨訓政的局面，成立一個舉國一致的政府。對於國大代表，主張非普選不可。

周炳琳所言「交了白卷」是指國民黨政府對訓政一事無成。錢端升的意見與周氏相近。他也認爲，沒有全國的團結，民主憲政都是沒有前途的。「要努力團結，認爲團結無法實現的是失敗主義」。他提出了一個具體的團結辦法，由特種審查委員會組織一「政治解決委員會」，邀請國、共、民盟各一人

〔註122〕高集：《參政會重大一幕，討論國民大會問題，發言四十人提案廿四件》，重慶《大公報》，1945 年 7 月 15 日。

〔註123〕《請先實施民主措施從緩召集國民大會以保團結統一而且而利抗戰建國案》，《國民參政會紀實》，下卷，重慶出版社，1985 年 10 月，第 1470、1471 頁。

參加，另以無黨派公正人士三人組成之，籌商政治解決途徑。不過，這個委員會對政府只有建議權。〔註124〕與後來馬歇爾、周恩來、張治中三人軍事小組相近。

由於是次大會不作硬性規定，接近預備性質。大會最後由主席團提出一個「國大問題特種審查委員會」名單，由30名參政員組成。此後，王世杰頗為緊張地為國大問題奔波。7月15日，即上述大會翌日，王世杰記載：「晚間予與青年黨參政員左舜生等七人晤談，彼此認為如對國民大會日期及代表資格，不作過分剛性之決議，則彼等可以協調」。〔註125〕

7月16日上午，王世杰邀約國民黨籍參政員胡健中、胡秋原等約二十人（均繫審查委員會審查人）商討上述事宜。王世杰的建議，大體得到了各審查人的贊同。其日記記載：「大會日期及代表資格問題，由政府□定（資格問題之解決，應兼顧法律與事實）。憲法制定後應即實施，國民大會召集前政府應繼續努力求中共問題之解決，擴大人民自由，依法承認各黨派並成立地方民選機關」。從建議來看，似將中共撇開了。同日下午，王世杰會見美國大使赫爾利，討論中共問題。〔註126〕

7月17日，王世杰會見各黨派人士，就國大召開日期和代表資格問題，進行協商。據其日記記載：「分別徵得青年黨人左舜生等及黃炎培（民主同盟）和傅斯年（無黨派關係）等之同意」。〔註127〕值得注意的是傅斯年的支持，「教授派」內部出現了裂痕。由於7月14日大會，是預備討論會的關係，旁聽席人數稀落。到7月19日，審查委員會提出報告當天，不但氣氛緊張，參政員席次幾乎座無虛席，旁聽席上亦告客滿，有一種箭在弦上的感覺。由於王世杰事前做了協調，因此氣氛雖緊張，但仍進行得頗有條理。唯一不順的地方，是周炳琳和錢端升兩人唱反調。在大會職員宣讀審查報告以後，《大公報》報導，王世杰起立表示：「昨日之特種審查委員會，經過三小時之討論，在座各審查委員均分別發言，其中亦作文字上之修正，並將各審查委員之意見加以記錄，最後已獲得『和諧一致』之意見」。〔註128〕

〔註124〕高集：《參政會重大一幕，討論國民大會問題，發言四十人提案廿四件》，重慶《大公報》，1945年7月15日。
〔註125〕《王世杰日記》（1945年7月15日），第5冊，第124頁。
〔註126〕《王世杰日記》（1945年7月16日），第5冊，第124～125頁。
〔註127〕《王世杰日記》（1945年7月17日），第5冊，第125頁。
〔註128〕子岡：《參政會的大軸戲，國大審查報告書面面觀》，重慶《大公報》，1945

　　大會最後以 187：9 票絕對大多數通過了王世杰草擬的決議案。應當說，國民黨政府取得各在野黨派人士支持召開國大，王世杰起了關鍵作用。他在致辭時說：「本會如欲打破中共問題之僵局，自己不可陷於僵局，否則不足以領導國民，督促政府；次言參政會之最基本之任務在求取多數與少數之協調，而不在作一多數之決定」。〔註 129〕據《大公報》報導，王世杰發言後，各黨派人士，包括黃炎培、胡健中、傅斯年、徐炳昶、吳望伋等人均發了言。但「周炳琳、錢端升沒有得到發言的機會，臺下有『停止發言』的喊聲，王世杰主席便起立表決，水銀燈得到一個好鏡頭。全場參政員一九六人，站起來的一八七人，未站起來的九人中，除錢、周二氏外，有徐炳昶、呂雲章、陸錫光、蕭一山、劉叔模、陳逸雲、端木愷等」。〔註 130〕

　　王世杰不讓錢端升和周炳琳發言，是有意為之。在 7 月 7 日開幕禮上，周炳琳已惹得最高當局不高興，結果原定他替補王寵惠為參政會主席團成員，也給打消。〔註 131〕7 月 14 日大會，錢、周二人違反黨的決議發言，再度引起蔣介石的不滿。15 日，王世杰記載：「日昨周枚蓀、錢端升在參政會大會發言，與本黨的決定（按：指國民黨六全大會決議案）不一致，蔣先生甚憤。予謂只宜聽之。予當設法覓黨外中國青年黨及民主同盟分子之協調」。〔註 132〕

　　在 16 日國民黨籍參政員審查人會議上，王世杰記載，草案「大體為各審查人所贊同。惟周枚蓀默爾，似□有立異之意」。〔註 133〕果然，18 日，當參政會國大審查會一致通過王世杰所擬草案後，錢、周提出異議，並向主席團另提一案。王世杰記載：「枚蓀、端升……固執不肯放棄其主張，但按其內容實際上亦無任何新義」。〔註 134〕因此，在 7 月 19 日大會上，王世杰是絕對不能再讓錢、周二人發言，以免影響大局。對於錢、周的書面聲明，也作了淡化處理，只是輕輕提了一句。

　　王世杰一念之差，不但拉開了與他的兩位親密戰友的距離，也擴大了

年 7 月 20 日。

〔註 129〕《王世杰日記》（1945 年 7 月 19 日），第 5 冊，126～127 頁。

〔註 130〕其中，「端木先生說是因為公文看得太多了，所以不覺對報告書打起盹兒來」。子岡：《參政會的大軸戲，國大審查報告書面面觀》，重慶《大公報》，1945 年 7 月 20 日。

〔註 131〕《王世杰日記》（1945 年 7 月 7 日），第 5 冊，第 118 頁。

〔註 132〕《王世杰日記》（1945 年 7 月 15 日），第 5 冊，第 123～124 頁。

〔註 133〕《王世杰日記》（1945 年 7 月 16 日），第 5 冊，第 125 頁。

〔註 134〕《王世杰日記》（1945 年 7 月 18 日），第 5 冊，第 126 頁。

錢端升和周炳琳與國民黨之間的裂縫。經歷此役後，錢端升和周炳琳成了名副其實國民黨內的反對派。王世杰將黨的決議置於國民參政會的議事規則之上，引起了錢、周的不滿。他們本來是希望王世杰將他們的聲明也朗讀一遍的。周炳琳在接受《大公報》採訪時說：「不容許反面意見陳述是不公平的……現代議會是往往多數意見少數意見一齊公開的」。他說，憲政不可馬虎，必須普選，在普選的國大產生以前不可行憲，「像煞有介事是不行的」。錢端升則認為，審查報告太抽象太彈性，不足以打破目前的政治僵局。「今天大會上和諧的空氣是有了，水銀燈下，多數起立，很好看的」。〔註 135〕

　　錢、周兩人的書面意見後被刊登在《新華日報》上，全文如下：

　　　　關於國民大會問題的意見，有若干點，端升、炳琳未能與多數一致。謹列舉如下，並請提出大會作為委員會之少數報告。

　　　　一、國民大會召集日之期先後為次要問題，首次國民大會之職權限於制憲抑兼及行憲亦為次要問題，主要之點在代表人選必依立憲國家通例由普選產生，在普選有可能以前，國民大會如須召集關於大會召集有爭執之問題，各方須從協議先求解決，求大會勉能反映廣遍之民意。

　　　　二、協議可採取設置政治解決委員會之方式。在實際政治上，關於國民大會召集之爭執與其他政治爭執彼此牽連，不能分離，為便於前一種爭執之解決起見，政治解決委員會應對一切政治爭執均有討論協議之權。

　　　　三、無論國民大會何時召集，如何召集，人民身□〔體〕自由言論自由及政治結社自由，政府務須立即作最確切最有傚之保障。

　　　　錢端升，周炳琳。〔註 136〕

上述書面聲明是錢、周兩人自 7 月 14 日以來意見之集成。除「政治解決委員會」外，確實無甚新義。第一、三點，上述左舜生等人已提及過。因此，本文僅就「政治解決委員會」進行分析。應當說，此一建議很難到國共雙方的

〔註 135〕子岡：《參政會的大軸戲，國大審查報告書面面觀》，重慶《大公報》，1945年 7 月 20 日。

〔註 136〕《錢端升周炳琳兩先生發明書面聲明，對國民大會問題審查意見，有三點與多數未能一致》，《新華日報》，1945 年 7 月 20 日。亦見錢端升、周炳琳：《對於國民大會問題審查意見的聲明》（1945 年 7 月 18 日），《國民參政會紀實》，下卷，重慶出版社，1985 年 10 月，第 1482 頁；四川大學馬列教研室編：《國民參政會資料》，四川人民出版社，1984 年 6 月，第 227 頁。

同意，尤其國民黨方面的首肯。共產黨方面有可能同意，不過須有一前提，就是中間人士有足夠的獨立性。從國民黨政府否定《五五憲草修正草案》中的「國民議政會」就可看出，獨立公正人士佔了一半，對國民黨意味著什麼，以上就國共兩黨而言。

從事後分析，就參政會其他黨派而言，他們的立場其實是應該堅持錢、周所言「政治解決委員會」路線的。奈何這些黨派的定力和遠見不夠，在一心打消國民黨硬性規定召開國大日期上，已慌了手腳，結果在不應該讓步的問題上採取了妥協態度，亂了自己的陣腳。對於錢、周的提案，當時《大公報》記者的意見是「他們的持見是較爲超群的」。〔註137〕從後來民盟所走的路和馬歇爾軍事三人小組來看，確是如此。

總之，這次國民參政會是錢端升和周炳琳與國民黨開始決裂的轉捩點。抗戰勝利後，1945 年 11 月 25 日，聯大、雲大、中法、英專四大學生自治會聯會在西南聯大舉行反內戰時事晚會，約有 3,000 多人，錢端升與伍啓元、費孝通、潘大逵四教授演講，主張制止內戰，成立民主聯合政府。其中，錢端升提出的「聯合政府式政權」所據張本應是從「政治解決委員會」而來。隨著國民黨政府不顧政協協定，召開國民大會。錢端升所冀望的「聯合政府式政權」也付諸流水。

國民參政會的經歷，加深了錢端升對國民黨和國民政府的瞭解，對錢端升的思想產生了極大的影響。在此以前，錢端升論及一黨專政時，不免給人紙上談兵、隔靴搔癢之感。通過親身參與政治，錢端升獲得了第一手從政的經驗和資料。錢端升原本希望通過參與國民參政會，爲戰後中國立下一個民主政治的基礎。奈何事與願違，國民黨政府再次錯過了良機。由此可見，錢端升與國民黨的離異，可以說是因瞭解而分開。

第二節　《今日評論》時期（1939～1941）政論主張

一、重申言論自由、法治政府和教育獨立

就政論刊物研究來說，三、四十年代的刊物研究相對較晚，部分刊物仍未得到很好的研究，如《新經濟》、《今日評論》和《當代評論》等。謝慧的

〔註137〕子岡：《參政會的大軸戲，國大審查報告書面面觀》，重慶《大公報》，1945年 7 月 20 日。

《知識分子的救亡努力》是國內第一篇與之相關的專題力作。該書圍繞《今日評論》及其所處時代、作者群對憲政的追求、與抗戰時期的經濟政策、外交政策及其價值與影響等，作了系統、深入的探討。

歐陽哲生指出，該文具有四個顯著特點：「一是發掘了大量相關的材料。……二是問題意識突出。……三是比較的方法。……四是充分吸收相關研究文獻」。在比較的方法上，「論文既將《今日評論》與國民黨系統的《中央周刊》、《時代精神》、《新政治》、《民意》、《時事類編特刊》、《新經濟》、《外交研究》等刊，廣西憲政研究會的《建設研究月刊》，國社黨的《再生》，職教社的《國訊》，青年黨的《國論雜誌》等進行橫向比較；又從縱的方面將《今日評論》與之前的《新月》、《現代評論》、《國聞周報》、《自由評論》、《獨立評論》等，之後的《當代評論》、《觀察》等知識分子政論刊物進行比較，以說明該刊蘊含的特色」。〔註138〕

本文亦以為，該書最大優點在於梳理《今日評論》作者群對戰時中國政治、經濟和外交等方面看法時，大量徵引其他刊物與《今日評論》之間的對話，使《今日評論》的言論有一比較的基準，從而反映出其建言的合理性，缺點為未能在國外圖書館蒐集相關之資料。正如歐陽哲生所言，本文發現可研究和開拓的空間實在不大，只能朝著縱深方向加大力度。

錢端升在《今日評論》上發表的文章，若不計書評1篇，共有42篇。其中國內23篇，國外19篇；加上報刊政論8篇，國內外政論文章數量比例大致為24：26。《今日評論》共5卷114期，錢端升寫了58篇時事短評，約平均二期一篇，不可謂不勤奮，尤其在主編期間曾出國一次。可以看出，抗戰時期的錢端升，對國內外問題的關注大致持平

就《今日評論》時期的錢端升言，其外交主張重心已明顯有所轉移，從國聯外交轉移到對美外交。一方面是由於蘇聯已在協助中國抗戰、法英陷於歐洲局勢，及1938年中美桐油貸款成功，一方面錢端升亦認識到，中國除仍須自力更生外，有必要加緊促進「苦撐待變」之「變」的發生。由於美國限於孤立主義，因此，在《今日評論》上，錢端升對美國外交持相當之諒解的態度，並為之辯護，但在其致美國友人信函中，則力促美國實施對日禁運和中立法之廢除。

〔註138〕歐陽哲生：《序言》，謝慧：《知識分子的救亡努力》，北京：社會科學文獻出版社，2010年5月，第3～4、4頁。

　　在國內政治方面，錢端升大致仍延續了 20 年代以來的一貫政論主張，亦即：言論自由、法治政府和教育獨立。他的這三種思想底色，並未因抗戰而有所減退。

　　《今日評論》與其前輩《現代評論》、《獨立評論》一樣，均爲中國政治日蹙之結果。只是這一次形勢更嚴重，中國已處於全面抗日戰爭之中。《今日評論》可說創刊於敗軍之際，受命於危難之時。與其前輩們不同的是，《今日評論》沒有發刊詞。但這並不影響它的使命。錢端升在遺稿中說：「《今日評論》……其持論主要以團結抗日爲主」。〔註 139〕除團結抗日外，本文以爲，它的使命，還可以包括：一、澄清輿論；二、指導輿論；三、提供國際形勢分析；四、向當局建策；五、鼓勵民氣等。

　　在很大程度上，錢端升在創刊號上發表的《統一與一致》可視爲《今日評論》的準發刊詞。就創刊時國內形勢言，有兩大趨勢：一爲集權化，一爲民主化。前者爲抵抗日本，後者爲凝聚民氣。王贛愚在 1940 年 1 月說：「近一年來，中國政治可說是朝兩個方向走，一面力求事權統一，指揮靈活，以期增進行政效率，適合戰時需要；一面又積極團結全國力量，使人民有更大之自由，與更多之參政機會」。他指出，兩者「存在絕對的聯繫性，絲毫沒有衝突」。〔註 140〕這是王贛愚在反駁當時有人認爲推行民主化有可能導致權力分散。

　　同王贛愚一樣，錢端升也認爲集權與民主可以並行不悖。國民政府只有通過民主化的措施，才能集權。在《統一與一致》中，錢端升表達了他的這種看法。他認爲國民的團結，必須建立在言論和思想自由之上。因此，就《今日評論》立場而言，「團結抗日」目標雖與國民政府一致，但如何實踐，《今日評論》表達了不同的意見。

　　在錢端升看來，要達到真正的統一，只有言論自由。他指出，言論或思想自由對任何一個社會來說，都是不可或缺的。「中國近年頗有一班人熱烈地企求一致，企求人民思想一致，習俗一致，禮儀一致，各地政教一致，以其及其他方面的一致」，〔註 141〕這樣的統一不僅無補於統一，還有害於統一。「思想自由爲自由中的最重要者」，若「求思想的一致，決不是促進統一

〔註 139〕錢端升遺稿：《〈現代評論〉與〈今日評論〉》（手稿複印件），錢大都先生惠贈。
〔註 140〕王贛愚：《集權與民主——一年來國內政治的動向》，《今日評論》，第 3 卷第 1 期，1940 年 1 月 7 日，第 9 頁。
〔註 141〕錢端升：《統一與一致》，《今日評論》，創刊號，1939 年 1 月 1 日，第 4 頁。

的方法」、「不負責任的言論固有害於統一，強人民爲一致的言論也有害於統一」。〔註142〕可以說，這篇自由主義色彩濃厚的文章不僅爲《今日評論》的輿論方向奠定了基礎，也爲後來各種對政府的批評和建議，建立了一個合法性基礎和起了保護傘作用。

　　在接著第 3 期《對六中全會的企望》中，錢端升認爲，要抗戰勝利，必須澄清國內政治。要澄清國內政治，須做到以下四件事情：

　　　　第一件，政治與經濟財政方面的必要改善，必須與自信力及軍力的
　　　　　　　　增加同時進行。
　　　　第二件，民主的勢力需要最大的扶植，民主的習慣亦需要最殷勤的
　　　　　　　　養成。
　　　　第三件，在抗戰期中，一切無謂的摩擦與無謂的糾紛應予避免。
　　　　第四件，爲養成人民的民主力量及增加人民知己知彼的能力起見，
　　　　　　　　宣傳政策應有一番新的考慮與新的決定。民可使由之，不
　　　　　　　　可使知之，決不是今日的辦法。

上述第二、四點，清楚表明錢端升的自由憲政思想。其中，較爲重要爲第四點。錢端升指出，「新聞的檢查太嚴，而公佈的消息太少，於是有許多本來熱心國事的人們，也閉戶不問國事。這決不是一種健全的現象」，〔註143〕可見《統一與一致》是有針對而發。

　　1938 年 7 月，正當日軍向武漢進攻之際，國民政府卻趁機頒佈《戰時圖書雜誌原稿審查辦法》，規定圖書報刊原稿均需送審，才能發排付印。〔註144〕1938 年 11 月 4 日，在第一屆第二次國民參政會上，鄒韜奮等人提出：「請撤消圖書雜誌原稿審查辦法以充分反映輿論及保障出版自由案。議決：照原案通過」。〔註145〕但國民政府對輿論仍採高壓政策，其中包括生活書店，鄒韜奮更因此憤而辭去國民參政員一職，以示抗議。《今日評論》正是在這種政治高壓的氣氛下創辦的。〔註146〕

〔註142〕錢端升：《統一與一致》，《今日評論》，創刊號，1939 年 1 月 1 日，第 5 頁。
〔註143〕錢端升：《對於六中全會的企望》，《今日評論》，第 1 卷第 3 號，1939 年 1 月 15 日，第 5 頁。
〔註144〕《生活書店史稿》，北京：三聯書店，2007 年，第 162、164 頁。
〔註145〕《國民參政會史料》，臺北：國民參政會在臺歷屆參政員聯誼會，1962 年 11 月，第 62 頁。亦見李學通等整理：《翁文灝日記》，北京：中華書局，2010 年 1 月，第 281 頁。
〔註146〕1939 年 3 月，吳頌皋對顧維鈞說：「在重慶，言論很不自由，只有國民參政

　　在上文中，我們可以看到，錢端升並未因抗戰而減其學人本色，儘管在某些場合，他的言論不乏宣傳成分。在不涉及軍事機密情況下，錢端升依然堅持國民應暢所欲言，對國事進行各種批評和建議。他始終認為，要建設一個強有力、廉潔的民治政府（民主與集權的政府），一方面健全的輿論有助於減低權力濫用和腐敗的機會，一方面不論任何建設──政治還是經濟的──缺乏言論自由，國民意志無法表達，各種建設亦將無從談起。

　　錢端升上述看法，除與他在 20 年代《現代評論》上的主張，並無二致外，我們在下面的分析中還能繼續看到。就錢端升思想言，言論自由是他的核心思想之一。儘管自由主義有各種門派，然萬變不離其宗，這個「宗」就是個人自由。在個人自由當中，錢端升最看重的是言論自由。除卻言論自由的自由主義，就像胡適所言，長阪坡裏缺了趙子龍，空城計裏了少了諸葛亮那樣，只是一空洞的名詞。因此，錢端升一再重申，「思想自由為自由中的最重要者」、「思想一致在事實上本是做不到的」。〔註 147〕

　　就錢端升在《今日評論》時期言論言，部分不乏老生常談。在國內建設方面，傅斯年在第 2 期發表的《政治之機構化》再度引起了錢端升的共鳴。〔註 148〕關於此一問題，謝慧的專著已作了頗為詳盡橫向探討。〔註 149〕為免重複，本文從錢端升思想的內在脈絡來探討之。

　　錢端升對政治制度化的關注，早在留美時期已見端倪。在《區域政府制大綱芻議》中，錢端升曾提議「文官考試（Civil Service Examination）」可由中央負責。〔註 150〕在《現代評論》上，錢端升建議國民政府應模仿西方，將官員分成政務官和事務官兩種。〔註 151〕1929 年 11 月，錢端升受清華大學政治學會演講股邀請，演講《英國的員吏制度》。〔註 152〕後經錢端升親自刪

　　　　會的幾個參政員才有勇氣批評政府中他們認為是不妥或不健康的東西」。《顧維鈞回憶錄》，第 3 分冊，北京：中華書局，1987 年 2 月，第 328 頁。

〔註 147〕錢端升：《統一與一致》，《今日評論》，創刊號，1939 年 1 月 1 日，第 5、4 頁。

〔註 148〕〔德〕施耐德著、關山、李貌華譯：《真理與歷史：傅斯年、陳寅恪的史學思想與民族認同》，社會科學文獻出版社，2008 年 6 月，第 274 頁。此文同步發表在《今日評論》和《世紀評論》上。傅斯年：《政治之機構化》，《世紀評論》，1939 年 1 月 29，第 3～5 頁。

〔註 149〕詳參謝慧：《知識分子的救亡努力》，北京：社會科學文獻出版社，2010 年 5 月，第 98～108 頁。

〔註 150〕錢端升：《區域政府制大綱芻議》，《留美學生季報》，第 8 卷第 3 號，1921 年 9 月，第 4 頁。

〔註 151〕錢端升：《黨治與用人》，《現代評論》，第 6 卷第 146 期，1927 年 9 月 24 日。

〔註 152〕孫宏雲：《中國現代政治學的展開》，北京：三聯書店，2005 年 5 月，第 260 頁。

改發表在 1931 年的清華政治學會《政治學報》上。

在文中，錢端升除將英文「Civil Servants」，由過去通用的「吏治制度」改譯爲「員吏制度」外，還對英國之員吏制度沿革與內容作了詳盡分析。〔註 153〕演講分三大部分：甲、員吏取錄與任用之標準；乙、升降與責罰；丙、退職與養老金。其中以甲部分最爲詳盡，包括：一、管理之機關；二、員吏之分級；三、員吏之考試：1. 競爭考試；2. 競爭談話；3. 薦舉。從標題細目可知，分析是頗爲深入和細緻。

錢端升認爲，英國員吏制度之所以優於他國者，有以下幾個長處：

> （一）永久性——員吏一經任用，非有重大錯誤及有犯法行爲時，不得免職或受其他處分，且退職時，又有養老金之發給……故英國員吏多願一生服務於某機關……。（二）團體性：員吏和員吏之本身因爲利害相同，同時接觸的機會又多，所以公務員之團體思想發達……。（三）廉潔性：最顯著而最寶貴者，即英之員吏制度任私心除，凡事大公無私，鑽營之弊已完全免去，而賣官鬻爵等惡習，自無從發生。〔註 154〕

30 年代，錢端升再次建議國民政府參考國外，實行員吏制度。1933 年 7 月，在龔祥瑞、樓邦彥合著的《歐美員吏制度》序中，錢端升指出，

> 晚近數十年有兩大變化足以使我國向有的制度不復適合時宜。第一，工業革命以來，國家所經營的事業日益繁重而複雜，故用舊日方法所取之士，決不能勝今日員吏應有之任。第二，在近代民主國家，行政的監督不復全在行政首領之手，而立法機關——或特設的監察機關——成爲行政機關的之監督者。政務官及事務官間的分別必須存在，而兩者間的關係必須妥定；否則不是監督機關無從監督，便是行政系統紊亂不堪。這層我國的舊制自亦未能顧及。所以我國如不欲建立一近代的員吏制度則已；如欲建立，則非參酌西方各國的制度不可。〔註 155〕

　　　　原載《政治學會全體大會志略》，《國立清華大學校刊》，1930 年 10 月 24 日。

〔註 153〕錢端升講、潘如澍記：《英國之員吏制度》，《政治學報》，創刊號，1931 年 1 月，第 17 頁。

〔註 154〕錢端升講、潘如澍記：《英國之員吏制度》，《政治學報》，創刊號，1931 年 1 月，第 23 頁。

〔註 155〕錢端升：《序》，龔祥瑞、樓邦彥合著、錢端升校：《歐美員吏制度》，上海：

在《政治應當制度化》（1935 年）中，錢端升以具體的例子來說明制度化的意義。他以英美爲例，「英國的內閣制度，雖不見於法，實已成了一種輕易不得變更的制度」，這種制度的特性爲，「不因個人的不便，而加以摧殘，使它得成爲一種制度，使它制度化」。又如美國總統選舉，「習慣告訴美國人，自由投票必發生種種不便，所以選舉人必選所屬之黨所選出的候選人」。據此，錢端升定義「制度化者即使較合國情的方法成爲制度之意，因執政者的努力遵守，不管對於自己方便與否，一種本無拘束力的方法，可得到永久的效力之意」。〔註 156〕因此，在很大程度上，制度化即法治。

關於法治，西方學者各自從不同角度提出了看法。戴雪（Dicey）說，法治有三個特徵：一、必須通過法庭的程序才能確定某人犯法。二、沒有任何人能超越法律之上。三、必須有法律和個人權利的護衛者，典型地講即法庭。海耶克（Hayek）則引用洛克的《政府論‧下篇》說：「政府之下的人的自有要有章可尋，這一規章是社會中人人共同的，由社會中立法權力通過的……不能取決於別人的不穩定的、不確定的和任意的意志……這一論證主要是針對權力的不規則的、不確定的行使」。李奧尼（Leoni）則說：「需要有法之確定性來保證今天採取的法律行爲的結果不會在明天受到法律的干預」。〔註 157〕錢端升的看法與三者相近。

在《政治的制度化》（1939 年）中，錢端升回憶說：「我記得民國十七年中央日報剛剛籾辦的時候，就有人大聲疾呼，說政治應制度化。可見當時已有人見到因政治不能制度化而生缺陷與危險。此後也有許多人提過政治制度化的重要。但是政治之未能制度化則前後十年，似未有若何變更。這是近十年來我國政治上最可引爲遺憾之事！」〔註 158〕傅斯年在 1939 年也說：「從國民政府在南京建都以來，十年以上了，似乎尚未能把政治機構化」。〔註 159〕

錢端升所指應爲《政治清明的三個條件》一文。該文雖短，但不乏眞知

世界書局，1934 年。

〔註 156〕錢端升：《政治活動應制度化》（1935），《自選集》，第 501～502 頁。

〔註 157〕B.R.溫格斯特：《自行貫徹的均衡與民主的穩定性》，〔加〕A.布來頓等著、毛丹等譯：《理解民主——經濟的與政治的視角》，上海：學林出版社，2000 年 12 月，第 41 頁，注腳 1。

〔註 158〕錢端升：《政治的制度化》，《今日評論》，第 1 卷第 7 號，1939 年 2 月 12 日，第 5 頁。

〔註 159〕傅孟眞：《政治之機構化》，《今日評論》，第 1 卷第 5 期，1939 年 1 月 29 日，第 4 頁。

灼見。該文指出，當時行政弊端有三，其中第三點爲：「制度不是金剛的機器，人類不是聖人的集團。定好了制度，不常常去修理，一定要生鏽脫臼；委定了人選，不常常去監督，一定會玩忽變節」。針對以上弊端，該文表示：「人是不盡靠得住的，有完整的制度才可以範圍人……但是制度是一張紙，沒有人不會自己跑路」。該文還指出，「沒有一勞永逸的事，很少絕對可靠的人，要制度不生鏽，要人物不脫軌，只有普通黨員普通人民自己出來管事」。〔註160〕與錢端升所持看法類同。

　　既然法治與制度化是一幣兩面，在很大程度上，法治即憲政，因此，錢端升對於制度化的看法，亦與其對憲政的態度相差不遠。他說：

　　　　在理論上，我們本應提倡法治，法治究是近代國家所不可少的
　　　　原素之一。但我們不主張空喊法治的口號，因爲法律貴有信用，如
　　　　果有法而不能守，則此後便可永失了實行的可能。與其空言法治，
　　　　而使人民對於法治失信用，毋寧在可能的範圍內，逐步推行法治。
　　　　腳踏實地，步步前進，爲實行法治的第一要着。〔註161〕

這是錢端升思想中的漸進理性主義，同時亦與他的治學方法——歷史比較法認爲，憲法是從歷史演化（需要時間生長）而來看法一致。

　　　　關於政府組織及政權運用一類事項，我們不主張此時即採用
　　　　高度的法治。不是我們不要法治，不，我們是要法治的；……如果
　　　　立了許多法律而絲毫不見實行，使法律永失尊嚴，尚不如因事制
　　　　宜，利用目前的形勢，而使之逐漸地趨於制度化，以作法治的張本。
　　　　〔註162〕

這是他從 20 年代至抗戰勝利前反對驟然行憲的背後主因。

　　在教育獨立方面，我們已經看見，錢端升在 20 年代清華改制及參加大學院時，是主張教育獨立和反對黨化教育的。在抗戰期間，他依然重申了這個議題。在《大學向何處去》中，除了對大學教育與專門教育作出分辨外，還指出大學教育貴在自由。錢端升指出，

　　　　大學的基本目的是求知，而不是實用。如果大學教育能同時發
　　　　生作用，那是一種副作用，而不是原始目的。專門教育的目的則在

〔註160〕衡平：《政治清明的三個條件》，《中央日報》，1928 年 9 月 8 日，第 1 張第 3 面。
〔註161〕錢端升：《政治活動應制度化》（1935），《自選集》，第 500 頁。
〔註162〕錢端升：《政治活動應制度化》（1935），《自選集》，第 501 頁。

養成技術人材，他的原始目的即是實用。兩者不應相混。如誤會大學教育即專門教育，則研究的精神將蕩焉無存，學術的水準也必低落。〔註163〕

　　如果我們不甘長爲一個學術落後國家，我們自今以後務須認識大學的使命。一掃過去對於大學的錯誤觀念。眞正的大學決不能對於「實」、「不實」的科目之間有輕重之分。科學是重要的，但科學之中，純粹科學與實用科學有同樣的重要，專重實用科學而輕視純粹科學，則科學永不能昌明。〔註164〕

與張奚若看法相近的是，錢端升說：「依我的看法，在抗戰前夜，國內大學中配稱大學者最多只有兩三個；這兩三個大學的各部門也並不是全體均夠得上大學的標準」。因此，他建議政府擇優輔助這二、三所大學，「其他的所謂大學……最好改爲各種專科學校或斷然停辦，如偶有一二科目，三數教授，夠得上大學標準，則可以之併入上述兩三個大學內」。〔註165〕

　　對於當時國民政府打算在若干大學開辦研究院，錢端升說，政府的做法「用意雖善，而方法仍大錯。上面所指比較像大學的大學俱經過遷移。現在元氣未復，普通教學尚且困難，那裡說得上研究」，他一針見血地說，政府如果執意，「即未免過於喜歡粉飾太平了」。〔註166〕此外，錢端升再次重申：

　　「大學教育〔是〕樹立一國高深學術及寬大思想的基礎。故大學貴自由」，〔註167〕「培植大學之道，第一須養成自爲由學的學風，而不可稍加統制。」〔註168〕

　　但同時作爲國民黨員，或更確切地說，作爲三民主義的信徒（黨義治

〔註163〕錢端升：《大學往何處去》，《今日評論》（合刊），第3卷24號，1940年6月16日，第377頁。

〔註164〕錢端升：《大學往何處去》，《今日評論》（合刊），第3卷24號，1940年6月16日，第378頁。

〔註165〕錢端升：《大學往何處去》，《今日評論》（合刊），第3卷24號，1940年6月16日，第378頁。

〔註166〕錢端升：《大學往何處去》，《今日評論》（合刊），第3卷24號，1940年6月16日，第378頁。

〔註167〕錢端升：《大學往何處去》，《今日評論》（合刊），第3卷24號，1940年6月16日，第379頁。

〔註168〕錢端升：《大學往何處去》，《今日評論》（合刊），第3卷24號，1940年6月16日，第378頁。

國），錢端升認為，

> 我們須時時刻刻記著，我們希望中國成為三民主義的國家。在
> 這樣的一個國家，個人的人格應該是十分尊嚴的，而不是國家之下
> 的一個小小的工具，好像在德意志似的。……要個人能自尊，且被
> 人所尊，思想便要自由。要思想自由，則大學須有自由的學風，教
> 授自由教，學生自由學，教授學生俱自由做學問。只有在自由的空
> 氣之下，何者是真，何者是偽，何種人生哲學合於中國民族，何種
> 不合，何種政治經濟制度可以實現三民主義，何種不能，可因切磋
> 而得著一個正確的答覆。〔註169〕

應當說，這是對孫中山學說最為自由主義的解讀之一。最後，錢端升警告政
府說，

> 如果政府事事要統制，課程要統制，教材要統制，教授學生的
> 思想要統制，……徒然使大學成為一所工廠，或則成為反對份子的
> 秘密活動場所而已。〔註170〕

錢端升的看法與杜威相近。杜威說：「觀點若得不到表達，就有可能窒息而
死；或轉向激情，從而斷送了平心靜氣的探究與理解」。〔註171〕總之，大學
教育不同專門教育，專門教育「宜視一時某一地的需要」，而大學教育則「不
能因時更不能因地而變」，即使在戰爭狀態，錢端升也認為大學教育必須維
持教學自由。他對學生入黨的態度雖沒有明言，但從上述言論和《今日評論》
刊登潘光旦反對學生入黨的文章，〔註172〕可見他的自由主義立場和態度。

二、繼續主張一黨專政

如30年代一樣，現實政治繼續影響著錢端升。在抗戰期間，錢端升不但
主張一黨專政，而且一度連戰後也主張繼續之。《今日評論》上的一黨與多黨
的討論，謝慧的專著已有討論。本文僅就部分觀點提出分析。謝慧認為錢端

〔註169〕錢端升：《大學往何處去》，《今日評論》（合刊），第3卷24號，1940年6月
　　　　16日，第378頁。
〔註170〕錢端升：《大學往何處去》，《今日評論》（合刊），第3卷24號，1940年6月
　　　　16日，第378～379頁。
〔註171〕孫有中：《美國精神的象徵——杜威社會思想研究》，上海人民出版社，2002
　　　　年1月，第139頁。
〔註172〕詳參謝慧：《知識分子的救亡努力》，北京：社會科學文獻出版社，2010年5
　　　　月，第153～170頁。

升提出「憲律」，「說白了，就是要給承諾憲政的國民黨一個臺階下」，並認為「憲律和各黨公開是有矛盾的。對國民黨領導建國的依賴和對蔣介石的盲目信任已暗示了一黨的傾向」。此外，她還認為：「我們相信錢端升始終忠於民主，但是公開反覆強調一黨統治，總非實現憲政之道」。〔註173〕本文認為值得商榷。

所謂「憲律」，依照錢端升的行文，是指約法或臨時性憲法文件，約定戰後如何實行憲政。他說：「若暫不談百年大計的正常憲法，而由依期召集的國民代表大會制定幾個與法國一七八五年三大憲律相似的大法」。〔註174〕從錢端升的思想邏輯來說，30 年代不贊成行憲，抗戰期間自更不贊成。限於國民政府突然在 1939 年 9 月宣佈 1940 年 11 月召開國大，錢端升才提出「憲律」作為一種折衷辦法。從謝慧引用潘光旦對錢端升的讚賞，「黨是多年來難得有人討論的一個題目……如今居然有人在筆頭上討論到它，並且討論到〔得〕很周到，我不能不為黨的前途與國家民族的將來慶幸」〔註175〕來看，並非為國民黨找下臺階。錢端升作為黨員，是歐美式政黨的黨員，他當時的建議既有傾向自由主義，又有現實主義的一面，所以連潘光旦也擊節讚賞。因此，與其說他維護國民黨，不如說他是在維護戰時國家利益。

關於錢端升的「黨治」思想，本文以為，乃是當時中國當時政治環境所決定。錢端升在 30 年代中期的一篇文章就說得十分透徹：

> 我們之擁護黨治與我們自身之黨不黨無關，我們也並非滿意於黨治過去的成績。我們擁護黨治，因為不黨治更無辦法。取消國民黨黨治後代替物只有三種：一為個人的獨裁，一為他黨的黨治，又一為民治（按：重點為本文所加）。〔註176〕

在約不到一個月後的《國憲與黨章》中，錢端升又重提此話題，並假設

〔註173〕謝慧：《知識分子的救亡努力》，北京：社會科學文獻出版社，2010 年 5 月，第 139、153、197 頁。

〔註174〕錢端升：《制憲與行憲》，《今日評論》，第 3 卷第 21 號，1940 年 5 月 26 日，第 328 頁。

〔註175〕謝慧：《知識分子的救亡努力》，北京：社會科學文獻出版社，2010 年 5 月，第 153 頁。原載潘光旦：《學生入黨問題》，《今日評論》，第 3 卷第 25 期，1940 年 6 月 23 日，第 395 頁。按：謝慧引文中「民族國家」應為「國家民族」。

〔註176〕錢端升：《中央政制的改善》，《華年》，第 4 卷第 41 期，1935 年 10 月 19 日，第 805 頁。

國民黨放棄一黨專政，中國出現的五種情況：一、國民黨爲主，其他政黨爲附；二、類似民初政黨政治，三、國民黨分散，大勢力的軍人主政；四、國民黨分散，財團主政；五、無任何中心勢力。錢端升指出，當時中國沒有可替代國民黨的政黨，因此，還不如改善國民黨黨治爲上。〔註177〕

　　至於盲目信任蔣介石問題，無可否認這是錢端升立論的基礎之一。錢端升主張一黨專政，除戰時建國需要外，他甚至一度主張在戰後亦應繼續。其背後原因與 30 年代雖略有不同，但相差亦不遠，這就是戰後重建問題。錢端升說：「戰後的善後工作，其困難將不在抗戰本身之下」。〔註178〕謝慧曾引用聞一多的回憶指出，當時「人們對蔣委員長的崇拜與信任，幾乎是沒有限度的」。〔註179〕郭沫若亦持類似看法。〔註180〕金毓黻在 1939 年底日記記載：「近二十年之人物，北有吳、南有蔣，皆余所敬仰者」。〔註181〕

　　黃炎培在 1940 年亦載，蔣對憲政的態度很開明。〔註182〕顧維鈞在 1942 年 10 月也說：「大多數參政員都頌揚了委員長，這在當時的重慶是普遍的習慣」。〔註183〕蔣介石在國民參政會開幕典禮上，也三番四次表明政府有實行民主政治決心。〔註184〕1943 年 9 月，國民黨召開中央執行委員會第十一次全會。

〔註177〕　錢端升：《國憲與黨章》，《半月評論》，第 1 卷第 19 期，1935 年 11 月 1 日，第 1 頁。

〔註178〕錢端升：《國家今後的工作與責任》，《今日評論》，第 4 卷第 13 號，1940 年 9 月 29 日，第 197 頁。

〔註179〕聞一多：《八年的回憶與感想》，《聯大八年》，昆明：西南聯大學生出版社，1946 年，第 4 頁。

〔註180〕郭沫若在《洪波曲》中說：「就在這珞珈山訓練的時候……儘管敵人在毫不容情地凌屬〔攻擊〕，然而全國民情振奮，都一心一意在擁戴著一人，作之君而作之師。自有歷史以來，任何帝王的金冠，我不相信比這『民族領袖』的徽號更加輝耀的吧？」《蔣團長訓話》，劉雙平編：《漫話武大》，武漢大學出版社，1993 年 10 月，第 53 頁。

〔註181〕金毓黻：《靜晤室日記（6）》（1939 年 12 月 9 日），遼瀋書社，1993 年 10 月，第 4424 頁。

〔註182〕1940 年 3 月 28 日，黃炎培記載：「到君勱家，偕君勱及周枚蓀、張表方、錢端升、李幼椿、褚慧僧、羅鈞任、羅努生、左舜生同應蔣公召入謁，談憲政問題。余述連日討論憲法之經過，同人發言皆極精彩。表方與余談及川政，幼椿談及黨務。蔣公態度極懇切開朗」。《黃炎培日記》，第 6 卷，北京：華文出版社，2008 年 9 月，第 262 頁；《國民參政會紀實（續編），1938～1948》，重慶出版社，1987 年 6 月，第 543 頁。

〔註183〕《顧維鈞回憶錄》，第 5 分冊，北京：中華書局，1987 年 2 月，第 103 頁。

〔註184〕《國民參政會史料》，臺北：國民參政會在臺歷屆參政員聯誼會，1962 年 11 月，第 16、75、157、221、228、267 頁。

會上，蔣介石致辭表示戰爭結束一年後將組成憲政政府。〔註185〕蔣氏說：「關於這個問題，本席個人的意見，認爲憲政實施以後，在法律上本黨應該與一般國民和普通政黨處於同等的地位」。〔註186〕有誰料到戰時蔣介石對憲政是葉公好龍呢？

因此，就謝慧的批評而言，平心而論，似有欠公允。當時的蔣介石（1939～1941 年）是周公還是王莽，誰說得清呢？此其一。其二、隨著蔣介石無心於憲政，錢端升的希望也隨之幻滅。隨著政治形勢的改變，錢端升除提出戰後國民黨和中國應民主化外，還在抗戰勝利前，提出聯合政府主張。可見實現憲政之道並非只有一黨專政。

三、論黨與黨務

1940 年 6 月 9 日、1941 年 4 月 13 日，錢端升分別在《今日評論》上發表了《黨務》和《論黨務》二文。其中，《論黨務》發表在停刊前最後一期上。這是兩份理解錢端升與國民黨關係較爲重要的文獻，值得加以探討。本文嘗試在謝慧研究的基礎上，從錢端升思想內在的脈絡來進行縱向的解讀。

錢端升雖在《今日評論》時期，堅持國民黨一黨專政，但他並不抗拒在抗戰期間進行民主政治的訓練。在 30 年代，錢端升是反對成立國民參政會的。〔註187〕未知是否受胡適「憲政是憲政的最好訓練」影響，錢端升在抗戰期間改變了看法。〔註188〕他表示，國民參政會「如爲培養民主基礎，加

〔註185〕《顧維鈞回憶錄》，第 5 分冊，北京：中華書局，1987 年 2 月，第 371 頁。

〔註186〕《第五屆第十一次中央全會開幕詞》（1943 年 9 月），榮孟源主編、孫彩霞編輯：《中國國民黨歷次代表大會及中央全會資料》，北京：光明日報出版社，1986 年 5 月，第 829 頁。按：原來標題爲：「大會開幕時，蔣總裁訓詞原文」。

〔註187〕謝慧：《知識分子的救亡努力》，北京：社會科學文獻出版社，2010 年 5 月，第 83 頁。「不但憲法是無用，連國民參政會一類的機構也是不需要，不宜有。」原載錢端升：《關於憲法草案的根本問題》，1934 年 8 月 15 日。

〔註188〕在 30 年代，《獨立評論》對當時憲政運動最大的貢獻之一，是胡適等學者有力反駁了孫中山的訓政論。胡適在答覆當時反對公開政權論者時說：「學游泳的人必須先下水，學彈琴的人必須先有琴可彈。憲政是憲政的最好訓練」。胡適此論一出，引起了眾多學者的共鳴。原來反對公開政權的蕭公權亦指出，大學有「語云：『未有學養子而後嫁者也』。人民政治之智慧，大半祇能於實際政治生活中求之」。張佛泉也說：民治不是懸在「生活以外的一個空洞理想……憲政隨時隨處都可以起始……在可能範圍內，得實行一分民治便實行一分民治」。詳參拙著：《1930 年代憲政問題初探——以〈獨立評論〉的憲政討論爲中心》，北京大學歷史學系碩士論文，2004 年 12 月，第 163～165、187

強團結精神……則我自然絕對贊成」。〔註189〕關於這一點，眾多學人王贛愚、徐義生，〔註190〕包括周鯁生、陶孟和、傅斯年、張熙若、〔註191〕羅隆基等，均持相同的看法。不同的是，部分學人主張開放政權，如羅隆基。錢端升則認為，在戰時公開政權不是當務之急，國民黨和蔣介石既已公開應允戰後實行憲政，則理應擱置爭議，以利抗戰。

與此同時，錢端升也對國民黨作出公開的批評和建議，認為應為戰後憲政做好準備。這是他撰寫兩文的旨意之一。他所持的歐美式政黨黨員的立場，得到了潘光旦的讚賞。在《論黨》開場白中，錢端升說：「黨的問題多年來國人向少討論。但這問題確需要開明的討論，更需要合理的解決」。〔註192〕在文中，他試圖調和執政黨和在野黨的關係，這是他撰寫兩文的另一旨意。一方面，他向國民黨政府表明，戰後必須廢除一黨制度，一方面，他試圖說服在野黨承認國民黨的領導權。他說：

> 去年九月，國民黨且須允諾於短期內頒憲法行憲政。既有事實，有此諾言，而再要堅持一黨之治，再不許各黨取得相當平等的地位，則不免將自損其威信。而且不談憲法則已，談憲法必須容納多黨制度；不然更有玩弄憲政之譏。所以我說，從國民黨而言，從今以後，尤其是今年十一月國民代表大會集會以後，更欲堅持一黨制度是不智的。

在另一方面，他又說：

> 國民黨多年來的努力……其功績究不可抹殺。……國民黨因為已經連續秉政多年的緣故，中國目下的領袖人材也當然大多為國民黨黨員。在這種情形之下，拒絕承認國民黨佔有特殊的地位，而欲求各黨平等，不特非事實所許可，且也決不是抗戰之福，國家之福。

頁。原載胡適：《從一黨到無黨的政治》、蕭公權：《施行憲政之準備》、張佛泉：《我們究竟要甚麼樣的憲法？》，《獨立評論》，第 7 卷第 171 號、第 10 卷第 234、236 號。

〔註189〕謝慧：《知識分子的救亡努力》，北京：社會科學文獻出版社，2010 年 5 月，第 83 頁。原載錢端升：《幾件戰時不急政事》，《今日評論》，第 1 卷第 17 號，1939 年 4 月 23 日，第 7 頁。

〔註190〕謝慧：《知識分子的救亡努力》，北京：社會科學文獻出版社，2010 年 5 月，第 79～80、84～85 頁。

〔註191〕《國民參政會第一屆第三次大會周覽等提請確立民主法治制度以奠定建國基礎案》，《國民參政會資料》，四川人民出版社，1984 年 6 月，第 121～123 頁。

〔註192〕錢端升：《論黨》，《今日評論》，第 3 卷 23 號，1940 年 6 月 9 日，第 355 頁。

　　所以我以爲從各小黨方面言，他們應承認國民黨之領導權，即在今
年十一月以後也然。〔註193〕

從時間上觀察，國民政府在 1939 年 9 月公布施行憲政，恰值歐戰爆發之機，
意圖甚爲明顯。1939 年 9 月 9～18 日，國民參政會第一屆四次會議在重慶召
開。會上通過《召集國民大會實行憲政案》。〔註194〕對於國民政府的權宜做
法，王世杰是不以爲然的。他在 9 月 13 日記載：「蔣先生贊成提前召集國民
大會，頒佈憲政。予認爲此種步驟實際上未必有利民治之發展」。〔註195〕在
錢端升看來，何止「未必有利民治」，即對抗戰亦未必有利。所以他提出「憲
律」，以約法形式，約定國民政府在戰後實施憲政。但在戰時，他在嘗試調
和「公開政權」和國民黨「領導權」的關係。

　　在《論黨》和《論黨務》二文中，錢端升的憲政立場是顯著的。限於抗
戰形勢，他採取了一條他認爲相對中庸的道路。他說：「我以爲爲兼顧理論
事實過去將來計，我們自今以後應採多黨制，但在抗戰期內，各小黨仍應承
認國民黨的領導權而暫不進行政權之爭（按：重點爲本文所加）」。在抗戰勝
利後，「各黨公開而後，愈努力者必愈得勢，優勝劣敗，決無可逃於公理。……
抗戰大業既委託於蔣先生及國民政治會議，我們對抗戰的成功也無庸憂慮。
既然如此，何以我們定不能容多黨存在呢？」〔註196〕

　　這是錢端升根據當時中國現實，提出他認爲當時中國應該走的道路。錢
端升主張一黨專政，與他對國民黨的看法是分不開的。與當代看法不同的是，
錢端升認爲中國國民黨是一民主的政黨。儘管目標的純潔，不能證明手段的
正當性，但這是理解錢端升一黨專政思想的關鍵。亦因他認爲國民黨是一民
主的政黨，所以他強調，「黨務的重要不亞於政務、黨務的改進就是刷新政治
的先決工作」。〔註197〕在錢端升看來，中國要實現憲政，國民黨必須先憲政化。
所以他在《論黨》中提出「憲律」外，還在《論黨務》中提出「黨政分家」

〔註193〕錢端升：《論黨》，《今日評論》，第 3 卷 23 號，1940 年 6 月 9 日，第 356 頁。

〔註194〕《國民參政會一屆四次大會召集國民大會實行憲政案》（1939 年 9 月通過）《國
　　　　民參政會資料》，四川人民出版社，1984 年 6 月，第 133 頁。原載重慶《中
　　　　央日報》，1939 年 9 月 19 日。

〔註195〕《王世杰日記》（1939 年 9 月 13 日），第 2 冊，第 150 頁。

〔註196〕錢端升：《論黨》，《今日評論》（合刊），第 3 卷 23 號，1940 年 6 月 9 日，第
　　　　354、356 頁。

〔註197〕錢端升：《論黨務》，《今日評論》（合刊），第 5 卷第 14 期，1941 年 4 月 13
　　　　日，第 232 頁。

等建議。

對於民主和專制之間的分野，錢端升是十分清楚的：「民主政治與一黨制度不相容，立憲政治與一黨制度當然也不相容。」「我們要知道，一個政黨握政權太久後，必定要萎靡不振，損失戰鬥的能力及批評的能力，徒然固步自封，少有長進」。〔註198〕對於抗戰期間國民黨的「奮鬥的精神」，他也承認：「確是一天不如一天」。因此，他提出以下四點來改良黨務：

　　　　（一）三民主義的闡揚應具精彩及生氣，且處處須以全民的利益為出發點；（二）黨員的數量暫時不必求其大；而其質量則須加意注意，務使全國富有政治意識的優秀分子俱入黨，而在黨者皆具有朝氣；（三）黨的組織與黨費不必求龐大。不應依賴政府，而須求其能獨立自給；（四）黨與政府應成兩個不同的系統，而不可過於錯綜混合。〔註199〕

在第三點中，他明確表示：「我的意思，黨費應恃黨員的捐款，而不恃國庫」。〔註200〕

須指出的是，錢端升對國民黨的批評，並非一時心血來潮。在《益世報》期間，已有不少批評。他批評的目的，是希望國民黨維持它的民主傳統。在1934年國民黨召開四中全會時，他批評說：俄、意「之所以能專政成功者，以其黨員能刻苦耐勞實行其主義也。……國民黨員若不甘臥薪嘗膽，則儘可退為平民。若既欲專政，又求享受，如今日多數國民黨員之所為，則亦不配談黨治」。〔註201〕

針對當時有人質疑戰後實行多黨制，將置三民主義於何地。錢端升認為，應將它「確認為中華民國立國之道，而不單單是國民黨的黨義」。錢端升解釋說：「我常這樣想：假設有一個熱心愛國，而無任何政治野心的人民，他要研究何種主義可為立國之道；他如果虛心研究，他決離不了民族民權民生三大主義。」「三民主義既確認為立國之道後，各黨的主義自然不能違背

〔註198〕錢端升：《論黨》，《今日評論》（合刊），第3卷23號，1940年6月9日，第357頁。
〔註199〕錢端升：《論黨務》，《今日評論》（合刊），第5卷第14號，1941年4月13日，第234頁。
〔註200〕錢端升：《論黨務》，《今日評論》（合刊），第5卷第14號，1941年4月13日，第235頁。
〔註201〕錢端升：《四中全會與黨之改革》，天津《益世報》社論，1934年1月18日。

三民主義，即人民的政治活動也不能違背，猶之法美等國雖容許多黨存在，但凡謀推翻共和國體者，在數國均如違法，均為有罪」。〔註202〕

在《論黨務》中，錢端升再次以讚賞的語氣說：「孫中山先生為近代第一通人。……三民主義乃是他根據古今中外的比較，而獲到的一部富於理想而又不是無實行可能的主義。這主義是適應中國的需要的」。〔註203〕由上可見，錢端升是站在歐美式政黨黨員立場來看待國民黨的。限於中國現實環境，他採取了與孫中山類似的策略。在某種程度上，將錢端升歸類為自由主義者，可能具有爭議性。但筆者以為，若從錢端升整體的思想來看，他歸屬於自由主義陣營是確鑿無疑的。尤其是他在抗戰後期，主張在戰後實行多黨制，可以窺見其憲政民主的立場。同時代的人羅常培認為錢端升是屬於自由主義陣營的。〔註204〕何炳棣先生亦認為，錢端升對憲政持「一貫的民主信念」。〔註205〕

四、要中國憲政化，國民黨應先民主化

經歷了30年代民主與獨裁大討論後，在抗戰期間，錢端升終於回歸到民治道路上來，並指出極權主義是民治的最大敵人，希望中國在蔣介石的領導下，實行三民主義，並感化蘇俄等國。在《淺說民權與極權》（1940.9）中，錢端升表示：「在人類文化演進的過程中，民主政治是迄今最進步的制度。」「極權主義只是在破壞方面有貢獻，而在建設方面無貢獻。極權主義建設在戰爭之上，以戰爭為美德。……務須從速建立三民主義的中國，並進而感化民治國家及蘇聯」。由於此時蔣介石聲望如日中天，他將這個任務交給了他：「我們應悉心悉力擁護　蔣介石先生建設人民有權〔、〕政府有能的民權國家」。〔註206〕

〔註202〕錢端升：《論黨》，《今日評論》（合刊），第3卷23號，1940年6月9日，第356頁。
〔註203〕錢端升：《論黨務》，《今日評論》（合刊），第5卷第14號，1941年4月13日，第235頁。
〔註204〕《羅常培致胡適》（1946年4月24日），《胡適來往書信選（下）》，香港：中華書局，1983年11月，第102頁。亦見張友仁編：《周炳琳文集》，浙江人民出版社，2009年12月，第327～328頁。
〔註205〕何炳棣：《讀史閱世六十年》，廣西師範大學出版社，2005年7月，第172頁。
〔註206〕錢端升：《淺說民權與極權》（講座），《讀書通訊》（半月刊），第9期，1940年9月1日，第4、5頁。

　　在《新中國與一黨制》（1941.9）中，錢端升重申他在 20 年代《現代評論》上的主張：建立一個強有力的法治政府。此外，他還認為，戰後重建需要一個明確的奮鬥目標和一個更有效能的政府。因此，他建議戰後新中國應繼續實行一黨制度。他說：

> 　　依照我的看法，在戰後我們只有兩條可走。一條是立下一個極高的理想，以最大的決心與毅力，於最短的期間，實現這個理想。又一條是得過且過，毫無理想，使中國降為新的侵略的犧牲者。這兩條路，我們必采其一。

> 　　我的理想如下：我們早日產生一個賢能當道的強有力政府，由他來為人民謀普遍的福利，為國家儲雄偉的力量；近則抵制個別國家的侵略，遠則保障世界的和平。

> 　　我不否認，上面所說的是一個不易實現的理想，然而也是不能不求實現的理想。這理想不能實現，新中國決不是樂土。蓋戰後的世界決不是一個易處的世界。法西斯主義及所謂武士道者盡已消滅，但新的糾紛一定不免。後戰〔戰後〕的中國也決不是一個單純的社會。如果人民不被一個崇高的理想所籠罩，則各種破壞勢力也將如人慾的橫行。不進便退，本是文明演進的邏輯，而在戰後的中國尤將有此景象。所以我們不能不□一鵠的，努力以赴。

> 　　要實現上述的理想，無疑的，國家須有大權，而人民須保其自由。在過去，自由與極權向為對立的而不調和的。極權國家只知有國家，而不知有人民，更不知有國外的民族，人民只是工具，而外國民族則是奴隸。自由國家只知有個人的自由，而不知有國家的全體，國家遇到危難，個人隨而犧牲。我以為戰後的新中國必須避免極權國家與自由國家的短處。國家須有權力以促進世界的和平，以謀全民的福利，但人民仍須有自由。庶幾國家不至忘其所以，妄自尊大，對內濫施淫威，壓迫人民，對外東侵西略，兵禍連結。〔註207〕

在上面的表述中，凸顯了錢端升思想中的二個特點：一、對長遠問題假設性的看法；二、在嘗試控制國家和社會的發展方向。在錢端升構建的藍圖中，國家和人民的自由各得其所、並行不悖。這是他一生所追求的理想和目標。

〔註207〕錢端升：《新中國與一黨制》，《中央周刊》，第 4 卷第 4 期，1941 年 9 月 4 日，第 419 頁。

由於戰後重建的需要，錢端升對自由的強調比過往減低了分量。爲緩和自由與極權（或民主與集權）的緊張關係，一方面，他對國家極權化有所批評，一方面也對自由作出限制，以調和理想和現實，走相對中庸的道路。

同 20 年代一樣，錢端升依然將制衡黨的力量寄託於法治。他說：「我不否認，近年來一黨當政的國家，其專制類皆達於極點，而人民輒成可憐的動物，無復一點人格及尊嚴。但是，我們也得記住，在這些國家，自由本爲當局者所鄙棄，而民權則被視爲不祥。如果新中國爲尊重自由尊重民權的國家，而又有勝任的法院以充自由的保護人，則避免專制的可能當不在多黨制度之下（按：重點爲本文所加）」。〔註208〕

1941 年 1 月 6 日，羅斯福表廣播言演說，指出民主國家反侵略的意義在於樹立四大自由：即（一）言論自由；（二）宗教自由；（三）免於匱乏的自由；及（四）無恐懼的自由。王汎森指出，傅斯年相信，羅斯福的社會主義政策爲自由主義注入了一種新精神。一個自由主義者必須深切關注經濟平等，沒有經濟平等，自由主義就不是眞正的自由主義。〔註209〕羅隆基亦指出，馬克思和恩格斯的其一貢獻在於，他們指出「財富上的分配不平均，人民在政治上的自由平等是句空話」。〔註210〕錢端升的看法，與傅、羅相差不遠。

爲了不妨礙戰後政府從速進行重建，錢端升在引用羅斯福的四大自由後明確建議：

> 財產、工作、結社等自由則不必亦不宜爲新中國國民自由。財產的自由積置及處分形成了資本主義。工作自由的容忍勢必妨害計劃經濟的實施。自由結社亦必多方妨害國家的權力。這一類與人民經濟生活刻刻相關的自由再不必容其存在。……換言之，在羅斯福心目中的未來世界中，亦只與人民精神生活有關的自由應獲保障，而並不是十八九世紀民主憲法人權章中全部人權均予維持。〔註211〕

錢端升將「財產、工作、結社等自由」取消，這是他對羅斯福主張「免於匱

〔註208〕 錢端升：《新中國與一黨制》，《中央周刊》，第 4 卷第 4 期，1941 年 9 月 4 日，第 419～420 頁。

〔註209〕 王汎森：《傅斯年：中國近代歷史與政治中的個體生命》，北京：三聯書店，2012 年 5 月，第 229 頁。

〔註210〕 羅隆基：《政治的民主與經濟的民主》，《民主周刊》，第 1 卷第 2 期，1944 年 12 月 16 日，第 3～4 頁。

〔註211〕 錢端升：《新中國與一黨制》，《中央周刊》，第 4 卷第 4 期，1941 年 9 月 4 日，第 419 頁。

乏的自由」的誤讀。「人民精神生活」，若沒有具體憲法措施保障，如集會、結社自由，則美國憲法所保障的言論自由不免是一張空紙。羅斯福主張「免於匱乏的自由」的目的是讓無法參政的下層民眾得以參政，限制經濟權的主要對象爲資本家而非工人。若人民連工作、結社自由，尤其是私有產權也缺乏，則僅有言論自由，不免空中樓閣，紙上談兵！

對於一黨制，錢端升主張的理由一如既往，「事實上，就中國而論，捨一黨制度外，亦別無其他可以代替的制度」。此外，他還認爲西方民主國家在戰後也將施行一黨制度。儘管他認爲「所有的預測均有不驗的危險」，但他還是進一步樂觀地推斷，「英美等國戰後亦將採取一黨制以建新英國新美國，並進而建設新世界」。〔註212〕

出於戰後形勢考慮和對蔣介石身後領導繼承權的擔憂，他在 1942 年 10 月《論中國的戰時政治體制》中，提出戰後中國和國民黨應民主化。

> 　　如果在蔣介石將軍之後，另有一位強有力的領袖繼之而起，立憲問題的解決可能出現完全不同的情況。……作爲中華民國總統，這樣的領袖往往可以使自己成爲五院之間的紐帶，並對它們的事務享有很大的發言權。然而，倘若發生這種情況，也有可能出現總統控制的個人政府，國民大會僅有朝不保夕的政權，而五院則嚴格接受他的命令。除戰時情況之外的任何情況，簡直不能證明這樣的政治體制是正當的。

> 　　也許在國民黨內部實行民主政治比徒然在全國建立民主政治更具有實際意義。倘若到了重建時期，國家繼續掌握在國民黨手中——這種情形不是不可能的——，要在國民黨本身民主化之後，國家才會民主化。1941 年 3 月，中央執行委員會全體會議完全一致同意：黨的組織和領導應建立在更加普遍的基礎上——換句話說，以下面的選舉代替上級的指定，作爲省縣執行委員會的組織方法。這一點如果實現——已有約十二三年沒有做到——，國民黨將易如反掌地獲得更加普遍支持的廣闊基礎，並可能更加關心全局的民主政治。〔註213〕

〔註212〕錢端升：《新中國與一黨制》，《中央周刊》，第 4 卷第 4 期，1941 年 9 月 4 日，第 420 頁。

〔註213〕錢端升、朱立人譯：《論中國的戰時政治體制》，《自選集》，第 659 頁。原載《美國政治學評論》，1942 年 10 月。按：《自選集》記載 1942 年 4 月，有誤。

從字裏行間來看，仍對蔣介石保持著相當的信任。這是錢端升在實踐他所構建的藍圖，希望通過改變國民黨，以彌補理想與現實之間的差距。但以一個超過十多年沒有實行過黨內民主（選舉）的政黨，可以「易如反掌」獲得普遍基礎，儘管是在戰時，不能不說他的樂觀主義是不可救藥和盲目的。或者應該更確切和公允地說，1942 年的錢端升對戰時國民黨和蔣介石仍充滿期待的。

在這裡，有必要對錢端升在 1940～1942 年表面看似矛盾的政論主張作一簡要說明。錢端升對憲政的追求是真誠的。但在方法上，他是跟隨現實政治的變化而作彈性處理。他的這種處理方法，可以分為主動和被動。在 1934 年，當國民政府起草憲法時，他雖反對驟然行憲。但因他一貫的憲政立場，所以還是勉為其難地贊同和進行各種批評和建議。在抗戰時期，當 1939 年 9 月國民政府因為歐戰爆發而推行憲政時，錢端升是主動反對的。這一點連王世杰也認為不妥。隨著國內外形勢的改變，錢端升的一黨制思想開始出現變化。變化關鍵的年份應為 1943～1944 年。1943 年，蔣介石發表《中國之命運》。12 月，錢端升致函美國友人，對國內政治表示極度不滿。1944 年，國軍豫湘桂大潰敗。1945 年，在抗戰勝利前最後一屆國民會上，錢端升與國民黨違反黨的決議，正式成為名符其實的黨內反對派。